Kirkenes
Petsamo
Murmansk
Lofoten
Narvik
H.-I. Kola
Petschora
Ural-Gebirge
Irtysch
Tobolsk
Weißes Meer
Archangelsk
SCHWEDEN
Tornio
Oulu
Bottnischer Meerbusen
Vaasa
FINNLAND
Nördl. Dwina
Kama
Tobol
Swerdlowsk
Perm
Onega-See
Ladoga-See
HELSINKI
Rybinsker Staubecken
STOCKHOLM
Narwa
Leningrad
Reval (Tallinn)
Dagö
Ösel
Estland
Reichs-
Peipus-See
Wolga
Kasan
Ufa
Gorki
Kalinin
Lettland
kommissariat
MOSKAU
Rschev
Kuibyschew
Orenburg
Ostsee
Ostland
Litauen
Smolensk
Ural
Königsberg
Tula
Wilna
Kaunas
SOWJETUNION
Danzig
Minsk
Bialystok
Woronesch
Aral-see
Posen
Weichsel
Oder
Gomel
Brjansk
WARSCHAU
Brest Litowsk
Pripjet
Don
Stalingrad
Gurjew
REICH
General-
Gouvernement
Reichs
kommissariat
Kiew
Charkow
Donez
Krakau
Lemberg
Dnjepr
Dnjepropetrowsk
Astrachan
Prot.
u. Mähren
Ukraine
SLOWAKEI
PRESSBURG
Kaschau
Dnjestr
zu RUM.
Rostow
Kaspisches Meer
Tschernowitz
BUDAPEST
UNGARN
Jassy
Asowsches Meer
Krasnodar
Maikop
Mosdok
zu UNG.
Szeged
Odessa
Pruth
Krim
Nowo-rossijsk
Tuapse
Grosnyj
Agram
Save
RUMÄNIEN
Sewastopol
5629 Elbrus
KROATIEN
BUKAREST
Tiflis
Baku
Belgrad
Konstanza
Zara
SERBIEN
Donau
Schwarzes Meer
Batumi
MONTE NEGRO
zu Alb.
Warna
SOFIA
BULGARIEN
Samsun
Albanien
zu BULG.
Istanbul
25.8.1941 besetzt v.d. Sowjetunion
Täbris
TIRANA
zu BULG.
ANKARA
TEHERAN
Tarent
Saloniki
TÜRKEI
Ägäisches Meer
Izmir
Tigris
Ionisches Meer
Adana
IRAN
ATHEN
Antalya
GRIECHEN-
LAND
Dodekanes
Rhodos (ital.)
Syrien (brit. bes.)
BAGDAD
Euphrat
Zypern (brit.)
Nikosia
IRAK (brit. bes.)
25.8.1941 besetzt v. Großbritannien
Lib.
BEIRUT
Damaskus
Kreta
Basra
Mittelländisches Meer
Transjordanien (brit. Prot.)
Palästina (brit. Mandat)
Pers. Golf
JERUSALEM
Kuwait
Bengasi
Port Said
SAUDISCH-ARABIEN
LIBYEN (ital.)
ÄGYPTEN
Alexandria

Guido Knopp

Entscheidung Stalingrad

Guido Knopp

Entscheidung Stalingrad

Der verdammte Krieg

Mit einem Vorwort von
Lew Kopelew

In Zusammenarbeit mit
Rudolf Gültner

Dokumentation
Stefan Brauburger
Peter Hartl
Ursula Nellessen
Gabriella Toth

C. Bertelsmann

1. Auflage

Umschlaggestaltung: Evelyn Schick
Reproduktionen: Fotolito Longo, Bozen
Satz: Uhl + Massopust, Aalen
Druck und Bindung: Mohndruck Gütersloh
Printed in Germany
ISBN 3-570-01420-7

Inhalt

Lew Kopelew

Stalingrad – Lehre und Mahnung

Wofür kämpften die Landser?

In diesem Augenblick, Soldaten der Ostfront, vollzieht sich ein Aufmarsch, der in Ausdehnung und Umfang der größte ist, den die Welt je gesehen hat. [...] Damit tretet Ihr in einen harten und verantwortungsschweren Kampf ein. Denn: das Schicksal Europas, die Zukunft des Deutschen Reiches, das Dasein unseres Volkes liegen nunmehr allein in Eurer Hand.

(Aus dem Tagesbefehl Hitlers vom 21. Juni 1941)

Lew Kopelew

»Niemals wird so viel gelogen wie im Kriege.« Dieser alte Spruch wurde in beiden Weltkriegen noch und noch bewiesen. Doch Kriegslügen wuchern auch in Friedenszeiten.

Die Dolchstoßlegende – die pathetische Mär von den unbesiegten kaiserlichen Heeren, die nur durch den Verrat der Sozialisten, durch die Machenschaften der Freimaurer und Juden zum Rückzug, zur Kapitulation gezwungen worden waren – blieb eine der unerschöpflichen Quellen der militanten nationalistischen Erziehung und besonders der NS-Propaganda, die neue Generationen gehorsamer Soldaten für den Zweiten Weltkrieg vorbereitete. Die zweckbewußt erzeugten Legenden und auch kleinere Lügen dieses Krieges überdauerten selbst katastrophale Niederlagen und den Zusammenbruch des »Dritten Reichs«, wurden im Kalten Krieg wieder aufgefrischt und werden sogar heute noch von alten und leider auch neuen, jüngeren Vorgestrigen fleißig fortgesponnen.

Der Legende vom Präventivkrieg, der angeblich am 22. Juni 1941 dem »teuflisch geplanten Angriff der bolschewistischen Horden« zuvorkam, glaubten damals im Sommer viele deutsche Soldaten und Zivilisten. Man zweifelte kaum an den Wehrmachtsberichten über die Vernichtung des größten Teils der Roten Armee, die schon zum Angriff auf Deutschland aufmarschiert sei. Am 3. Oktober 1941 verkündete Hitler im Berliner Sportpalast: »Dieser Gegner ist bereits gebrochen und wird sich nie wieder erheben.«

Am 8. Oktober schrieb General Jodl: »(Wir) haben endgültig und ohne Übertreibungen diesen Krieg gewonnen.« Am 13. Oktober erklärte der Reichspressechef Otto Dietrich: »Die militärische Entscheidung dieses Krieges ist gefallen.«

In den nachfolgenden Wochen brachten Rundfunk, Zeitungen und Wochenschau neue Siegesmeldungen, aber immer öfter gab es auch bittere Kommentare und Klagen über schlechtes Wetter, über Schlamm und Kälte. Die Schwächung der Wehrmacht, die Kurzatmigkeit der prahlerischen Lügen suchte man durch Naturgewalten zu erklären. Die Rote Armee sollte sich ja »nie wieder erheben«. Es scheint, daß sogar manche Generale daran glaubten.

Am 3. Dezember wurde der Vormarsch auf Moskau befehlsmäßig »vorläufig« gestoppt; am 4. Dezember meldete das OKH: »Der Russe ist zu einer großangelegten Offensive [...] zur Zeit nicht fähig.« Doch schon am 6. Dezember setzte an mehreren Frontabschnitten die Gegenoffensive der Verteidiger Moskaus ein. Hitler berief sich auf einen »überraschend früh eingetretenen strengen Winter«, ernannte sich selbst zum Oberbefehlshaber und wies alle Kommandostellen an der Ostfront an, »die Truppen zum fanatischen Widerstand zu zwingen«.

Nach all den verlustreichen Rückzugskämpfen mußten die Nazi-Strategen die Taktik ihrer ideologischen und psychologischen Kriegsführung ändern. Als die Wehrmacht im Frühling und Sommer 1942 dann neue Erfolge in der Ukraine, auf der Krim und am Don verzeichnete, erklärte Goebbels in einer Rede am 4. August unverblümt:

»Das ist kein Krieg für Thron und Altar; es ist ein Krieg für Getreide und Brot, für einen vollen gedeckten Frühstücks-, Mittags- und Abendbrottisch [...], ein Krieg um Rohstoffe, um Gummi, um Eisen und Erz. Es ist ein Krieg um ein menschenwürdiges nationales Dasein, das wir als verschämte Arme bisher zu führen nicht imstande waren.«

»Wir wollen uns gesundstoßen«, gestand er mit zynischer Offenheit. Nun war die Legende vom Präventivkrieg schon nicht mehr nötig; die kriegsmüden Ostkämpfer wurden realistisch motiviert. Bekräftigt wurde das durch »Führerpakete«: Jeder Fronturlauber oder Verwundete, der in die Heimat kam, erhielt als »Geschenk des Führers« Speck, Butter, Zucker, Honig und anderes mehr.

Am 19. August begannen die großangelegten Angriffe der Luftwaffe, der Panzer- und Infanteriedivisionen auf Stalingrad. Am 23. Oktober schmetterten die Siegesfanfaren; eine Sondermeldung lautete: »Die Festung der Bolschewiken zu Füßen des Führers! Stalingrad vor dem Fall!« Am 8. November sprach Hitler:

»Ich wollte zur Wolga kommen, und zwar an einer bestimmten Stelle, an einer bestimmten Stadt. Zufälligerweise trägt sie den Namen von Stalin selber. Aber denken Sie nur nicht, daß ich aus diesem Grunde dorthin marschiert bin [...], sondern weil dort ein ganz wichtiger Punkt ist... Den wollte ich nehmen, und – wissen Sie – wir sind bescheiden, wir haben ihn nämlich! Es sind nur noch ein paar kleine Plätzchen da.«

Doch an diesen »kleinen Plätzchen« kämpften die Soldaten der Roten Armee trotz schwerster Verluste noch härter als ein Jahr zuvor an den Landstraßen vor Moskau, und ihre Gegenoffensive war viel stärker.

Vom 19. bis zum 22. November 1942 durchbrachen sowjetische Armeen vom Norden und Süden her die Flanken der in Straßenkämpfen verblutenden 6. Armee und schlossen den Kessel. Hitler befahl: »Einigeln ... ausharren!«

Fünfundsiebzig Tage dauerte der verzweifelte Kampf, Haus um Haus, Straße um Straße. Wiederholte Vorschläge von General Seydlitz, aus dem Kessel auszubrechen – im Dezember wäre es noch möglich gewesen –, wurden mißachtet. Hitler verlangte Durchhalten um jeden Preis, ernannte Generaloberst Paulus, den Befehlshaber der 6. Armee, zum Generalfeldmarschall und ließ die Eingeschlossenen von Stalingrad – auch die noch lebenden – in schwülstigen Totengesängen ehren.

Von den etwa 250 000 deutschen Soldaten, die im November im Kessel eingeschlossen waren, konnten ungefähr 35 000 Verwundete und Kranke über die Luftbrücken ins Hinterland ausgeflogen werden. Mehr als 120 000 fielen, erlagen den Verletzungen und dem Hunger, 90 000 zogen in Gefangenschaft; nur 6000 von ihnen kehrten nach dem Krieg in die Heimat zurück. Vierundzwanzig Generale und mehrere Stabsoffiziere wurden in Gefangenenlager ausgeflogen, zehntausende ausgehungerter und verwundeter Soldaten zogen durch die verschneiten Steppen in provisorische Auffanglager.

Zum ersten Mal mußte das OKW offiziell eine große Niederlage eingestehen, zum ersten Mal ergaben sich der Roten Armee deutsche Generale, darunter ein Feldmarschall, zum ersten Mal seit Beginn des Weltkrieges schaltete die sonst so offensive, angriffslustige NS-Propaganda auf Defensive, auf panische Verteidigung um. Die von Goebbels meisterhaft dirigierte Propagandamaschinerie lief auf Hochtouren, erzeugte neue Heldenmythen von den »Thermopylen an der Wolga«; statt der bislang noch frischfröhlich zynischen Aufrichtigkeit der Siegesbewußten, die sich in Rußland gesundstoßen wollten, hieß es nun: »Alarm, Alarm! Wir haben uns arg verrechnet; der grausame, völkervernichtende Bolschewismus ist viel stärker, viel gefährlicher, als man vermuten konnte, die Wehrmacht am Dnjepr und am Wolchow verteidigt nicht nur ihre eigene Heimat, sondern das gesamte Abendland ...«

Der Weg nach Stalingrad

Rußland befand sich im Jahre 1941, als die deutsche Wehrmacht dort einfiel, im Zustand der gerechten Verteidigung.

(Heinrich Böll,
Brief an einen jungen Katholiken)

Wir kamen nach Stalingrad als fast Zerschlagene und haben trotzdem fünfeinhalb Monate ausgehalten. [...] Sicher, wir waren schwächer, auch technisch schlechter ausgerüstet. [...] Aber verteidigt haben wir unsere Häuser, unsere Familien.

(Viktor Nekrassow,
In den Schützengräben von Stalingrad)

Heute noch teilen sich die Geister, wenn Historiker und Politologen, Zeitzeugen und Publizisten über die Geschichte des Zweiten Weltkrieges diskutieren.

Die einen glauben, die Kesselschlacht von Stalingrad sei der eigentliche Wendepunkt des Weltkrieges gewesen: Die Wehrmacht und das »Dritte Reich« hätten dort die entscheidende, die tödliche Niederlage erlitten; alles weitere seien nur noch verzweifelte Todeskrämpfe gewesen.

Andere dagegen behaupten, daß die großen Schlachten vor Moskau und in Stalingrad, vor Kursk und Orel sowie in Belorußland der Wehrmacht wohl höchst schmerzliche, verlustreiche Niederlagen gebracht und Hitlers wahnwitzige Strategie offenbart hätten, aber das siegreiche Kriegsende hätten erst die britischen und amerikanischen Bombergeschwader und die überlegenen alliierten Armeen im Westen und Süden herbeigeführt.

An solchen Diskussionen mit Schreib- und Stammtischstrategen nehme ich nicht teil, fühle mich dafür nicht kompetent, kann aber den Gedanken nicht verwerfen, daß ohne die Niederlagen im Osten die Wehrmacht im Westen und Süden sowohl materiell als auch moralisch viel stärker gewesen wäre.

Im Kessel von Stalingrad haben die osterfahrenen Frontkämpfer, vom Landser bis zum Generalfeldmarschall, erkannt, daß die Rote Armee noch ein Jahr zuvor auf den Krieg nicht vorbereitet war und erst an der Moskwa, besonders aber an der Wolga von verzweifelter Verteidigung zu offensiver Strategie überging.

Dennoch frischen ein halbes Jahrhundert später die unbelehrbaren Vorgestrigen in Deutschland die alte Propagandalegende wieder auf. Mit ihnen wetteifern russische Neofaschisten, die sich von den Nazis Demokratiehaß, Verachtung der Menschenrechte und paranoiden Rassismus angeeignet haben, doch zugleich Stalin als größten Strategen darstellen, der Hitler zu einem für Deutschland so unglückseligen Krieg provozierte.

Es genügt, die unbestreitbaren Tatsachen nachzuvollziehen, das heißt die Wehrmachtsberichte, Reden, Befehle, »Geheimen Kommandosachen« und Pressemeldungen aneinanderzureihen, um ohne jegliche Kommentare zur Schlußfolgerung zu gelangen: Der Angriff auf Rußland im Sommer 1941 war ebenso »präventiv« wie der auf Polen im Herbst 1939 und wie die Angriffe auf Holland und Dänemark im Frühjahr 1940.

Daß der bolschewistische Staat nichts weniger als friedliebend war, ist eine Binsenwahrheit. Doch zur militärischen Doktrin, wie sie uns eingetrichtert wurde, gehörte der Grundsatz, die Strategie der Roten Armee sei auf Gegenoffensive ausgerichtet. Sowohl in militärischen Fachzeitschriften als auch in trivialen utopischen Romanen wurde der bevorstehende Krieg nach einem simplen Schema dargestellt: Ein Angriff der Imperialisten wird von mächtigen Gegenschlägen der Roten Armee und von proletarischen Revolutionen im Rücken der Angreifer überwunden.

Als zukünftige Gegner ließ man die imperialistischen Armeen Englands, die faschistischen Heere Rumäniens, Polens und seit 1931 die japanischen Militaristen agieren. Deutschland dagegen galt bis 1933 meistens als eventueller Verbündeter, denn daß der Versailler Vertrag ungerecht und imperialistisch war, hatte schon Lenin gelehrt; die deutsche Arbeiterbewegung war die stärkste in Europa, und manche von uns wußten sogar, daß die Reichswehr mit der Sowjetunion sympathisierte und daß bis zum Herbst 1933 in russischen Städten geheime deutsche Militärschulen – eine Fliegerschule in Lipezk und eine Panzerschule in Wolsk – bestanden.

Hitlers Programm der »Ostpolitik« war schon in »Mein Kampf« (1925) eindeutig formuliert:

»Wenn wir aber heute in Europa von neuem Grund und Boden reden, können wir in erster Linie nur an *Rußland* und die ihm untertanen Randstaaten denken. [...] Unsere Aufgabe, die Mission der nationalsozialistischen Bewegung [...] ist, unser eigenes Volk zu jener politischen Einheit zu bringen, daß es sein Zukunftsziel [...] in der emsigen Arbeit des deutschen Pfluges (erfüllt sieht), dem das Schwert nur den Boden zu geben hat.«

Sowjetische Journalisten verspotteten die phantastischen Spekulationen des halbgebildeten, von manischem Rassenwahn besessenen Kleingeistes, zitierten sie reichlich als Beispiele eines kulturellen Verfalls. Doch als Hitler zum Kanzler und »Führer des Deutschen Reichs« wurde und Millionen verführter Menschen ihn bewunderten, ließen auch Stalin und seine Getreuen die sowjetische Ideologie neu ausrichten. Bereits 1934 begannen patriotische und sogar nationalistische Parolen und Schulungsprogramme die bisher vorherrschenden internationalistischen Ansichten zu verdrängen und zu ersetzen. Dennoch blieben bis 1941 daneben auch traditionelle »klassenkämpferische« Vorstellungen bestehen; man glaubte, die NSDAP, die Partei des Großkapitals, vermochte nur deswegen so viele Menschen demagogisch zu verführen, weil Deutschland von der Wirtschaftskrise schwer heimgesucht war.

Der Hitler-Stalin-Pakt (1939) war für meine Freunde und für mich eine unangenehme Überraschung: ein Vertrag mit dem Teufel. Doch die Folgen dieses Pakts, die Einverleibung der Westukraine, Westbelorußlands, der baltischen Republiken und Bessarabiens, deuteten wir als Erfolge der genialen Friedenspolitik Stalins, als Gewähr dafür, daß die Sowjetunion nicht am europäischen Krieg teilnehmen werde. Selbst die Erfahrungen der schrecklichen Terrorjahre 1937/38 haben unseren Glauben nicht erschüttert, daß Stalins Regierung für unser Land – die von Klassenfeinden eingekreiste sozialistische Festung – die bestmögliche sei.

Doch im Unterschied zu solchen gläubigen Kommunisten, wie ich es damals war, die ihre Ideologie und ihr Parteiprogramm ernst nahmen, wußte Stalin schon seit mehreren Jahren, daß keine proletarische Weltrevolution möglich sei. Seine »linken« Gegner waren überzeugt, daß in einem einzigen Land keine sozialistische Gesellschaft aufgebaut werden kann, und glaubten, daß die Stalinsche Partei ein despotisches staatskapitalistisches Imperium schaffe. Die Trotzkisten nannten Stalin bereits in den zwanziger Jahren einen Nationalsozialisten. Sie alle und ihre Sympathisanten wurden als »Volksfeinde« verhaftet, verbannt, umgebracht. 1934/35 hatten Stalin und Molotow ein Bündnis mit dem Hitler-Reich anvisiert und bereits geheime Verhandlungen geführt. In Vorbereitung darauf »säuberte« man 1937/38 die Komintern: Die leitenden Funktionäre der kommunistischen Parteien Polens, der Westukraine und Westbelorußlands wurden nach Moskau eingeladen, verhaftet, die meisten umgebracht. Diese drei Parteien löste die Komintern offiziell auf. Und ein Jahr darauf wurden in eben diesen drei Ländern die Sowjetunion und das »Dritte Reich« zu verbündeten Nachbarn.

Die Möglichkeit eines überraschenden, plötzlichen Angriffs auf die Sowjetunion ohne vorherige diplomatische Auseinandersetzungen war einfach unvorstellbar.

Hitler konnte seinen Moskauer Gegenspieler überlisten, weil dieser ihn als Staatsmann und Strategen überschätzte. Das Bündnis des »Dritten Reichs« mit der Sowjetunion war für beide Seiten äußerst profitabel: Der Wehrmacht sicherte es Rohstoffquellen und strategische Rückendeckung, und die Sowjetunion konnte neue Gebiete »friedlich gewinnen« und sich aus dem Krieg im Westen heraushalten. Doch Stalin unterschätzte den unveränderbaren, aller Logik und allen Wirklichkeiten trotzenden rassistisch motivierten Weltherrschaftswahn Hitlers.

In den Terrorjahren 1936 bis 1939 wurden etwa achtzig Prozent der Generale und Stabsoffiziere der Roten Armee verhaftet und viele von ihnen ermordet. So war die Sowjetunion, war die Rote Armee 1941 weder strategisch und materiell noch psychologisch auf einen Krieg mit Deutschland vorbereitet. Der Generalstab der Wehrmacht war darüber unterrichtet, und dementsprechend wurde der »Barbarossa«-Plan ausgearbeitet. Im März 1941 richtete Hitler eine »theoretisch« motivierte Instruktion an die Befehlshaber und Truppenkommandeure der Wehrmacht:

»Ein Krieg wie gegen Rußland kann nicht ritterlich geführt werden. Es handelt sich um einen Kampf der Weltanschauungen und rassischen Gegensätze und ist daher mit nie dagewesener erbarmungsloser Härte zu führen. Alle Offiziere werden sich überlebter Anschauungen entledigen müssen.«

Kurz darauf sprach er in einer Geheimkonferenz vor Generalen und Stabsoffizieren. Den Inhalt seiner Belehrungen faßte Generaloberst Hoepner zusammen:

»Der Krieg gegen Rußland ist ein wesentlicher Abschnitt im Daseinskampf des deutschen Volkes. Es ist der alte Kampf der Germanen gegen das Slawentum, die Verteidigung europäischer Kultur gegen moskowitisch-asiatische Überschwemmung, die Abwehr des jüdischen Bolschewismus. Dieser Kampf muß die Zertrümmerung des heutigen Rußland zum Ziele haben und deshalb mit unerhörter Härte geführt werden. Jede Kampfhandlung muß in Anlage und Durchführung von dem eisernen Willen zur erbarmungslosen, völligen Vernichtung des Feindes geführt werden.«

Doch die strategische Rechnung der kriegserfahrenen und siegessicheren Generale, die von einem selbstherrlichen Gefreiten befehligt wurden, ging nicht auf. Stalingrad war der Beweis.

Generalmajor Otto Korfes, ein Divisionskommandeur,

der in Stalingrad in Gefangenschaft geraten war, schrieb 1943: »Unser Schicksal bei Stalingrad ist heute das Schicksal Deutschlands. Die 6. Armee ging in der eisigen Steppe, von jeder Hilfe verlassen, zugrunde. Das Deutschland Hitlers ist einsam und isoliert, es hat keine Freunde, keine Bundesgenossen mehr. Alle Völker der Welt stehen gegen Deutschland.«

Im Juli 1944 war ich dabei, als General Hoffmeister, Kommandeur des 12. Armeekorps in Belorußland, einigen deutschen Generalen begegnete, die ebenso wie er gefangengenommen worden waren. Nach kurzer Begrüßung fragte er sofort: »Nun, meine Herren Kameraden, was glauben Sie, wann haben wir diesen Krieg verloren? Daß er verloren ist, bezweifelt ja keiner von uns!«

Die meisten antworteten: »In Stalingrad.« Einer nannte Moskau, ein anderer Orel und Kursk. Hoffmeister winkte ab: »Nein, meine Herren, am 22. Juni 1941 war es. So habe ich es damals schon dem Reichenau gesagt. In Stalingrad ist es auch den Dümmsten klargeworden.«

Auf die Lehren der Vergangenheit sollte man sich immer wieder besinnen, nicht nur, um die alt-neuen Geschichtsklitterungen zu widerlegen, sondern um daran zu erinnern, wie gefährlich, wie verhängnisvoll es ist, sich von althergebrachten und neugebastelten Feindbildern blenden und verführen zu lassen.

Alte Legenden, neue Gefahren

Wie in der Vergangenheit die Zukunft reift,
So glimmt in der Zukunft das Vergangene noch.

(Anna Achmatowa)

Die neuen Zeitalter beginnen nicht auf einmal,
Mein Großvater lebte schon in der neuen Zeit,
Mein Enkel wird wohl noch in der alten leben.

(Bertolt Brecht)

Die Stalingrad-Legende wurde entworfen, als die Reste der 6. Armee noch verzweifelt, hoffnungs- und sinnlos kämpften. Göring sagte am 30. Januar, dem zehnten Jahrestag von Hitlers Machtübernahme, Stalingrad sei »der größte Heroenkampf unserer Geschichte«. Er sparte nicht mit Superlativen, versprach, daß »noch in tausend Jahren [...] jeder Deutsche mit heiligem Schauer von diesem Kampf in Ehrfurcht sprechen« werde. Und besonders wortreich beschwor er die Gegner und Neutralen im Westen, endlich zu begreifen, daß die Helden von Stalingrad »nicht allein Deutschland, sondern die ganze europäische Kultur vor der bolschewistischen Vernichtung retten«. Am 4. Februar 1943 brachte der »Völkische Beobachter« Nachrichten aus Stalingrad unter der Schlagzeile »Sie starben, damit Deutschland lebe«. Das »Schwarze Korps«, Zentralorgan der SS, publizierte am 11. Februar ein Gedicht »Stalingrad«: »Niemals wird die Sage / Der wilden Ruhmestage / In unsrem Volk vergehn...« Und schon im März 1943 hatte das Goebbels-Ministerium ein Buch fertiggestellt: »Heldenlied Stalingrad«.

Die alten Legenden wirken noch bis jetzt. Manche Historiker und memoirenschreibende Veteranen, vor allem die Generale, möchten im Untergang der 6. Armee einen »verlorenen Sieg« sehen; schuld seien Hitlers Wahnsinn und die Schwäche der verbündeten Italiener, Rumänen und Ungarn, die dem Druck der Roten Armee nicht widerstehen konnten.

Den alten, aus der zerbrochenen »Sieg-Heil«-Psychologie entstandenen Legenden widersprechen ungeschminkte Zeugnisse – Soldatenbriefe aus Stalingrad. Hier einige Beispiele aus letzten Briefen, die ihre Adressaten nicht mehr erreichten, weil sie auf Befehl des OKH beschlagnahmt und zur Erforschung der »Stimmung bei der Truppe« an das OKW übergeben wurden.

»Und was ist es in Wirklichkeit hier? Ein Verrecken, Verhungern, Erfrieren, nichts weiter wie eine biologische Tatsache, wie Essen und Trinken. [...] Man soll davon einen Film drehen, um den ›schönsten Tod der Welt‹ unmöglich zu machen. Es ist ein viehisches Sterben, das später einmal auf Sockeln aus Granit mit ›sterbenden Kriegern‹, die Binde um den Kopf oder den Arm, veredelt wird.«

»Der Führer hat fest versprochen, uns hier herauszuhauen, das ist uns vorgelesen worden, und wir glaubten auch fest daran. Ich glaube es heute noch, weil ich doch an etwas glauben muß. Wenn das nicht wahr ist, woran sollte ich dann noch glauben? [...] Wenn es nicht wahr ist, was man uns versprach, dann wird Deutschland verloren sein.«

»Wir sind uns klar darüber, schweren Führungsfehlern zum Opfer gefallen zu sein, auch wird die Aufreibung der Festung Stalingrad unserem Volk und Volkstum überhaupt schweren Schaden zufügen. Aber trotzdem glauben wir noch an eine glückhafte Auferstehung unseres Volkes.«

»Die Lage ist unhaltbar geworden, der Russe steht drei Kilometer vor der letzten Flugbasis, und wenn diese verloren ist, kommt keine Maus mehr heraus und ich auch nicht, aber es ist ein schwacher Trost, den eigenen Untergang mit anderen geteilt zu haben.«

»[...] jetzt sitze ich mitten in der Scheiße und weiß mit dem ganzen Krimskrams nichts anzufangen. Aber den anderen hier geht es genauso. Es ist eine blödsinnige Situation.«

»(Ich habe mich) mächtig auf die Schulterstücke gefreut und damals mit Euch ›Heil Hitler‹ gebrüllt und muß nun verrecken oder nach Sibirien. Das wäre ja nicht das Schlimmste, aber daß man weiß, daß alles für eine völlig sinnlose Sache vor sich geht, treibt das Blut in den Kopf.«

Als Ergebnis der Untersuchung beim OKW stellte sich heraus, daß mehr als sechzig Prozent der Briefschreiber der eigenen Kriegsführung nicht mehr vertrauten und sie ablehnten. War nicht die Bombe Stauffenbergs am 20. Juli auch ein Widerhall dieser Stimmen aus Stalingrad?

Russischerseits entstanden andersartige Stalingrad-Mythen. Jahrzehntelang bemühten sich offizielle Historiker und schreiblustige Generale, das klägliche Versagen der Strategie Stalins wegzulügen. Seine tyrannische Inkompetenz und der sture Gehorsam seiner vertrauten Heerführer, darunter Woroschilow, Budjonnyj, Timoschenko, ermöglichten den überraschenden Überfall und die größten Erfolge der Wehrmacht.

Nach den katastrophalen Niederlagen der Roten Armee im Frühsommer 1942 vor Charkow, auf der Krim und am Don stieß die Wehrmacht bis Stalingrad und in den Kaukasus vor. Die monatelange Schlacht um Stalingrad gewannen sowjetische Truppen, deren begabte Kommandeure in Kriegserfahrungen gereift waren und die gelernt hatten, unabhängig von der obersten Befehlsstelle zu handeln. Doch alle ihre Erfolge sollten als Beweise für Stalins Genie dienen. Dafür sorgten übereifrige Propagandakader – Journalisten, Professoren, Literaten...

Dennoch: trotz allen Zensurschranken gelang es einigen Autoren, wahrheitsgetreue Schilderungen und Bilder der dramatischen Wende an der Wolga zu gestalten. Der Stalingradkämpfer Viktor Nekrassow veröffentlichte 1946 seinen Roman »In den Schützengräben von Stalingrad«. Der Frontjournalist Wassilij Grossman schrieb an einem Stalingrad-Epos. Der erste Teil »Für die gerechte Sache« erschien 1952 und wurde von ideologischen Scharfrichtern schonungslos verrissen; das Manuskript des zweiten Teils »Leben und Schicksal« wurde 1961 vom KGB »verhaftet« und konnte erst 1988 in Rußland erscheinen. Der in Rußland als Emigrant lebende deutsche Schriftsteller Theodor Plivier publizierte bereits 1945 seinen Roman »Stalingrad«, der meines Erachtens immer noch das beste deutschsprachige epische Werk über diesen schicksalsträchtigen Abschnitt der neuen Geschichte ist.

Das Buch über den »verdammten Krieg« soll nicht nur bittere Erinnerungen wecken und Geschichte illustrieren, sondern vor allem die brennend aktuelle Bedeutung der Lehren aus dieser Geschichte erkennbar machen.

Den Zerfall der Sowjetunion begleiten schwere wirtschaftliche, sozialpolitische und moralische Krisen. Sie erschüttern Rußland, alle Staaten der einstigen Sowjetunion und des einstigen Warschauer Pakts. Die kritischen Wenden in der Weltgeschichte, der Verfall mannigfaltiger bolschewistisch-kommunistischer Ideologien ermuntern die »Gestrigen« in Rußland und die »Vorgestrigen« in Deutschland, ihre alten Legenden wiederzubeleben und hochzuspielen.

Die »Gestrigen« wollen ihren Stalin wieder als den großen Strategen des siegreichen Vaterländischen Krieges, als den genialen Führer der sozialistischen Weltmacht feiern und zum Leitbild für neue Generationen erheben. Solchen äußerst gefährlichen Geschichtsklitterungen widerspricht die tragische Wahrheit: Die Rote Armee kämpfte und siegte *trotz* der inkompetenten, willkürlichen und oft sinnlos grausamen Politik Stalins. Millionen Menschen in Rußland, in allen Gebieten der damaligen Sowjetunion mühten sich ab, arbeiteten selbstlos – trotz bitterster Not, Hunger, Entbehrungen, Trauer und Ängsten.

Aber die Früchte aller Kämpfe und Mühen eigneten sich die führenden Genossen der Partei- und Staatsnomenklatura an; sie herrschten brutal und zerstörerisch sowohl in den besetzten, den eroberten Gebieten als auch im eigenen Land.

Eben damals, nach den vielen Siegen, setzte die Entwicklung ein, die unabwendbar zur Katastrophe, zum Zerfall des Sowjetimperiums führte. Diese jahrzehntelang schwelende, von außen kaum bemerkbare Entwicklung, eine tiefgreifende, wirtschaftliche, soziale und moralische Zerstörung, vermochten kein »Tauwetter« und keine Perestroika aufzuhalten.

Die »Vorgestrigen« in Deutschland hatten die Legenden vom Präventivkrieg und von den »verlorenen Siegen« der Wehrmacht schon früher als ideologische Schützenhilfe im Kalten Krieg eingesetzt. Nun drohen alte Lügen, alte Feindbilder, wieder belebt, neue Gefahren heraufzubeschwören, neue Schäden anzurichten.

Stalingrad mahnt. An dem verdammten Krieg litten Sieger kaum weniger als Besiegte. Soldatenwitwen und Veteranen in der einstigen Sowjetunion können darüber viele tragische Geschichten erzählen. Inzwischen entstehen immer neue »Klein-Stalingrads« – in Kabul und in Berg-Karabach, in Sarajewo, in Südossetien, in Palästina und am Dnjestr, in Soweto und in Kurdistan. Bis jetzt hatten sie eine weniger weitreichende internationale Wirkung, als einst die große Stalingradschlacht hatte.

Ein optimistischer Politologe bemerkte: »Im Sommer 1914 haben wenige Pistolenschüsse in Sarajewo den Ersten Weltkrieg ausgelöst; heute schießen dort monatelang Scharfschützen, Maschinengewehre, Panzer und schwere Kanonen, und es bleibt ein ›lokaler Konflikt‹. Im Februar 1917, als in Petersburg etwa eine Woche lang zuwenig Brot verkauft wurde, begann die russische Revolution. Was heute in Rußland die Menschen entbehren und wie sie leiden, das war noch vor einem Jahr unvorstellbar. Dennoch: Revolutionen bleiben aus.«

Doch diese tröstlichen Überlegungen dürfen nicht vergessen lassen: In all den »Klein-Stalingrads« kämpft man ebenso wie einst im eigentlichen Stalingrad immer noch mit Granatwerfern, Geschützen, Fliegerbomben, Panzern... Das alles ist schlimm genug. Auch dort kann es nur Opfer, nur Besiegte geben.

Aber unser Zeitalter unterscheidet sich grundsätzlich von den Zeitaltern beider Weltkriege: Die mörderischen Gewalten aller Verduns und Stalingrads sind unermeßlich schwächer als die Gewalten der ABC-Waffen, die heute noch in geheimen Arsenalen verborgen bleiben. Kämen sie zum Einsatz, gäbe es keine Sieger und keine Überlebenden auf unserem ausgebrannten, toten Planeten.

Im Januar 1943 schrieb ein deutscher Oberleutnant in Stalingrad an seinen Vater, einen Oberst im Generalstab: »Die Hölle an der Wolga soll Euch Warnung sein. Ich bitte Euch, schlagt diese Erkenntnis nicht in den Wind.«

Auch dieser Brief blieb in den Archiven des OKW. Doch heute darf die Mahnung der Stalingradkämpfer nicht vergessen werden. Darin besteht der eigentliche, vielleicht einzige Sinn ihrer vergeblichen Leiden und Opfer.

Juli 1992

378 29
41

Tödliche Weisung

Heldengedenktag 1942: Deutschland würdigte seine Toten, das nationalsozialistische »Dritte Reich« feierte die Soldaten, die im Kampf den »Heldentod für Führer, Volk und Vaterland« gestorben waren. Die Nazi-Führung mißbrauchte die Opfer eines Krieges, den sie vom Zaun gebrochen hatte, für einen weiteren großen Propagandaauftritt. Adolf Hitler demonstrierte Stärke und Unbelehrbarkeit, verherrlichte den Feldzug und seine Ziele, beleidigte die Toten. Zweieinhalb Jahre schon führte das Deutsche Reich Krieg, seit neun Monaten kämpften deutsche Truppen in Rußland. Der Sieg sollte längst errungen sein, doch der deutsche Angriff war vor Moskau zum Stehen gekommen. Die Rote Armee trat zum Gegenangriff an, die Wehrmacht mußte zurückweichen. Die Soldaten waren im Dezember 1941 erschöpft und ausgelaugt, sie kämpften ums Überleben – gegen die frischen Kräfte der Sowjets, gegen die Kälte des russischen Winters. Den »Führer« ließ das ungerührt. Er gab sich siegessicher:

»Die Sowjets werden im kommenden Sommer zerschmettert. Eine Rettung gibt es für sie nicht mehr. Der Sommer ist insofern das entscheidende Stadium der kriegerischen Auseinandersetzungen. Die Bolschewisten werden so weit zurückgedrängt werden, daß sie den Kulturboden Europas nicht mehr berühren.«

Es mutete wie ein Ritual an, wenn Hitler von den Zielen seines Krieges gegen Rußland sprach: die Vernichtung des Bolschewismus, die Eroberung von Lebensraum. Zynisch verbrämte er den Feldzug als einen »Kreuzzug« zur Rettung der europäischen Kultur, seine Hybris war ungebrochen. Der Glaube, alles erreichen zu können, verleitete ihn schließlich, die gegnerischen Kapazitäten falsch einzuschätzen. Sein blindwütiger Fanatismus verschloß ihm die Augen vor der Realität. Eine einzige Schlacht sollte nun die letzte Entscheidung bringen, wieder einmal. Hitler deutete an, daß er die Initiative wieder an sich reißen wollte. Die Ausgangslage war jedoch alles andere als günstig.

Seite 13: Im Morgengrauen des 22. Juni 1941. Das »Unternehmen Barbarossa« beginnt. Motorisierte Verbände der Wehrmacht marschieren in der Sowjetunion ein.

Raum Naro-Forminsk, während der sowjetischen Winteroffensive Anfang Dezember 1941. Ein deutscher Flak-Kanonier in Erwartung eines Luftangriffs.

Das »Unternehmen Barbarossa«

In drei Heeresgruppen, bestehend aus sieben Armeen, vier Panzergruppen und drei Luftflotten, war die deutsche Wehrmacht am 22. Juni 1941 in Rußland eingefallen. Das Ostheer umfaßte insgesamt drei Millionen Mann, 600 000 Fahrzeuge, 3580 Panzerkampfwagen, 7184 Geschütze und 1830 Flugzeuge. Mit dieser Streitmacht wollte Hitler die Sowjetunion in einem schnellen Feldzug niederwerfen. In der Führerweisung Nr. 21 war die Absicht des Falls »Barbarossa« wie folgt umrissen:

»Das Endziel der Operationen ist die Abschirmung gegen das asiatische Rußland auf der allgemeinen Linie Wolga–Archangelsk.«

Die Armeen hatten klare Aufträge: Die Heeresgruppe Süd marschierte in Richtung Kiew, um das Donezbecken zu erobern. Ziel der Heeresgruppe Nord war Leningrad. Die Heeresgruppe Mitte ging direkt in Richtung Moskau vor.

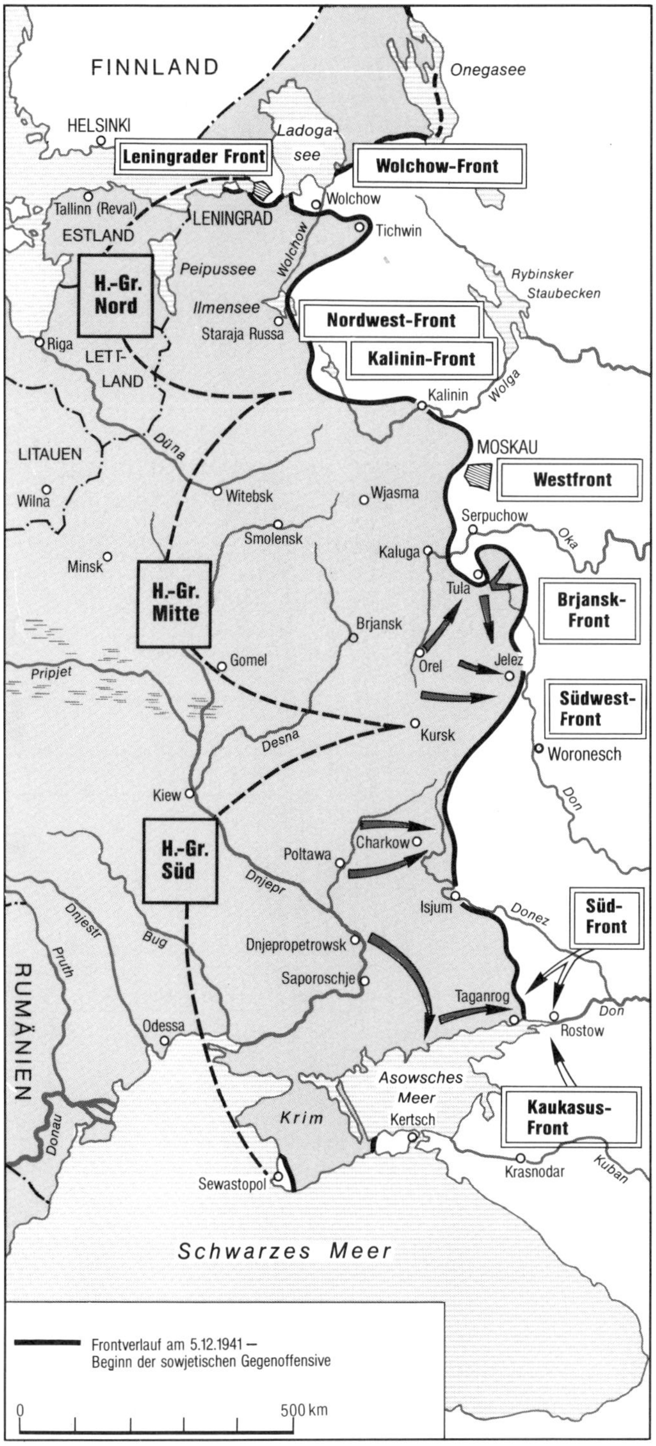

Aus der Offensive in die Defensive: Rückmarsch deutscher Soldaten im Schutz der Panzer.

Ihr sollte sich die Heeresgruppe Nord nach der Eroberung Leningrads anschließen.

»Es dauert nur acht Wochen«, hatte der vom Blitzkrieg und von schnellen Siegen verwöhnte »Führer« im Sommer 1941 geprahlt. Mit Beginn des Frühjahrs 1942 war jedoch keines der hochgesteckten Ziele erreicht. Der harte russische Winter hatte die deutsche Offensive bei Temperaturen von bis zu 40 Grad unter dem Gefrierpunkt vor Moskau gestoppt. Zwar konnten sich deutsche Stoßtrupps bis auf dreizehn Kilometer an die sowjetische Hauptstadt herankämpfen, doch dann mußte die Wehrmacht kehrtmachen. Die Operation »Taifun« war gescheitert. Nach langem Zögern befahl Hitler in der Weisung Nr. 39 am 8. Dezember 1941 die Einstellung der Angriffsoperationen und gestattete den Rückzug in die Winterstellungen.

Statt des erwarteten schnellen Sieges im Osten waren die Deutschen in die Defensive gezwungen. Ende Februar standen die deutschen Truppen – wieder – mehr als hundert

Kilometer von Moskau entfernt. Die Russen leisteten nach wie vor hartnäckigen Widerstand, wobei sie auf scheinbar unerschöpfliche Reserven an Menschen und Material zurückgreifen konnten. Dem hatten die erschöpften deutschen Truppen wenig entgegenzusetzen: Tod und Vernichtung waren jedoch nicht nur im fernen Rußland an der Tagesordnung. Der Krieg tobte auch in der Heimat. Dort kam das Inferno aus der Luft.

»Meiers Hifthorn schallt«

In der Nacht zum 28. März 1942 tauchten Bomber der Royal Air Force über Lübeck auf. Die alte Hansestadt war das erste Opfer einer neuen Phase in der britischen Luftkriegsführung. Am 14. Februar 1942 hatte das britische Kabinett beschlossen, eine Bomberoffensive gegen Deutschland einzuleiten. Mit gezielten Angriffen auf Wohngebiete und Zivilbevölkerung sollte die Moral der Deutschen gebrochen werden. Auch industrielle Ziele wurden anvisiert, vor allem die Treibstoffindustrie. Lieferungen an die Front sollten unterbunden werden. »Querschnittslähmung« nannte man diese Taktik.

Doch zunächst traf es die Stadt im Norden: Lübeck, die Perle der Hanse, mit ihren alten Ziegelhäusern ein einziges Freilichtmuseum. Es war am Abend des 28. März. Fast zweihundertfünfzig britische Bomber luden ihre tödliche Last über der Stadt ab. »Lübeck brennt wie Feuerholz«, meldete der britische Bericht.

Hitler wollte Vergeltung und antwortete auf seine Art. Zwei Bomberstaffeln aus Sizilien wurden verlegt und bekamen die Order, Exeter, Bath, Norwich, York und Canterbury anzugreifen. So begann die deutsche Luftwaffe ihre »Baedeker-Raids« – Vergeltungsangriffe gegen englische Städte, die für ihre architektonischen und kulturhistorischen Sehenswürdigkeiten berühmt waren. Von April bis Oktober 1942 starteten Görings Bomber zu ihren Vernichtungsflügen gegen englische Städte.

Der Luftkrieg über Europa, von dem die Menschen im Deutschen Reich und auf den Britischen Inseln einige Monate verschont blieben, hatte eine neue Dimension erreicht. Zwei Monate nach Lübeck flogen die Briten in der Nacht vom 30. auf den 31. Mai 1942 ihren ersten »Tausend-Bomber-Angriff« gegen Köln. Es folgten am 1. Juni Essen und am 25. Juni Bremen. Der Befehlshaber der Royal Air Force, Luftmarschall Arthur Harris, hatte seine »Round the clock-bombings« begonnen, die ihm den Beinamen »Bomber-Harris« einbringen sollten.

Links oben: Stillstand vor den Toren Moskaus. Erschöpft ziehen sich die deutschen Truppen in die Winterstellungen zurück.

Links unten: Nur wenige der unzähligen Toten konnten noch ordentlich bestattet werden.

Hildegard Steinborn, Köln.

In dieser Mainacht ging alles wahnsinnig schnell. Schon das lautstarke Dröhnen der Flugzeugmotoren kündigte an, daß dieser Angriff diesmal viel stärker sein würde als sonst. Ich befand mich gerade auf der Treppe, schon auf dem halben Weg in den Keller, als ich wie von Geisterhand hochgehoben wurde und mich urplötzlich auf dem Kellerboden wiederfand. Der Luftdruck einer Detonation im Nachbarhaus hatte mich zu Boden geworfen. Auch die Notbeleuchtung ging noch aus. Trotz aller Tapferkeit kroch nun eine kalte Angst in uns hoch. Zitternd klammerten mein Mann und ich uns aneinander, denn solch ein Krachen, Bersten, Zischen und Böllern hatten wir noch nie erlebt. Wir verloren jedes Zeitgefühl. Plötzlich flog mit einem fürchterlichen Krach die Tür zum Luftschutzkeller auf; es wurde heiß und taghell vom Feuerschein der ganzen Umgebung. Wir verspürten Todesangst. Nach langer banger Zeit wagten wir uns endlich hinauf, wo uns ein grausiges Bild empfing: überall Feuer, Rauch, Schutt, Ruinen. Wir wollten schon mit den Aufräumungsarbeiten beginnen, da ging das Inferno von neuem los.

Mit jeweils tausend Bombern wollten Briten und Amerikaner das »Tausendjährige Reich« in die Knie zwingen. Nachts kamen britische Maschinen, am Tag wurden sie von den Amerikanern mit schweren Bombern des Typs B 24 (»Liberator« – »Befreier«) und B 17 (»Flying Fortress« – »Fliegende Festung«) abgelöst. Auch wenn die amerikanischen Operationen zunächst nicht den erwünschten Erfolg brachten – die deutsche Zivilbevölkerung mußte nun in ständiger Furcht vor feindlichen Flugzeugen leben. Hitler tobte, sein Zorn richtete sich vor allem gegen den für die Luftabwehr zuständigen Hermann Göring. Der Reichsmarschall war nun das Ziel des Volksspotts. Wenn die Sirenen einen Luftangriff ankündigten und die Bevölkerung in die Luftschutzkeller trieben, hieß es, »Meiers Hifthorn schallt«. Denn der passionierte Jäger Göring hatte einst großspurig geprahlt: »Ich will Meier heißen, wenn auch nur eine einzige Bombe über Deutschland niedergeht.«

Oben: Amerikanischer Bomber vom Typ B 17 (»Flying Fortress«) haben ihre tödliche Last ausgeklinkt.

Rechts: Kölns zerstörte Innenstadt nach dem Angriff der tausend Bomber vom 31. Mai 1942.

Rechte Seite oben: Er wollte das »Tausendjährige Reich« in Schutt und Asche legen! Luftmarschall Arthur Harris, »Bomber-Harris« genannt.

Rechte Seite unten: Ein bald schon alltägliches Bild in deutschen Großstädten. Tote und Verletzte werden aus rauchenden Trümmern geborgen.

Von nun an sollten zahllose Bomben auf Deutschland herabregnen und Tod und Verderben über die Zivilbevölkerung bringen, Industrieanlagen und Wohngebiete in Schutt und Asche legen. Und dies war erst der Anfang. Die US Air Force erhielt allein 1942 48 000 neue Maschinen, darunter 10 000 Bomber und 2600 viermotorige »Fliegende Festungen«.

Ein »Closing the ring« hatte Churchill auf einer Konferenz im Januar 1942 in Washington angekündigt, der Ring um Deutschland sollte sich schließen. Er zog sich von der russischen Front über den Kaukasus in den Nahen Orient, wo der »Wüstenfuchs« General Rommel gegen seinen britischen Widerpart Montgomery um die Vorherrschaft in Ägypten kämpfte, über den Atlantik, in dem der U-Boot-Krieg tobte, und England, wo die Operation »Bolero« angelaufen war und amerikanische Truppen auf dem »Exerzierplatz der Alliierten« die Invasion Europas vorbereiteten, bis hinein nach Deutschland. Der britische Premier Winston Churchill gab sich optimistisch: »Das ist noch nicht das Ende. Es ist noch nicht einmal der Anfang vom Ende. Es ist aber, vielleicht, das Ende des Anfangs.«

War das Reich schon am Ende? War Deutschlands Niederlage unausweichlich?

Stellungswechsel im Raum Mossals, Januar 1942. »Vorwärts Kameraden, wir müssen zurück.«

Rechts: Ende 1941 versank der Vormarsch der deutschen Wehrmacht in Eis und Schnee.

»Der Winter des Unheils«

Am 5. Dezember 1941 hatte die Rote Armee ihre Winteroffensive begonnen. Zuerst rückte Generaloberst Konjew mit vier sowjetischen Armeen gegen die Kalininfront vor. Die 3. und 4. deutsche Panzerarmee, die schon fast die Moskauer Vororte erreicht hatten, mußten ihre Operationen gegen die sowjetische Hauptstadt einstellen. Auch Guderians Panzer gerieten unter starken Druck und waren gezwungen, sich aus Tula zurückzuziehen. Am nächsten Tag befahl General Schukow der sowjetischen Westfront den Gegenangriff. Insgesamt 47 Schützendivisionen, 36 Schützen- und 15 Panzerbrigaden warfen die Sowjets in ihre Offensive gegen die Heeresgruppe Mitte. Rund ein Drittel der Verbände bestand aus frischen Truppen, die von Sibirien abgezogen wurden und bestens für den Winterkrieg ausgerüstet waren. Während die deutschen Soldaten nur mit dünnen Sommermonturen ausgestattet waren und sich mit Stroh und Stofffetzen zu behelfen suchten, verfügten die Sibirier über Uniformen aus dickem Tuch, Pelzkappen und Filzstiefel. Viele deutsche Einheiten vor Moskau verzeichneten mehr Verluste durch Erfrierungen als durch feindliches Feuer. Unter dem massiven Druck der Gegenseite mußten sie sich aus Tichwin zurückziehen und Kalinin räumen. Nach einer Woche bestand für die sowjetische Hauptstadt keine unmittelbare Gefahr mehr.

»An der gesamten Front vor Moskau sind die gegnerischen Angriffspositionen und Verteidigungslinien durchbrochen worden«, meldeten die sowjetischen Militärführer Timoschenko und Schukow in einem Sonderkommuniqué am 13. Dezember. Mit diesem psychologischen Erfolg im Rücken verstärkte die Rote Armee ihre Offensive im Norden mit Angriffen auf Wolchow. Im Süden begann sie ihre Attacken auf Kertsch und Feodosia. Die deutschen Offiziere erkannten, welche Katastrophe sich anbahnte, falls nicht unverzüglich der Befehl zum geordneten Rückzug erteilt würde. Doch Hitler wischte diesbezügliche Bedenken seiner militärischen Berater beiseite und diktierte statt dessen seinen berüchtigten »Halte-Befehl«. In der »Geheimen Kommandosache« mit der Nummer 1736/42 ordnete er am 18. Dezember an, »den fanatischen Widerstand ohne Rücksicht auf durchgebrochenen Feind in Flanke und Rücken« fortzusetzen: »Jeder muß halten, wo er steht.«

Das war ein Befehl mit katastrophalen Folgen für die Front. Der Starrsinn des deutschen Diktators kostete tausende Soldaten das Leben. Seine wahnwitzige Forderung, keinen Meter Boden preiszugeben, bewirkte geradezu das Gegenteil: Die sowjetischen Verbände konnten durchbre-

Eine Frau schrieb Anfang 1942 an ihren Mann, General der Roten Armee:

Mein lieber Aljoschenka,
weit sind wir zur Zeit voneinander entfernt, aber unsere Gedanken sind die gleichen: so schnell wie möglich unsere heilige Erde vom Feind säubern. Wir, die Frauen, Eure Kampfgefährtinnen, arbeiten voller Überzeugung im Hinterland. Es gibt nichts Schöneres, als in seinem eigenen freien Land zu leben und zu arbeiten. Deswegen, mein Lieber, halte die Dir vom Volk anvertraute Waffe noch fester in Deinen Händen. Wir unterstützen Euch.

Der Sowjetsoldat I. S. Mileschtschik schrieb an seine Frau:

11. Januar 1942

Meine liebe Ljubka,
ich sende Euch einen herzlichen Soldatengruß und küsse Dich und Igor tausendmal. Bis jetzt bin ich am Leben und gesund.
Im Moment stehen wir im Moskauer Gebiet und kämpfen um das Dorf Djakowo. Unter dem Ansturm unserer Einheiten weicht der Feind endlich zurück. Doch die Deutschen lassen keinen Stein auf dem anderen, plündern alle Häuser und stecken alles in Brand. Wir schlafen keine einzige Nacht mit einem Dach über dem Kopf, weil in keinem der vielen Dörfer, durch die wir gekommen sind, auch nur ein unzerstörtes Haus oder ein unversehrter Schuppen stand. Diese Umstände stimmen mich wahrlich nicht heiter, aber wir werden alles ertragen und durchstehen. Hauptsache, am Leben bleiben...

chen und begannen die versprengten Truppenteile in die Zange zu nehmen. Jene Taktik, welche von den Deutschen zu Beginn des Rußlandfeldzuges angewandt worden war, richtete sich nun gegen sie selbst: schnelles Durchstoßen an brüchigen Frontlinien, Umschließen von der Flanke her, Einkesseln und Vernichten des in der Falle sitzenden Gegners. Anfang Januar war rund ein Drittel der deutschen Kräfte von der Einkesselung bedroht. Der rechte Flügel der sowjetischen Kalininfront stieß von Norden auf Rshew vor, an der Brjansker Front bildete sich der linke Zangenarm, der über Kaluga hinter den deutschen Truppen einschwenkte. Das Ziel waren Witebsk und Smolensk, wo die

Lew Kopelew, Schriftsteller, damals Politoffizier.

Gefangene deutsche Soldaten wurden oft für die Gegenaufklärung eingesetzt. Aber dabei war absolute Freiwilligkeit unser striktes Grundprinzip. Es hatte überhaupt keinen Sinn, jemanden mit Zwang überzeugen zu wollen. Viel stärker wirkte da die eigene Anschauung. Wenn die Gefangenen merkten, daß sie bei uns wie Menschen behandelt und respektiert wurden, erkannten sie bald den offensichtlichen Gegensatz zum vorgeprägten Propagandabild in ihren Köpfen. Ihr Motiv war selten eine Ideologie oder gar die Begeisterung für das Sowjetsystem, vielmehr bewog sie meist die bittere Enttäuschung, von ihrer Führung verraten worden zu sein, zur aktiven Mitarbeit bei der Gegenaufklärung. Einige der deutschen Gefangenen wurden auf eigenen Wunsch in sowjetische Partisanengruppen im Hinterland der deutschen Front eingeschleust, um per Flugblatt oder Lautsprecher unmittelbar auf die deutschen Besatzungssoldaten einzuwirken und sie zum Aufgeben zu bewegen.

»Rollbahn«, die wichtigste Nachschublinie der Deutschen, unterbrochen werden sollte. Zur gleichen Zeit weiteten die Sowjets den Angriff nach Norden aus. Das belagerte Leningrad sollte befreit werden. Im Süden landeten Rotarmisten im Rücken der deutschen Front auf der Halbinsel Kertsch.

Es brannte an allen Ecken und Enden der Ostfront. Stalin wollte den schnellen und totalen Erfolg. Dabei beging er den gleichen Fehler wie Hitler: nämlich in Unterschätzung des Gegners die eigenen Kräfte zu zersplittern. Nachdem Hitler sich angesichts der Wucht der sowjetischen Angriffe dazu durchgerungen hatte, den geordneten Rückzug zu erlauben, konnten die dezimierten deutschen Truppenteile die Front begradigen. Schwere Schneestürme verschafften zusätzliche Kampfpausen. Bei eisiger Kälte gelang es, die Verteidigung wirksamer zu organisieren. Erste Ersatzverbände trafen ein. Das 59. Armeekorps unter General Kurt von der Chevallerie, das aus dem besetzten Frankreich herangeführt wurde, vermochte Lücken im Zentrum der deutschen Front notdürftig zu schließen.

Stalins Truppen waren nicht in der Lage, ihre schnellen Anfangserfolge zu nutzen. Bei Rshew glückte es den deutschen Verbänden unter General Walter Model, die durchgestoßenen Einheiten der Roten Armee vom Rücken her anzugreifen. Am 21. Februar konnte der Wehrmachtsbericht des OKW nach langer Zeit wieder Erfolge melden: »Der Feind verlor rund 5000 Gefangene, 27 000 Tote.«

Diese Zahlenangaben dokumentieren, mit welcher Verbissenheit die Kämpfe geführt wurden und wie hoch die Verluste ausfielen. Ebenso wurde deutlich, daß auch die Sowjets am Ende ihrer Kräfte waren. Die russische Winteroffensive geriet ins Stocken.

Hitlers Armeen hatten den Gegenangriff überstanden, wenn auch unter enormen Opfern. Tausende deutscher Soldaten litten unter schweren Erfrierungen. Dafür gab es den sogenannten »Gefrierfleischorden«, ein Indiz dafür, daß den Betroffenen der Landserhumor noch nicht völlig vergangen war. Der abgelöste Panzergeneral Guderian stellte erleichtert fest: »Der Winter des Unheils ist vorbei.«

Die deutsche Wehrmacht wollte die Lage in den Griff bekommen. Die Vernichtung der Roten Armee – im Dezember 1941 am russischen Winter gescheitert – sollte im Frühjahr 1942 vollendet werden – so sah es Hitler.

Ohne Nachschub kein Vormarsch: Je länger sich die Front erstreckte, desto schwieriger wurde die Versorgung. Alltag in einer Stabsabteilung.

Rechts oben: Eine Sisyphusarbeit: Schneeräumen auf den Nachschubwegen.

Rechts unten: In erstklassiger Winterausrüstung setzen Rotarmisten bei Molokolansk zum Gegenangriff an.

Der Soldat M. M. berichtete nach Hause:

... Gerade jetzt erkennt man so richtig, wie es um unsere Frauen und Kinder bestellt wäre, wenn diese jetzt in Gefangenschaft sich befindlichen russischen Horden in unser Vaterland hätten eindringen können. Habe hier Gelegenheit, mir diese unkultivierten, vielrassigen Menschen anzusehen und zu beobachten. Gott sei Dank ist dies bis jetzt vereitelt worden, daß diese unsere Heimat nicht haben plündern und rauben können. Leider kostet dieser Kampf auch Opfer von uns ...

Der Soldat K. schrieb nach Hause:

16. Januar 1942, Freitag

... Der Russe setzt jetzt im Winter alles nochmals auf eine Karte. Greift immer mit sehr starken Kräften an. Vom 22. 11. bis 30. 11. hatte unser Bataillon den Auftrag, Timm bei Kursk zu halten. Uns stand eine Division gegenüber. Es waren sehr harte Tage. Zu jeder Tageszeit griff der Russe an. Er wurde aber jedesmal mit seinen ganzen Kräften aufgerieben. Nach sieben Tagen war die ganze Division aufgerieben. Ewig denken wir an die Weihnachtstage und Neujahr. Der Feind griff mit sehr schweren Panzern an. Wir hatten keine panzerbrechenden Waffen bei uns und mußten uns deshalb zurückziehen. Der Rückzug ist das Schlimmste, das es geben kann im Krieg, dazu noch bei Tage. Der Russe legte sein ganzes Feuer auf uns. Artillerie, Granatwerfer, Pak, Panzer, MG und dann noch die Infanterie dazu. Es mußten viele Kameraden ihr Leben lassen. Viele sind verwundet und dem Russen in die Hände gefallen. Manche Kompanien sind nur noch 30–40 Mann stark ...

Käthe M. schrieb an ihren Bruder Heini:

Dresden, 26. Februar 42

Mein lieber Heini!

Da gibt es viele in der lieben Heimat, die in dem Dusel leben, der Krieg in Rußland wird mit »Hopsa, Heisa,

Norddeutsche Ausgabe

95./96. Ausg. / 55. Jahrg. / Einzelpreis 20 Pf.

„Freiheit und Brot"

Norddeutsche Ausgabe

Berlin, Sonntag/Montag, 5./6. April 1942

VÖLKISCHER BEOBACHTER

Kampfblatt der nationalsozialistischen Bewegung Großdeutschlands

Churchills und Roosevelts Hoffnungen zerschlagen

Stalins Winterkrieg ein völliger Fehlschlag

Die Sowjets verloren in drei Monaten: 104128 Gefangene, 2720 Flugzeuge, 2167 Panzer, 2519 Geschütze

VB. Berlin, 4. April.

Seit vier Monaten berennen die Bolschewisten mit starker Übermacht die deutsche Ostfront. Um jeden Preis sollte der Winterkrieg, dessen Technik die Sowjets monopolartig zu beherrschen glaubten, zu einem durchschlagenden Erfolg werden und günstige Bedingungen für die Fortführung des Kampfes im Frühjahr schaffen. Lautes Agitationsgeschrei in London und New York begleitete den immer erneuten Massenansturm auf die deutschen Armeen, die zusammen mit ihren Verbündeten und Freiwilligen aus ganz Europa einem gewaltigen Druck standzuhalten hatten.

Mit welchem Erfolg dies geschah, zeigt die Tatsache, daß der Feind trotz rücksichtsloser Aufopferung seiner Verbände nirgends durchzubrechen vermochte. Welche Verluste er dabei erlitt, zeigt der OKW.-Bericht über die Kämpfe seit Jahresbeginn, der 104000 Gefangene verzeichnet und dazu eine Materialeinbuße der Sowjets von 2167 Panzern, 2519 Geschützen und 2720 Flugzeugen.

Das deutsche Volk dankt aus ganzem Herzen den Männern, die in diesem grimmigen Winter und in fast ununterbrochenem Kampf die weitgespannte Front gehalten und damit die Voraussetzungen für die Fortführung der Offensive gegen die Sowjets im gegebenen Augenblick geschaffen haben. In der Geschichte dieses Krieges wird gerade diese in ihrer Größe fast noch nicht abzuschätzende Abwehrleistung als ein Ereignis von entscheidender Bedeutung verzeichnet werden. Der Feind hat einen gewaltigen Aufwand an Menschen und Material vergeblich vertan. Seine Führung hat sich als unfähig erwiesen, die günstige Chance des Winterkriegs mit Erfolg zu nutzen.

Am Heldenmut unserer Divisionen zerbrach die Wucht der unablässig vorgeworfenen und bedenkenlos geopferten Millionenmassen der Sowjets. Deutsche und

im Osten zur Abwehr übergingen. Heute muß man zähneknirschend feststellen, daß diese Unbesiegbarkeit sich unter den härtesten Belastungsproben weithin sichtbar erneut erprobt hat!

Wenn auch, wie der OKW.-Bericht vom 3. April meldete, die Kampftätigkeit an der Ostfront nachzulassen beginnt, so gehen doch die örtlichen Angriffe weiter und erfordern noch immer eine harte Abwehr. In den letzten Wochen ist an zahlreichen Einzelbeispielen dargetan worden, welchem Druck Divisionen aus allen deutschen Gauen in den langen schweren Wintermonaten ausgesetzt waren, wie viele Angriffe sie abschlagen mußten und wie vernichtend sie den Feind abgewiesen haben. Die jetzt genannten Gesamtzahlen fassen diese Einzelschilderungen zu dem Bild eines Erfolges zusammen, der entscheidend ins Weite wirken wird.

Die Opfer, die gebracht werden mußten, um ihn zu erreichen, werden uns unvergessen bleiben. In heldenhafter Abwehr haben sich die besten Soldatentugenden unserer Kämpfer und ihrer Mitstreiter aus fast allen Bereichen Europas leuchtend bewährt. Ihre Tat sichert den Sieg nicht weniger, als es die glanzvollsten Feldzüge dieses Krieges in Europa und Ostasien vermocht haben.

Mit den Märzversenkungen drei neue Millionenziffern

Berlin, 4. April.

Durch das Versenkungsergebnis des Monats März sind in der Statistik des Handelskrieges gegen die britische und amerikanische Versorgungsschiffahrt drei neue Millionenziffern überschritten worden. Kriegsmarine und Luftwaffe zusammen liegen mit ihren Erfolgen über 16 Millionen BRT. Die Kriegsmarine überschritt die 12-Millionen-Ziffer, davon allein die U-Boot-Waffe die 9-Millionen-Ziffer.

Es wurden seit dem 3. September 1939 versenkt:

durch Kriegsmarine und Luftwaffe	16 274 Mill. BRT.
durch die Kriegsmarine	12 078 Mill. BRT.
davon durch Unterseeboote	9 032 Mill. BRT.
durch die Luftwaffe	4 106 Mill. BRT.

Die Luftwaffe hat die 4-Millionen-Grenze mit dem Januarergebnis überschritten. Die Unterseeboote haben seit ihrem ersten Auftreten vor der amerikanischen Küste die 8- und 9-Millionen-Grenze überschritten. Auch die Überwasserstreitkräfte der Kriegsmarine sind laufend an den steigenden Erfolgen beteiligt.

Washington hält sich an Londons Vorbild

Nach sechs Wochen Verlust der „Langley" zugegeben

Stockholm, 4. April.

Nach einer Reutermeldung aus Washington gibt das Marinedepartement der Vereinigten Staaten jetzt nach sechs Wochen

schiff konnte 7800 t Öl fassen und hatte eine Besatzung von 136 Mann.

Der Zerstörer „Peary" ging am 19. Februar im Hafen von Port Darwin verloren. Das

Besonders hohe Ausfälle der Bolschewisten an Toten

Aus dem Führerhauptquartier, 4. April.

Das Oberkommando der Wehrmacht gibt bekannt:

Im Donezgebiet und im mittleren Abschnitt der Ostfront führten die Sowjets vereinzelte Angriffe. Sie wurden unter schweren Verlusten des Gegners abgewiesen. Eigene Angriffsunternehmungen waren erfolgreich.

„Die Totenglocke des Empire"

Von Dr. H. Höpfl

Berlin, 4. April.

Er höre den Klang der Totenglocke, die das Ende des Empire einläute, hat Winston Churchill denen entgegnet, die er für entnervte Schwächlinge hielt, weil sie den Indern das Danaergeschenk einer Verfassung geben wollten, die ebenso unbedeutend wie ihr Wortlaut umfangreich war. Die Verfassung war nur ein Schachzug, der den indischen Nationalismus mattsetzen sollte. Das große, in der Täuschung meisterhafte Experiment mißlang, gerade weil der britische Imperialismus, dessen hartnäckigster und unnachgiebigster Vertreter Churchill war, sich zu tief in das Gedächtnis Indiens eingegraben hatte, als daß er hätte vergessen werden können, und weil die Doppelzüngigkeit des Verfassungstextes von den Indern als das erkannt wurde, was die britische Regierung mit ihm erreichen wollte: ein Minimum an praktischen Zugeständnissen in ein buntes Gewirr phrasenhafter Formeln zu verstecken. Die Entwicklung hat Churchill unter einer allerdings nur scheinbaren Verleugnung seiner politischen Anschauungen auf den gleichen Weg gezwungen.

Wir brauchen hier nicht zu wiederholen, was der Inhalt seiner Vorschläge ist, die er durch Cripps den indischen Parteiführern hat unterbreiten lassen, und brauchen auch nicht zu wiederholen, daß sie dem gleichen Zweck dienen, dem das „Große Experiment" der Verfassung von 1935 bzw. 1937 galt. Uns interessiert hier ein anderer, größerer Zusammenhang, nämlich die Einordnung der Churchill-Vorschläge für Indien in die verfassungsgeschichtlichen Entwicklung des britischen Empire, die durch den aufsteigenden Nationalismus der Empireglieder seit dem ersten Weltkrieg den Charakter einer sehr weitgehenden Selbstauflösung des britischen Staatenverbandes trägt.

Bei der Indien-Debatte ist der Name Lord Durhams gefallen. Es ist damit die Erinnerung an einen Mann wachgerufen worden, dessen Weitsicht und kluger Mäßigung es England verdankt, daß die kanadischen Provinzen von dem gefährlichen Weg der Sezession nach dem Beispiel der USA. abgehalten wurden und in der Form des Dominions im Empireverband verblieben.

Der eigene Fehlschlag wurde von der Propaganda natürlich verschwiegen. Nur der Gegner schien Verluste zu haben ...

Trallala« gemacht. Glaubst du, manchmal könnte man hier ein M.G. gebrauchen, um die Dummköpfe auszurotten. Das klingt sehr kriegerisch, gell? Aber mit Sanftmut u. Zartheit schafft man's auch hier nicht. Im übrigen hasse ich den Krieg mit der ganzen Kraft meiner Seele, um der vielen Opfer u. das endlose Leid, das er über Völker u. Länder bringt. Diejenigen, die den Krieg tatsächlich mal am eigenen Leib verspüren sollten, sitzen geschützt u. wohlgeborgen in ihren Behausungen u. meckern. Der Ungerechtigkeiten sind zu viele u. der Schmarotzer erst recht. Das wird wohl leider Gottes immer so sein!

Der Bauer W. schrieb seinem Sohn an der Front:

23. Februar 1942, Montag

... Heute kommen in Geratskirchen die Glocken runter. Es sind die letzten vom Kreis Eggenfelden. Da können wir den Frieden auch nicht mehr einläuten, wenn er einmal kommt. Und daß er kommt, hoffen wir ja fest. Wir können doch nicht ewig Krieg führen. Ich glaube, daß doch der Himmelsvater einmal einen Strich dazwischen macht. Wenn wir nicht felsenfestes Gottvertrauen hätten, wäre es ja überhaupt zum Verzweifeln. Doch in unserem Glauben finden wir immer wieder Halt und Trost. Der Herrgott prüft uns halt manchmal schwer, aber er läßt uns nicht untergehen. Die Soldaten, die jetzt seit Kriegsbeginn dabei sind, wären sonst schon lange verzweifelt. Also immer den Mut nicht verlieren, wenn's auch manchmal noch so schwer fällt ...

Der Kompaniechef P. H. schrieb an einen Ortsgruppenleiter:

Im Felde, den 1. März 1942

Der in Ihrer Ortsgruppe wohnende Oberschütze Johannes Baron, geb. am 24. 12. 09 ist am 1. 3. 42 getreu seinem Soldateneide auf dem Felde der Ehre, für Führer und Volk, gefallen.

Von dieser harten Tatsache, bitte ich Sie seine in der O.str. 31 c wohnende Ehefrau Martha schonend davon in Kenntnis zu setzen.

Nach diesem Ihrem Besuch werde ich persönlich seiner Frau schreiben und ihr die näheren Umstände mitteilen.

Die Ortsgruppe kann mit Stolz diesen prächtigen und äußerst tapferen Soldaten in das Heldenbuch der Gemeinde eintragen.

Er fiel im Kampf um die Ortschaft Alexandrowka, zwischen Pawlograd und Losowaja, südostwärts Charkow.

Ich danke Ihnen für Ihre Bemühungen.

Heil Hitler! Hü.

Der Kompaniechef P. H. an die Witwe des Gefallenen:

Im Felde, den 5. März 1942

Sehr geehrte Frau Baron!

Wovon Sie bereits Ihr Ortsgruppenleiter schon schonend in Kenntnis gesetzt hat, das muß ich Ihnen als der Kp.-Chef Ihres Mannes des Obergefreiten Johannes Baron als harte Tatsache bestätigen.

Ihr lieber Mann fand am 1. 3. 42 bei der Verteidigung einer äußerst wichtigen Höhe nordwärts der Ortschaft Alexandrowka, getreu seinem Soldateneide, für Führer und Volk, für Deutschlands Größe und Zukunft, den Heldentod. Wohl werden Sie und die beiden Kinder in erster Linie von diesem Verlust getroffen. Aber auch wir, seine Kompanie-Kameraden, sind von diesem harten Schlag sehr betroffen. Ihr so tapferer Mann gehörte zu uns, zu unserer Kampfes- und Schicksalsgemeinschaft und ist ein Stück von uns.

Möge auch Ihnen, sehr verehrte Frau Baron, der Allmächtige die Kraft geben, diesen harten Schlag zu überwinden. Möge in Ihrem schweren Leid, das Sie getroffen hat, die beiden Kinder ein Trost sein, denn sie sind ja aus seinem Fleisch und Blut. Es ist jedoch bestimmt nicht im Sinne des toten Helden, wenn wir seinetwegen weinen und wehklagen. Er will vielmehr, daß wir in stolzer Trauer würdig seiner gedenken.

Er fiel als tapferer Soldat in vorderster Linie durch ein Inf.-Geschoß. Er war sofort tot und hatte keinerlei Schmerzen mehr. Das Gesicht des toten Helden ist keineswegs entstellt, sondern hat einen zufriedenen, ja glücklichen Ausdruck angenommen. Wir haben ihn mit noch einigen Kameraden der Kompanie der Erde übergeben, um die er gekämpft und die durch sein Blut heilig und deutsch geworden ist. Auf seinem Heldengrab liegt sein Stahlhelm und ein großes hölzernes Kreuz in Form des Eisernen Kreuzes trägt weithin leuchtend seinen Namen.

Die Grablage ist Alexandrowka Mitte, unmittelbar an der Hauptdorfstraße inmitten einer Ziersträucherschonung. Alexandrowka liegt im großen gesehen zwischen Charkow und Stalino, etwas ostwärts dieser Linie, und zwar 18 Kilometer südwestlich Losowaja und etwa 45 Kilometer nordostwärts Pawlograd über Jurewka hinweg. Die größeren Orte werden Sie auf der Karte finden!

Sehr verehrte Frau Baron! Nehmen Sie bitte mein aufrichtiges Beileid und meine von Herzen kommende Anteilnahme entgegen und grüße Sie mit

Heil Hitler

Hü.

Die Niederlage der Deutschen vor Moskau stärkte das Selbstbewußtsein der Roten Armee. Russische Infanterie im Kampf.

»Ein eitler, feiger Wicht«

Als der »Führer« der kämpfenden Truppe im Dezember 1941 endlich genehmigt hatte, sich in verteidigungsfähige Stellungen zu begeben, bedeutete dies keineswegs den Appell zum allgemeinen Rückzug – im Gegenteil. Dem deutschen Diktator ging es lediglich darum, »den im Osten eingesetzten Kräften der Wehrmacht eine möglichst große Erholung und Auffrischung zu ermöglichen und dadurch die Voraussetzungen für die Wiederaufnahme größerer Angriffsoperationen 1942 zu schaffen«.

Hitler war weit davon entfernt, das »Unternehmen Barbarossa« als gescheitert zu betrachten. Er suchte Schuldige für den Mißerfolg, die auch schnell gefunden waren: die militärische Führung und das Offizierskorps. Vor allem den Oberbefehlshaber des Heeres, Generalfeldmarschall Walther von Brauchitsch, machte der »Führer« für die Katastrophe vor Moskau verantwortlich: »Ein eitler, feiger Wicht, der den ganzen Feldzugsplan im Osten verdorben hat.«

Von Brauchitsch hatte es gewagt, gegen den aus militärischer Sicht völlig unsinnigen »Halte-Plan« zu protestieren. Von da an galt der höchste deutsche Offizier aus Sicht des »Führers« als »Feigling und Nichtskönner«. Von Brauchitsch mußte gehen. Der »Führer« übernahm am 19. Dezember selbst den Oberbefehl über das Heer: »Das bißchen Operationsführung kann jeder machen«, war der kurze Kommentar, in dem die ganze Geringschätzung zum Ausdruck kam, die Hitler der militärischen Führung gegenüber demonstrierte. Denn von Brauchitsch hatte nur ausgesprochen, was fast alle Offiziere in der bedrohlichen Situation des Dezembers 1941 dachten.

Der Tag, an dem Hitler den Oberbefehl übernahm, bedeutete auch für den Befehlshaber der Heeresgruppe Mitte, Generalfeldmarschall von Bock, das Aus. Ebenfalls abgelöst wurde Generalfeldmarschall von Rundstedt, der Kommandeur der Heeresgruppe Süd. Der Chef der Heeresgruppe Nord, Ritter von Leeb, bat von sich aus um Ablösung. Hitler entließ seine erfolgreichsten Heerführer: Auch Generaloberst Guderian verlor seinen Posten, Generaloberst Hoepner wurde gar aus der Wehrmacht ausgestoßen – wegen »Ungehorsams und Feigheit«, wie Hitler unterstellte. Noch schlimmer traf es General von Sponeck. Sein »Vergehen« bestand darin, angesichts der aussichtslosen Situation bei den Kämpfen um Feodosia am 28. Dezember die Halbinsel Kertsch räumen zu lassen, um die drohende Vernichtung des 42. Armeekorps durch eine sowjetische Übermacht zu verhindern. Damit entging zwar die 11. Armee einer Umschließung durch den Feind, aber die Eroberung der Festung Sewastopol mußte abgebrochen werden. Hitler ließ von Sponeck durch ein Kriegsgericht unter Führung Görings zum Tode verurteilen, begnadigte ihn später zu sechsjähriger Festungshaft. Von Sponeck fiel schließlich nach dem Attentat vom 20. Juli 1944 einem Mordkommando der SS zum Opfer.

Zur Jahreswende 1941/42 tauschte Hitler die militärische Spitze fast komplett aus: Sämtliche Oberbefehlshaber des Heeres, alle Generalstabschefs mußten gehen, elf von achtzehn Feldmarschällen wurden abgelöst, ebenso einundzwanzig von vierzig Generalobersten. An allen drei Frontabschnitten wurden neue Kommandeure eingesetzt. Ihre Schlüsselpositionen behielten Generaloberst Franz Halder, Hitlers Generalstabschef, und der Chef des Oberkommandos der Wehrmacht, Generalfeldmarschall Wilhelm Keitel. Warum Keitel trotz der Mißerfolge weiter »Leiter« des OKW bleiben durfte, geht aus einer Tagebuchnotiz Halders hervor: »Am unerträglichsten ist die urteilslose Rederei von Keitel.«

Solche Jasager wie Keitel, der selbst von Offizierskollegen als »Lakeitel« verspottet wurde, waren Hitler als »Ratgeber« in seinem Umfeld am liebsten. Wer dem »Führer« hingegen widersprach, wurde gefeuert. Der deutsche Diktator riß nun endgültig die Entscheidungsgewalt in allen militärischen Angelegenheiten an sich. Er bestimmte damit nicht nur wie schon bisher die »großen Ziele der Kriegsführung«, sondern behielt sich nun auch die Entscheidung in operativ-taktischen Fragen vor. Die höchsten Offiziere der Wehrmacht degradierte er zu bloßen Erfüllungsgehilfen. »Die Generale haben genauso zu gehorchen wie der kleine Musketier. Ich führe, und da haben sich alle bedingungslos unterzuordnen. Mit Stumpf und Stiel werde ich jede andere Auffassung ausrotten.«

Dieses »Aufräumen« im Offizierskorps verkaufte Propagandaminister Goebbels der Öffentlichkeit folgendermaßen: »Der Führer allein hat die Front gerettet.«

»Eine Offensive mit verheerender Wucht«

Am Nachmittag des 28. März 1942 trafen Keitel, Jodl, Halder und Vertreter der höchsten Stäbe von Wehrmacht, Heer und Luftwaffe im Führerhauptquartier an der »Wolfsschanze« ein. Aus Gründen der Geheimhaltung war es nur ein kleiner Kreis, den Hitler im ostpreußischen Rastenburg zu der Sonderbesprechung zusammengerufen hatte. Es ging um die Planungen für den großen Sommerfeldzug. Wo würde der »Führer« den Angriffsschwerpunkt setzen? Noch einmal bei Moskau oder im Norden? Im Süden im Kaukasus? Oder wollte er alles auf einmal?

Die nach Hitlers Vorgaben angefertigten Pläne für die zweite große Offensive gegen die Sowjetunion erweckten den Eindruck, als hätte der »Führer« aus den Erfahrungen des bisherigen Feldzugs gelernt. Das Kernstück des An-

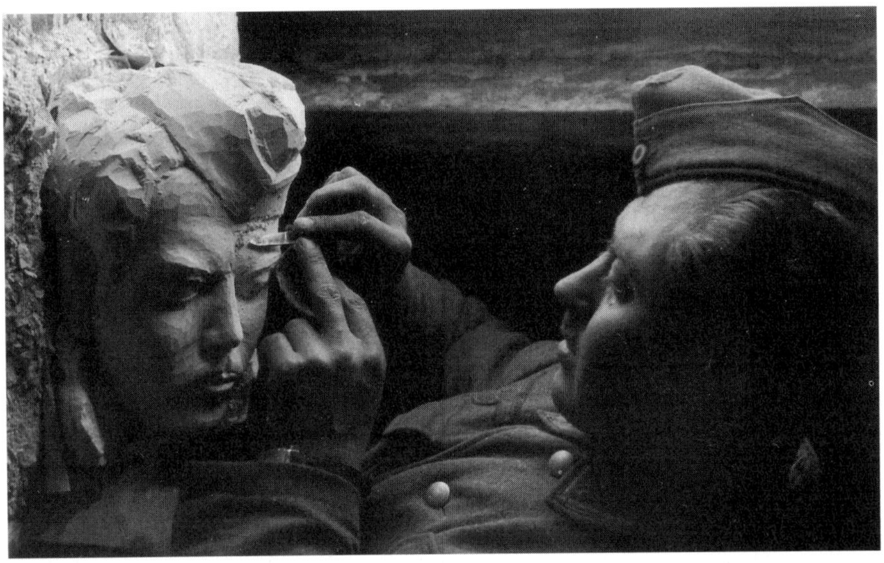

Linke Seite:
Oben: Trost für einen Verwundeten: ein Brief aus der Heimat.

Mitte: Kontrast zum Kampfalltag.

Unten: Nur für Offiziere: Eisstockschießen.

Rechte Seite:
Oben: Verteilerstelle für Feldpost. So nötig wie das tägliche Brot.

Unten links: Zur Steigerung der Moral in der Truppe: Mastgänse.

Unten rechts: Fachmännische Schlachtung eines »konfiszierten« Schweins.

griffsplans setzte den Hauptakzent der militärischen Aktionen eindeutig auf den Süden der Front. Zwar sollte auch im Norden durch militärische Aktivitäten das belagerte Leningrad endgültig »zu Fall gebracht werden«, doch war für die Hauptoperation der Süden vorgesehen. Hier massierten die Deutschen ihre gesamte Offensivkraft mit dem Ziel, die Kräfte der Roten Armee zwischen Donez und Don zu vernichten, die Kaukasuspässe zu gewinnen und die Ölgebiete am Kaspischen Meer zu erobern.

Damit hätte die Wehrmacht nicht nur die sowjetischen Industriezentren im Donezbecken mit den wichtigen Ölquellen von Maikop und Grosny für den eigenen Nachschub nutzen können, sondern gleichzeitig die Versorgung des Gegners unterbrochen und die Rote Armee vom Nachschub der Alliierten abgeschnitten.

»Das Ziel ist, die den Sowjets noch verbliebene lebendige Wehrkraft endgültig zu vernichten und ihnen die wichtigsten kriegswirtschaftlichen Kraftquellen so weit als möglich zu entziehen.«

Hitler suchte die Entscheidung erneut an den Flanken der riesigen Front. Aber ihm schien klargeworden zu sein, daß man dabei Schritt für Schritt vorgehen mußte. Das Hauptziel lag nun nicht mehr in Moskau oder Leningrad, sondern im Südosten.

Ursprünglich sollte die Sommeroffensive des Jahres 1942 die Tarnbezeichnung »Siegfried« tragen. Aber nachdem das »Unternehmen Barbarossa« ins Stocken geraten war, hatte Hitler von Namen aus der deutschen Geschichte genug. Der stellvertretende Chef des Wehrmachtführungsstabs, Walter Warlimont, berichtete: »Hitler scheute nach ›Barbarossa‹ immer davor zurück, große Namen aus der deutschen Sage und Geschichte mit dem Risiko militärischer Operationen zu verbinden.«

Und weil der »größte Feldherr aller Zeiten« abergläubisch war, kehrte er zu den Farbenspielen aus der Anfangsphase des Krieges zurück. Der Fall »Gelb« umschrieb die erfolgreiche Offensive im Westen, der Fall »Rot« den endgültigen Triumph über Frankreich, »Weiß« lautete das Deckwort für die Operation gegen Polen, den perfekten Blitzkrieg. Eine Farbe sollte auch an der Ostfront Glück bringen. Operation »Blau«, so lautete das Codewort für die geplante Offensive im Süden Rußlands, das am 20. Juni noch einmal geändert wurde: in die endgültige Bezeichnung »Braunschweig«.

Der Angriff war in vier Phasen vorgesehen: Zwei Armeegruppen sollten die sowjetische Hauptstreitmacht im Raum zwischen Don und Donez einschließen. Gleichzeitig würde eine Armeegruppe aus dem Raum Orel und Kursk über Woronesch den Don entlang vorstoßen (Phase eins) und sich mit Kräften aus Charkow vereinigen (Phase zwei). Die zweite Armeegruppe sollte sich von Südosten über Rostow bis an die Wolga vorkämpfen. Für das Zusammentreffen der beiden Heeresgruppen war der Raum Stalingrad geplant. Hier sollte sich die riesige Zange um die Rote Armee schließen (Phase drei). Nach der Vernichtung der eingekesselten Einheiten hätte die Phase vier begonnen, ein weiterer Vorstoß in den Kaukasus. Anschließend standen die Eroberungen von Baku am Kaspischen Meer und Batumi an der sowjetisch-türkischen Grenze auf dem Programm.

Schritt für Schritt wollten Hitlers Generale diesmal vor-

Der Offiziersschüler G. A. Charlow schrieb an seine Familie:

22. April 1942

Seid gegrüßt, meine Lieben,
auf die Deutschen schlagen wir zur Zeit kräftig ein. In unseren Armeezeitungen wird viel geschrieben, wovon man draußen wahrscheinlich nichts weiß. Gestern stand im »Roten Krieger«, daß die deutsche 16. Armee durch die Einkesselung so ausgehungert war, daß die Soldaten sich von ihren eigenen Kameraden ernährten, um zu überleben. Ich weiß nicht, ob das wahr ist, aber so stand es in der Zeitung. Klar das klingt wild. Wir schreiben das 20. Jahrhundert, und fast im Zentrum Europas verspeisen sich die Herren »Fritze« gegenseitig ...

Der Unterleutnant A. I. Trofimenko notierte im Mai 1942 in seinem Tagebuch:

Kaum finde ich Worte, so entsetzlich ist das, was diese Höllenmenschen angerichtet haben. In die unterirdischen Bunker, in denen die Menschen vor ihnen Schutz gesucht hatten, ließen sie Gas einströmen, das sich rasch ausbreitete. Panik brach aus. Die Menschen stöhnten, schrien um Hilfe, rangen um Luft und mußten würgen. Kinder weinten, riefen ihre Mütter zu Hilfe. Aber bei all dem Qualm und Rauch konnte man nichts mehr erkennen und nichts ausrichten. Vier kleine Kinder konnten wir gerade noch bis zum Ausgang schleppen, doch dann starben sie in unseren Armen. Ich fühlte, wie der Atem mir stockte. Jemand packte mich und zog mich zum Ausgang. Dort kam ich wieder zu mir. Nein, dieses Bild zu beschreiben, bin ich außerstande. Mögen die massiven steinernen Wände der Bunker alles erzählen. Sie waren Zeugen dieser grausamen Szenerie.

gehen. Zunächst mußte für die notwendige Logistik gesorgt werden. Eine Zersplitterung und Aufteilung der Truppen galt es zu vermeiden. Die Wehrmacht hatte im bisherigen Feldzug einen enormen Aderlaß an Menschen und Material hinnehmen müssen.

»Volle Auffüllung der Verluste ist nicht möglich«

Die deutschen Verluste betrugen inzwischen über eine Million Soldaten. Mehr als hunderttausend waren während des Kriegswinters 1941/42 erfroren, weil es an Winterausrüstung fehlte – eine Folge von Hitlers Größenwahn: Der »Führer« hatte den Sieg noch vor Beginn der kalten Jahreszeit einkalkuliert. Das deutsche Ostheer verfügte nur noch über sechzig Prozent der ursprünglichen Personalstärke, jeder dritte deutsche Soldat, der im Juni 1941 die Grenzen zur Sowjetunion überschritten hatte, war tot, verwundet, gefangen oder vermißt. Hinzu kam eine erhebliche Beeinträchtigung der Beweglichkeit infolge des hohen Ausfalls an Fahrzeugen und Pferden. Die Zahl der einsatzbereiten Flugzeuge war auf die Hälfte des Standes vom Mai 1941 gesunken. Eine Zusammenstellung des Wehrmachtsführungsstabes vom 6. Juni 1942 offenbarte eine schonungslose Bilanz. Das Dokument »Wehrkraft 1942« kommt zu dem ernüchternden Ergebnis: »Fehlstellen des Ostheeres am 1. Mai 1942 625 000 Köpfe; volle Auffüllung der Verluste des Winters ist nicht möglich. Wehrkraft geringer als im Frühjahr 1941.«

Erstaunlich fiel dann jedoch das folgende Fazit aus: »Ausgleich zu erwarten durch höhere Einbußen des (Ost-) Gegners, überlegene deutsche Führung und soldatische Einzelleistung, Güte der Waffen. Damit Überlegenheit gesichert, wo Kräfte schwerpunktmäßig zusammengefaßt werden.«

Diese Schlußfolgerung lag ganz auf Hitlers Linie. Er berauschte sich an den riesigen Verlusten des Gegners und ließ sich von den eigenen nicht beeindrucken. »Fanatischer Wille« – nur das allein zählte für ihn. Die militärische Führung widersprach nicht, sondern versuchte die ihr gestellten Aufgaben mit dem zur Verfügung stehenden Potential zu erfüllen. Um den Angriff in die Tat umzusetzen, wurden die Einheiten der Heeresgruppe Süd zumindest teil-

Lagebesprechung im Hauptquartier des »Führers«. Mit ernster Miene folgt General Paulus (links hinter Hitler) Hitlers Ausführungen zum Fall »Braunschweig«.

weise aufgefrischt und die vorhandenen Reserven den Verbänden im Süden zugewiesen. Die Heeresgruppen Mitte und Nord gingen hingegen leer aus. Das bedeutete, daß die Frontabschnitte zahlreiche Schwachstellen aufwiesen. Wenn nun der Gegner genau hier durchbrach – was geschah dann? Im Süden bestand diese Gefahr ebenfalls. Beim deutschen Vorstoß an die Wolga würde sich die Front zwischen Woronesch am Don und Noworossisk am Schwarzen Meer auf eine Länge von rund zweitausend Kilometer ausdehnen – genug Angriffsfläche für sowjetische Gegenmaßnahmen. Wie man das Blatt auch drehte und wendete – die Deutschen waren nicht mehr in der Lage, ihre Frontlinien ausreichend zu sichern.

Die Heeresgruppe Süd wurde durch Streitkräfte der verbündeten Armeen verstärkt, die in diesem Bereich 21 der 41 neugebildeten Divisionen stellten – also mehr als die Hälfte. Das brachte Probleme mit sich. Weil sich Rumänen und Ungarn nicht vertrugen, mußten italienische Verbände als Puffer dazwischen aufgestellt werden. Außerdem waren die verbündeten Einheiten schlechter ausgerüstet als die deutschen. Doch daran ließ sich wegen der Schwierigkeiten mit dem Nachschub nichts ändern.

Da die deutsche Führung die eigenen Divisionen nicht zugunsten der Verbündeten schwächen wollte, konnte dieses Problem auch nicht behoben werden; die Produktion genügte kaum, um die eigenen Truppen ausreichend zu versorgen. Die Überschätzung der eigenen Kräfte fand ihre Entsprechung in einer groben Unterschätzung der gegnerischen Möglichkeiten. »Der Feind hat schwerste Verluste an Menschen und Material erlitten. In dem Bestreben, scheinbare Anfangserfolge auszunützen, hat er auch die Masse seiner für spätere Operationen bestimmten Reserven in diesem Winter weitgehend verbraucht.«

Diese Fehlinterpretation steht am Beginn der Anweisung zur Operation »Braunschweig«.

Die von der deutschen Abwehr gesammelten Nachrichten klangen jedoch anders. Die Abteilung Fremde Heere Ost wußte zu berichten, daß jeden Monat zwölfhundert Panzer die sowjetische Produktion verließen. Hitler schenkte alldem keinen Glauben. Voller Wut wischte er solche Meldungen vom Tisch, sie paßten nicht in das Bild, das er sich von der Lage machte – oder eben machen wollte. Generalstabschef Halder brachte das Problem auf den

Im Deutschen Reich und in der Sowjetunion werden alle Anstrengungen unternommen, um die Waffenproduktion zu steigern.
Links: Eine russische Flugzeugfabrik.
Rechts: Ein deutsches Panzerwerk.

Punkt: »Die immer schon vorhandene Unterschätzung der feindlichen Möglichkeiten nimmt allmählich groteske Formen an.«

Derart offen äußerte sich Halder allerdings nur in seinem privaten Tagebuch. Offiziell behauptete er, die sowjetischen Divisionen seien »nicht mehr viel wert«, er glaube, eine »sichtbare Desorganisation« der Roten Armee zu erkennen, und bestätigte Hitler in seiner Einschätzung, »daß der Russe einen wesentlichen Teil seiner verfügbaren Kräfte bereits verbraucht« habe.

So gingen schon die grundsätzlichen Überlegungen zur Sommeroffensive von völlig falschen Voraussetzungen aus: die Überschätzung der eigenen Möglichkeiten, die Unterschätzung der Kräfte des Gegners und Mißachtung seiner Lernfähigkeit. Denn der Erfolg der vorgesehenen Zangenbewegung hing davon ab, den Gegner in seinen momentanen Stellungen festzunageln und am Gegenschlag zu hindern. Konnten in einem solchen Fall die schwachen deutschen Flügel einen Angriff abwehren? Konnten die langen Nachschubwege gesichert werden? Würde der Feind stillhalten und sich brav einkesseln lassen?

Trotz dieser und anderer Fragen beruhte der Plan, den Halder am 28. März vorlegte, noch auf einer sorgfältig durchdachten Strategie: Eine Reihe von aufeinander abgestimmten Teiloffensiven sollte den Hauptangriff einleiten. Mit den eigenen Kräften sollte sorgfältig hausgehalten werden.

Hitler erklärte sich nach dreistündiger Diskussion mit diesem Konzept einverstanden. Er behielt sich jedoch vor, die Papiere mit dem genauen Operationsplan selbst noch einmal durchzusehen.

»Ich werde die Sache selbst durcharbeiten«

Nachdem die Art und Weise des Vorgehens im grundsätzlichen feststand, mußten nun die einzelnen Befehle für die Truppe formuliert werden. Eine diesbezügliche genaue Ausarbeitung präsentierte Jodl am 4. April 1942. Die Gesamtstrategie wurde von der Heeresführung vorgegeben, über die jeweilige operative Taktik sollten die Offiziere vor Ort entscheiden. Das hatte einen einfachen Grund: Solche »elastischen« Befehle ermöglichten flexibles und schnelles Reagieren auf die Ereignisse an der Front, die Befehlswege blieben kurz. Dem betreffenden höchsten Truppenführer stand der Entscheidungsfreiraum zur Verfügung, der für selbständiges Handeln unabdingbar war. So sahen es auch die nun von Jodl vorgelegten Befehle für die Sommeroffensive vor.

Doch Hitler machte diesmal einen Strich durch die Rechnung. Während der Winterschlacht um Moskau hatten ihm

die Frontgenerale mehrmals widersprochen, seine Befehle kritisiert und sogar eigenmächtig den Rückzug veranlaßt. Der »Führer« mißtraute seitdem den militärischen Fähigkeiten seiner höchsten Offiziere. Ihm kam es darauf an, den Entscheidungsspielraum der Frontgenerale so weit wie möglich einzuengen: keine »elastischen Aufträge« mehr, die den Offizieren freie Hand gaben. Hitler wollte seine oberste Befehlsgewalt unbedingt durchsetzen. Er allein wollte die Entscheidungen treffen. Jodls Vorschläge wischte er deshalb kurzerhand vom Tisch und erklärte: »Ich werde die Sache selbst durcharbeiten.«

Schon am nächsten Tag, dem 5. April 1942, war die »Geheime Kommandosache« ausgearbeitet. Die Weisung mit der Nummer 41 umfaßte vierzehn maschinengeschriebene Seiten und war somit länger als die Weisung zum Fall »Barbarossa«. In vierzehn Exemplaren lag nun das Papier vor, das den Untergang des deutschen Ostheeres einleiten sollte.

Neben allgemeinen Absichten und Zielen finden sich in der Weisung 41 detaillierte Beschreibungen einzelner Operationen mit exakten Anweisungen zur Ausführung. Hitler befahl zunächst die Bereinigung der gesamten Ostfront, mit der die Vorbedingungen für die Hauptaktion geschaffen werden sollten. Hierunter fielen gleichfalls die »Säuberung« der Halbinsel Kertsch und die Einnahme Sewastopols. Auch wie der eigentliche Hauptangriff vonstatten gehen sollte, stand für Hitler schon fest. Am grünen Tisch hatte er sich folgende Strategie ausgedacht:

»Die Einleitung der Gesamtoperation hat mit einem umfassenden Angriff bzw. Durchbruch aus dem Raum südlich Orel in Richtung auf Woronesch zu beginnen. Von den beiden zur Umklammerung angesetzten Panzer- und Mot-

Leid und Elend der Zivilbevölkerung: Bilder von Zerstörung, Hunger und Tod.

Verbänden hat der nördliche stärker zu sein als der südliche. Das Ziel dieses Durchbruchs ist die Besetzung von Woronesch selbst. Während es nun die Aufgabe eines Teiles der Infanteriedivisionen ist, zwischen dem Ausgangspunkt des Angriffs von Orel in Richtung auf Woronesch sofort eine starke Verteidigungsfront aufzubauen, haben die Panzer- und Mot-Verbände den Auftrag, von Woronesch aus mit ihrer linken Flanke, angelehnt an den Don, nach Süden den Angriff fortzusetzen zur Unterstützung eines zweiten Durchbruchs, der etwa aus dem allgemeinen Raum von Charkow nach Osten hin geführt werden soll.«

Keine militärisch knappen und präzisen Befehle, sondern ausschweifende Prosa kennzeichnete die Weisung zum Fall »Blau«. In diesem Stil ging es weiter: Hitler beschäftigte sich damit, was zu tun sei, wenn es nicht gelänge, die Brücken in Rostow unversehrt zu erobern; er gab Anweisungen, welcher Flügel durch welche Truppen zu welchem Zeitpunkt im Raum Taganrog zu verstärken sei, um das Entweichen des Gegners zu verhindern. Andererseits blieb er jedoch im Unverbindlichen stecken und ließ verschiedene Möglichkeiten offen. Er nannte auch – eher beiläufig – eine Stadt an der Wolga. Sie sei entweder selbst zu erreichen oder zumindest »unter die Wirkung unserer schweren Waffen« zu bringen, um ihren Ausfall als »weiteres Rüstungs- und Verkehrszentrum« zu gewährleisten. Der Name dieser Stadt sollte später zum Synonym für die Katastrophe werden, die die endgültige Wende des Krieges einleitete: Stalingrad.

»Kertsch säubern und Sewastopol zu Fall bringen«

Bevor die deutsche Sommeroffensive starten konnte, mußte zunächst die Ausgangsposition für den Angriff geschaffen beziehungsweise verbessert werden. Auf der Krim war die deutsche 11. Armee durch starke sowjetische Verbände gebunden und stand damit nicht für den Angriff gegen den Kaukasus zur Verfügung – noch nicht. Deshalb hatte Hitler in der Weisung 41 gefordert: »Die nächsten Aufgaben sind es, auf der Krim die Halbinsel Kertsch zu säubern und Sewastopol zu Fall zu bringen.«

»Trappenjagd«, »Störfang«, »Wilhelm«, »Fridericus« – so lauteten die Tarnbezeichnungen für die militärischen

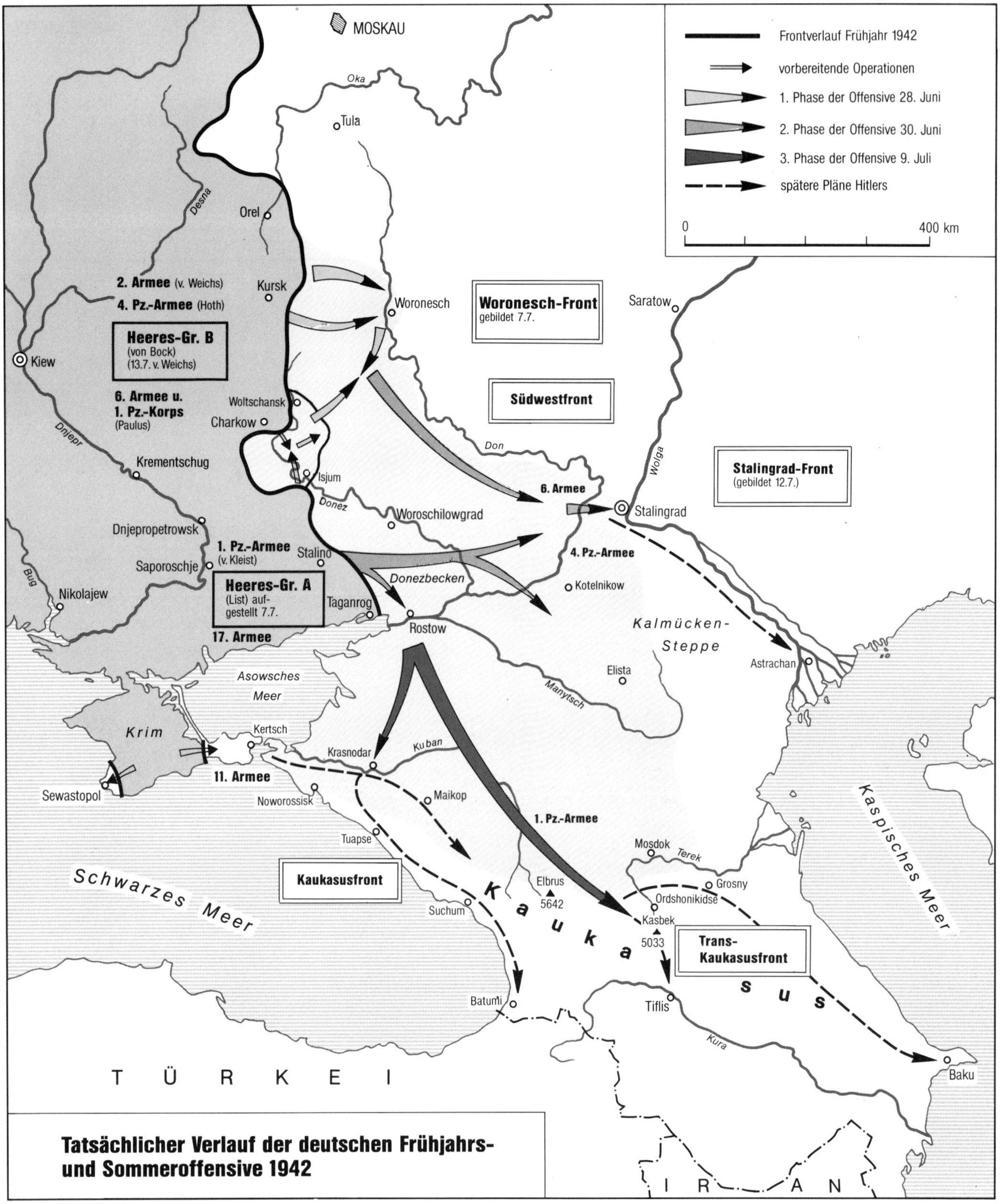

Tatsächlicher Verlauf der deutschen Frühjahrs- und Sommeroffensive 1942

Operationen, mit denen diese Ziele erreicht werden sollten. General Paulus und General von Manstein kam dabei eine führende Rolle zu. Mit diesen beiden Namen sind die wichtigen Aktionen im Sommer 1942 verbunden.

Der Beamtensohn Friedrich Paulus, geboren am 23. September 1890, hatte im Ersten Weltkrieg an der Ostfront gekämpft und den Krieg im Westen erlebt. Als Berufssoldat hatte er schon in der Weimarer Republik Karriere gemacht. Im Stab von Guderian und Hoepner war er am Aufbau der deutschen Panzerstreitkräfte beteiligt. Nach seiner Beförderung zum Generalmajor im Januar 1939 nahm er als Stabschef unter Generalfeldmarschall von Reichenau am Blitzkrieg gegen Polen teil und kämpfte auch im Frankreichfeldzug. Unter Hitlers Generalstabschef Halder plante er das »Unternehmen Barbarossa« mit. Im Januar übernahm Paulus, bislang Oberquartiermeister I im Generalstab des Heeres, den Befehl über die 6. Armee. Es war sein erstes operatives Kommando.

Ganz anders Erich von Manstein. Der Ritterkreuzträger, der am 24. November 1887 als Sohn eines Artilleriegenerals geboren wurde und eigentlich von Lewinski hieß, bis er von einer wohlhabenden Gutsbesitzerfamilie adoptiert wurde, war ein erfahrener Truppenführer. Seine planerischen Fähigkeiten hatte er im Westfeldzug unter Beweis gestellt, denn der Operationsentwurf für den Angriff auf Frankreich stammte aus seiner Feder. Aber Manstein war nicht nur ein Mann der Theorie, sondern ein ebenso erfolgreicher Heerführer: Er stand an der Spitze des 38. Armeekorps, dem im Westfeldzug als erstem der Durchbruch durch die französischen Linien gelungen war. Auch an der Ostfront feierte er, zunächst im Norden, dann im Süden, als Chef der 11. Armee mit seinen Soldaten große Erfolge. Hitler verlieh ihm

Karl Peter, Infanterist.

Während eines Spähgangs kamen wir an einen Hügel, wo wir drei russische Soldaten entdeckten, die tief und fest schliefen. Der Angriff war vorbei, und die waren wahrscheinlich todmüde. Sie hoben die Hände hoch, aber wir mußten sie erschießen, damit sie uns nicht verrieten. Einer wollte abhauen, dem habe ich noch eine Kugel hinterhergeschickt.

Beim Einmarsch in die Ukraine wurden die Deutschen vielerorts als Befreier begrüßt. Angesichts der Greueltaten in den besetzten Gebieten kam es bald zu einem Stimmungsumschwung.

Brot – x
Hitler –

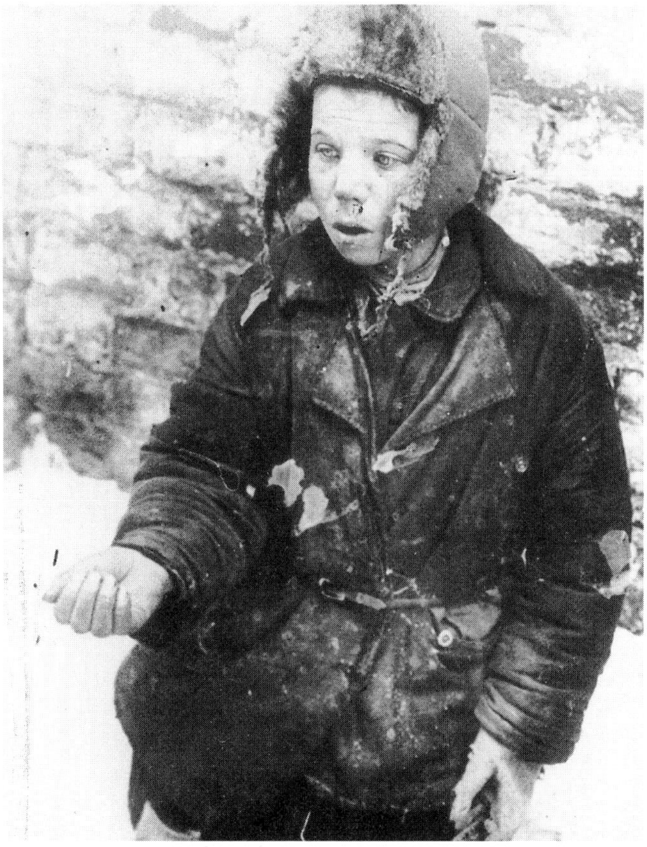

Das Los der Kinder im Krieg: von Hunger und Krankheit gezeichnet... verwaist... zu Propagandazwecken mißbraucht.

am 7. März 1942 das Ritterkreuz und ernannte ihn im Juli 1942 zum Generalfeldmarschall. Vielen Militärexperten gilt Manstein noch heute als Hitlers fähigster Heerführer. Aber er verkörperte auch das Beispiel eines völlig unpolitischen Offiziers, der sich zu den Zielen der Nationalsozialisten selten äußerte. Für ihn zählte nur eines: die Bewältigung der ihm gestellten militärischen Aufgaben.

Manstein und die 11. Armee hatten den Auftrag, mit der Eroberung der Halbinsel Kertsch die Ausgangsbasis für einen späteren Angriff auf Temrjuk und Krasnodar zu schaffen. Kertsch war die Plattform, von der aus die deutschen Truppen die südlich von Rostow stehenden starken Verbände der Roten Armee einkesseln und dadurch das Tor zum Kaukasus aufstoßen sollten.

Am 8. Mai um 3.15 Uhr begann die »Trappenjagd«. Die Aufgabe schien unlösbar, denn die Landenge war kaum zwanzig Kilometer breit und stark gesichert. In den Minenfeldern, Stacheldrahtverhauen, Panzersperren und gut ausgebauten Verteidigungsstellungen hatte die Rote Armee mit ihrem geschickt gestaffelten Sperrfeuer bis dahin noch jedes Vordringen unterbinden können. Von Manstein bewies erneut sein strategisches Geschick. Er täuschte einen Angriff im Norden vor, leitete aber den entscheidenden Durchstoß im Süden der sowjetischen Stellungen ein. Mit Unterstützung durch die deutschen Tiefflieger gelang auf Sturmbooten die Landung in der schwach geschützten sowjetischen Flanke. Am 16. Mai erreichten die deutschen Spitzen Kertsch. Die drei sowjetischen Armeen waren geschlagen, von Einkesselung bedroht und versuchten sich über das Schwarze Meer zum Festland abzusetzen. Doch den deutschen Verbänden gelang es, ein sowjetisches Dünkirchen zu verhindern: Hundertsiebzigtausend Rotarmisten mußten den Weg in die Gefangenschaft antreten, Stalin verlor zudem über tausend Geschütze und fast dreihundert Panzer.

Die deutschen Verluste stellten sich als relativ gering heraus: Die 11. Armee meldete rund achttausend Tote, Verwundete oder Vermißte. Die erste Vorbereitungsschlacht war erfolgreich geschlagen. Am 17. Mai stand Manstein in Kertsch und konnte jenseits der Meerenge die Gipfel des Kaukasus erblicken.

Zur gleichen Zeit traten die Deutschen am Donez zur Operation »Fridericus I« an. Die Angriffe galten einem sowjetischen Frontkeil, der zwischen Isjum und Charkow in die deutschen Linien hineinragte. Zu Beginn des Jahres hatte die Rote Armee die Deutschen weit zurückgeworfen – mit schwerwiegenden Folgen. Nun waren nicht nur die Vorratslager der 6. Armee in Charkow in Gefahr, weit schlimmer noch: Es drohte der Vormarsch der Roten Armee auf Dnjepropetrowsk und damit die Umklammerung der deutschen Truppen am Donez. In einer Zangenbewegung sollten nun Paulus' 6. Armee von Norden und die

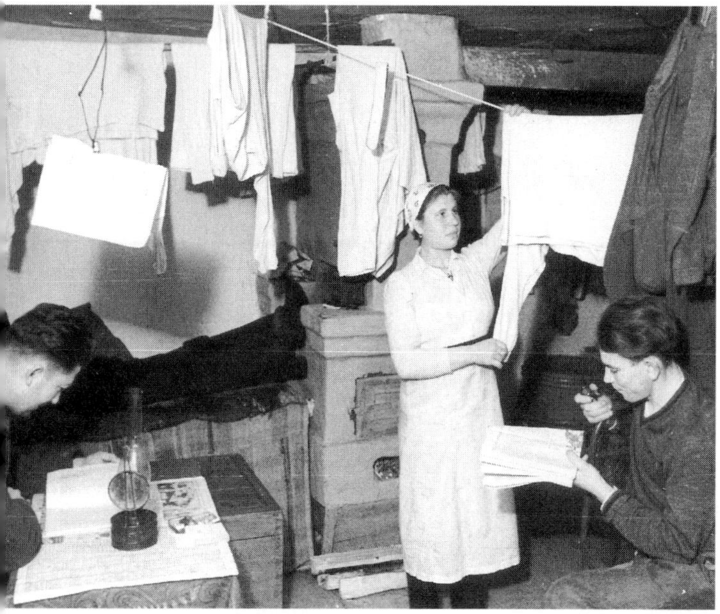

Das menschliche Gesicht des Krieges: Momente der Herzlichkeit zwischen deutschen Soldaten, russischen Frauen und Kindern.

Noch glauben sich die deutschen Soldaten im immerwährenden Vormarsch.

1. Panzerarmee von Süden die sowjetischen Verbände einschließen, die Lage bereinigen und gleichzeitig die notwendigen Voraussetzungen für den deutschen Hauptangriff schaffen. So jedenfalls sah es der Plan des Oberbefehlshabers von Bock vor. Ursprünglich wollte man mit dem Angriff am 17. April beginnen, er mußte dann aber verschoben werden und bekam nun eine völlig neue Dimension. Denn die Sowjets waren den Deutschen zuvorgekommen und hatten die Initiative ergriffen.

»Wir können nicht in der Defensive bleiben«

Ende März rief Stalin seine Oberbefehlshaber im Kreml zusammen, um mit ihnen das weitere Vorgehen zu besprechen. Die erste große Gegenoffensive der Roten Armee hatte zwar die Schlacht um Moskau zu ihren Gunsten entscheiden und die Wehrmacht im Winter 1941/42 zurückdrängen können; geschlagen waren die Deutschen aber noch lange nicht. An welcher Stelle der scheinbar endlosen Front sollte die Rote Armee ihre Kräfte konzentrieren? Bei Woronesch, in der Mitte der Front, wie es Marschall Schaposchnikow vorschlug? Bei Moskau, wo Armeegeneral Georgi Schukow, der Chef des Generalstabs, eine eigene Offensive forderte? Oder gar im Südwesten, wo der stellvertretende Verteidigungsminister Timoschenko die Prioritäten setzen wollte? Für Stalin war nur eines klar: »Wir können nicht in der Defensive bleiben und auf unseren Händen sitzen, bis die Deutschen den ersten Schlag führen. Wir müssen Präventivschläge auf einer breiten Front führen.«

Am 9. Mai bekamen die Soldaten der 6. Armee zu spüren, was Stalin beschlossen hatte: Mit drei Armeen und starken Panzerverbänden traten die sowjetischen Verbände unter dem Kommando von Marschall Timoschenko an, um die Deutschen bei Charkow einzuschließen. Zwei Zangenarme trieben Keile in die deutsche Front und setzten sich von Woltschansk in Richtung Süden und von Isjum in Richtung Norden in Bewegung. Der Wucht des sowjetischen Vorstoßes hatten die kräftemäßig weit unterlegenen deutschen Truppen nichts entgegenzusetzen. Nach vier Tagen war

Endlos muten die Kolonnen an, die in Richtung Stalingrad marschieren.

sogar das Hauptquartier des deutschen Oberbefehlshabers von Bock hundert Kilometer hinter den deutschen Linien akut gefährdet. Timoschenko triumphierte bereits: »Der Krieg nimmt eine neue Wendung.«

Doch der sowjetische Oberbefehlshaber freute sich zu früh. Denn nun holten die Deutschen zum Gegenschlag aus. Da die ursprünglichen Pläne nicht mehr realisiert werden konnten, weil die 6. Armee in starken Abwehrkämpfen gebunden war, nutzten die Deutschen die zur Verfügung stehenden Kräfte für einen einarmigen Zangenangriff. Aufgrund des schnellen Vorstoßens der Roten Armee hatte sich eine langgezogene sowjetische Flanke gebildet, die nun das Ziel der deutschen Gegenoffensive bildete. Mit Unterstützung der schnell herangeführten Panzer aus der Streitmacht des Generalfeldmarschalls von Kleist gelang es der 17. Armee, die sowjetischen Linien zu durchbrechen. Am 18. Mai hatte sich die Situation gewandelt: Nun war die Rote Armee ihrerseits von der Einkesselung bedroht. Timoschenko er-

Die Geschwister Aleksander und Anastassja schrieben an ihren Bruder:

Grüß Dich Iljuscha,
unser ruhmvolles Kuban hat vollgefüllte Getreidelager. Die Erträge der Weizenernte sind unglaublich. In vielen Kolchosen fährt man 150 Pud pro Hektar ein und sogar noch mehr. Wir geben das Getreide an die Stadt und die Front weiter. Unsere Brüder, die Arbeiter, sollen gleichfalls mehr Granaten, Patronen, Minenwerfer, Kanonen und Panzer liefern.
Gestern haben wir uns an Dich als Kind erinnert. Mit vierzehn Jahren warst Du schon ein treffsicherer Jäger. So treffsicher wie die Fasanen sollst Du auch die faschistischen Räuber schießen. Bleib am Leben. Lege ihnen Fallen aus wie den Wölfen, vernichte sie, wie Du auch die Schakale vernichtet hast. Lieber Bruder, Du verteidigst nicht nur unser geliebtes blühendes Kuban, sondern unsere gesamte Sowjetunion. Du hast viel zu verteidigen.

kannte die Gefahr und bat in Moskau um die Erlaubnis, den Angriff abbrechen und die gefährdeten Truppen zurückziehen zu dürfen. Stalin lehnte ab. Das brachte die Sowjets in eine katastrophale Lage. Die 57. und 6. sowjetische Armee wurden eingeschlossen, nur ein Teil der 9. Armee konnte sich mit Mühe und Not retten. In Moskau fragte ein geschockter Stalin: »Die Deutschen haben gemeldet, daß sie mehr als 200 000 unserer Soldaten gefangen haben. Lügen sie?«

Die Deutschen logen nicht, die sowjetischen Verluste lagen sogar noch etwas höher. Fast 240 000 Rotarmisten mußten den Weg in die Gefangenschaft antreten. Die Sowjets wollten die Deutschen bei Charkow einkesseln und gerieten nun selbst in die Falle. Somit fand auch die zweite vorbereitende Aktion der Deutschen, wenn auch etwas anders als ursprünglich geplant, ihren erfolgreichen Abschluß.

Die Bilanz nach zwei Wochen harter Kämpfe in Charkow und auf der Krim war für Stalin ernüchternd: Sechs Armeen hatte er verloren, fünfzehnhundert Panzer waren vernichtet, die Deutschen hatten vierhunderttausend Rotarmisten gefangengenommen und über dreitausend Geschütze erbeutet. Dies waren wieder jene Zahlen, wie sie die nationalsozialistische Presse zu Beginn des Rußlandfeldzugs jubelnd verkünden konnte.

Linke Seite:
Oben links: Auch im Frühjahr kämpfen die Deutschen wieder gegen »General Schlamm«.

Unten links: Ein deutscher Soldat untersucht die Leiche eines sowjetischen Panzerfahrers.

Links: Volltreffer einer deutschen Panzerabwehrkanone.

Oben rechts: Druckfrische Frontzeitungen sollen die Truppen bei Laune halten.

Unten rechts: Kurzer Halt auf dem Weg zur Front. Krankenschwestern reichen den Soldaten Brot.

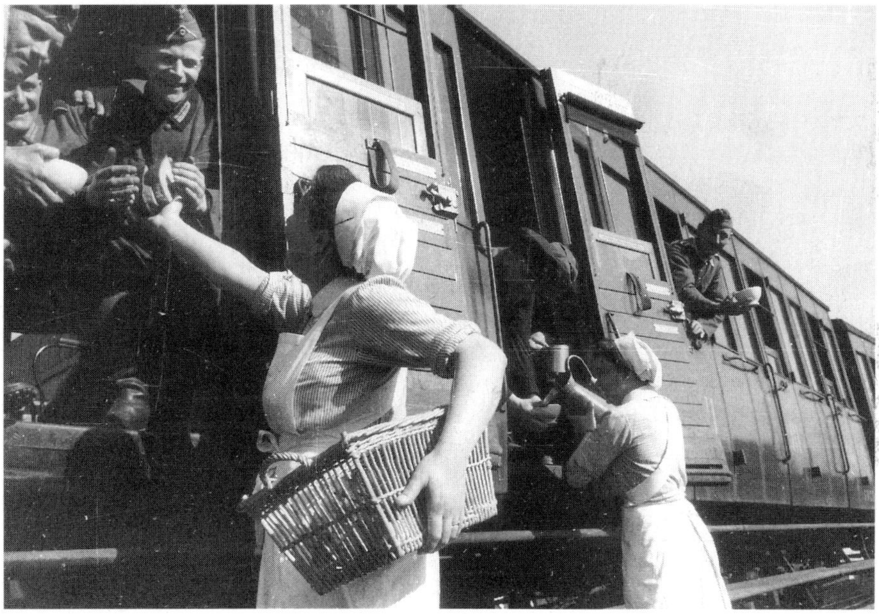

»Der zäheste Feind, den wir je erlebt haben«

Nach Mansteins Erfolgen im Mai befand sich fast die ganze Halbinsel Krim wieder unter deutscher Kontrolle. Nur im Rücken der deutschen Linien hatte sich ein sowjetischer Stützpunkt behaupten können: Sewastopol, die stärkste Festung der Welt. Sie war die größte Hürde bei der Vorbereitung der Operation »Blau«, denn die Verteidiger unter General Petrow hatten unter Einbeziehung der örtlichen geographischen Bedingungen scheinbar uneinnehmbare Festungsanlagen und Verteidigungswälle angelegt. Die felsigen Höhen von Sapun, der Wechsel von kleinen Hügeln und tiefen Schluchten bildeten ein natürliches Bollwerk; ebenso wie die Sewernaja-Bucht und das Sewastopol gegenüberliegende Nordfort, das einen Angriff von der Seeseite unmöglich machte.

Schon während des Krimkrieges in der Mitte des vergangenen Jahrhunderts vermochten die zaristischen Truppen in der Festung Sewastopol zwölf Monate lang der Belagerung durch ein britisch-französisches Expeditionskorps zu trotzen, bevor sie sich ergeben mußten. Damals, im September 1855, war Sewastopol Schauplatz des ersten Stellungskrieges der Kriegsgeschichte. Würde sich nun, im Zeitalter des Blitzkrieges, die Materialschlacht wiederholen?

Georgiu Schukow, stellv. Oberbefehlshaber der Roten Armee.

Die Niederlage unserer Truppen bei Kertsch erschwerte die Situation der Verteidiger von Sewastopol. Nach der Besetzung von Kertsch ging das deutsche Kommando mit allen Kräften gegen die Stadt Sewastopol vor. Am 4. Juli 1942 mußte Sewastopol nach neun Monaten Belagerung, nach monatelangen erbitterten Gefechten von unseren Truppen geräumt werden. Die Krim war nun vollständig verloren, was für uns die Gesamtlage wesentlich komplizierte und sie für unseren Gegner entsprechend erleichterte, der dadurch eine kampffähige Armee und bedeutende Verstärkungsmittel freibekam.

Der Blick durch das Scherenfernrohr von See aus vermittelt einen Eindruck von den Befestigungsanlagen Sewastopols.

Norddeutsche Ausgabe
185. Ausg. / 55. Jahrg. / Einzelpreis 20 Pf.

„Freiheit und Brot"

Norddeutsche Ausgabe
Berlin, Sonnabend, 4. Juli 1942

VÖLKISCHER BEOBACHTER

Kampfblatt der nationalsozialistischen Bewegung Großdeutschlands

Das Ende einer erbitterten Schlacht

Sewastopol kurz vor dem Fall erlebt

PK. Man muß diese letzten Stunden vor dem Fall von Sewastopol miterlebt haben, um zu begreifen, wie plötzlich und unaufhaltsam der Zusammenbruch dieser Seefestung erfolgte. Nach Wochen schwerster Kämpfe und erbitterter Gegenwehr des Feindes, nach Tagen unsagbarer Strapazen und aufopferndster Sturmangriffe, nach dem titanenhaften Ringen um diese mit einer Unzahl von Verteidigungsanlagen gepanzerten Festung kam plötzlich der Augenblick, daß die deutschen Truppen nicht mehr auf Granit bissen, sondern dem Feind übersichtliches Gelände rings um den Stadtkreis entrang, in dem nur noch allerletzte Widerstandsnester zu beseitigen waren. Die pausenlosen Angriffe deutscher Sturzkampfflugzeuge, das ununterbrochene Feuer der Artillerie aller Kaliber und die Zertrümmerung der letzten Forts hatten nicht nur die zur Aufopferung bestimmten bolschewistischen Reserven niedergeschmettert, sondern auch die Sowjetbefehlshaber von der völligen Aussichtslosigkeit überzeugt. Der Vizeadmiral Oktjabrskij, der Oberbefehlshaber der gesamten Land- und Seestreitkräfte von Sewastopol, und Generalmajor Petrow, der Oberbefehlshaber der Küstenarmee, die sich nicht gescheut hatten, Arbeiterbataillone und Elite in das vernichtende Feuer zu werfen und Tausende von Zivilisten in die Befestigung von Inkerman zu treiben, hatten selbst die Nerven verloren und versuchten zu fliehen. Vergeblich hatten sie den letzten Verteidigern Mut zugesprochen, indem sie ihnen erklären ließen, daß neue Verstärkungen unterwegs seien, die Sewastopol retten würden.

Vergeblich. Der Zerfall war nicht mehr aufzuhalten. Das Schicksal der bolschewistischen Seefestung war besiegelt. Am ostwärtigen Ende des inneren Verteidigungsringes hatte es angefangen zu bröckeln. Mit der völligen Zersprengung der Inkermann-Feste, deren Massierung nach dem Bombardement deutscher Sturzkampfverbände einer riesigen Halde von gewaltigen Felsbrocken glich, war das Einfallstor aufgesprengt worden. Dann halfen die massierten Feuerschläge der Artillerie den vordringenden Infanteristen immer näher an den Ostrand der Stadt heran, während die weiter südlich eingesetzten deutschen und rumänischen Verbände im schnellen Vorstoß nach Westen den eisernen Ring der Umklammerung schlossen.

Das Tempo dieses Sturmlaufes der Infanterie war unwahrscheinlich. Mit riesigen Schritten näherten sich die deutschen und

Die Beute von Sewastopol:

50000 Gefangene,

503 Geschütze, 662 Granatwerfer

Bolschewistische Front in einer Breite von 300 Kilometer aufgerissen

Aus dem Führerhauptquartier, 3. Juli.

Das Oberkommando der Wehrmacht gibt bekannt:

Südwestlich von Sewastopol stehen die letzten Reste bolschewistischer Truppen auf dem äußersten Ausläufer der Halbinsel Chersones vor ihrer Vernichtung.

Im Kampf um die Festung Sewastopol wurden bis zum 2. Juli über 50 000 Gefangene eingebracht

21 Panzerkampfwagen,
503 Geschütze,
662 Granatwerfer,

sowie zahlreiche sonstige Waffen und Kriegsmaterial aller Art erbeutet oder vernichtet.

Im Seegebiet vor der Krim versenkten deutsche und italienische Schnellboote drei bewaffnete feindliche Wachboote und nahmen die Überlebenden gefangen.

An der Kaukasusküste des Schwarzen Meeres sowie im Asowschen Meer griffen Kampf- und Sturzkampfflugzeuge mehrere Häfen, unter anderem Noworossijsk und Anapa, sowie feindliche Schiffe mit besonderem Erfolg an. Ein Minenjäger und zehn Küstenfahrzeuge wurden versenkt, vier Zerstörer und sieben Handelsschiffe sowie ein Schulschiff und ein Schwimmdock vernichtend getroffen.

Im Südabschnitt der Ostfront wiesen deutsche und italienische Truppen mehrere örtliche Angriffe der Sowjets unter hohen blutigen Verlusten ab.

Die Angriffsoperationen der deutschen und verbündeten Truppen haben in einer Breite von fast 300 km die feindliche Front aufgerissen. Die erbitterten Gegenangriffe feindlicher Panzerbrigaden wurden mit schweren Verlusten des Feindes abgeschlagen. Allein eine Schnelle Division vernichtete ohne eigene Verluste an Panzern in der Zeit vom

betriebe der Häfen Rosta und Murmansk erneut durch Bomben getroffen und Brände im Stadt- und Hafengebiet hervorgerufen.

In Ägypten wurden bei der Erweiterung des Durchbruchs durch die El-Alamein-Stellung mehrere starke befestigte Stützpunkte gestürmt. Über 2000 Briten wurden gefangengenommen, 30 Geschütze und zahlreiche Panzer erbeutet oder vernichtet. Nachtangriffe der Luftwaffe richteten sich gegen militärische Anlagen bei Alexandrien.

Im Seegebiet nordostwärts Islands wurde ein Handelsschiff von 1500 BRT. durch ein Kampfflugzeug versenkt.

Bei einem kurzen Tagesangriff von fünf britischen Bombern auf die Stadt Flensburg verlor der Feind zwei Flugzeuge. Die Zivilbevölkerung hatte einige Verluste.

In der vergangenen Nacht warf die britische Luftwaffe mit schwächeren Kräften Spreng- und Brandbomben auf Stadt und Außenbezirke von Bremen. Die Verluste der Zivilbevölkerung sind gering. Vor allem in Wohnvierteln entstanden Brandschäden. 14 der angreifenden Bomber wurden abgeschossen.

Bisher 2000 Gefangene bei El Alamein

Rom, 3. Juli.

Der italienische Wehrmachtbericht vom Freitag hat folgenden Wortlaut:

Das Hauptquartier der Wehrmacht gibt bekannt:

Die Operationen der Achsenstreitkräfte im Raume südöstlich von El Alamein entwickeln sich günstig. Starke feindliche Stützpunkte wurden erobert. Es wurden

Die Flugplätze Micabba und La Venezia wurden heftig angegriffen und viele Bomben jeden Kalibers auf ihren Anlagen ins Ziel gebracht. 16 englische Flugzeuge wurden in Luftkämpfen von italienischen und deutschen Begleitjägern abgeschossen.

Fünf unserer Flugzeuge sind vom Einsatz am gestrigen Tage nicht zurück-

Der Stand des Krieges

Berlin, 3. Juli.

Wenn ein Hund Prügel empfängt, heult er. Niemand würde es einfallen, in diesem Geheul eine besondere Leistung oder gar einen Mutbeweis des Hundes zu erblicken. Niemand? Mit einer Ausnahme: den öffentlichen Schwätzern der Demokratien. Sie sonnen sich heute, nach dem Abschluß der Londoner Parlamentsdebatte, in dem Gefühl ihrer moralischen Überlegenheit über die „Nazi-Mentalität", die darin zum leuchtenden Ausdruck komme, daß man in Westminster mit so großer Freimütigkeit über die bezogenen Prügel gesprochen habe; das brächten die Nazis nie fertig! Gut — die Nazis konnten diesem Beispiel schöner Seelen nicht folgen, erstens weil es nicht ihre Art ist, militärische Ereignisse von mehr oder minder ahnungslosen zivilen Schwadroneuren in aller Öffentlichkeit breittreten zu lassen, und zweitens weil wir eben in diesem nun fast drei Jahre alten Kriege noch niemals geschlagen worden sind, sondern in jedem Feldzug und in jeder großen Operation offensiver oder defensiver Art stets gesiegt haben.

Wir sprechen diese einschneidende Feststellung nicht leichthin aus. Denn sie grenzt fast ans Wunderbare in einem so gewaltigen Kriege, und hinter ihr steht — uns allen ständig bewußt — das heroische Opfer unseres edelsten Blutes, das jene Kette von Siegen ermöglicht hat. Aber es ist notwendig, in diesem Augenblick den Stand des Krieges im Großen eindeutig zu fixieren, nachdem die Welt in den letzten Wochen und Tagen von einer Riesenwelle feindlicher Agitation heimgesucht worden ist, die keinen anderen Zweck hatte, als jene Tatsache zu verschleiern. Vom Molotow-Pakt über die Auslieferung Europas an den Bolschewismus bis zur gestrigen Churchill-Rede reicht die Reihe der Versuche, aus Schwarz Weiß zu machen und den ehernen Klang der Waffen durch das widerliche Gedudel der Zukunftsschalmeien und Wunschträume zu übertönen. Winston Churchill hat das Kind beim Namen genannt? Als ob diesem Burschen etwas anderes übriggeblieben wäre! Haben wir nicht schon vor drei Tagen an dieser Stelle genau vorausgesagt, was er im britischen Theaterparlament zum besten geben würde? Hätte er etwa behaupten sollen, daß die von ihm ins Feuer gehetzten Südafrikaner und Neuseeländer heute noch gemütlich in Tobruk und Marsa Matruk sitzen und Tee trinken?

Walter Winkler, Infanterist.

Am 21. Juni setzte unsere Einheit zum Sturm auf die Bunker des Nordforts der Festung von Sewastopol an. Hier befanden sich, tief in den Fels gesprengt, riesige Munitionslager und Vorratsräume der sowjetischen Schwarzmeerflotte. Die Zugänge zu den Stollen und Berghallen waren durch Panzertore gesichert. Der Gegner dachte natürlich nicht daran, diese mächtigen Anlagen unverteidigt zu lassen. Der wohlgemeinte Versuch, mit Hilfe von Gefangenen die Besatzungen zur Aufgabe zu bewegen – schon wegen der vielen Zivilisten in den Stollen –, schlug fehl. Tausende Frauen und Kinder hatten in den Bunkern Zuflucht gesucht oder arbeiteten in den unterirdischen Munitionsfabriken.

Handgranaten, Minen und Sprenggeräte vermochten die Russen schon gar nicht von der Notwendigkeit der Übergabe zu überzeugen, deshalb mußten wir uns etwas anderes einfallen lassen. Ein junger Freiwilliger eines Pionierbataillons ließ sich schließlich vom Felsrand abseilen, um mit einer geballten Ladung einen der Eingänge aufzusprengen. Doch noch während er am Seil hing, ereignete sich eine gewaltige Explosion: Die Besatzung dieses Stollens hatte sich mit, wie sich später herausstellte, 1400 Zivilpersonen in die Luft gesprengt.

Bei anderen Stollen konnte die Selbstsprengung nicht mehr erfolgen, weil die Stromversorgung der unterirdischen Räume ausgefallen war. In einem Fall hatte sich der befehligende Kommissar erschossen, in einem anderen hatten meuternde Soldaten ihren Kommandanten umgebracht. Der Fels spuckte einen langen traurigen Zug unglücklicher Menschen aus, erschöpfte Mannschaften, verhärmte weinende Frauen und halbverhungerte Kinder.

Linke Seite unten: Die Siege werden seltener, dafür aber um so größer gefeiert.

Links oben: Sowjetische Marinesoldaten in Wartestellung kurz vor dem deutschen Angriff auf Sewastopol.

Links unten: Zermürbt vom Bombardement gehen die Verteidiger der Festung in Gefangenschaft.

Immerhin: Die Verteidiger – sieben Schützendivisionen, zwei Schützen- und drei Marinebrigaden, unterstützt von zwei Panzerbataillonen und einer kleinen Luftstreitmacht – hatten sechzehnhundert Geschütze und Granatwerfer in Stellung gebracht. Den über hunderttausend Rotarmisten stand genügend Munition zur Verfügung, weil die Versorgung durch die sowjetische Schwarzmeerflotte trotz der deutschen Belagerung aufrechterhalten werden konnte. Die Verteidigungsanlagen waren ausgebaut und modernisiert worden: Betonbunker, gesicherte Schützengräben, befestigte Granatwerferstellungen, geschickt gestaffelte Minenfelder, unterirdische Befestigungen, Lager, Gänge, Stellungen – wenn eine Stadt den Namen »Festung« verdiente, dann Sewastopol. Dieses Bollwerk zu knacken war das Ziel des Unternehmens »Störfang«, das am 2. Juni 1942 begann.

Der frischgekürte Ritterkreuzträger von Manstein kannte die Geschichte der ersten Belagerung Sewastopols, er war über Umfang und Qualität der sowjetischen Verteidigungslinien informiert und vor allem: Er wußte, daß ein »normales« Erstürmen unter Begleitung der üblichen kurzen Feuerschläge der Artillerie hier nichts ausrichten würde. Der Meister des modernen Blitzkrieges bediente sich deshalb der Methode der antiquierten Materialschlacht. Was er an Geschützen vor Sewastopol zusammenzog, sollte den stärksten Artillerieangriff des gesamten Zweiten Weltkrieges auslösen.

Aus insgesamt über dreizehnhundert Rohren feuerten die Deutschen auf die schwergepanzerten Forts. Der stärksten Befestigung setzten sie die mächtigsten Rohre entgegen, die die konventionelle Artillerie aufzubieten hatte. Im Ersten Weltkrieg war die »dicke Berta« mit einem Kaliber von 42,7 Zentimetern und einer Rohrlänge von sieben Metern die gewaltigste Kanone. Sie hätte neben den jetzigen Riesen deutscher Waffenschmiede fast als winzig gegolten. Die neuen Giganten der Zerstörungskunst »made in Germany« hießen Odin, Thor und Dora. Das Eisenbahngeschütz Dora, von den Landsern »der schwere Gustav« genannt, brachte es auf ein fast unvorstellbares Kaliber von 80 Zentimetern. Sieben Tonnen wog eine einzige Panzergranate, die der stählerne Koloß über eine Entfernung von fast vierzig Kilometern ins Ziel schoß, über viertausend Soldaten waren zur Bedienung, Wartung und zum Schutz des Ungetüms notwendig. Allein fünf Wochen dauerte es, bis dieses Geschütz in Feuerstellung gebracht war. Dann konnten zwar pro Stunde nur drei Geschosse das mehr als zweiunddreißig Meter in den Himmel ragende Rohr verlassen, doch diese durchschlugen jede Panzerung. Mochte eine Stellung auch dreißig Meter tief unter der Erde liegen – der Wucht Doras konnte sie nicht entgehen.

Aus Dora, Thor, Odin und allen anderen Geschützen brach am 3. Juni ein fünf Tage dauerndes Bombardement los, mit dem die sowjetischen Befestigungen unter Beschuß genommen wurden. Im Zusammenwirken von Artillerie, Granatwerfern, Flak- und Sturmgeschützen pflügten die Deutschen die Erde um, zerstörten die Schützengräben und Minenfelder, durchbrachen die stärksten Befestigungen, die dicksten Mauern. Im sogenannten rollenden Einsatz flogen die Bomber des 8. Fliegerkorps unter dem Befehl des Generals Freiherr von Richthofen täglich bis zu zweitausend Einsätze, nachdem die Jäger zunächst die sowjetische Luftwaffe zerschlagen und die Lufthoheit über dem Schlachtfeld gesichert hatten. Unbehelligt klinkten die Flieger ihre tödliche Bombenlast über den Verteidigungslinien aus und vernichteten, was das Feuergewitter der Artillerie unbeschadet überstanden hatte. Wie 1855 machte Sewastopol erneut Geschichte. War es damals Austragungsort der ersten Stel-

Rupert Huber, Gebirgsjäger.

Irgendwo in dieser Bergwüste, wo es weder Baum noch Strauch gab, hatten sich die feindlichen Soldaten verbarrikadiert. Man hörte die Einschläge ihrer Granatwerfer. Sie waren gut eingeschossen, da sie schon längere Zeit dort verschanzt lagen. Die größte Gefahr ging von den Scharfschützen aus. Wenn man aus der Deckung ging, mußte man rennen wie ein Verrückter, um die Bergkuppe möglichst schnell zu überqueren und im Zielschatten eines Felsens Schutz zu finden. Das war wie ein Wettlauf mit dem Tod, der uns die größten Verluste einbrachte. Wir kriegten den Gegner kaum zu fassen. Nur Stück für Stück konnten wir uns vorkämpfen und die Russen mit Handgranaten ausschalten. Einige von ihnen ließen sich gefangennehmen, aber die meisten fielen in diesem Kampf. Zum Teil sprengten sie sich selbst mit Handgranaten in die Luft, als sie merkten, daß sie weder vor noch zurück konnten. Sie wollten wohl nicht in Gefangenschaft geraten, weil sie damit vielleicht schlechte Erfahrungen verknüpften.

Links oben: Mit großem Kaliber gegen die Festungsanlagen. Der Mörser Thor hatte einen Durchmesser von sechzig Zentimetern.

Links unten: Teurer Sieg: Der Sturm auf die Festung kostete tausende deutsche Soldaten das Leben.

lungsschlacht der Kriegsgeschichte, so erlebte es nun die erste Artillerieschlacht des Weltkrieges.

Eine Stadt versank in Schutt und Asche. In den Trümmern tausende Opfer, zerfetzt von direkten Treffern, getötet von den Druckwellen der detonierenden Granaten; die Verteidiger zermürbt vom fünftägigen mörderischen Dauerfeuer, demoralisiert vom infernalischen Pfeifen und Heulen der Geschosse – doch noch immer nicht endgültig geschlagen.

Nun begann der Vorstoß der deutschen Infanterie. Mansteins Soldaten traten am 7. Juni zum Sturm auf die Seefestung auf der Krim an. Aber die Überlebenden in der zerstörten Stadt leisteten hartnäckigen Widerstand. In den Trümmern der Befestigungswerke und sogar in den Feldstellungen kämpften die Verteidiger – wie es der Befehl der Militär- und der Parteiführung forderte – »bis zum letzten Mann«.

Auch in aussichtsloser Situation dachten viele sowjetische Soldaten nicht daran, sich zu ergeben. Jeder Bunker, jedes MG-Nest für sich mußten die Deutschen erst niederkämpfen. Die stärksten Befestigungen waren schon zu Beginn des Angriffs mit Namen wie »Stalin«, »Molotow«, »Maxim Gorki« und »Lenin« versehen worden. Nun mußten diese Forts ebenso einzeln erobert werden wie die gut gesicherten Bergkuppen »Adlerhöhe«, »Zuckerhut« und »Rosenhügel«. Die tiefen Löcher, die von den deutschen Granaten in die Befestigungsmauern gerissen worden waren, füllten die Überlebenden mit Leichen der Getöteten, oder sie türmten sie als Schutzwall gegen die deutschen Infanteristen auf. Von den tausend Rotarmisten, die das Fort »Maxim Gorki« verteidigten, gingen nur vierzig in Gefangenschaft, schwer verletzt. Sie hatten gekämpft, solange sie ein Gewehr halten konnten.

»Es war wohl der zäheste Feind, den wir je erlebt haben«, hieß es voller Hochachtung im Gefechtsbericht der 22. Infanteriedivision. Der Widerstand war zu diesem Zeitpunkt militärisch ebenso sinnlos wie die Opfer unter der Zivilbevölkerung. Sprengte ein Parteifunktionär einen unterirdischen Stollen, wurden zwar einige deutsche Angreifer getötet, aber auch Hunderte von Frauen und Kindern, die sich hier zum Schutz vor deutschen Bomben verkrochen hatten.

Am 3. Juli fand das blutige Gemetzel ein Ende. Zwar kämpften einige Widerstandsnester weiter, doch der sowjetische Oberbefehlshaber Iwan J. Petrow hatte seine Stellung in den unterirdischen Kasematten des Hafens geräumt und sich über den Seeweg in Sicherheit gebracht. Zwei sowjetische Armeen waren vernichtet. Sewastopol, die stärkste Festung der Welt, befand sich in deutscher Hand. Die 11. deutsche Armee hatte auf der Krim den Rücken frei. Der Kaukasus lag in Reichweite.

So sahen die Festungsanlagen nach der Eroberung aus.

Sechs Mann auf einem »gezähmten« Beutegeschütz.

Ein fetter Blindgänger, Kaliber sechzig Zentimeter.

Auf der Krim und in Sewastopol

Aus dem Fotoalbum des Stabsfeldwebels Johann Stenitzer während des Vormarschs auf der Krim, vor Sewastopol.

Mittlere Reihe:
Original oder Fälschung? Eine lustige Truppe. – Bald wurde es ernst.

Unten: Ein Neuzugang an der Front, Unteroffizier Martin Seidel. Nur wenige Tage später – seine letzte Ruhestätte.

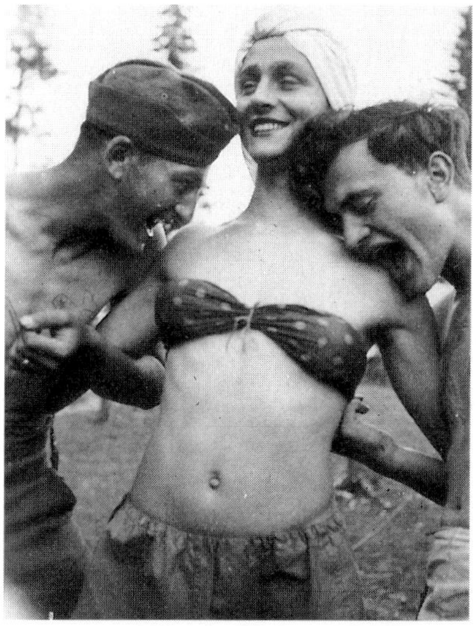

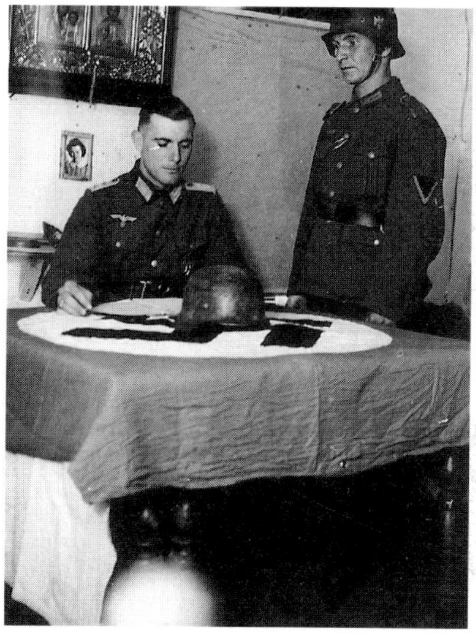

»Was man jetzt zerschlägt, stört später nicht«

Während Mansteins Truppen in Sewastopol keinen Stein auf dem anderen ließen, liefen sechshundert Kilometer weiter nördlich die letzten Vorbereitungen für den Fall »Blau«. Mit zwei »Wegbereitungsoperationen« sollte der Aufmarsch für die große Sommeroffensive abgeschlossen werden: Laut ursprünglicher Planung hatte die 6. Armee mit der Operation »Wilhelm« im Raum Woltschansk die Überquerung des Donez sicherzustellen. Diese Aktion, die für den Zeitraum vom 10. bis 14. Juni vorgesehen war, sollte nahtlos übergehen in den zweiten Teil, die Operation »Fridericus I«, in deren Verlauf die 1. Panzerarmee und die 6. Armee im Raum Kupjansk ihre Ausgangspositionen zu beziehen hatten. Die Rote Armee war jedoch mit ihrem Angriff der deutschen Offensive schon im Mai zuvorgekommen und brachte diese Planungen einstweilen durcheinander. Letztlich vermochte der erfolgreich verlaufene deutsche Gegenangriff die Zielsetzung der beiden Aktionen dennoch zu garantieren. In einer letzten Vorbereitungsschlacht konnten Verbände der 6. Armee einen Brückenkopf am östlichen Ufer des Donez bilden.

»Was man jetzt zerschlägt, stört später nicht«, hatte Hitler am 1. Juni anläßlich seines Besuchs im Hauptquartier der Heeresgruppe Süd in Poltawa erklärt. Dabei trug Feldmarschall von Bock den Oberbefehlshabern der deutschen Armeen im Bereich dieses Frontabschnitts die einzelnen Phasen des Operationsplans vor. Stalingrad wurde noch nicht erwähnt.

»Das Gesetz des Handelns wird von unserer Seite gegeben. Stimmung und Auftrieb der Truppe erfreulich«, notierte Generalstabschef Halder am 20. Juni in sein Tagebuch. Der Aufmarsch war taktisch abgeschlossen, die Versorgungslinien standen, die deutschen Truppen und die verbündeten ungarischen, rumänischen und italienischen Einheiten warteten auf den Angriffsbefehl. Das erste Etappenziel: Woronesch am Don. Doch dann gefährdete ein Zwischenfall die deutschen Pläne. In den Nachmittagsstunden des 19. Juni war ein Flugzeug des Typs Fieseler Storch in ein Sommergewitter geraten und mußte im Niemands-

Erholung vom Krieg: Badefreuden am Schwarzen Meer nach der Schlacht um Sewastopol.

mehr, sondern eingezogene, kaum ausgebildete Knaben. Sie liessen kaum noch eine Spur von Begeisterung für den Hitlerkrieg merken. Die Zahl der Überläufer, der Selbstverstümmler stieg von Woche zu Woche... Die Latrinenparolen von Ablösung, Weihnachtsurlaub udgl. erwiesen sich ebenso grundlos, wie die allerhöchste Latrinenparole von dem Entscheidungssieg „noch vor dem Einbruch des Winters". Unaufhörlich wuchsen die Reihen der Holzkreuze.

Im Februar schloss sich

DER RING UM DIE 16. ARMEE

(Heeresgruppe Busch). Der Totenkopf wurde nun zum schrecklichen Sinnbild des eigenen Schicksals.

JETZT BIST DU AN DER REIHE

(Falls du dich nicht gefangengibst)

Die Stabsherren und diejenigen, denen der Krieg notwendig und nützlich war, die sich nach Rittergütern und Aktienpaketen, nach fetter russischer Beute sehnten, türmen jetzt in Transportflugzeugen; die sturen Fanatiker, die an alle albernen Hitlerlügen von der „bolschewistischen Gefahr", „zweitem Versailles" udgl. blind glauben, wollen immer noch für ihren Verführer sterben, wollen den verzweifelten Widerstand bis zum letzten Mann fortsetzen.

Tausende blutjunger deutscher Männer, die das verhängnisvolle Totenkopfzeichen tragen, sind nun bewusst dem Tode preisgegeben.

Was kann sie heute noch retten?

Als Division — nichts mehr. — Keine von den südlich des Ilmensees eingeschlossenen Divisionen kann nunmehr auf Rettung hoffen.

Aber das Leben der betrogenen SS-Jungen, das Leben aller SS-Männer und -Führer, die es nur selbst wollen, kann erhalten werden.

Das einzige Mittel dafür — ist die bedingungslose Kapitulation.

Wer die Waffen streckt, wenn er auch allein auf eigene Faust handelt, ist seines Lebens sicher und kommt nach Kriegsende wohlerhalten nach Hause zurück. Wer weiter kämpft, ist des Todes, und sein sinn- und ruhmloser Tod in weiter Fremde wird niemandem nützen.

Deutschland, erwache! — Hitler, verrecke!

Zweieinhalb Jahre dauert der Krieg, den Deutschland führt. In Strömen fliesst das Blut der Völker. In ganz Europa sind die Lazarette mit verwundeten deutschen Soldaten gefüllt. Trostlos sieht es in Deutschland aus — Trauer, bange Sorge um die Männer im Felde, Elend, Hungersnot, zerstörte Städte, dahinsiechende Landwirtschaft, Massenerkrankungen de Kinder... Nur ein kleines Häuchen der Plutokraten und des hohen Beamtentums lebt ohne Sorge. Das Volk aber leidet unsaglich und verblutet mit jedem Tag, mit jeder Minute...

DIE RIESENKATASTROPHE IST IM ANZUG.

An den schnellen Siegen im Westen und auf dem Balkan berauscht, versuchte Hitler das friedliche Sowjetland [illegible] plötzlichen Einbruch zu überrumpeln und die freien Völker der Sowjetunion zu versklaven. Die Vorteile der Überraschung ausnützend, haben die Deutschen in den ersten Kriegsmonaten die Rote Armee zurückgedrängt und um den Preis der schrecklichen Blutsopfer (die im Durchschnitt 1 Million pro Monat ausmachten) eine Reihe von Sowjetgebieten besetzt. Die harten Kämpfe haben die Kampfkraft der deutschen Wehrmacht untergraben. Die Rote Armee aber füllte sich indessen mit neuen Lebenskräften und ging dann auf allen Hauptabschnitten der gewaltigen Front zur Offensive über.

Diese Offensive schreitet erfolgreich fort; die Russen fallen immer tiefer in den Rücken der Deutschen ein, umgehen ihre Stellungen, kesseln sie ein.

Hier behielt die Sowjetpropaganda nicht recht. Der Ring um die 16. Armee konnte gesprengt werden.

land zwischen den Linien notlanden. Ein deutscher Stoßtrupp stieß auf das Wrack und zwei Gräber in der Nähe des Flugzeugs. Der Fund versetzte den Stab des 40. Panzerkorps in helle Aufregung, denn wichtige Unterlagen wurden vermißt. An Bord des Flugzeugs befand sich das bestgehütete Geheimnis dieses Feldzugs: die Pläne, mit denen Major Reichel die Divisionskommandeure dieses Frontabschnitts über die erste Phase des Unternehmens »Blau« informieren sollte. Der Befehl Hitlers lautete zwar, Operationsanweisungen nur mündlich weiterzugeben, doch General Stumme hatte dem Drängen seiner Frontoffiziere nachgegeben und sie schriftlich über die nächsten Planungen der Wehrmacht in Kenntnis gesetzt. Er wußte, daß die befehlshabenden Kommandeure nur dann zu erfolgreichen Aktionen imstande waren, wenn sie zusätzlich über Informationen bezüglich der mittel- und langfristigen Ziele verfügten. Nun waren genau diese Dokumente offensichtlich den Sowjets in die Hände gefallen. Hitler, der davon erst mit großer Verspätung Kenntnis erhielt, tobte.

»Der Führer besteht darauf, ein Exempel zu statuieren. Er ist der Ansicht, daß die Generale nicht gehorchen«, notierte Feldmarschall von Bock am 25. Juni. Der kommandierende General Stumme wurde vor ein Kriegsgericht gestellt und zu fünf Jahren Festungshaft verurteilt. Doch das änderte nichts daran, daß die sowjetische Führung nun zumindest die erste Phase des deutschen Angriffsplans kannte und aus der Karte in Reichels Dokumentenmappe ersehen konnte, wo die Deutschen das Schwergewicht ihrer Kräfte einsetzen würden. Der Überraschungseffekt war dahin. Einige Offiziere drängten darauf, den Angriffsbefehl zu ändern. Doch die deutsche Führung hielt am ursprünglichen Plan fest, man hatte keine andere Wahl. Die Angriffs-

Noch bevor die deutschen Truppen die Ölfelder im Kaukasus erreichten, wurden die Förderanlagen von der Roten Armee zerstört.

maschine war bereits angelaufen, die Zeit, die den Sowjets blieb, um für wirksame Gegenmaßnahmen zu sorgen, war ohnehin mehr als knapp bemessen.

»In zwei Teile geschnitten«

Am 28. Juni fiel am Nordflügel der Heeresgruppe Süd der Startschuß. Die 2. Armee, die 2. ungarische Armee und die 4. Panzerarmee traten von Norden zur ersten Etappe der neuen Offensive an. Zwei Tage später gab General Paulus zweihundert Kilometer weiter südlich der 6. Armee, die vom 40. Panzerkorps unterstützt wurde, den Befehl zum Angriff. Die erste Zangenoperation des Unternehmens »Blau« begann. Das Ziel hieß Woronesch, die Stadt am Don. Schon nach wenigen Tagen war der erste Teil des Vormarschplans erfüllt, die deutschen Panzer hatten den Don erreicht und begannen am östlichen Ufer Brückenköpfe zu bilden. Nun sollten Woronesch eingenommen und die starken sowjetischen Kräfte im Raum Stary Oskol umzingelt werden. Doch die vorwärtsdrängenden Deutschen machten eine neue Erfahrung. Gerade nach dem Bekanntwerden des deutschen Angriffsplans hatte die Heeresführung mit massiven Abwehrriegeln gerechnet, mit starken Kräften der Roten Armee, die ein schnelles Vorpreschen der Panzer erschwert hätten. Statt dessen stießen die Deutschen und ihre Verbündeten auf vergleichsweise schwachen Widerstand; und dort, wo es zu Kämpfen kam, stellten sich den Verbänden der Wehrmacht nur Arbeitermilizen oder notdürftig zusammengestellte Einheiten der Roten Armee entgegen.

»Feind völlig überrascht«, lauteten die Meldungen der Front an das Führerhauptquartier. Generalstabschef Halder berichtete seinem »Führer« am 25. Juni, »daß die russische Widerstandskraft im Vergleich mit dem Vorjahre wesentlich schwächer geworden sei. Deshalb müsse man sich darauf vorbereiten, daß die einzelnen Phasen der Operation ›Blau‹ leichter und schneller durchgeführt werden würden, als bisher angenommen.«

Aus der neuen Lage zog Hitler seine Schlüsse. Die eigentlich vorgesehene Einnahme Woroneschs sollte aufgeschoben werden, um schnell den endgültigen Sieg zu gewährleisten. Dem Oberbefehlshaber der Heeresgruppe Süd teilte er am 3. Juli mit: »Ich bestehe nicht mehr auf der Eroberung

Rupert Huber, Gebirgsjäger.

Der Knickpunkt unserer Stimmung war, glaube ich, die Feststellung, daß wir nicht unbesiegbar waren. Das mußten wir erst einmal verdauen. Dazu kam die bedrückende Tatsache, daß man die Verwundeten, also unsere eigenen Kameraden, so elend den Paß hinuntertragen mußte. Sie wurden in ein Zelttuch eingeschlagen, das an ein paar Stangen aufgehängt wurde, und von jeweils vier Mann getragen, solange sie noch lebten – das alles ohne schmerzstillende Mittel, und viele sind auch gestorben. Es war einfach katastrophal, es gab keine Munition, nichts zum Essen, mal einen Riegel Schokolade, mal ein Barrasbrot, mal überhaupt nichts. Wir waren völlig ermattet. Alles war einfach zu wenig vorbereitet und zu schnell gegangen. Allein das Wort »Rückzug« wirkte demoralisierend und die Tatsache, daß drei Kompanien vernichtet waren – ohne Ersatz. Dazu ständig die zermürbenden Bombenangriffe. Die Bomben selbst waren weniger schlimm, aber der Hagel von Geröll und Felsen, den sie auslösten, war verheerend. Bis wir zur Paßhöhe zurückkehrten, haben wir uns wohl kein einziges Mal mehr umgesehen.

Ewald Trattmann, Gebirgsjäger

Es ist immer wieder vorgekommen, daß unsere Tragtiere, die Mulis, abgestürzt sind; ihre Last war zu schwer. Das war natürlich ein herber Verlust. Ein Muli war schwerer zu ersetzen als ein Landser. Da gab's immer großes Tamtam, wenn ein Tragtier ausfiel, schon allein deshalb, weil wir dann alles auf unseren eigenen Schultern tragen mußten. Wenn es ging, kletterten wir in die Schlucht hinab, um wenigstens das Gepäck noch zu bergen. Da sind schreckliche Sachen passiert. Den Tieren wurden die Füße abgehackt, denn erschießen konnte man sie nicht, um durch den Knall nicht die Feinde aufmerksam zu machen.

Erinnerungsfotos
des Gebirgsjägers Rolf Nebel
aus dem Kaukasus,
selbst kommentiert.

»Feuergefecht im Hochgebirge.«

»Das kommt davon, wenn man sich vor unserer Stellung rumtreibt.«

»Verwundetentransport vom Berg ins Tal.«

Oberleutnant Johann Nikolaus von Hollen schrieb an seine Jugendfreundin Christa:

12. 9. 42

Meine liebe Christa!
Heute bekommst Du einen ganz besonderen Brief. Es ist wohl mein erster Brief aus einem tatsächlichen Krieg, in einer kurzen Kampfpause während einer großen Materialschlacht geschrieben. Mag der Winter auch noch so hart gewesen sein, das in den letzten Tagen Erlebte übertrifft alles! An einem einzigen Tag schossen wir 65 feindliche Panzer ab. Ich bin stolz darauf, mit meinen beiden schweren Geschützen allein acht abgeschossen und vier schwer beschädigt zu haben! Du kannst Dir kein Bild davon machen, wie herrlich das war! Abgeschossene Maschinen purzelten vor unseren Augen brennend vom Himmel. Es war eine Pracht! Ich werde diese Kampfeindrücke in meinem Leben nicht vergessen!

Vier Monate später:

26. 1. 1943

Meine liebe Christa,
das Schreiben fällt mir in diesen entscheidungsvollsten Tagen dieses Krieges nicht leicht. Es sind keine normalen Kriegsereignisse mehr, die sich in diesen Tagen und Wochen abspielten, abspielen und noch abspielen werden. Ich frage mich immer wieder, warum unserem Volke diese unerhört harten Schläge aufgebürdet werden. Ist denn noch nicht genug deutsches Blut geflossen?

der Stadt. Ich stelle Ihnen frei, sofort nach Süden zu stoßen.«

Generalfeldmarschall von Bock hielt jedoch an der ursprünglichen Reihenfolge fest und befahl seinen Truppen, die Stadt zu erobern, und zwar rasch, denn ihm war nicht entgangen, daß die Kämpfe bei Woronesch der von Einkesselung bedrohten Roten Armee zwischen den beiden Flüssen die Möglichkeit boten, sich zurückzuziehen. Am 7. Juli brachten die Deutschen den Westteil der Stadt unter ihre Kontrolle, während im Ostteil die Kämpfe in unverminderter Härte andauerten. Der schnelle Erfolg führte zu neuen Anweisungen. Der »Führer« organisierte die Front um und änderte den Angriffsplan. Die Heeresgruppe Süd wurde geteilt. Die neue Heeresgruppe A, bestehend aus der 17. Armee und der 1. Panzerarmee, erhielt den Auftrag, die Ölfelder von Maikop und Grosny zu erobern. Diese sogenannte Kaukasusfront, zu der auch die 3. rumänische Armee gehörte, stand unter Befehl von Generalfeldmarschall List. Die Heeresgruppe B mit der 6. und 2. Armee, der 4. Panzerarmee sowie der 2. ungarischen und 8. italienischen Armee sollte auf Stalingrad vorstoßen. Generalfeldmarschall von Bock notierte am 7. Juli in sein Tagebuch: »Damit wird die Schlacht in zwei Teile zerschnitten.«

Es war allerdings nicht nur gekränkte Eitelkeit, die den eines Teils seiner bisherigen Heeresgruppe Süd beraubten Oberbefehlshaber zur Kritik an dieser Entscheidung Hitlers bewog. Mit der Umorganisation hatte der »Führer« sein bisheriges schrittweises Vorgehen aufgegeben. Nun sollten mit den gleichen Kräften zwei Ziele gleichzeitig erreicht werden: die Zerschlagung der Roten Armee bei Stalingrad und die Eroberung des Kaukasus, noch bevor die sowjetischen Kräfte zwischen Don und Donez ausgeschaltet waren. Mit den drei Führerweisungen Nr. 43 bis 45 gab Hitler endgültig zu verstehen, daß er nun auch die operative Leitung des Feldzugs übernommen hatte. Diese drei Weisungen stellten das gesamte Vorgehen auf den Kopf und wirbelten im Norden und Süden die deutsche Ostfront durcheinander. Mit der Weisung 43 erteilte er der 11. Armee am 11. Juli 1942 nach der Eroberung Sewastopols die Aufgabe, »alle Vorbereitungen für einen Übergang mit der Masse der Armee über die Straße von Kertsch zu treffen mit dem Ziel, beiderseits der Westausläufer des Kaukasus in süd-ostwärtiger und ostwärtiger Richtung vorzustoßen«.

Zehn Tage später befahl Hitler in der Weisung 44 eine neue Offensive gegen Leningrad, von der auch die 11. Armee auf der Krim betroffen war. Denn den Schlag gegen die Stadt an der Newa sollte der erfolgreiche Eroberer Sewastopols führen: Der zum Feldmarschall beförderte Erich von Manstein mußte nach Norden abrücken, zusammen mit den Wunderwaffen der Artillerie – Dora, Odin und Thor. Noch eine weitere Führerweisung schwächte die Operationen im Süden: Auch ein Teil der 11. Armee wurde zur »Wegnahme Leningrads« im Rahmen der Operation »Feuerzauber« vom Schwarzen Meer abgezogen und stand damit nicht mehr für die Besetzung des Kaukasus zur Verfügung. Endgültig über den Haufen geworfen wurden die ursprünglichen Planungen zur Operation »Blau« am 23. Juli 1942 in der Weisung 45. Die Sommeroffensive im Süden firmierte nun unter dem Decknamen Operation »Braunschweig«. Nicht nur der Name hatte sich geändert; aus den beiden Zangen des Angriffs nach Plan »Blau« waren nun zwei organisatorisch eigenständige Heeresgruppen geworden, die voneinander unabhängige Aufgaben zu er-

Unverzichtbares Utensil für den Kampf im Hochkaukasus: Steigeisen.

füllen hatten. Die Heeresgruppe A sollte zunächst die feindlichen Kräfte im Raum Rostow einschließen:

»Nach der Vernichtung der feindlichen Kräftegruppe ist es die wichtigste Aufgabe, die gesamte Ostküste des Schwarzen Meeres in Besitz zu nehmen. Mit einer weiteren Kräftegruppe ist der Übergang über den Kuban zu erzwingen und das Höhengelände von Maikop und Armavir in Besitz zu nehmen. [...] Zugleich ist der Raum um Grosny zu gewinnen.«

Angesichts der Fülle dieser Aufgaben, deren Abwicklung unter dem Decknamen »Edelweiß« erfolgen sollte, nahmen sich Aufträge an die Heeresgruppe B vergleichsweise bescheiden aus:

»Neben dem Aufbau der Donverteidigung [ist] im Vorstoß gegen Stalingrad die dort im Aufbau befindliche feindliche Kräftegruppe zu zerschlagen, die Stadt selbst zu besetzen und die Landbrücke zwischen Don und Wolga sowie der Strom selbst zu sperren.«

Aber auch bei diesen Operationen mit der Tarnbezeichnung »Fischreiher« fällt auf, daß wiederum zahlreiche Forderungen gleichzeitig erfüllt werden mußten. Bei Betrachtung der Aufgabenstellungen im Hinblick auf zurückzulegende Entfernungen und zur Verfügung stehende Kräfte mußten diese Vorgaben als unrealistische Ziele erscheinen.

Willi Kümmerle, Oberfeldwebel.

Als wir in Sturm und Eis mit der Fahne auf den Elbrus kletterten, da rief der Kameramann Gorter mir zu: »Mensch, das wäre so eine herrliche Aufnahme gewesen: Du voraus, mit der riesigen flatternden Fahne!« Aber daraus wurde nichts in der eisigen Sturmhölle. Also hat man einfach einen strahlenden Sonnentag abgewartet und ist mit der ganzen Kolonne noch einmal auf den höchsten Gipfel Europas. Dabei hat der Kameramann dann seine herrlichen Aufnahmen machen können. Für die Kamera ist der Aufstieg noch einmal nachgestellt worden. Allerdings war ich dieses Mal nicht dabei.

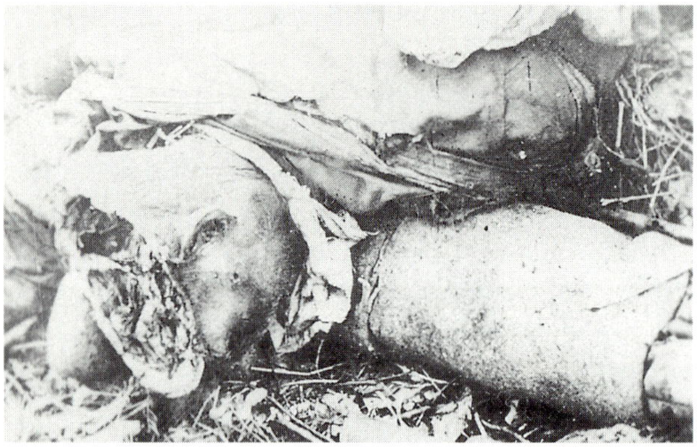

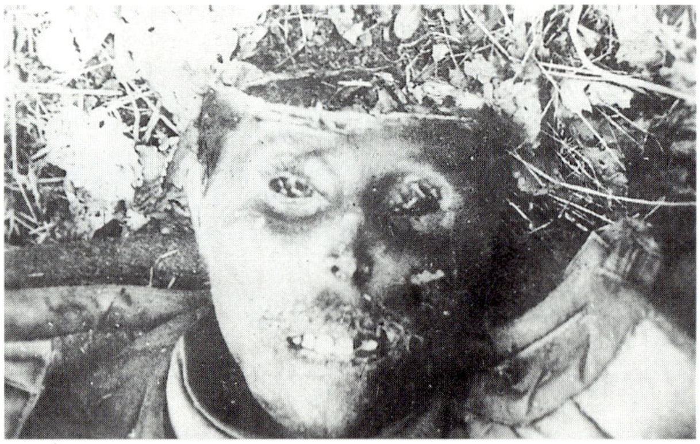

Kannibalismus

Josef Ritz, Soldat in einer Stabskompanie
Ende Juli 1942 wurde von der deutschen 18. Armee der sogenannte Wolchow-Kessel gesäubert. In diesem schwer zugänglichen Sumpfgebiet haben mehrere russische Armeen wochenlang zähen Widerstand geleistet. Viele Einheiten waren von jeglichem Nachschub abgeschnitten, eine verzweifelte Lage. Unter den Mongolen kam es sogar zum Kannibalismus; so weit kann der Hunger die Menschen treiben. Es waren Bilder des Grauens.

Willi Kümmerle,
Oberfeldwebel.

Für die Besteigung des Elbrusgipfels wurden zehn bergerfahrene Gebirgsjäger zusammengestellt. Ich gehörte mit dazu. Aber als wir dann den ersten Aufstiegsversuch unternahmen, mußten wir auf 5000 Meter Höhe wieder kehrtmachen, das Wetter war zu schlecht. In den nächsten Tagen kam allerdings der bindende Auftrag der Division, wir müßten auf den Gipfel, koste es was es wolle. Es war eben ein Prestigeunternehmen, daß das Hakenkreuz auf dem höchsten Gipfel Europas wehte, militärisch ergab das überhaupt keinen Sinn. In einer sternenklaren Nacht stiegen wir also los. Aber bald schon tobte wieder ein höllischer Sturm. Der Oberleutnant, der die Reichskriegsflagge auf den Gipfel tragen sollte, wurde bergkrank, und so gab er sie an mich weiter. Wir kämpften gegen eine tosende Sturmhölle. Der Regen gefror auf der Haut zu Eis. Ohne unsere Eispickel hätte der Sturm uns wohl den Hang hinuntergerissen. Schließlich erreichten wir einen Sattel, von dem aus es nach allen Seiten abwärts ging. Da verkündete Hauptmann Groth: »Das ist der Gipfel, hier wird jetzt die Fahne gehißt.« Es war zwar kein Gipfelzeichen weit und breit, aber dem Hauptmann war es wohl schlicht zu gefährlich, auf dem schmalen Firngrat noch weiterzugehen. Also rammten wir die Fahne in den Schnee, vertauten sie mit Schnüren und Eispickeln und machten uns sofort wieder an den Abstieg. Zwei Tage später merkten wir allerdings, daß wir die Fahne auf dem »falschen« Gipfel, ein gutes Stück von der echten Bergspitze entfernt, gehißt hatten.

Was es bedeutet hätte, wenn die deutsche Wehrmacht tatsächlich in der Lage gewesen wäre, alle ihr gestellten Ziele zu erreichen, schreibt Generalfeldmarschall Friedrich Paulus in seinen Memoiren: »Mit Erreichen von Stalingrad hatte die Heeresgruppe B die Verteidigung der gesamten Strecke von südlich Stalingrad bis nördlich Woronesch.«

Allein diese Distanz betrug fünfhundert Kilometer. Hinzu kamen weitere vierhundert Kilometer für die Donverteidigung. Die Probleme, die Paulus im nachhinein als Rechtfertigung für sein Scheitern anführte, zeichneten sich schon damals ab. Denn der gesamte Frontverlauf hätte, wenn Hitlers Ziele erreicht worden wären, sich über eine Ausdehnung von viertausend Kilometern erstreckt. Als im Juni 1941 die deutsche Wehrmacht auf Befehl Hitlers die UdSSR überfiel, rückten drei Millionen Soldaten auf einer Breite von sechzehnhundert Kilometern vor. Nun sollte die Front um ein vielfaches ausgeweitet werden, mit einem Bruchteil der damals zur Verfügung stehenden Kräfte.

Damit nicht genug: Der »Führer« befahl, diese Strecke vor Einbruch des Winters zu bewältigen, ungeachtet der Entfernungen, ohne Rücksicht auf die klimatischen Bedingungen, ohne die geographischen Bedingungen in Rechnung zu stellen.

Für die NS-Propaganda nachgestellt: Hissung der Reichskriegsflagge auf dem Elbrusgipfel.

»Der Russe ist fertig«

Natürlich wußte Hitler von den Schluchten und Bergen des Kaukasus, auch daß der höchste Gipfel 5633 Meter erreichte. Der Fehler des selbsternannten Oberbefehlshabers der Wehrmacht lag vor allem in der Unterschätzung der gegnerischen Kräfte, denn Hitler ging von der irrigen Annahme aus, daß der Feind bereits geschlagen sei.

Eine Bilanz des Oberkommandos der Wehrmacht vom 11. Juli schien Hitler in seinem Glauben zu bestärken: Auf einer Breite von dreihundert Kilometern hatten die Verbände der Wehrmacht die sowjetische Front durchbrochen, die Panzereinheiten bei Millerowo die Zangenbewegung abgeschlossen. Doch statt der erhofften Einkesselung starker Feindkräfte meldeten von Weichs und Paulus die Gefangennahme von nur siebzigtausend Rotarmisten. Auch bis Mitte Juli waren nicht mehr als hunderttausend sowjetische Soldaten in Gefangenschaft geraten – verglichen mit den Zahlen der Kesselschlachten des Jahres 1941, als die Wehrmacht allein bei Wjasma und Brjansk weit über sechshunderttausend Gefangene machte, ein auffallend geringes Ergebnis. Hatte Halder am 6. Juli in einer ersten Bilanz noch zwei Alternativen zur Erklärung parat, als er feststellte: »Das tatsächliche Feindbild ist noch nicht völlig klar. Entweder der Feind ist von uns überschätzt worden und ist durch den Angriff völlig zerschlagen, oder er setzt sich planmäßig ab«, so neigte Hitler Mitte Juli eindeutig der ersten Erklärung zu. Er fühlte sich in seiner Einschätzung bestätigt, daß die Sowjetunion ihre Kräfte in der Winteroffensive verbraucht hatte – ganz so, wie es von ihm in der Einleitung zur Weisung 41 prophezeit worden war. Den offensichtlichen Rückzug der sowjetischen Verbände, die somit ihre Einkesselung vermieden, interpretierte Hitler als Zeichen der sowjetischen Schwäche. Daß die Rote Armee das Ganze planmäßig durchführte, als am 9. Juli die dritte Phase des Unternehmens »Blau« begann, konnte und wollte sich Hitler nicht vorstellen.

»Der Russe ist fertig, er flieht, er ist am Ende«, triumphierte der »Führer« und krempelte seine bisherigen Pläne noch einmal komplett um. Die militärischen Fachleute hingegen waren durchaus anderer Auffassung. Der Oberbefehlshaber der Heeresgruppe Süd stand nach der Umorganisation nur noch kurze Zeit an der Spitze der neuen Heeresgruppe B. Von Bock bekam die Konsequenzen aus seiner Kritik an der Aufspaltung der deutschen Kräfte zu spüren:

Oben: Der Weg in den Kaukasus war von Strapazen gezeichnet. *Unten: Auch Frauen kämpften bei der Roten Armee in vorderster Linie.*

Rupert Huber, Gebirgsjäger.

Jeden Tag marschierten wir acht bis zehn Stunden; sehr viel auch bei Nacht, denn da war es nicht so heiß, und vor allem konnten die russischen Ratas dann unsere Marschstraße nicht so leicht bombardieren. Für mich war das zuerst unheimlich strapaziös, aber mit der Zeit bin ich fröhlich mitmarschiert. Wenn wir Hunger hatten, sprachen wir sonderbarerweise meistens vom guten Essen. Dann stimmte einer ein Lied an, wir sangen die unmöglichsten Lieder, keine Kampfeslieder, sondern irgend etwas, das wir in der Schule gelernt hatten. Während der Rast sind alle einfach umgefallen und lagen wie tot im Straßengraben nach dieser Wahnsinnsmarschiererei. Eines Tages kam dann der Divisionsbefehl, daß wir in Richtung Kaukasus ziehen würden. Schlagartig war eine ganz verrückte Euphorie da, ich weiß auch nicht, warum. Es wurde gesungen, einer hat den anderen gepackt, und wir sind losgezogen: Ja, jetzt kommen wir in die Berge, in den Kaukasus, der für uns faszinierend und zugleich fremd wie Südamerika oder die Antarktis war. Wir waren total begeistert, obwohl wir keine Vorstellung davon hatten, was uns erwarten würde.

Ein sowjetischer Soldat verlegt Tellerminen.

Johannes, Walz, Gebirgsjäger

Einmal mußte die Kompanie oben auf dem Chotyu-Tau-Paß im Halbkreis antreten. Dann wurde Schokolade ausgeteilt – eigens für die Kamera der Wochenschau; nach Abschluß der Aufnahmen wurden die Tafeln wieder eingesammelt. Das war Schau und sonst gar nichts. Aber es sind noch ganz andere Dinger gedreht worden. Einmal sollten wir einen Scheinangriff unternehmen, den der Kameramann filmte. Alles erschien friedlich. Keiner ahnte, daß wir tatsächlich in einen Hinterhalt der Russen geraten würden. Die haben uns auf nächste Nähe rankommen lassen und dann von oben das Feuer auf die Kompanie eröffnet. Dabei sind zehn Mann gefallen, auch unser Kompaniechef – ein prima Kerl. Auf diese Weise hatte der Kameramann, zynisch gesagt, wirklich »echte« Aufnahmen für die Wochenschau.

Nach nur sechs Tagen wurde er am 14. Juli von Hitler in einem seiner berüchtigten Wutanfälle abgelöst und durch Generaloberst Maximilian Freiherr von Weichs ersetzt.

Den Offizieren in den Führungsstäben machte vor allem die Sprunghaftigkeit der Entscheidungen Hitlers zu schaffen. Generalstabschef Halder, ein Leidtragender, notierte am 18. Juli in sein Tagebuch: »Beim Führervortrag wird heute das, was ich gestern vorgeschlagen habe, und was gestern in wenig freundlicher Weise abgelehnt wurde, plötzlich gutgeheißen.«

Wenig später schrieb er resignierend: »Es wird immer unerträglicher. Von ernster Arbeit kann nicht mehr die Rede sein. Krankhaftes Reagieren auf Augenblickseindrücke und völliger Mangel an der Beurteilung des Führungsapparats und seiner Möglichkeiten geben dieser sogenannten Führung sein [sic!] Gepräge. Unerträgliche Schimpferei über fremde Fehler, die nur Ausführungen der von ihm – Hitler – selbst gegebenen Befehle sind.«

Daß der »Führer« sich in immer stärkerem Maße auch der operativen Leitung bemächtigte, dokumentierte sich nicht zuletzt in einem Wechsel des Hauptquartiers. Nach dem schnellen Vordringen der deutschen Truppen hatten die Stäbe der Oberkommandos des Heeres und der Wehrmacht ihre Kommandozentrale in das ukrainische Winniza, also näher zur Front verlegt. Hitler bezog in der Nähe der Stadt ein Waldlager, das den Namen »Werwolf« erhielt. Von hier aus wollte er die Wehrmacht zum endgültigen Sieg über die sowjetischen Verbände führen. Doch war die Rote Armee tatsächlich »verblutet«, wie Hitler annahm?

»Sorge wegen Ausweichens nach Osten«

Zwei Wochen dauerte die Operation »Blau« nun schon an, und noch immer war es den Deutschen nicht gelungen, die Sowjets zur entscheidenden Schlacht zu stellen. In den Aufzeichnungen zur Lagebesprechung am 12. Juli notierte Generalstabschef Halder kurz: »Sorge wegen Ausweichens nach Osten. Der Feind hat die drohende Umfassungsoperation erkannt.«

In mehreren Gesprächen versuchte er Hitler davon zu überzeugen, daß sich die Rote Armee mit geordneten Absatzbewegungen dem Kampf entzogen habe und deshalb nach wie vor ein entscheidender Schlag gegen die sowjetischen Kräfte im Donbogen geführt werden müsse. Die bisherigen Angriffe, die von Bock ironisch als »Luftstöße« bezeichnete, reichten auch nach Auffassung des Generalstabschefs keinesfalls aus. Doch seine Befürchtungen wegen des Ausweichens der sowjetischen Truppen nach Osten teilte Hitler nicht. Er sah die Ziele der deutschen Offensive bereits erreicht und betrachtete die Truppen Timoschenkos als geschlagen.

Halders Bedenken waren keineswegs aus der Luft gegriffen, wenn auch die deutsche Luftaufklärung meldete, die sowjetischen Verbände würden in langen Kolonnen die bedrohten Gebiete verlassen. Ähnliche Erfahrungen machten am Boden die vorstoßenden deutschen Panzer, die im Rahmen ihrer Umfassungsaktionen auf sich zurückziehende starke Einheiten der Roten Armee trafen, die die deutschen Angriffsspitzen nicht aufhalten konnten.

Neben diesen Meldungen gab es auch Hinweise auf die Änderung der sowjetischen Taktik. Der deutsche Generalstab war über eine Sitzung informiert worden, auf der die Sowjets ihre bisherigen Leitlinien überdacht hatten. Am 13. Juli trafen sich Molotow, Woroschilow und Schaposchnikow im Kreml mit dem sowjetischen »Woschd«. Die Generale redeten Stalin sein »Halten um jeden Preis« aus, durch das die deutschen Erfolge in den bisherigen Kesselschlachten erst ermöglicht worden waren. Zwar galt weiterhin der STAWKA-Befehl Nr. 270 vom 16. August 1941 – der am

Links: Verwundetentransport durch die vom Krieg verwüstete Landschaft.

Eine menschliche Geste inmitten der Gewalt: Der Sanitäter eines sowjetischen Lazaretts behandelt die Erfrierungen deutscher Gefangener.

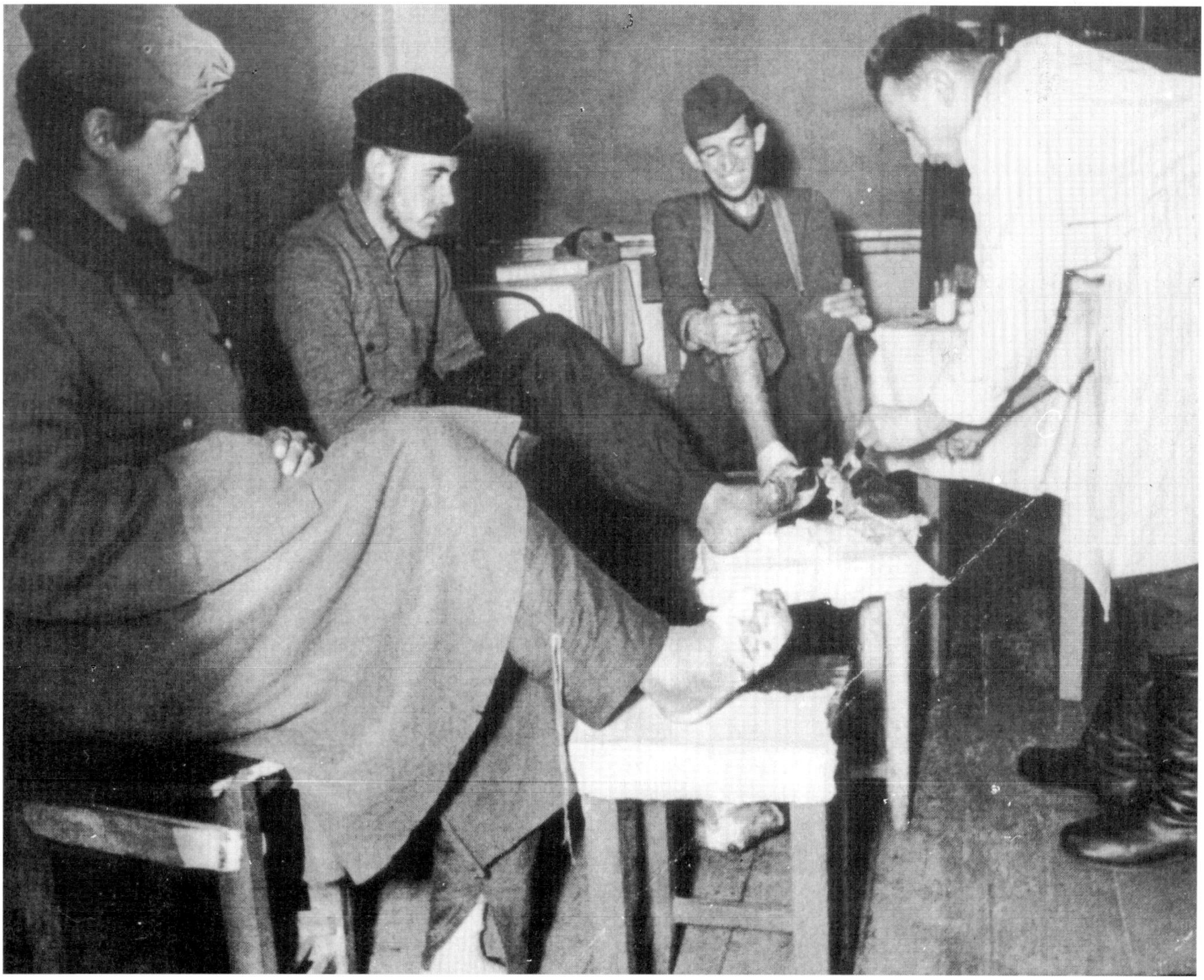

Ewald Trattmann, Gebirgsjäger.

Die Gefahr bestand darin: Wenn einer im Hochgebirge verwundet wurde, war er so gut wie verloren. Das war klar, da war nicht mehr viel zu machen. Es kam auch vor, daß man die Verletzten zurücklassen mußte. Ich erinnere mich an einen MG-Schützen, der hatte einen Bauchschuß, der war nicht mehr transportfähig. Selbst wenn wir ihn hätten tragen können, der wäre in jedem Fall gestorben. Der war sehr tapfer, hat sich noch von uns allen verabschiedet. Seine Pistole wollte er behalten.

Johannes Walz, Gebirgsjäger.

Der Kampf im Gebirge ist eine hinterhältige Sache, weil hinter jedem Fels ein gegnerischer Soldat stecken konnte. Man wußte nie, wo sie saßen. Das waren immer ganz gefährliche Attacken. An Rückzug war nicht zu denken. Es war ja alles so felsig und steil, daß es praktisch unmöglich war zu entkommen. Einmal entdeckten unsere Spähtrupps eine russische Maschinengewehrkompanie. Wir ließen sie auf kürzeste Entfernung herankommen und haben sie, wie man so sagte, »fertiggemacht«. Es sind fast alle gefallen, bis auf wenige, die wir gefangennahmen.

28. Juli 1942 durch den Befehl Nr. 227 des Volkskommissars für Verteidigung noch verschärft wurde: »Keinen Schritt zurück« –, doch in der Sitzung vom 13. Juli billigte Stalin einen Plan des Generalstabschefs Schaposchnikow, der den Rückzug der sowjetischen Truppen bis zur Wolga und in den Kaukasus vorsah. Die Parole hieß nun nicht mehr: »Keinen Schritt zurück«, sondern: »Keinen Schritt zurück, es sei denn auf Befehl der verantwortlichen Armeeführer«. Unmißverständlich machte Stalin aber auch klar: An der Wolga muß Schluß sein.

Die Auswirkungen dieses Übergangs vom »Halten um jeden Preis« zu einer elastischen Verteidigung waren den deutschen Aufklärern natürlich nicht entgangen – Hitler jedoch beharrte auf seiner eigenen Interpretation: Das Aus-

Georgi Schukow, stellv. Oberbefehlshaber der Roten Armee.

Anfang September, in diesen Tagen schwerer Prüfungen und tödlicher Gefahr, ließen die Völker des Kaukasus den Mut nicht sinken, verloren nicht den Glauben an die Stärke der sowjetischen Völkerfamilie. [...] Die Rote Armee wurde mit Freiwilligen aufgefüllt. Auf diese Weise konnten die kämpfenden Fronten verstärkt werden. Die Hoffnungen der Nazis, daß das Vordringen der deutschen Truppen im Kaukasus die kaukasischen Völker veranlassen würde, der Sowjetunion den Rücken zu kehren, wurden arg enttäuscht. Partisanenabteilungen, die das Gelände gut kannten, unterstützten unsere regulären Truppen. Ihre kühnen Überfälle versetzten den Gegner in Schrecken und fügten ihm bedeutende Verluste zu.

weichen sei kein planmäßiger Rückzug, sondern Beweis für die Schwäche der Sowjets. Der »Führer« war gewarnt worden, aber er ignorierte dies ebenso wie alle anderen Meldungen, die nicht in sein Bild von der Lage paßten. Halder kommentierte den Realitätsverlust Hitlers am 23. Juli: »Die immer schon vorhandene Unterschätzung der feindlichen Möglichkeiten nimmt allmählich groteske Formen an und wird gefährlich. Es wird immer unerträglicher.«

Die Weisung 45 war Ausdruck jener eigensinnigen Vorstellungen Hitlers. Diese Weisung beinhaltete den Fahrplan nach Stalingrad und beschrieb den Weg in die Katastrophe.

»Wenn wir Maikop und Grosny nicht bekommen ...«

Am 21. Juli überquerte die 4. Panzerarmee unter Generaloberst Hoth den Don östlich von Rostow. Auf Veranlassung Hitlers waren die bislang der Heeresgruppe B zugeteilten Panzerverbände, die den Vormarsch der 6. Armee auf Stalingrad begleiteten, nach Südwesten abgedreht, um die

Improvisierter Verwundetentransport in der Schneewüste.

Heeresgruppe A bei der Eroberung der kaukasischen Ölreviere zu unterstützen. Zehn Tage später widerrief Hitler seinen Befehl: Bis auf ein Panzerkorps schwenkten die Einheiten der 4. Panzerarmee wieder nach Nordosten und schlossen sich der Heeresgruppe B vor Stalingrad an. Ein weiteres Beispiel für die sich oftmals widersprechenden Anordnungen Hitlers, die jedes langfristige strategische Konzept vermissen ließen und statt dessen die deutschen Verbände sinnlos durch die Weite der Donsteppen schickten. Der Zeitverlust, den dieses Hin und Her verursachte, sollte noch katastrophale Folgen haben. Denn so wurden die Deutschen daran gehindert, unverzüglich Richtung Stalingrad vorzurücken, was dem Gegner wiederum die Möglichkeit verschaffte, zusätzliche Kräfte in der Stadt zu konzentrieren und die Verteidigung zu organisieren.

Die kurzfristige Verlagerung der 4. Panzerarmee und die Massierung der deutschen Kräfte im Süden der Front sollten das Tor zum Kaukasus aufstoßen helfen. Rostow, die Stadt an der Donmündung, galt dabei als vorrangiges Operationsziel. Als Eisenbahnknotenpunkt war dieser Brückenkopf am nördlichen Ufer ein wichtiges Verkehrszentrum für den sowjetischen Nachschub und entsprechend gut gesichert. Schon einmal, im November 1941, hatten die Panzer der Gruppe Kleist Rostow erobert, mußten die Stadt den Sowjets schließlich wieder überlassen.

Nun unternahmen die Deutschen einen erneuten Vorstoß gegen die zur Festung ausgebauten Stadt. Die Panzerverbände vermochten zwar die drei Verteidigungsringe um Rostow zu brechen, erwiesen sich dann aber bei der Eroberung der Stadt als ungeeignet. In den Kellern und Häusern hatten sich Spezialeinheiten der sowjetischen Polizei NKWD verbarrikadiert; Straßenzug um Straßenzug, Haus um Haus mußte erkämpft werden.

Am 25. Juli, nach fünfzigstündigem blutigen Ringen, war Rostow in deutscher Hand, waren die Voraussetzungen zum Start der Aktion »Edelweiß« geschaffen; dem Marsch zum Kaukasus stand nichts mehr im Wege. Nächste Ziele der Heeresgruppe A waren die Einnahme der östlichen Schwarzmeerküste und der Vorstoß auf Maikop und Grosny: »Wenn wir Maikop und Grosny nicht bekommen,

Die selektive Wahrnehmung das NSDAP-Zentralorgans.

Norddeutsche Ausgabe

186. Ausg. / 55. Jahrg. / Einzelpreis 20 Pf.

„Freiheit und Brot"

Norddeutsche Ausgabe

Berlin, Sonntag, 5. Juli 1942

VÖLKISCHER BEOBACHTER

Kampfblatt der nationalsozialistischen Bewegung Großdeutschlands

Sowjets von Kursk bis Charkow geschlagen

Die ersten Bilder aus Sewastopol

Unsere siegreichen Kolonnen rücken in die Stadt ein

Angriff auf den Don in gutem Fortschreiten

Feindliche Kräftegruppen eingeschlossen

VB. Berlin, 4. Juli.

In den letzten Junitagen traten die deutschen Armeen in den Räumen von Kursk und Charkow zum Angriff an, der nach dem OKW.-Bericht vom 2. Juli gute Anfangserfolge verzeichnen konnte und am folgenden Tag bereits dazu geführt hatte, daß die feindliche Front, die von den Bolschewisten seit dem Spätherbst stark ausgebaut worden war, in einer Ausdehnung von 300 Kilometer aufgerissen war. Am 4. Juli war der Feind an der gesamten Angriffsfront geschlagen, nachdem er schwere Verluste an Panzern erlitten hatte; stärkere Kräfte sind eingeschlossen, und unsere schnellen Verbände in raschem Vordringen auf den Don. Die Bolschewisten geben nun endlich den Verlust von Sewastopol zu, den sie allen Ernstes als „Räumung" hinzustellen wagen. Über den Verlauf des erfolgreichen Angriffs an der Ostfront gibt das Oberkommando der Wehrmacht eine Darstellung, die das gute Fortschreiten der Operationen hervorhebt.

Nach dem Durchbruch durch die feindlichen Hauptkampfstellungen gewann der Angriff trotz schlechter Wegeverhältnisse und zeitweise ungünstiger Witterung rasch an Boden. So schnell erfolgte das Vordringen der Angriffstruppen, daß auf einem Bahnhof im rückwärtigen feindlichen Frontgebiet ein gerade einfahrender beladener Transportzug kampflos genommen werden konnte, da das Zugpersonal gar nicht wußte, wie tief der deutsche Angriff bereits vorgeschritten war. Aus dem gleichen Grunde fiel eine wichtige Eisenbahnbrücke, welche von den Bolschewisten bei ihrem eiligen Rückzug nicht mehr gesprengt werden konnte, unversehrt in die Hand der erfolgreichen Angreifer.

Im Zuge der Angriffsunternehmungen wurde von einer Kampfgruppe ein Flußlauf erreicht. Nach Bildung und Erweiterung der Brückenköpfe wurde der Fluß an mehreren Stellen überschritten. Auch an allen anderen Angriffspunkten sind die Operationen in weiterem gutem Fortschreiten.

In pausenlosen Angriffen zahlreicher Kampf- und Schlachtflugzeuge wurde den vordringenden deutschen Truppen der Weg durch die feindlichen Stellungen gebahnt. In den Ortschaften und Waldstücken trafen die abgeworfenen Bomben und das Feuer der Bordwaffen den Gegner ebenso vernichtend, wie die deutschen Zerstörerflugzeuge die feindlichen Rückzugsbewegungen auf den stark belegten Straßen mit ihren Waffen erfaßten. 141 zerstörte Flugzeuge, 13 vernichtete Panzer, sieben am Boden zerstörte Flugzeuge und sieben zerschlagene Brücken waren neben den hohen blutigen Verlusten des Feindes das bisher gemeldete Ergebnis der Luftangriffe in einem der Kampfabschnitte.

Über dem Kampfraum entwickelten sich zahlreiche heftige Kämpfe, in deren Verlauf durch deutsche Jäger, die als Begleitschutz und zu freier Jagd eingesetzt waren, sowie durch Flakartillerie, die auch im Kampf gegen Erdziele erfolgreich war, insgesamt 29 feindliche Flugzeuge zum Absturz gebracht wurden.

Südlich Sewastopols wurde Omega besetzt. Die Schwarzmeerflotte wurde in den Häfen Noworossijsk und Anapa sowie in der Kamanskajabucht und im Seegebiet von Temrjuk am Asowschen Meer wirkungsvoll angegriffen und den dort angetroffenen Transportschiffen schwere Verluste zugefügt.

Die Fronten in Bewegung

Von
Wilhelm Weiß

Berlin, 4. Juli.

Anders als im vergangenen Jahre kommen diesmal die Fronten auf den Kriegsschauplätzen in Bewegung. Die Eröffnung der deutschen Offensive am 22. Juni 1941 glich einem Paukenschlag, der die ganze Welt auf einmal aufhorchen ließ und ihre Aufmerksamkeit auf die Ostfront wie auf einen Punkt konzentrierte. Die Frage, wann die Operationen im Osten in diesem Jahre wiederaufgenommen werden, stand daher ganz allgemein im Schatten des großen militärischen Erlebnisses, das die Gemüter im vorigen Jahre überall tief beeindruckt hatte. Wenn die geistige Beweglichkeit und die Fähigkeit, vom Schema abzuweichen, das Zeichen einer überlegenen Strategie ist, so hat in den vergangenen Wochen die militärische Führung der Achsenmächte einen neuen und geschichtlich bedeutsamen Beitrag für diese lehrreiche Erfahrung geliefert. Sie hat bewiesen, daß auch in Zeiten scheinbarer Ruhe oder scheinbar örtlich begrenzter Kampftätigkeit Entscheidungen von nicht geringerer operativer Bedeutung heranreifen können. In einer Zeit, in der unsere Gegner triumphierend bereits ihre „zweite Front" entdeckt haben und es für ausgemacht ansahen, daß diese Entdeckung an sich schon gleichbedeutend mit der deutschen Niederlage wäre, in dieser gleichen Zeit lag in Wahrheit das Gesetz des Handelns, genau so wie in jeder anderen Phase dieses Krieges, eindeutig in der Hand der Achsenmächte und ihrer Führer. Wieder einmal offenbarten sich die überlegenen Feldherreneigenschaften des Führers in der Seelenstärke, ruhig warten zu können, bis die wochen- und monatelang vorbereiteten und mit begrenzten Zielen durchgeführten Operationen plötzlich doch die großartige militärische Gesamtkonzeption erkennen ließen. Charkow, Tobruk, Sewastopol, Marsa Matruk sind militärische Großtaten der verbündeten Achsenstreitkräfte, deren strategischen Zusammenhang die Kriegsgeschichte wohl eines Tages eingehender würdigen wird, als es uns heute möglich ist.

Charkow—Sewastopol

Als am 17. Mai die Heeresgruppe von Bock zum Gegenstoß gegen die Offensive überging, zu der Timoschenko am 12. Mai

wehrschlacht in eine vernichtende Niederlage der Sowjets zu verwandeln. Die Sommerschlachten von 1941 bei Minsk und Bialystok, bei Kiew, bei Wjasma und Brjansk usw. waren jedesmal das Ergebnis planmäßig angelegter Einschließungsoperationen im Zuge des allgemeinen deutschen Vormarsches. Zum ersten Male bereiteten bei Charkow die deutschen Armeen dem angreifenden Feind eine nicht geringere Niederlage aus der operativen Verteidigung heraus. Die deutsche Führung bewies damit, daß die Abwehr ebenso wie der Angriff für sie nur die taktischen Mittel darstellen, mit denen sie dem Gegner ihren Willen aufzwingt. Mit der Katastrophe von Charkow waren die Offensivpläne der Bolschewiken endgültig zunichte gemacht.

Die operativen Folgerungen hieraus wurden unverzüglich gezogen. Drei Schwerpunkte waren im Verlauf der Junioperationen an der südlichen Ostfront feststellbar. Am 10. Juni griffen die deutschen Streitkräfte östlich und nordostlich Charkow am oberen Donez an, wo sie in wenigen Tagen den Sowjetrussen eine neue schwere Niederlage bereiteten. Der Wehrmachtbericht vom 15. Juni meldete den Erfolg. Am 22. Juni begann die neue Schlacht, die die Aufgabe hatte, die mit der Vernichtung der Timoschenkoarmeen im Kessel südöstlich Charkow eingeleiteten Operationen fortzusetzen. Diese Schlacht begann dort, wo die vorhergehende aufgehört hatte, am Donez bei Issjum. In breiter Front wurde der Donez überschritten, die Sowjets mußten sich auf den Oskolabschnitt zurückziehen. Der Wehrmachtbericht vom 26. Juni meldete die siegreiche Beendigung der Schlacht und die Einnahme von Issjum und Kubjansk.

Gleichzeitig mit diesen Operationen, die den Raum von Charkow endgültig vom feindlichen Druck entlasteten, begann am 5. Juni die Belagerung von Sewastopol. Die Festung war der südlichste Eckpfeiler der Sowjetfront, der trotz der Eroberung der Krim und der Wiederbesetzung der Halbinsel Kertsch durch die deutschen Truppen eine ständige und gefährliche Bedrohung der rechten deutschen Flanke darstellte. Die Festung ist in ihrer militärischen Bedeutung nicht nur wegen ihrer hochmodernen, nach den neuesten Errungenschaften der Festungsbaukunst eingerichteten dann muß ich den Krieg liquidieren«, hatte Hitler anläßlich einer Besprechung in Poltawa, dem damaligen Hauptquartier der Heeresgruppe Süd, am 1. Juni vor den höchsten Offizieren erklärt. Zur Sicherung des deutschen Nachschubs waren die Ölquellen im Kaukasus überlebenswichtig – soweit hatte Hitlers Zielsetzung ihre Berechtigung. Angenehmer Nebeneffekt: Die Verbindungslinien, über die die westlichen Alliierten ihre östlichen Bündnispartner versorgten, konnten dabei gleich mit unterbrochen werden.

Doch über die Entfernungen, die von den deutschen Verbänden auf ihrem Vormarsch bewältigt werden mußten, fiel kein Wort. Fünfhundert Kilometer Steppe lagen vor den Soldaten – fünfhundert endlose Kilometer, immer wieder unterbrochen von kleinen Schluchten und Flüssen, die ein Vorwärtskommen erschwerten.

»Endlich wieder Bewegungskrieg, endlich dieses elende Schützenloch verlassen. Die ersten Kilometer gehen glatt, der Körper federt wieder, die Waffen scheinen auch leichter geworden zu sein als damals im Würgen durch Morast und kniehohen Schlamm. Die Sonne scheint wieder, sie strafft das fahle Gesicht und gibt ihm in nur wenigen Stunden eine gesunde Farbe.«

Mit der Landserromantik, die hier in einem Bericht der Postille »Die Wehrmacht« aus dem Jahr 1942 vermittelt werden soll, hatte der Vormarsch durch die wüstenähnliche Kubansteppe nichts gemein. Keine Rede von der Hitze, den Temperaturen bis fünfzig Grad, dem Staub, dem Durst – und schon gar nicht von den immer wieder überraschenden Angriffen durch Einheiten der Roten Armee, die an der Nordkaukasusfront unter dem Oberbefehl von Marschall Budjonny standen. Den staubigen Steppen folgten nun Gebirgslandschaften – unwegsames, schwieriges Gelände, das einem schnellen Weiterkommen nicht förderlich war. Dennoch liefen die Operationen nach dem Durchbruch bei Rostow zügig ab.

Am 31. Juli überquerten die ersten Verbände der Wehrmacht die Manytsch-Senke, deutsche Soldaten betraten damit asiatischen Boden. Die 1. Panzerarmee und die abkommandierten Einheiten der 4. Panzerarmee rückten auf Stawropol vor, das am 4. August eingenommen werden konnte. Fünf Tage später besetzte die Armeegruppe Ruoff Krasnodar; Mineralyje Wody fiel, ebenso Pjatigorsk, die »Stadt der Fünf Berge«. Die deutschen Spitzen standen vor Wladikawkas, der Pforte zum Kaukasus. Am 9. August erreichten deutsche Panzer Maikop und eroberten die Stadt. Doch das eigentliche Ziel blieb ihnen verwehrt. Die Sowjets konnten die Öltürme in Brand stecken, bevor sie sich zurückzogen und der Einkesselung entkamen. Damit lieferten sie eine weitere Demonstration ihrer neuen Taktik: Widerstand leisten, um den Vormarsch aufzuhalten, sich dann aber rechtzeitig absetzen, um nicht in Gefangenschaft zu geraten. So konnte nur ein Teil der Vorgaben Hitlers ausgeführt werden. Schlimmer noch für die deutschen Armeen: Alle Öllager waren zerstört und die Förderungsanlagen unbrauchbar gemacht. Damit verschärften sich die Nachschub- und Versorgungsprobleme, denn die Front zog sich immer mehr in die Länge. Deutsche Panzer, die noch wenige Wochen zuvor bei Woronesch standen, kämpften nun tief im Kaukasus. Siebenhundert Kilometer hatten sie in kurzer Zeit zurückgelegt, das entspricht der Entfernung von Hamburg nach Wien. Aber jetzt stockte der Vormarsch. Nach den schnellen Erfolgen verlor die deutsche

Dimitrij Wolkogonow, Militärhistoriker.

Stalingrads Schicksal hing zeitweise nur noch an einem Haar. Generalstabschef Wassilewski befahl einer Gruppe von Mitarbeitern, einen Plan für einen Angriff in südlicher Richtung auszuarbeiten. Eine Karte von dieser geplanten Operation ist noch erhalten geblieben. Aber damals wußte Stalin noch nichts davon. Als Wassilewski am 3. September berichtet hatte, die Hitlerschen Panzereinheiten seien in die Vorstädte Stalingrads eingedrungen, konnte Stalin nicht mehr an sich halten und unterbrach ihn: »Verstehen die denn dort nicht, daß, wenn wir Stalingrad aufgeben, der Süden des Landes vom Zentrum abgeschnitten sein wird und wir ihn kaum verteidigen können? Verstehen die denn dort nicht, daß das nicht nur eine Katastrophe von Stalingrad ist? Verstehen die nicht, was es bedeutet, den wichtigsten Wasserweg und bald auch das Erdöl zu verlieren?« Kurz darauf ließ Stalin Schukow und Wassilewski nach Moskau kommen. Die beiden kamen zu dem Schluß, daß man den Gegner mit einer festen Verteidigung ermüden und gleichzeitig einen großen Gegenstoß vorbereiten müsse. Bereits damals beschlossen die beiden Heerführer, daß die Hauptschläge gegen die Flanken der deutschen Gruppierungen gerichtet werden müßten, die von weniger kampfstarken rumänischen Truppen gedeckt wurden. Das Konzept, das sie dem obersten Befehlshaber am Abend des 13. September 1942 vortrugen, war wie eine Erleuchtung. Aber sie kam nicht von Stalin, sondern von Schukow und Wassilewski.

Offensive an Schwung, der sowjetische Widerstand wurde stärker. Die Armeegruppe Ruoff scheiterte bei dem Versuch, Noworossisk und Tuapse zu erobern. Kleists Panzer kamen nicht über den Terek.

Einen sensationellen Erfolg konnte die Armeegruppe dennoch melden: Einundzwanzig deutsche Gebirgsjäger erstiegen am 21. August die Spitze des Elbrus, den mit 5633 Metern höchsten Gipfel im Kaukasus – eine bergsteigerische Glanzleistung von Angehörigen der 1. und 4. Gebirgsdivision um die Hauptleute Gämmerler und Groth, die die Reichskriegsflagge auf dem »Thron der Götter« hißten. Entsprechend feierte die NS-Propaganda den Triumph, der einer der letzten im Kaukasus sein sollte. Denn die Deutschen waren am Ende ihrer Kraft. Die Front war hoffnungslos überdehnt, der Nachschub stockte, es fehlte an Reserven, an Material, zum Teil sogar an Munition und Benzin.

»Der Führer ist mit der Entwicklung der Lage bei der Heeresgruppe A sehr unzufrieden«, lautete der Eintrag im Kriegstagebuch des Wehrführungsstabs. Feldmarschall List als Oberbefehlshaber mußte persönlich zur Berichterstattung im Führerhauptquartier antreten. Er schilderte Hitler die Probleme im Kaukasus und bat um neue Kräfte. Hitler zeigte sich zwar bereit, seine ursprüngliche Planung zu ändern. Die Eroberung Bakus, so der »Führer« großzügig, könne auf das nächste Jahr verschoben werden. An allen anderen Zielen hielt er jedoch fest: die Besetzung der Schwarzmeerküste, die Einnahme der Ölgebiete um Grosny und die Eroberung von Astrachan an der Mündung der Wolga ins Kaspische Meer. Die Bereitstellung neuer Kräfte lehnte Hitler ab.

In den ersten Septembertagen konnte List noch die Einnahme des Schwarzmeerhafens Noworossisk nach Winniza melden. Doch damit hatte es sich auch schon. Jodl, von Hitler an die Front im Kaukasus geschickt, blieb nichts anderes übrig, als die pessimistische Lageeinschätzung Lists zu bestätigen. Erneut fühlte Hitler sich nur von Dilettanten umgeben. Hitlers Heeresadjutant Gerhard Engel berichtet von einem »unbeschreiblichen Wutausbruch« des »Führers«; die ausbleibenden Erfolge im Kaukasus führten zu einer weiteren Vertrauenskrise zwischen Hitler und seinen höchsten Generalen. Erstes Opfer dieser Krise: Feldmarschall List, den Hitler als Oberbefehlshaber der Heeresgruppe A absetzte. Die Zeiträume, in denen der »größte Feldherr aller Zeiten« seine Kommandeure entließ, wurden

Norddeutsche Ausgabe „Freiheit und Brot" Norddeutsche Ausgabe

193. Ausg. / 55. Jahrg. / Einzelpreis 20 Pf. Berlin, Sonntag, 12. Juli 1942

VÖLKISCHER BEOBACHTER

Kampfblatt der nationalsozialistischen Bewegung Großdeutschlands

Der Erfolg der Vernichtungsschlacht:

Westlich des Don kein nennenswerter Feind mehr

Nahezu 90000 Gefangene eingebracht, über 1000 Panzer und 1688 Geschütze erbeutet oder vernichtet – 540 Flugzeuge abgeschossen

VB. Berlin, 11. Juli.

Rastlose Verfolgung – das ist der Grundton der Sondermeldung, die den Zusammenbruch des bolschewistischen Widerstandes zwischen Donez und Don feststellt. Timoschenkos Armeen haben sich nach zehntägigem Kampf gezwungen gesehen, das Operationsgebiet westlich der Linie Woronesch–Ausatz des Donbogens in 350 Kilometer Ausdehnung preiszugeben und nach ungewöhnlich hohen Materialverlusten, mit einer Einbuße von bereits fast 90 000 Gefangenen und hohen blutigen Ausfällen hinter den Don zurückzuflüchten. Weiter südlich steht nun die feindliche Donezfront unter erhöhtem Druck. Der Angriff der verbündeten Truppen hat also zum vollen Erfolg geführt und eine Lage geschaffen, die auch der Londoner Nachrichtendienst als „häßlich" beklagt und eine „militärische Krise ersten Ranges" nennt.

Gleichzeitig ist es gelungen, den mit stärkstem Aufwand im Raum von Orel durchgeführten bolschewistischen Angriff niederzuhalten und auch dort dem Feind schwerste Verluste, vor allem auch an Panzern, zuzufügen und bei Rschew die Widerstandskraft der Bolschewisten zu brechen. In dieser Lage ist die restlose Vernichtung des englisch-amerikanischen Geleitzugs im Eismeer ein furchtbarer Schlag für die mehr denn je zuschubbedürftigen Sowjets. Daß dort der feindliche Schiffsverkehr weiter unter unerbittlicher deutscher Kontrolle steht, beweist die Versenkung von zwei größeren Versorgungsschiffen, die außerhalb des Geleitzugs im Nordmeer angetroffen wurden.

In englischen Meldungen aus Moskau wird von einem „wachsenden Ernst der Lage" gesprochen. Die Zeitung der bolschewistischen Armee, der „Rote Stern", schreibt, die Deutschen begännen jetzt die Ergebnisse ihrer bisherigen Erfolge auszunutzen. „Prawda" erklärt, daß die Sowjetunion schwierigen Tagen entgegen-sowjetischen Kulturdenkmäler vernichten und die freien Söhne des Don unterjochen", als ob es keine Sowjettaktik der „verbrannten Erde" gäbe und die Deutschen in den besetzten Gebieten nicht eine großzügige Aufbauarbeit geleistet und das versklavte Landvolk befreit hätten. Von „Kulturdenkmälern" und „Freiheit" zu sprechen, zeigt die ganze Verlogenheit der Sowjetagitation, die nicht mehr ein und aus weiß angesichts der vernichtenden Hiobsposten von der Front. Vernichten, vernichten – das ist daher auch jetzt die Parole, welche die „Prawda" ausgibt, zugleich das Geständnis, daß die Sowjets fühlen, wie sich ein unabwendbares Geschick vollzieht.

Einstweilen versucht man noch, den primitiven Woronesch-Schwindel am Leben zu erhalten, auch ein Zeichen vollkommener Ratlosigkeit. Aber sogar Briten und Yankees haben diese einfältige Lüge schon weitgehend abgeschrieben. Sorgenvoll erörtert man in London und New York die Folgen der Niederlage Timoschenkos und

PK.-Aufn.: Kriegsberichter Dieck (Wb.)

Unsere Kradschützen beim Übergang über den Don

Es gilt, einen gewonnenen Brückenkopf auf dem östlichen Ufer des Flusses zu sichern und zu erweitern

rückgehende feindliche Kolonnen, Flußübergänge und Nachschubverbindungen fort.

Nördlich und nordwestlich Orel griff der Feind nach den hohen Verlusten

Erfolg im Eismeer auf 237000 BRT. erhöht

Berlin, 11. Juli.

Zu der bereits gemeldeten Vernichtung des englisch-amerikanischen Großgeleitzuges im Eismeer teilt das OKW. mit:

Deutsche Aufklärungsflugzeuge hatten festgestellt, daß drei schwer beschädigte Handelsschiffe als Wracks im sinkenden Zustande zwischen Eisschollen im nördlichen Teil der Barentssee trieben. Diese Schiffe waren bereits vom Feind preisgegeben, denn irgendwelche Bewachungsfahrzeuge konnten im Umkreis nicht beobachtet werden. Drei Handelsschiffe des zerschlagenen Geleitzuges nach Murmansk und Archangelsk wurden trotz schlechter Wetterlage in der Barentssee erneut gestellt und sofort angegriffen.

Kampfflugzeuge konnten dabei ein schwer beladenes Handelsschiff von 7000 BRT. und Unterseeboote zwei mit Panzern voll beladene Transporter mit zusammen 13 000 BRT. vernichten. Mit diesen versenkten drei letzten Schiffen des englisch-amerikanischen Geleitzuges mit zusammen 20 500 BRT. erhöhen sich die Verluste der feindlichen Versorgungsschiffahrt im Nördlichen Eismeer auf 237 000 BRT. In zäheste Verfolgung und unermüdlichem Einsatz haben die deutsche Luftwaffe und Unterseeboote dem Feinde eine Niederlage beigebracht, die von ungeheurem Ausmaße ist.

Nahas Pascha:

Ägypten wird nicht in den Krieg eintreten

Istanbul, 11. Juli.

Aus Kairo wird gemeldet, daß Nahas

Reise ins Ostland

Von Dr. Fritz Nonnenbruch

Reval, im Juli.

Die Stunde zwischen Nacht und Morgen, die im D-Zug-Abteil immer am unangenehmsten ist, neigte sich endlich ihrem Ende zu. Die Verdunkelungsvorhänge konnen hochgezogen werden. Die in der jungen Sonne glitzernden Wiesen und Waldstreifen geben dem Reisenden neue Frische. Wir fahren ins Ostland und treten eine Reise an, die das Reichsministerium für die besetzten Ostgebiete für eine Anzahl von Pressemännern veranstaltet hat.

Der Zug überquert die Nogat. Der gewaltige Backsteinbau der Marienburg taucht auf und entschwindet den Augen. Aber in das sich erwartungsvoll dem Ostland zuneigende Bewußtsein fällt ihr Anblick wie ein Trommelwirbel hinein, wir empfinden sie als den auftrottelnden Auftakt für das, was wir sehen werden. Die Erinnerung an Versailles, durch das den deutschen Rechten im Osten eine endgültige Barriere entgegengestellt werden sollte, an den Polenterror und die Befreiung Danzigs wird mit einem Schlage wach. Und einmal erweckt, trägt sie weiter zurück in eine Vergangenheit, an die die jetzt werdende deutsche Geschichte wieder unmittelbar anschließt. Die Kämpfe des Ritterordens um die Erschließung des Ostlandes und die enge Verbundenheit seiner Städte mit der Hanse erscheinen uns jetzt anders, als dem in enge Räume gebannten Denken vor dem Kriege. Nicht mehr als ein versiegtes Flußbett der deutschen Geschichte, sondern als Aufruf. Wir fahren in Neuland hinein und doch zugleich in lange verklungen geglaubte deutsche Geschichte. Die Marienburg ist das …

Oben: Kein Wort über die deutschen Verluste.

Linke Seite: Warten auf den Befehl zum Gegenangriff. Russische Soldaten am Fuße des Kaukasus.

immer kürzer. Nur zwei Monate stand List an der Spitze der Heeresgruppe A. Zum Nachfolger bestimmte Hitler – sich selbst. Er übernahm persönlich den Oberbefehl über die Heeresgruppe A, ein einmaliger Fall in der Kriegsgeschichte.

»Eine Front gegen Hitler«

In den frühen Morgenstunden des 19. August 1942 tauchten 252 Kriegsschiffe vor der Küste des französischen Seebads Dieppe auf, während in der Luft 70 alliierte Bomber- und Jagdstaffeln kreisten, um Görings Luftwaffe am Boden zu halten. Mit vereinten Luft- und Seestreitkräften starteten die Westalliierten den bis dahin größten Landungsversuch an der Atlantikküste. Die Operation »Jubilee« sollte die von Stalin seit langem geforderte »zweite Front« im Westen aufbauen. Doch nur insgesamt 6100 englische und kanadische Infanteristen waren angetreten, den deutschen Atlantikwall zu durchbrechen Die Soldaten unter Führung des Admirals Lord Louis Mountbatten rechneten mit dem Widerstand eines einzigen deutschen Bataillons, doch die Verteidiger waren gewarnt und hatten den Ernstfall geprobt. Die deutsche Marineabwehr konnte den Code der Royal Navy teilweise entschlüsseln und den Funkverkehr der Briten abhören. Man wußte, wogegen sich der Hauptstoß des Landemanövers richten würde. Zwei Tage vor dem Termin X hatten die Deutschen im Hauptquartier der 3. Luftflotte in Angers die Abwehr eines alliierten Landungsunternehmens theoretisch geübt. Die deutsche Führung war optimistisch: Wenn die Engländer bei Dieppe einen Versuch wagen sollten, so würden sie in weniger als fünf Tagen wieder zurück ins Meer geschmissen, versprachen die Militärs.

Was am 17. August nur ein strategisches Spiel im Sandkasten war, wurde am 19. August blutiger Ernst. Auf einer Breite von dreißig Kilometern landeten viertausend Kanadier und zweitausend Briten in der Morgendämmerung an der französischen Küste. Die Spezialboote setzten Panzer

Frau D. B. schrieb ihrem Mann an die Front:

15. Mai 1942, Freitag

... Ich wollte mit den Kindern im Sommer eigentlich für einige Zeit an die See, mir wurde jedoch sehr abgeraten, da man an der See förmlich verhungern soll. So fahre ich allein, eventuell mal etwas in den Harz und lasse die Kinder hier, denn ich brauche mal etwas Erholung, wer weiß, wie es nächsten Winter wird. Die Ernährung wird ja bei Euch sehr viel besser sein. Hier ist es wirklich katastrophal. Nach Gemüse steht man immer zwei Stunden an und bekommt dann etwas für eine Mahlzeit, und das vielleicht dreimal in der Woche. Jetzt hatten wir aber 14 Tage mal gar kein Gemüse. Was das bedeutet, kannst Du Dir gar nicht vorstellen. Ich habe doch kaum etwas eingekocht, da es ja im Vorjahre auch nichts gab. Von Fett und Fleisch darf man nicht reden, das wird in die Länge gezogen. Wir haben wenigstens genügend Kartoffeln ...

Unteroffizier H. T. schrieb nach Hause:

31. August 1942, Montag

... Wann sie unseren dezimierten Haufen wohl einmal in Ruhe lassen? In wenigen Tagen sind wir vier Monate im dauernden Einsatz, Angriff auf Angriff, Strapazen, keine Ablösung, so was gab es ja nicht mal im Weltkrieg. Und dann bei diesem Gegner. Ja, die ruhmreich-bescheidene Waffe: Infanterie. Nun haben wir schon Decken empfangen. Vorgestern hat es den ganzen Tag und Nacht geregnet, und alle Gebrechen sind nun zutage gekommen: Rheuma, Reißen und vor allem, was sich auf letzteres reimt ...

und Landungsfahrzeuge an den Strand, vor der Küste leisteten Kriegsschiffe den notwendigen Feuerschutz. Doch statt auf die erwarteten zahlenmäßig geringen Küsteneinheiten trafen die Angreifer auf starke Kräfte der SS-Division »Leibstandarte Adolf Hitler«, des Infanterieregiments 571 und der 10. Panzerdivision. Die britischen Panzer wurden schon am Strand abgeschossen, kein einziger konnte mehr als hundert Meter auf französischen Boden vorrücken. Ohne die Panzerunterstützung blieb der kanadisch-britische Sturmangriff vor den Strandbefestigungen im deutschen MG-Feuer hängen. Um neun Uhr sah sich Mountbatten zum Rückzugsbefehl gezwungen. Die Landungsaktion dauerte nur knapp drei Stunden. Dabei mußten die Alliierten alle schweren Waffen zurücklassen, nur ein Drittel der eingesetzten Soldaten erreichte die rettenden alliierten Schiffe. Als Hitler in Winniza von dem Unternehmen erfuhr, war der Spuk schon fast vorbei. Der Angriff endete mit einem Desaster. Zwölfhundert Tote und über zweitausend Gefangene mußte Admiral Mountbatten nach London melden, mehr als dreißig Panzer und über hundert Flugzeuge hatte die Aktion gekostet. Großspurig bedankte sich die deutsche Propaganda für die Freundlichkeit der Alliierten, die den Deutschen eine »vollständige Musterkollektion der neuen Waffen zum Geschenk« gemacht hätten.

Das Scheitern vor Dieppe lieferte den Beweis, daß an eine alliierte Invasion des europäischen Kontinents im Jahr 1942 nicht zu denken war. Ein eigentlich überflüssiger Beweis, denn Churchill hatte seinen Verbündeten immer wieder erklärt, daß für den Aufbau einer zweiten Front im Westen zu diesem Zeitpunkt keine Chancen bestanden. Im westlichen Lager selbst gab es dazu unterschiedliche Auffassungen. Für die Amerikaner forderte George Marshall, der Stabschef der Armee: »Mein Ziel besteht darin, die Briten zu zwingen, gegen Deutschland vorzugehen.«

Doch der britische Premier lehnte die von den Amerikanern protegierte Operation »Sledgehammer« ab, nach seiner Meinung war eine Invasion des Kontinents frühestens 1943 durchführbar. Schon vor dem gescheiterten Unternehmen in Dieppe konnte Churchill die Amerikaner von dem Vorschlag überzeugen, den er des längeren favorisierte: eine Landung in Nordafrika. Die Operation erhielt den Namen »Torch«, mit ihr sollte das deutsche Vordringen in Nordafrika gestoppt werden. Die US-Generale Eisenhower und Patton sollten den britischen Field Marshal Montgomery im Kampf gegen den »Wüstenfuchs« Rommel unterstützen. Also einigten sich Amerikaner und Briten darauf, die Landung in Frankreich bis auf weiteres zu verschieben.

Doch noch immer bestand Stalin auf einer »zweiten Front«. Unmittelbar nach dem deutschen Überfall hatte der sowjetische Diktator von seinem Bündnispartner in London Entlastung erbeten: »Ich glaube ferner, daß die militärische Lage der Sowjetunion wesentlich verbessert werden könnte, wenn im Westen (Nordfrankreich) und im Norden (Arktis) eine Front gegen Hitler geschaffen würde«, schrieb er bereits am 18. Juli 1941 an Churchill. Dieses Ansinnen hatte er seither in immer neuen Variationen wiederholt. Nachdem zum Ende des Jahres 1941 auch die Amerikaner in den Krieg gegen Hitler-Deutschland eingetreten waren, verfolgte Stalin mit zunehmender Skepsis die britisch-amerikanischen Verhandlungen. Am 23. Juli 1942 – London

Erste Hilfe und oft letzte Rettung: Behelfsmäßiges Feldlazarett unmittelbar hinter der Front.

und Washington hatten sich mittlerweile auf ein gemeinsames Vorgehen in Nordafrika geeinigt – schrieb er erneut an Churchill: »Was die Frage der Errichtung einer zweiten Front in Europa betrifft, so befürchte ich, daß diese Angelegenheit nicht mit dem notwendigen Ernst behandelt wird.«

Um die ernsten sowjetisch-britischen Verstimmungen auszuräumen, reiste Churchill persönlich nach Moskau. Die Gespräche, die er am 12. August mit Stalin im Kreml führte, fanden jedoch in einer gespannten Atmosphäre statt. Der sowjetische Diktator warf dem britischen Premier vor, nicht genügend zum Erreichen des gemeinsamen Ziels, der Niederschlagung des Nationalsozialismus, zu tun, und wiederholte stereotyp seine Forderung nach einer zweiten Front. Den Hinweisen auf die Schwierigkeiten einer alliierten Landungsaktion im Westen hielt er entgegen: »Wer nichts riskieren will, kann den Krieg nicht gewinnen. Man darf die Deutschen nicht fürchten.«

Doch Churchill zeigte sich nicht gewillt, sich das Lamento Stalins noch länger anzuhören. In ebenso scharfem Ton konterte er: »Sie waren der Verbündete der Deutschen, während wir allein gegen sie kämpften.«

Der später in Stalingrad vermißte Funker Anton Erl schrieb an seine Verlobte Resi Böhm:

vor Stalingrad, 25. 08. 1942

Liebste Resi!

Schwer ist die Zeit, noch schwerer aber die Kämpfe, die uns bevorstehen. Sand und Steppe sind die einzigen Schönheiten dieses Landes. Die Tage sind sehr heiß, die Nächte bitterkalt. Oft haben wir 25 oder 30 Kilometer lang keinen Tropfen Wasser. Von den Kämpfen selbst will ich gar nicht berichten, denn sie sind unbeschreiblich. Wem das holde Glück beschieden sein wird, glücklich zu überleben, der wird Stalingrad nie vergessen. Und trotzdem geht es vorwärts, denn jeder gibt sein Letztes und wenn es sein muß auch sein Leben. Jeder deutsche Soldat weiß, daß Stalingrad fallen muß. Wann diese große Stunde kommt, weiß ich noch nicht. Doch auch diese Stadt wird fallen.

...

Ich muß das Schreiben abbrechen, denn der Russe greift mit Panzern an.

Sei einstweilen herzlich gegrüßt und geküßt von Deinem Dich über alles liebenden

Toni

Oben: Eine Familie, die den Angriff auf ihr Dorf überlebt hat, kehrt mit der letzten Habe in ihre Hütte zurück.

Rechte Seite: Von Granatsplittern verletzt. Ein Kamerad leistet Erste Hilfe.

Das Verhandlungsklima blieb eisig, die Gespräche zeitigten bezüglich der Frage einer zweiten Front nicht das von Stalin gewünschte Ergebnis. Zwar war er zum Kampf an anderen Kriegsschauplätzen im Norden und im Süden bereit, die Organisation einer weiteren Front im Westen jedoch lehnte der britische Premier zu diesem Zeitpunkt ab. Auch mit den vereinbarten Waffen- und Materiallieferungen gab sich Stalin nicht zufrieden. Noch im Oktober 1942 entgegnete er auf die Frage eines amerikanischen Journalisten nach der Effektivität der westlichen Hilfe: »Verglichen mit der Hilfe, die die Sowjetunion den Verbündeten erweist, indem sie die Hauptkräfte der deutsch-faschistischen Truppen auf sich zieht, ist die Hilfe der Verbündeten für die Sowjetunion bislang wenig effektiv.«

Das war zumindest eine Untertreibung, denn allein von den USA erhielten die Sowjets von 1942 bis 1945 15 000 Flugzeuge, 7000 Panzer und 375 000 Lastwagen. Das übertraf bei weitem jenes Potential, mit dem die Wehrmacht in Rußland eingefallen war. Von 1942 an stammte fast jeder dritte Lkw, den die Sowjets an diversen Abschnitten der Ostfront einsetzten, aus US-Fabriken. Die amerikanischen Lieferungen glichen die Verluste der Sowjets zum größten Teil aus. Kein Wunder also, daß Hitler die alliierten Nachschublinien im Kaukasus unterbrechen wollte.

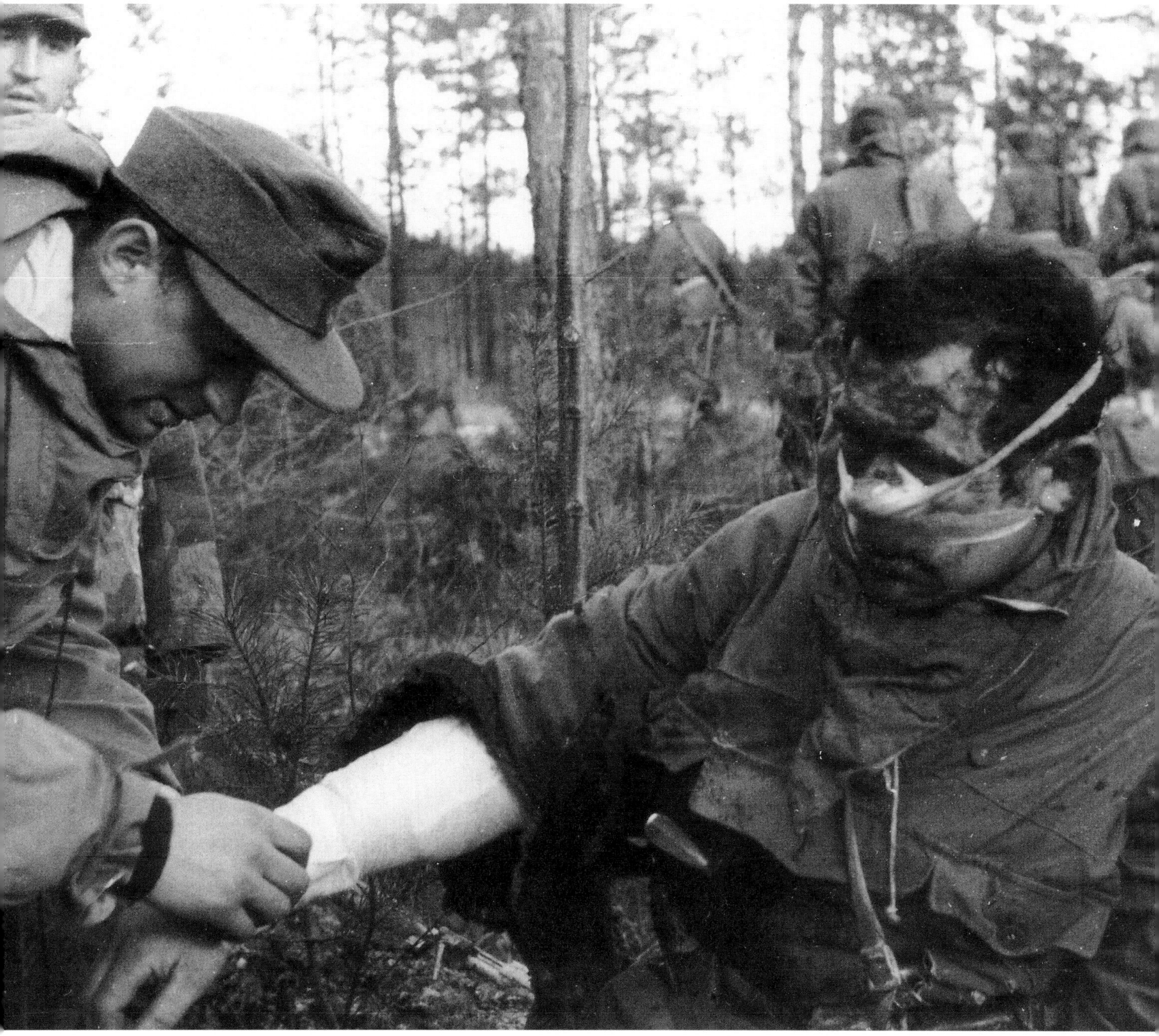

»Das Schicksal des Kaukasus wird bei Stalingrad entschieden«

Im Kaukasus kam die Wehrmacht nicht mehr voran. Feldmarschall List, der später zum Rücktritt vom Oberbefehl der Heeresgruppe A gezwungen wurde, war mit den zu geringen Kräften, die Hitler ihm zur Verfügung gestellt hatte, zum Scheitern verurteilt. Die von List so dringend benötigten Verbände kämpften zur gleichen Zeit fünfhundert Kilometer weiter nördlich an der Wolga.

Bei einem Führervortrag am 30. Juli ergriff General Jodl das Wort – einer der Offiziere, die Hitler nach dem Munde redeten. Jodl verkündete, mit großen Tönen, wie Generalstabschef Halder in seinem Tagebuch festhielt: »Das Schicksal des Kaukasus wird bei Stalingrad entschieden.«

Die Überlassung von Truppenteilen der Heeresgruppe A an die Heeresgruppe B war damit in seinen Augen notwendig, jede weitere Diskussion überflüssig. Manche Offiziere sahen das anders.

In den ursprünglichen Planungen für den Sommerfeldzug

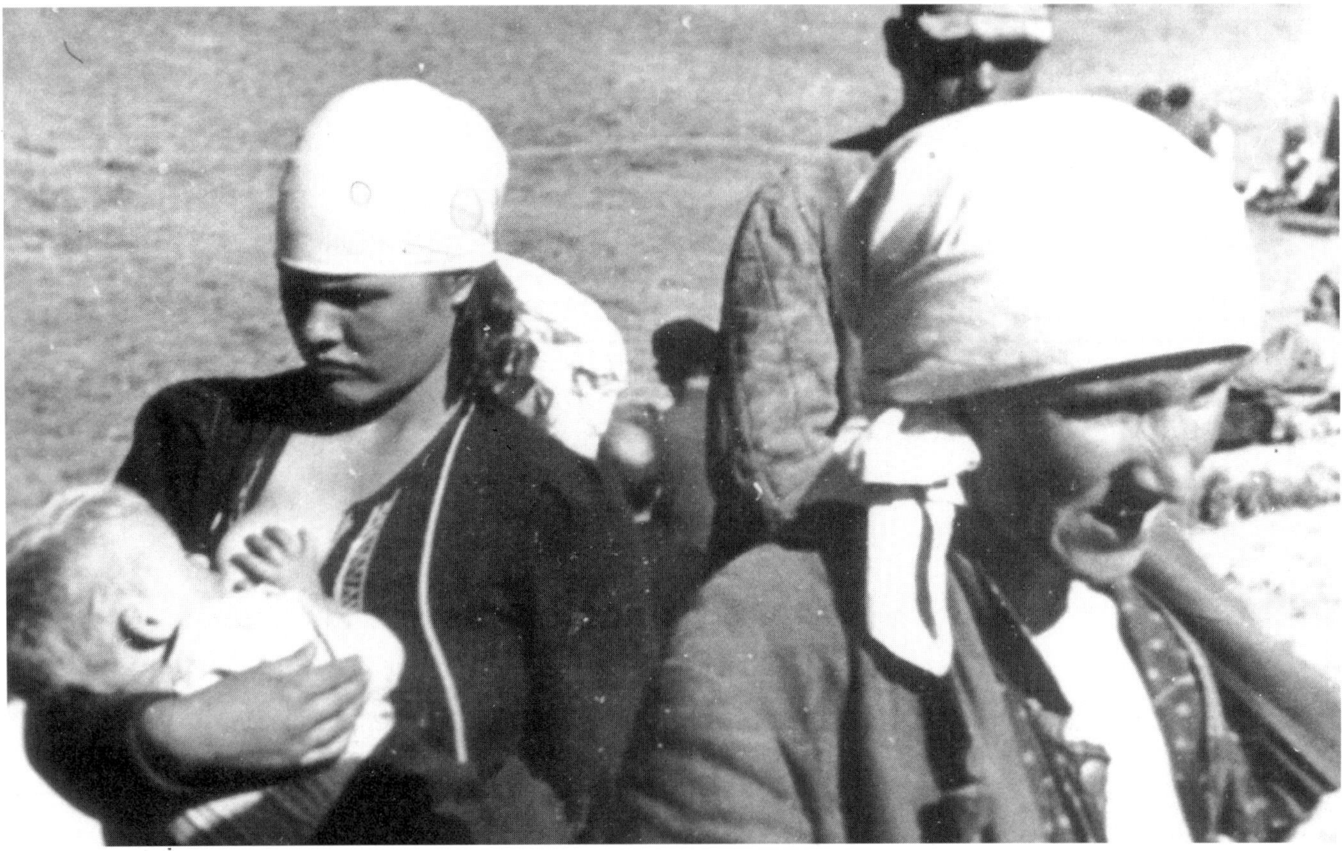

Flüchtlingsammelstelle
Сборный пункт для эвакуированных
Flüchtlinge

1942 hatte Stalingrad keine große Rolle gespielt. »Unter die Gewalt der Waffen« sollte die Stadt an der Wolga genommen werden, von Sicherungsaufgaben war die Rede. Hitler wollte das Rüstungs- und Nachschubzentrum zwar ausschalten, an eine Eroberung dachte vorerst noch niemand. Stalingrad war als Zielraum anvisiert, in dem sich die Verbände der beiden Zangenarme treffen sollten, um die Kräfte der Roten Armee einzukesseln und den Kaukasus abzuriegeln, auf den man es als nächstes abgesehen hatte.

Zwei Wochen nach Beginn der Sommeroffensive am 28. Juni änderte Hitler seine Pläne und gruppierte die deutschen Kräfte um. Er teilte die Front in zwei Heeresgruppen und versuchte, wie sein Gegenspieler im Kreml feststellte, »zwei Hasen auf einmal zu jagen«.

Vordringliches Projekt war dabei die Eroberung des Kaukasus, deshalb mußte die 4. Panzerarmee auf Befehl des »Führers« von der Heeresgruppe A zur Unterstützung der Heeresgruppe B umschwenken. Der Verzicht auf die beweglichen schnellen Panzerverbände verzögerte zwangsläufig den Anmarsch der deutschen Truppen auf Stalingrad. Gerade mal hundert Kilometer konnten die Divisionen der 6. Armee zurücklegen, weil große Teile der motorisierten Verbände und Nachschubtruppen wegen Versorgungsschwierigkeiten nur langsam vorwärts kamen. Dennoch erreichten deutsche Vorausabteilungen am 26. Juli den Don nordwestlich von Kalatsch, Stalingrad lag kaum mehr als siebzig Kilometer entfernt. Doch die Masse der deutschen Verbände vermochte nicht schnell genug zu folgen. Der Benzinnachschub war den Truppen der Heeresgruppe A zugewiesen und an die Kaukasusfront umgeleitet worden. Aber nicht nur der Mangel an Fahrzeugen und die Hitze, die über der schier unendlichen Weite der Donsteppe lag, erschwerten ein zügiges Vorrücken.

»Ein weiteres Vorgehen ist vom Nachführen von Betriebsstoff und Munition abhängig«, hieß es im Lagebericht des Oberkommandos des Heeres am 29. Juli. Die Zeitverzögerung nutzte die Rote Armee, um die eigenen Verbände neu zu formieren und sich mit frischen Kräften zu verstärken. Bei Kalatsch am Don bildete die sowjetische 62. Armee einen Brückenkopf und verlegte der 6. Armee den kürzesten Weg nach Stalingrad: »Wenn die Deutschen nicht nachrükken, kann die Verteidigung noch westlich des Don formiert werden«, erkannte der sowjetische Oberbefehlshaber dieses Frontabschnitts, Marschall Timoschenko.

Linke Seite, oben: Viele Kinder kamen auf der Flucht zur Welt.

Unten: Ohne Heimat und Ziel: Flüchtlinge an einer Sammelstelle.

Hertha Z. schrieb einem Freund an der Front:

Mannheim, den 11. Oktober 42

Lieber Bill!
Gestern erfuhr ich von Kati, daß Du wieder bei Deiner Batterie gelandet bist und man Dir also wieder schreiben kann. So möchte ich Dir denn heute Dank sagen für Deinen Brief, der ja nun schon einige Monate zurückliegt, und vor allem für das Bildchen. Es ist die letzte Aufnahme, die ich von meinem Manne habe.
Ja Bill, Bilder – Briefe – Erinnerungen – das ist alles was mir von unserem kurzen Liebes- und Eheglück geblieben ist. Unerbittlich hart ist das Schicksal, es streckt seine grausame Hand aus und fragt nicht danach, wie die Menschen damit fertig werden. Und wir müssen erkennen, wie klein und machtlos wir sind – daß wir willenlos höheren Mächten unterworfen sind und uns beugen müssen. Da hilft kein Klagen und kein Weinen, nur Tapfersein, nur eiserner Wille kann helfen. Das Leben – mein Leben – geht weiter, so unsinnig es mir auch oftmals erscheint. Es ist leer geworden, ohne Inhalt, ohne Aufgabe und Ziel.

Max R. schrieb an seinen Schwiegersohn:

18. Dezember 42

Mein lieber Hans!
Ja, der Krieg! Ich glaube bestimmt, daß Ihr, wenn nicht heuer noch, so doch bestimmt im nächsten Jahr die Russen zu Boden schlagen u. vernichten werdet. Der Furor Teutonicus wird sie zermalmen. Ich glaube, daß die Feinde nächstes Jahr um diese Zeit so zermürbt u. geschlagen sind, daß wir ihnen den Frieden diktieren können. Rommel ist jetzt zwar ziemlich weit zurückgegangen. Aber ich glaube, daß dies mehr eine Kriegslist ist u. er bald zu neuem Schlage ausholen wird. Das die Engländer u. Amerikaner wieder aus Afrika vertrieben werden, ist m. E. nur eine Frage der Zeit.
Deutschland wird nach dem Krieg groß werden u. über alle Völker Europas gebieten. Ich muß aber sagen, daß mich bisweilen ein gewisser heiliger Schauer über die zukünftige gewaltige Größe Deutschlands beschleicht, wenn ich mir das alles im Geiste ausmale. Die Geschichte aber wird unserem genialen Führer, der einzig und einmalig ist, ein unvergängliches Denkmal setzen.

Der Funker Kurt Günth schrieb an seine Frau:

Neujahr 1943

Mein liebes Fraule,
das neue Jahr ist angebrochen. Unsere sogenannte Silvesterfeier in kleinem Kreise entsprach derjenigen des Heiligen Abends, nur mit dem Unterschied, daß die meisten bereits um 10 Uhr besoffen waren, und die anfängliche Zurückhaltung sich in Raserei, Tollwut und Zerstörungsanfälle verwandelte. Voll Abscheu und Enttäuschung über dieses unmögliche Benehmen, dem sich natürlich auch der Korpsführer nicht enthalten konnte, entzog ich mich unbemerkt dieser ungemütlichen Gesellschaft.
...

Wer genau liest, bekommt mit, daß es keinen Grund zum Jubeln gibt.

Beim Versuch, diesen Brückenkopf zu zerschlagen und den Durchbruch nach Stalingrad zu erkämpfen, wurde die 6. Armee wieder von den Verbänden der 4. Panzerarmee unterstützt. Der Kommandeur der 6. Armee, Paulus, hatte am 29. Juli gegenüber Generalmajor Schmundt, Hitlers Adjutanten, festgestellt: »Die Armee ist für den Angriff auf Stalingrad zu schwach.«

Hitler machte seinen Befehl über die Abstellung der 4. Panzerarmee in den Kaukasus wieder rückgängig. Das Dilemma der deutschen Kriegsführung wurde deutlich: Die Kräfte reichten vor Stalingrad ebensowenig aus wie im Kaukasus. Die Truppenteile, die er Paulus und von Weichs von der Heeresgruppe B zurückgab, kamen zu spät, um den schnellen Durchstoß zu ermöglichen. Jene Kontingente wiederum, die er der Heeresgruppe A entzog, fehlten beim Marsch zu den Ölfeldern am Kaspischen und Schwarzen Meer. Es half auch nicht weiter, wenn Jodl davon schwafelte, die Schlacht um den Kaukasus werde bei Stalingrad entschieden.

Immerhin sah die Lage der Heeresgruppe B wieder besser aus. Am 8. August meldete das Oberkommando des Heeres: »Die westlich Kalatsch befindlichen Feindstreitkräfte

Norddeutsche Ausgabe
„Freiheit und Brot"
Norddeutsche Ausgabe
Berlin, Dienstag, 21. Juli 1942

VÖLKISCHER BEOBACHTER

Kampfblatt der nationalsozialistischen Bewegung Großdeutschlands

36 von 60 angreifenden Panzern bei Woronesch zerstört

Schwere Luftangriffe auf Sowjet-Nachschub an der Donmündung

Große Brände im Hafen von Murmansk – Jagdgeschwader Udet errang 2500. Luftsieg

Aus dem Führerhauptquartier, 20. Juli.

Das Oberkommando der Wehrmacht gibt bekannt:

Im Süden der Ostfront sind, nachdem die Regenfälle beendet sind, die Verfolgungskämpfe in südlicher und östlicher Richtung wieder in vollem Gange. Kampf- und Schlachtfliegerverbände zerstießen feindliche Kolonnen ostwärts Rostow, vernichteten wichtige Nachschubverbindungen des Feindes im Mündungsgebiet des Don und unterstützten wirksam die Verfolgungskämpfe im Donezbogen.

Der Feind griff auch gestern mit starken Kräften den Brückenkopf Woronesch an. Alle Versuche zur Rückeroberung der Stadt wurden in harten Kämpfen, zum Teil im Gegenstoß, von der Luftwaffe erfolgreich unterstützt, abgeschlagen, und hierbei wurden von 60 angreifenden Panzern 36 vernichtet.

Im Raum um Moskau wurden Eisenbahnziele bei Tag und Nacht mit vernichtender Wirkung angegriffen. Südlich des Ilmensees scheiterten örtliche Angriffe des Feindes. Bei diesen Kämpfen [illegible] eine bolschewistische Gruppe vernichtet und 19 feindliche Panzer abgeschossen.

Das Hafengebiet von Murmansk wurde am gestrigen Tage mit besonderem Erfolg bombardiert. In Dockanlagen, Kraftwagen- und Betriebsstofflagern entstanden große Brände. Jagdflieger schossen hierbei über der Kolabucht 17 feindliche Flugzeuge ab.

In Nordafrika beiderseitige Kampftätigkeit von örtlicher Bedeutung.

Nordostwärts London erzielte ein Kampfflugzeug bei Tage Bombenvolltreffer in einem bedeutenden Rüstungswerk. Im deutsch-holländischen Grenzgebiet warf ein britisches Flugzeug am gestrigen Tage einige Bomben auf Wohnviertel. Das Flugzeug wurde abgeschossen.

Die britische Luftwaffe griff bei Nacht mit schwächeren Kräften einige Orte an der Deutschen Bucht, vor allem die Städte Bremen und Oldenburg, an. Die Zivilbevölkerung hatte Verluste. Drei feindliche Flugzeuge wurden zum Absturz gebracht.

Bei den erfolgreichen Abwehrkämpfen im Brückenkopf Woronesch zeichnete sich eine schlesische Infanteriedivision besonders aus.

Das Jagdgeschwader Udet errang seinen 2500. Luftsieg.

Britische Kugellagerfabrik bei London wirkungsvoll bombardiert

Heftige Explosionen im Maschinenhaus

Berlin, 20. Juli.

Zu dem bereits gemeldeten Angriff auf ein [...] fertige Präzisionslager, vor allem für den Flugzeugbau, her. Überraschend für die bri-

In südlicher und östlicher Richtung

Verfolgungskämpfe wieder in vollem Gange

Vergeblicher Versuch Timoschenkos zur Rückeroberung Woroneschs – London: Schlechte Nachrichten aus Moskau

VB. Berlin, 20. Juli.

Im Süden der Ostfront sind, wie der OKW.-Bericht heute meldet, die Verfolgungskämpfe wieder im vollen Gange, nachdem die Regenfälle, die die Wege grundlos gemacht haben, beendet sind. Erneut hat Timoschenko unter großem Einsatz den Versuch gemacht, Woronesch zurückzugewinnen. Der Sowjetmarschall hat bei diesem Versuch mehr als die Hälfte der eingesetzten Panzer verloren. Während Moskau heute noch den Verlust Woroneschs leugnet, dessen Einnahme das OKW. bereits am 7. Juli melden konnte, hat es mit ungewohnter Eile eingestanden, Woroschilowgrad, das wichtigste Industriezentrum des Donezgebietes, verloren zu haben. Selbstverständlich haben nach Aussage des Moskauer Nachrichtendienstes „auf Befehl des Oberkommandos unsere Truppen die Stadt Woroschilowgrad verlassen". Hinter diesem schlichten „verlassen" steht allerdings eine zwingende Notwendigkeit, denn deutsche Infanteristen haben am 17. Juli die Stadt gestürmt.

Dieses sowjetische Eingeständnis hat auch Reuter gezwungen, die Tatsache der Einnahme zuzugeben, wobei es sich ähnlich rücksichtsvoll, aber eine Nuance deutlicher ausdrückt mit der Bemerkung, der Rückzug der Verteidiger von Woroschilowgrad sei „unvermeidlich" geworden.

Der Londoner Nachrichtendienst hat diese ebenso unvermeidlich gewordene [...]

Kampf südlich des Ilmensees ein nach starker Artillerievorbereitung geführter feindlicher Angriff vor den deutschen Stellungen zusammen. Bei den erfolgreichen Abwehrkämpfen wurden 22 feindliche Panzer vernichtet. Trotz ungünstiger Wetterlage wurden zahlreiche Luftangriffe zur Unterstützung der Heeresverbände geflogen. Truppenansammlungen sowie Feld- und Artilleriestellungen in schwer zugäng-

13 feindliche Panzerkampfwagen als rauchende Trümmerhaufen. Als am 18. Juli die Bolschewisten wiederum nach starker Artillerievorbereitung ihre Angriffe erneuerten, wurden bei den erfolgreichen Abwehrkämpfen weitere 22 Panzer des Feindes vernichtet.

Bei den Kämpfen, die zur Vernichtung starker feindlicher Kräfte im Raum von Rschew führten, setzte der Feind zur Unterstützung seines verzweifelten Widerstandes starke Panzerabteilungen ein. Es kam in dem unwegsamen Wald- und Sumpfgelände zu erbitterten Panzergefechten. Eine thüringische Panzerdivision schoß dabei innerhalb von zehn Tagen 61 feindliche Panzerkampfwagen ab und erbeutete drei weitere. Ein Regiment dieser Division vernichtete während dieser Kämpfe seinen 350. bolschewistischen Panzer seit Beginn des Ostfeldzuges.

Deutsche Sturzkampfflugzeuge belegten am Sonntag das schon mehrfach angegriffene Elektrizitätswerk Murmaschi im Süden von Murmansk erneut mit Bomben schwersten Kalibers. Nach dem Abfangen ihrer Flugzeuge beobachteten die deutschen Besatzungen, daß starke von Stichflammen begleitete Explosionen in den

Erziehung durch Vorbild

Berlin, 20. Juli.

Um ein Volk zur höchsten Leistung zu erziehen, kann man die verschiedensten Wege einschlagen. Man kann an den Verstand, die Einsicht und Logik appellieren, und man wird den überzeugen, der sich von Verstand und Logik leiten läßt. Man kann Gefühl und Herz anrufen, und es wird der antworten, dem Gefühl und Herz Leitschnur des Handelns sind. Man rühmt dem Manne logische Konsequenz und der Frau gefühlsbetonten Instinkt nach. Folglich wird ein Appell an das ganze Volk beiden gerecht werden müssen. Wir sind überzeugt, daß die Kraft des Wortes und der Schrift, verbunden mit hoher Anschaulichkeit, tiefe Wirkungen hinterläßt. Voraussetzung für eine solche Wirkung ist jedoch ein bei vielen Menschen nur gering vorhandenes Maß von idealistischer Objektivität, gewissermaßen von Selbstentäußerung, die zu jeder Zeit bereit ist, das eigene Schicksal in den Rahmen des Ganzen zu stellen. Wenn das Schicksal zugeschlagen hat, bedeutet ein schönes und zweifellos auch richtiges Wort den meisten Menschen nur wenig. Es sind nur wenige, die bei dem Verlust eines lieben Menschen aus einer höheren lebensgesetzlichen Einsicht wahrhaften Trost empfangen. Erst der Gedanke, daß es deren Ungezählte sind, die das gleiche Schicksal tragen müssen und die Vorstellung von der Schmerzlichkeit der Lage noch härter Geprüfter gibt die Kraft zur Überwindung des eigenen Schmerzes.

Der verwundete Soldat tröstet sich mit dem Wissen um das gleiche Schicksal Tausender und richtet sich auf an dem Vorbild noch schwerer Verwundeter.

Die Schmerzen nahender Mutterschaft überwindet die Frau bei dem Gedanken an ungezählte Frauen vor ihr und mit ihr, die die gleiche Stunde haben durchstehen müssen, und endlich findet der Verlust von Hab und Gut in bombenzerstörter Stadt seine Überwindung in der Vorstellung, daß der Bolschewismus uns darüber hinaus auch noch das Leben genommen haben würde.

In allen diesen Beispielen bedeutet es der Mehrzahl unserer Menschen wahrhaften Trost, wenn sie das zu gleichen gerechten Lasten auch für andere verteilte Schicksal sehen und sie richten sich auf an dem Beispiel noch härter Betroffener. Der unbekannte Soldat an der Front [...]

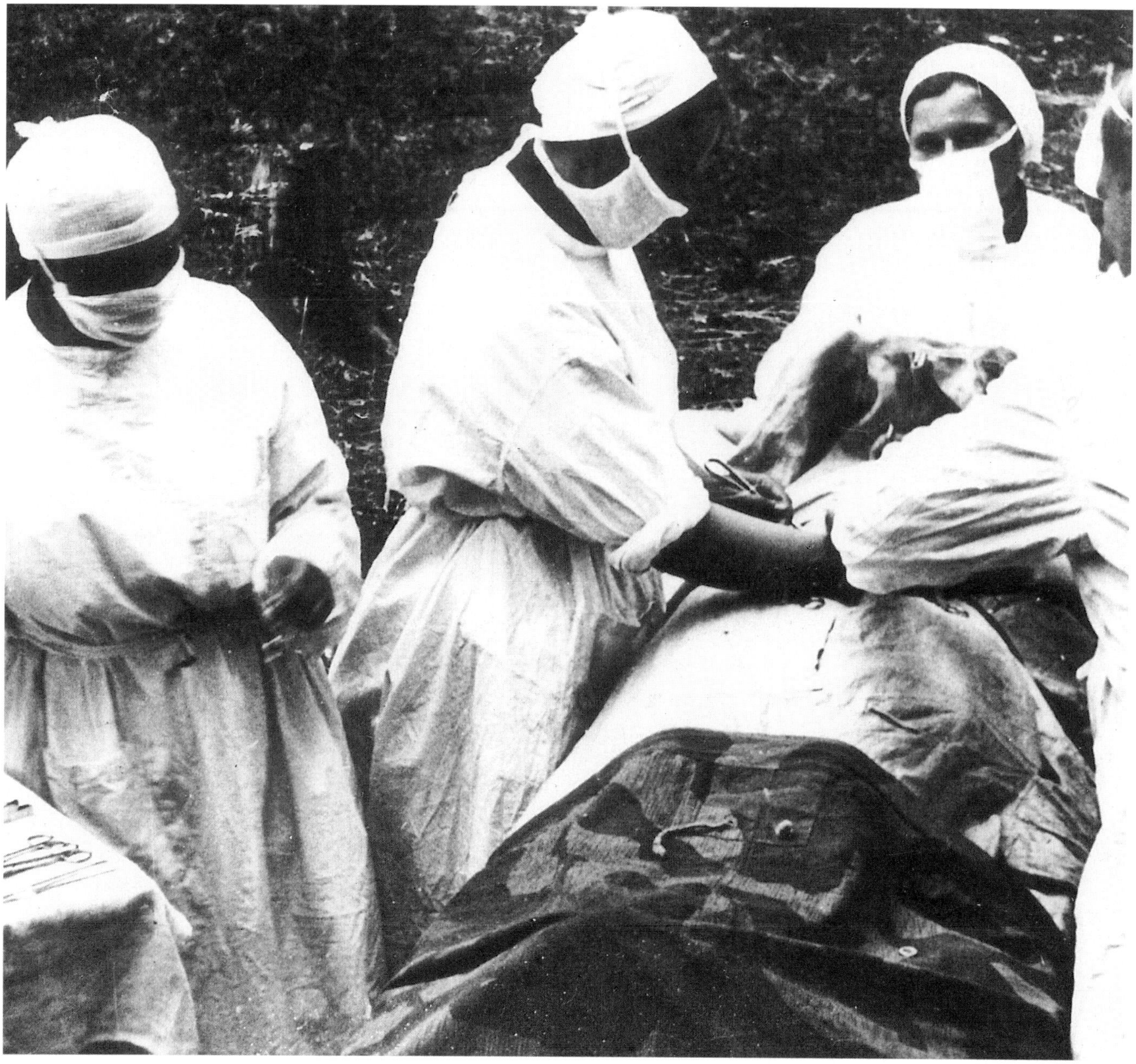

Auf beiden Seiten waren die Frontärzte oft Tag und Nacht im Einsatz.

sind durch Schließen des Ringes von Süden am Don entlang nunmehr eingekesselt. Starke Feindangriffe wurden abgewehrt. Der Kessel wird verengt.«

Der Kampf um die nur sechzig Kilometer breite Landbrücke zwischen Wolga und Don war entschieden. »In drei Monaten über eine Million Gefangene« – mit dieser Schlagzeile feierte der »Völkische Beobachter« am 12. August die Vernichtung der 62. Sowjetarmee und der 1. Panzerarmee. Der Erfolg bei Kalatsch war die letzte siegreiche Kesselschlacht, die die Deutschen im Rußlandfeldzug bejubeln konnten. Der Weg nach Stalingrad war frei. Am 23. August erreichten die Spitzen der 16. Panzerdivision bei Rynok die Wolga. Hyazinth Graf von Strachwitz, der im Ersten Weltkrieg der französischen Hauptstadt am nächsten gekommen war, konnte als erster deutscher Soldat einen Blick auf die Stadt an der Wolga werfen.

Die Rote Armee leistete jedoch bei Kalatsch noch zwei Wochen hartnäckigen Widerstand. Diese zwei Wochen, in denen die deutschen Verbände hier noch gebunden waren, sollten später große Bedeutung gewinnen.

Haß wider Haß

Während sich an der dreitausend Kilometer langen Front die sowjetischen und deutschen Soldaten blutige Gefechte lieferten, tobte in den besetzten Gebieten ein Kampf, der das Grauen auf den Schlachtfeldern an Brutalität und Unmenschlichkeit noch überbot. Es war ein Krieg, in dem keine moralischen Grundregeln mehr galten. Hitler hatte schon zu Friedenszeiten, am 30. Januar 1939, in einer Rede im Reichstag aus Anlaß des Jahrestags der nationalsozialistischen »Machtergreifung« erklärt: »Ich will heute wieder ein Prophet sein. Wenn es dem internationalen Finanzjudentum in und außerhalb Europas gelingen sollte, die Völker noch einmal in einen Weltkrieg zu stürzen, dann wird das Ergebnis nicht die Bolschewisierung der Erde und damit der Sieg des Judentums sein, sondern die Vernichtung der jüdischen Rasse in Europa.«

An diese Vorhersage erinnerte er drei Jahre später. Am 8. November, dem Jahrestag des sogenannten Hitler-Putsches 1923, prahlte er vor alten »Kampfgefährten«: »Man hat mich als Propheten immer ausgelacht. Von denen, die damals lachten, lachen unzählige heute nicht mehr. Die jetzt noch lachen, werden in einiger Zeit vielleicht auch nicht mehr lachen.«

Was mit dieser unheilvollen Andeutung gemeint war, machte Heinrich Himmler, Reichsführer SS und Chef der deutschen Polizei, am 4. Oktober 1943 auf einer Tagung der SS-Gruppenführer in Posen deutlich. In erschreckender Offenheit bekundete er seinen Vernichtungswillen: »Beim Russen macht es nur die Masse, und diese Masse muß eben zertreten und abgestochen, abgeschlachtet werden. Es ist, um ein ganz brutales Beispiel zu gebrauchen, wie bei einem Schwein, das abgestochen wird und allmählich ausbluten muß.«

Das war die Sprache der Nazi-Führer, ebenso primitiv wie brutal, schrecklich, menschenverachtend und skrupellos. Das, was in den von deutschen Truppen besetzten Gebieten geschah, war die Umsetzung des NS-Rassenwahns: der Vollzug von Ideen, aus denen Hitler wie auch Himmler nie ein Hehl gemacht hatten. Mit demonstrativer Menschenverachtung wurden nicht nur die militärischen Aktionen geplant, sondern auch die brutalen Maßnahmen gegen die Bevölkerung des okkupierten Territoriums.

Partisanenkommandeur Nikifor Sacharowitsch Koljada schrieb an die »Prawda« (abgedruckt am 31. 7. 1942):

Ein Meer aus Blut und Tränen hinterließen die Deutschen im Raum Smolensk. Allein in zwei Bezirken setzte der Feind 40 Dörfer in Brand, erhängte, erschlug und verbrannte tausende sowjetischer Bürger bei lebendigem Leib. Niemals werde ich den Anblick der jungen Frauen vergessen, die von den deutschen Soldaten mit Petroleum übergossen und angezündet wurden. Ihre Schreie werden für immer in meinem Gedächtnis bleiben.

Marusja Ponomareva, Arbeiterin aus Woroschilowgrad, schrieb an ihren Bruder:

Gorki, August 1942

Mein lieber Bruder Shura,
ich will Dir berichten, wie ich nach Gorki gekommen bin. Als die Deutschen unsere Stadt erobert hatten, durchsuchten sie alle Gebäude. Ein hünenhafter Soldat kam in unser Haus. Er sah Fotos von Dir an den

»Mit nie dagewesener erbarmungsloser Härte«

Schon bei den Vorbereitungen zum Feldzug gegen das mächtige sowjetische Riesenreich machte Hitler der Führung der Wehrmacht klar, welche Ziele er mit dem Angriff verfolgte. In einer Konferenz am 30. März 1941 erläuterte der deutsche Diktator den Oberbefehlshabern der drei Wehrmachtsteile sowie den Truppenkommandeuren seine perfiden Absichten: »Es handelt sich um einen Kampf der Weltanschauungen und rassischen Gegensätze und ist daher mit nie dagewesener erbarmungsloser Härte zu führen. Alle Offiziere werden sich überlebter Anschauungen entledigen müssen.«

In diesem Kampf waren für Hitler alle Mittel erlaubt. Die

Wänden und fragte Mutter, wer das sei. Sie sagte stolz: »Das ist mein Sohn, er ist an der Front.« Der Deutsche riß die Bilder von der Wand und sagte, Du seist ein Partisan. Später kam er wieder mit einem Übersetzer. Der befahl Mutter, mitzukommen. Sie sollte hingerichtet werden – wegen Dir. Zu mir sagte er: »Du bist ein junges Mädchen. Weine nicht. Deine Mutter wird morgen gehängt. Sie wird nicht die einzige sein.«
Am nächsten Tag in der Frühe ging ich auf den Friedhof, wo Mutter gehängt werden sollte. Die Deutschen trieben 45 Frauen vor sich her. Sie waren aneinandergebunden, damit keine fliehen konnte. Es waren viele Zuschauer gekommen. Bevor sie mit dem Hängen anfingen, verkündete einer der Soldaten auf russisch: »Diese Frauen bezahlen mit ihren Seelen für die Partisanen!« Die Leichen hingen zwei Tage lang. Ich bin dann nach Gorki zu Deiner Frau geflohen und habe alles zurückgelassen. Mein lieber Bruder, denke immer daran, wie viele Menschen die Deutschen verschleppt, mißhandelt und umgebracht haben. Töte diese Bluthunde. Ich bin in Sicherheit.
Deine Marusja

Das von den Rasseideologen verordnete Feindbild: der russische »Untermensch«.

Haager Landkriegsordnung, die unter anderem die Behandlung von Kriegsgefangenen regelte, setzte er für den Krieg gegen Rußland außer Kraft. Das war »sein« Krieg, frei von jeder Rücksichtnahme auf die Bindungen der Zivilisation. Im Krieg gegen die Sowjetunion sollten nicht die Regeln gelten, die ein Mindestmaß an Humanität hätten gewährleisten können.

Hitler gab bei der Besprechung im März 1941 zu verstehen, daß es nicht genügte, den Gegner militärisch zu besiegen und wehrlos zu machen. Der Krieg im Osten unterschied sich für ihn grundsätzlich von den bisherigen Feldzügen im Westen. Es sollte ein Eroberungskrieg werden mit dem Ziel, den Deutschen »Lebensraum im Osten« zu verschaffen, wie es in Hitlers Sprachgebrauch hieß. Ein Vernichtungsfeldzug war vorgesehen, dem ganze Bevölkerungsgruppen, die »slawischen Untermenschen«, zum Opfer fallen würden. Damit verfolgte die NS-Führung völlig andere Absichten von Art und Ziel der Kriegsführung, als sie für die deutsche Generalität galten.

Die meisten deutschen Offiziere sahen in der Niederschlagung Rußlands eine militärische Aufgabe. Für sie handelte es sich um einen »ganz normalen« Krieg, aus der Politik wollten sie sich heraushalten. Für Hitler hingegen war der Krieg gegen Rußland mehr als eine gewaltige mili-

Auszüge aus dem Bericht des 15. Polizeiregiments über den Mord an der Zivilbevölkerung von Borky.

15. Polizeireg. 28.09.1942
10. Komp.
Am 21. September erhielt die Kompanie den Befehl, das Dorf Borky, 7 km östlich von Mokrania, zu vernichten.
. . .
Im Ergebnis gelang es, alle Dorfbewohner ohne Ausnahme zu ergreifen und an den Sammelpunkt zu bringen. Es erwies sich als angenehm, die Absicht, weshalb die Bevölkerung zusammengetrieben wurde, bis zum letzten Moment unklar zu lassen. Am Sammelpunkt herrschte Ruhe. Das Gräberkommando erhielt die Schaufeln erst am Erschießungsort, so daß die Bevölkerung in Unkenntnis über das Bevorstehende blieb. Die Erschießungen begannen um 9.00 Uhr und endeten um 18.00 Uhr. Von 809 versammelten Personen wurden 104 politisch zuverlässige entlassen, darunter Arbeiter des Landguts Mokrania. Die Erschießungen gingen ohne Schwierigkeiten vonstatten.
. . .
Ich führe die zahlenmäßige Bilanz an: es wurden 705 Personen erschossen, darunter 203 Männer, 372 Frauen, 130 Kinder. Das beschlagnahmte Getreide, Gerät und Vieh wurde dem Leiter des staatlichen Landguts Mokrania übergeben. Bei der Durchführung der Aktion in Borky wurden 786 Gewehrpatronen und 2496 Patronen für Maschinengewehre verbraucht. Verluste der Kompanie gab es keine. Ein Wachtmeister wurde mit Verdacht auf Gelbsucht ins Lazarett von Brest geschickt.
Müller, stellv. Kompanieführer

Links: Deutsches Anti-Stalin-Plakat.

tärische Auseinandersetzung, nach seiner Diktion prallten hier zwei Weltanschauungen aufeinander, die sich gegenseitig ausschlossen und von denen nur eine den Kampf auf Leben und Tod würde überstehen können: »Es handelt sich um einen Vernichtungskampf. Wir führen nicht Krieg, um den Feind zu konservieren.«

»Gott mit uns« stand auf den Koppelschlössern der deutschen Soldaten. Das klang zynisch angesichts des Tötens und Sterbens. Der Krieg wurde als höhere Mission verklärt. Ein Kreuzzug sollte es sein, wie ihn im Mittelalter der deutsche Kaiser Friedrich I. gegen die »Ungläubigen« im Heiligen Land geführt hatte. So wurde auch »Barbarossa«, der Beiname des Staufers, als Deckwort für den Angriff auf die Sowjetunion auserkoren. Und folglich verkündete das Auswärtige Amt am Morgen des Überfalls, dem 22. Juni 1941: »Der Kampf Deutschlands gegen Moskau wird zum Kreuzzug Europas gegen den Bolschewismus.«

So lautete der Auftrag für einen Krieg, der nicht nur gegen eine Armee, sondern gegen ein ganzes Volk geführt wurde. Denn die sowjetische Bevölkerung sollte nicht verschont bleiben. »Aktiver oder passiver Widerstand der Zivilbevölkerung ist mit scharfen Strafmaßnahmen im Keime zu ersticken.«

In den Richtlinien für die Truppe, die General Keitel am 19. Mai 1941 erließ, fanden die Wünsche und Vorgaben Hitlers Berücksichtigung. Unmißverständlich hieß es dort: »Der Bolschewismus ist der Todfeind des nationalsozialistischen deutschen Volkes. Dieser zersetzenden Weltanschauung und ihren Trägern gilt Deutschlands Kampf. Dieser Kampf verlangt rücksichtsloses und energisches Durchgreifen gegen bolschewistische Hetzer, Freischärler, Saboteure, Juden und restlose Beseitigung jedes aktiven und passiven Widerstands.«

Im sogenannten Kommissarbefehl legte das Oberkom-

Nicht Deutschland, sondern Hitler ist der Gegner.

Gorilla »Adolf«: Aus der Trickkiste der sowjetischen Propaganda.

Josef Zoglmeier,
Oberfeldwebel.

Bei meinem ersten Einsatz kamen wir in ein Dorf. Das haben wir gesäubert. Die Zivilisten kamen aus den Häusern und ergaben sich. Einer war nur mit einem zerrissenen Hemd und einer Arbeitshose bekleidet. Seine Frau stand hinter ihm mit ihrem Kind auf dem Arm. Er nahm auch gleich die Hände hoch, doch plötzlich nahm einer von uns seinen Karabiner und schoß den Mann kaltblütig nieder. In diesem Moment wußte ich wirklich, was Krieg bedeutet.

Oben links: Die Sowjetpropaganda schürt vor allem den Haß gegen Hitler.

Oben: Propaganda-Motto: Die deutsche Geschichte gegen Hitler ausspielen.

Rechte Seite:
Oben: Ein Plakat, das die Moral der sowjetischen Arbeiter stärken soll.

Unten: Fast an jedem Gartenzaun: sowjetische Propaganda-Plakate.

В. Н. Дени. Н. А. Долгоруков. Каждый удар молота — удар по врагу!

mando des Heeres am 6. Juni 1941 fest: »Die Kommissare sind Träger einer dem Nationalsozialismus strikt entgegengesetzten Weltanschauung. Daher sind die Kommissare zu liquidieren. Kommissare und GPU-Leute sind Verbrecher und müssen als solche behandelt werden.«

Damit kein Soldat befürchten mußte, für hartes Vorgehen im nachhinein bestraft zu werden, gab die Rechtsabteilung im Oberkommando des Heeres am 13. Mai 1941 einen Erlaß heraus, der da lautete: »Für Handlungen, die Angehörige der Wehrmacht und des Gefolges gegen feindliche Zivilpersonen begehen, besteht kein Verfolgungszwang, auch dann nicht, wenn die Tat zugleich ein militärisches Verbrechen oder Vergehen ist.«

Das war mehr als ein Freibrief zum Völkerrechtsbruch, das kam einer Aufforderung gleich. Nach internationalem Kriegsrecht unterstehen Zivilpersonen der Rechtsprechung von Kriegsgerichten, sind Straftaten von Armeeangehörigen gegen Zivilpersonen durch Kriegsgerichte zu ahnden. Auch die deutsche Wehrmacht hatte sich im bisherigen Kriegsverlauf an diese Regeln gehalten. Das war nun vorbei. »Ritterlichkeit« war noch nie eine Vokabel der nationalsozialistischen Vernichtungsterminologie. Nun schien auch die militärische Führung auf bisher angewandte soldatische Tugenden verzichten zu wollen.

»Was sollen wir denn machen?«

Wurden gegen diese Kriegsführung Proteste aus den Reihen des deutschen Offizierskorps laut, das doch so viel auf den Ehrenkodex der preußischen Militärtradition hielt? Wußten die höchsten Offiziere nicht, welche Folgen diese Befehle in der Praxis haben würden? Hitlers Generalstabschef Halder versuchte später während der Nürnberger Kriegsgerichtsprozesse der Öffentlichkeit zu erklären, er habe erst nach dem Krieg erfahren, welche Mordaktionen in den besetzten Gebieten durchgeführt wurden. Gleichzeitig behauptete er aber auch, schon im März 1941 mit Rücktritt gedroht zu haben, wenn Hitlers Vorgaben in konkrete Befehle umgesetzt würden. Jedoch sowohl die eine als auch die andere Aussage ist nachweislich falsch.

Rechts: Ermordete Frauen in einem Massengrab bei Kertsch.

Rechte Seite:
Oben: Ein grauenhaftes »Erinnerungsbild«.

Unten: Terror an der Zivilbevölkerung: Prügelstrafe für einen Zwangsarbeiter.

bei der Truppe hat nach ihrer Absonderung außerhalb der eigentlichen Kampfzone unauffällig auf Befehl eines Offiziers zu geschehen.«

Gerhard Krokat, Stabsgefreiter der Luftwaffe.

Ich befand mich – nach einem kurzen Sonderurlaub – wieder auf dem Weg an die Ostfront. Am dritten Reisetag wurde unser überwiegend mit höheren Dienstgraden besetzter Zug auf freier Strecke zum Anhalten gezwungen. Auf der einen Seite der Gleise befand sich flaches Wiesengelände und etwas weiter weg ein dichter Wald. Auf der anderen Seite lag in 500 Meter Entfernung ein kleines Dorf. Nach kurzer Zeit trafen Feldjäger ein und verteilten hastig Handfeuerwaffen sowie Maschinengewehre. Sie befahlen uns, sofort ohne Gepäck auszusteigen. Aus dem Dickicht waren vereinzelt Gewehrschüsse zu hören. Währenddessen kamen zwei russische Bauersfrauen aus dem Dorf und brachten uns warmen Tee. Zufällig schnappte ich einen Gesprächsfetzen der beiden auf. Sie sagte: »Mein Gott, wenn die wüßten, was jetzt auf sie zukommt.« Ich antwortete auf russisch: »Was ist denn los?« Die Frauen sahen sich erstaunt an, antworteten dann aber, daß vom letzten Zug kein Deutscher überlebt habe und daß diesmal noch mehr Partisanen im Wald seien. Ich fragte die beiden, ob sie mich nicht in Sicherheit bringen könnten, und es gelang mir in der allgemeinen Aufregung, unbemerkt mit den zwei Bauersfrauen in das Dorf zu gelangen. Sie versteckten mich in einem winzigen Kellerloch. Drei Tage lang hörte ich von draußen Gefechtslärm. Am zweiten Tag kamen dann Partisanen in das Haus und fragten nach deutschen Soldaten. Die beiden Frauen blieben zum Glück bei ihrem »Njet«. Am Nachmittag des dritten Tages war dann alles ruhig. Kein deutscher Soldat oder Offizier war zu sehen. Die Russen hatten sich in die Wälder zurückgezogen.

Offenen Widerspruch gab es in der entscheidenden Besprechung vom März 1941 nicht, als Hitler ganz konkret seine Vorstellungen vom Krieg gegen Rußland erläuterte. Einige Befehlshaber drängten jedoch anschließend Feldmarschall von Brauchitsch, bei Hitler gegen die rechtswidrigen Anweisungen offiziell zu protestieren. Doch der Oberbefehlshaber des Heeres weigerte sich. Aus »Sorge um die Kampfmoral der deutschen Soldaten« schlug er am 6. Juni lediglich vor: »Die Erledigung der politischen Kommissare bei der Truppe hat nach ihrer Absonderung außerhalb der eigentlichen Kampfzone unauffällig auf Befehl eines Offiziers zu geschehen.«

Den deutschen Soldaten wollte man nicht offen vor Augen führen, daß sie auch als Henkersknechte nationalsozialistischer Wahnvorstellungen mißbraucht werden sollten. Die militärische Spitze hatte aber sofort erkannt, daß genau dies der Fall war. Generalfeldmarschall von Bock kommentierte die Folgen der Befehle des Oberkommandos des Heeres schon am 4. Juni 1941 zutreffend und weitsichtig: »Die Verfügung ist so gehalten, daß sie jedem Soldaten das Recht gibt, auf jeden Russen, den er für einen Freischärler hält – oder zu halten vorgibt –, von vorne oder von hinten zu schießen. Jeden Zwang zur Ahndung in dieser Richtung liegender Vergehen lehnt die Verfügung ab. Brauchitsch hat eine Ergänzung zu dieser Verfügung gegeben, die sie wohl abschwächen soll, was aber nur unvollkommen gelingt.«

Bock spielte auf den sogenannten Disziplinarerlaß aus der Feder von Brauchitschs an, mit dem der Oberbefehlshaber schon *vor* dem Überfall auf Rußland versucht hatte, »willkürlichen Ausschreitungen einzelner Heeresangehöriger« vorzubeugen. So sollte das Schlimmste verhindert werden.

Es war ein von Anfang an zum Scheitern verurteiltes Bemühen – so empfand es nicht nur von Bock. Auch Ulrich von Hassel, Diplomat und Angehöriger der Widerstandsbewegung gegen Hitler, sah bereits vor dem Angriff, welche verbrecherischen Auswirkungen diese neue Form der Kriegsführung mit sich bringen würde. In einer Tagebuchnotiz vom 15. Juni 1941 betitelte er Brauchitsch und Halder als »hoffnungslose Feldwebel«: »Sie haben sich auf das Hitlersche Manöver eingelassen, das Odium der Mordbrennerei von der bisher allein belasteten SS auf das Heer zu übertragen, durch einige an sich gar nichts ändernde Zusätze haben sie sich selbst und andere getäuscht.«

Die Äußerung von Hassels belegt, daß die verbrecherische Hitlersche Kriegspolitik nicht ohne Widerspruch blieb. Als die Folgen der Befehle Hitlers und der Heeresführung sichtbar wurden, häuften sich Gegenstimmen – wenn auch nur hinter vorgehaltener Hand. Erneut war es Ulrich von Hassel, der nach seiner Rückkehr von einer Frontreise im November 1941 von der »Angewidertheit aller anständigen Menschen durch das schandlose Vorgehen im Osten« berichtete. Nach einer Besprechung mit Admiral Canaris, dem Chef der Abwehr, notierte er: »Es stiegen einem die Haare

Rechts oben: Der Haß macht auch vor dem Alter nicht halt. Eine Russin, gefoltert und getötet.

Rechts unten: Mißglückter Versuch, ein Massaker zu vertuschen. Die Rote Armee rückte an, bevor der Scheiterhaufen entzündet werden konnte.

Angebliche Kollaborateure werden nach der Zurückeroberung eines russischen Dorfes von Politkommissaren hingerichtet.

zu Berge, was urkundlich belegt wurde über die der Truppe erteilten, von Halder unterschriebenen Befehle betreffend das Vorgehen in Rußland. Mit dieser Unterwerfung unter Hitlers Befehle opfert Brauchitsch die Ehre der deutschen Armee.«

Kritik und Empörung äußerten auch etliche der Militärs, die keineswegs geschlossen hinter der obersten Heeresführung standen. General Franz von Roques, der als Befehlshaber der rückwärtigen Heeresgebiete Nord unmittelbarer und früher als die Frontoffiziere von den Massakern durch die SS-Truppen erfuhr, erstattete schon am 8. Juli 1941 beim Oberbefehlshaber der Heeresgruppe Nord, Ritter von Leeb, Bericht und forderte aufgebracht: »Jedes eigenmächtige Erschießen von Landeseinwohnern, auch von Juden, durch einzelne Soldaten sowie jede Beteiligung an Exekutionsmaßnahmen der SS- und Polizeikräfte sind daher als Ungehorsam mindestens disziplinarisch zu ahnden.«

Die Befürchtungen von Bocks und von Hassels, daß Brauchitschs Disziplinarerlaß Übergriffe durch Wehrmachtsangehörige nicht würde vermeiden können, hatten sich offenkundig bewahrheitet. Denn wer dagegen verstieß, konnte sich immer auf anderslautende Befehle und zuletzt auf die Zustimmung Hitlers verlassen. Völlig wirkungslos blieben die Versuche zur Aufrechterhaltung der Truppendisziplin aber nicht. Zumindest sind einzelne Truppenführer gegen Soldaten, die sich nicht an Brauchitschs Direktive hielten, disziplinarisch vorgegangen.

»Mit Heilsarmee-Methoden führt man keinen Krieg«

Nur selten wurde Hitler im Verlauf des Vernichtungsfeldzugs mit offenem Protest führender Offiziere konfrontiert. Entweder reagierte er gelassen und beschied dem Kritiker: »Wir sollten uns durch diese Geschehnisse nicht von unseren operativen Aufgaben ablenken lassen.« Oder aber er bügelte die Kritik barsch ab. So mußte sich Generaloberst Blaskowitz, der als Militärbefehlshaber in Polen die Greueltaten deutscher Einsatzgruppen in einer Denkschrift anprangerte, vom »Führer« sagen lassen: »Mit Heilsarmee-Methoden führt man keinen Krieg.«

Solche Proteste und auch die Bemühungen mancher Offiziere, ihre Soldaten von Mordaktionen fernzuhalten, pro-

Paul Krüger, Unteroffizier.

Anfang 1942 wurde in der Nähe des Dorfes, wo wir lagen, ein älterer Russe aufgegriffen, der sich nicht ausweisen konnte und auch nicht in der Umgebung zu Hause war. Offensichtlich wollte er unsere Unterkünfte ausspionieren. Er war hungrig, und wir gaben ihm zu essen. Nach dem Verhör erteilte unser Batteriechef den Befehl, den Mann zu erschießen. Zwei unserer Soldaten führten den Russen aus dem Dorf und schossen ihm, ohne daß er etwas ahnte, von hinten ins Herz! Meine Kameraden beklagten sich danach, es sei furchtbar gewesen! Sie würden das nicht noch einmal machen. Sie seien wohl Frontsoldaten – aber keine Mörder. Wir waren zu dieser Zeit Anfang 20. Als ich unseren Vorgesetzten nach 46 Jahren wiedertraf, berichtete er mir, daß er damals beim Stab nachgefragt hätte, wie er sich verhalten sollte. Die Gegenfrage war: »Was ist Ihnen lieber: ein Russe oder möglicherweise etliche Soldaten der Einheit?« Das Ereignis hat unser Batteriechef nie richtig verarbeitet. Andererseits erlebten wir auch Partisanenüberfälle und Grausamkeiten, wie meine Tagebuchnotiz vom 27. März 1942 belegt: »Vor dem Abmarsch hielt unser Kommandeur eine Ansprache, wünschte uns Erfolg und eine gesunde Heimkehr. Auf der Zugmaschine in Richtung Roslawl gefahren. Mächtige Schneeverwehungen stoppten unsere Horde. Wir fanden Unterkunft bei der Organisation Todt. Vor drei Tagen sind hier 82 O.T.-Männer gefallen, durch Partisanenangriff. Nur jeder zehnte von ihnen hatte einen Karabiner gehabt.«

Peter von der Osten-Sacken, Zugführer und Dolmetscher.

Die Partisanen, in der Mehrzahl entflohene Kriegsgefangene, waren mit der Zeit immer straffer organisiert. Sie wurden aus der Luft mit Waffen und Munition versorgt und stellten eine erhebliche Gefahr für die Wehrmacht dar. Um einen linientreuen militärischen und politischen Führungsstab zu etablieren, setzten die Sowjets eigens ausgebildete Soldaten höherer Dienstgrade mit Fallschirmen über den Partisanengebieten ab. Eines Tages fand ich bei einer Razzia gegen die Partisanen eine junge Frau. Die alte Bäuerin, bei der sie Schutz gefunden hatte, sagte: »Die Frau ist krank, nichts Ernstes. Sie wird bald wieder gesund.« Doch da entdeckten wir Verbandszeug in der Ecke. Es half kein Leugnen: Die junge Frau, sie hieß Wera Charitonowa, war von deutschen Partisanenjägern am Oberschenkel verwundet worden. Wie sich herausstellte, war sie als Leutnant der Roten Armee zur Instruktion der Partisanen abgestellt worden. Als nicht bewaffnete Angehörige einer feindlichen Terrorgruppe hätte ich sie nach den Bestimmungen erschießen lassen müssen. Doch ich hatte an dem intelligenten Mädchen Gefallen gefunden, und es gelang mir, ihr das Leben zu retten. Ich konnte sie als Hilfskraft in unserer Einheit unterbringen.

Peter von Zahn, damals Kriegsberichterstatter.

Der Norden der Ukraine war 1942 Partisanengebiet. Außer in den größeren Ortschaften hatten die Deutschen in dieser Gegend nichts zu sagen. Die Nachrichten von der Schlacht um Stalingrad klangen bedenklich, jeden Augenblick konnte sich in der Front ostwärts dieses Gebiets ein Riesenloch auftun. Diese Situation hielt ein höherer Stab für geeignet, etwas gegen die Partisanen zu tun. Ukrainische Miliz, ungarische Infanteristen und deutsche Polizei wurden eingesetzt. Sie gruppierten sich um den harten Kern einer der berüchtigten Einsatzgruppen der SS. Als Unteroffizier in der Propagandaabteilung Ukraine wurde ich Zeuge dieser gnadenlosen Razzien. Überfallartig durchkämmten die Partisanenjäger einen Ort; die ukrainische Miliz sonderte die Sympathisanten der Partisanen aus – oder wen sie dafür hielt – und übergab sie der SS, die sie auf der Stelle erschoß – ohne Gerichtsverhandlung, ohne Richter, ohne Verteidiger, ganz geschäftsmäßig. Die Häuser dieser Menschen wurden abgebrannt. Im Gegenzug kamen in der Nacht die Partisanen und nahmen Rache an denen, die den Deutschen geholfen hatten oder bei denen man deutsche Flugblätter fand. Es war reiner Terror auf dem Rücken der Bevölkerung. Ein Krieg, der Sinn und Zweck völlig verloren hatte.

Linke Seite:
Oben: Deutsche Soldaten zerren einen russischen Panzerfahrer aus seinem zerstörten T34.

Unten: Provisorische Sammelstelle für sowjetische Gefangene an der Don-Front.

Oben: Massenhafter Abtransport gefangener Rotarmisten nach der Zerschlagung des Wolchow-Kessels.

vozierten Hitler geradewegs zu der Annahme, seine Generale seien immer noch »allzu nachgiebig«. Um die Skrupel zu zerstreuen, stellte er das brutale Vorgehen als reine Notwehrmaßnahmen dar: »Die Truppe muß sich mit den Mitteln verteidigen, mit denen sie angegriffen wird.« So hieß es in der Begründung zum Kommissarbefehl. Dennoch traute er den hohen Militärs nicht. Um die optimale Ausführung der Terrormaßnahmen gegen russische Soldaten und Zivilisten zu gewährleisten, schuf Hitler neue Institutionen. Heinrich Himmler erhielt den Auftrag, die politische Verwaltung in Rußland zu organisieren. In den »Richtlinien auf Sondergebieten zur Weisung Nr. 21 (Fall Barbarossa)« vom 13. März 1941 hieß es dazu: »Im Operationsgebiet des Heeres erhält der Reichsführer SS zur Vorbereitung der politischen Verwaltung Sonderaufgaben im Auftrage des Führers, die sich aus dem endgültig auszutragenden Kampf zweier entgegengesetzter politischer Systeme ergeben. Im Rahmen dieser Aufgaben handelt der Reichsführer SS selbständig und in eigener Verantwortung.«

Unabhängig von der militärischen Führung, die nur noch für das unmittelbare Kampfgebiet zuständig war, sollten

Rechts: Auch an Pfützen stillten die russischen Gefangenen ihren Durst.

Rechte Seite:
Oben: Während der deutschen Frühjahrsoffensive 1942: Ein endlos anmutender Gefangenenzug nach einer Kesselschlacht.

Unten: Hunderttausende Rotarmisten gerieten während des ersten Halbjahres in Gefangenschaft.

eigens hierfür geschaffene Einheiten der Sicherheitspolizei und des Sicherheitsdienstes in den eroberten Gebieten »Sonderaufgaben« erfüllen. Vier Einsatzgruppen, alphabetisch mit A, B, C, D bezeichnet, folgten, bestens ausgestattet und vollmotorisiert, den vorrückenden Heeresverbänden. Ihr Personal rekrutierte sich aus Angehörigen von Gestapo, Kriminalpolizei, Waffen-SS und dem Sicherheitsdienst der SS. Untergliedert in Einsatz- und Sonderkommandos, schwankte die Stärke der vier Einheiten zwischen sechshundert und tausend Mann. Gründer der Sondereinheiten war SS-Obergruppenführer Reinhard Heydrich, Chef des Reichssicherheitshauptamts. Er hatte mit der Wehrmacht ein »Abkommen zwischen Heer und SS« getroffen und somit sichergestellt, daß die Einsatzgruppen ihre Aufgaben »in eigener Verantwortlichkeit« wahrnehmen konnten. Für die obersten Militärs war das die willkommene Befreiung von der Verantwortung für die Ereignisse im Rücken der Front: die von Hitler geplante Unterdrückung und Vernichtung der russischen Zivilbevölkerung.

Die Mitglieder der vier Einsatzgruppen, gekennzeichnet durch SD-Raute am linken Ärmel der SS-Feld- oder Polizeiuniformen, unterstanden allein dem Reichsführer SS. Ihr Auftrag in den besetzten Ostgebieten lautete: »Alle kommunistischen Berufspolitiker schlechthin, die höheren, mittleren und radikalen unteren Funktionäre, Volkskom-

Peter von Zahn, damals Kriegsberichterstatter.

Eine besondere »Kriegslist« hatte sich die SS für den Ort Studenok ausgedacht. Eines Tages erschien ein verkleideter SS-Mann mit einem roten Sowjetstern an der Pelzmütze und einem großen russischen Orden auf dem Dorfplatz. Die Männer um ihn herum trugen ihre Mäntel mit dem Futter nach außen. Sie hatten russische Maschinenpistolen mit dem typischen runden Magazin umgehängt und sprachen russisch. Das ganze Dorf war auf den Beinen. Die Kinder liefen hinter den Schlitten her. Die Mütter riefen: »Seid ihr endlich wieder mal da, ihr Partisanen!« Ein älteres Weiblein bot sogar ihren rötlichen strammen Gaul als Geschenk an, denn die Deutschen würden ihn ja sonst doch wegnehmen. Andere schienen die Gefahr zu wittern: Die beiden Kolchos-Sekretäre schlichen durch Zäune und Hecken in den Wiesengrund und verbargen sich im Schilf. Die Lehrerin sprang aus dem Fenster und suchte Zuflucht in einem Schweinekoben. Für die anderen Dorfbewohner war der Schrecken um so größer, als die SS ihre Tarnung abwarf. Die Frau mit ihrem Roß und alle, die sich als Freunde der Partisanen gezeigt hatten, wurden von den SS-Männern sofort erschossen. Diese Strafexpeditionen, deren Zeuge ich wurde, schrien wider alles Völkerrecht gen Himmel. Die Erinnerung an solche Untaten ist nicht leicht aus dem Gedächtnis zu tilgen.

Links: Keine Kameraden? Wächter über Tausende gefangener Sowjets.

Oben: Ein Hauch von Menschlichkeit: Ein Schluck aus der Feldflasche für den »Feind«.

missare, Juden in Partei- und Staatsstellungen, sowie sonstige radikale Elemente (Saboteure, Propagandeure, Hetzer usw.) exekutieren.«

Darüber hinaus wurden diese Mordkommandos mit den Massenerschießungen der jüdischen Bevölkerung in den Ostgebieten beauftragt. Von Gestapo-Chef Heydrich stammt schließlich der mündliche Befehl zur Vernichtung aller Juden. Der Mordbefehl vom Mai 1941 erstreckte sich außerdem auf kommunistische Funktionäre und Zigeuner, kurz: Alles »asiatisch Minderwertige« sollte »vernichtet« werden. Eine nur etwa dreitausend Mann starke Truppe war ausgeschickt worden, ein ganzes Volk zu liquidieren.

»Von den Nacken rann Blut«

Unmittelbar hinter der Front rückten Sonderkommandos der Sicherheitspolizei und des SD in Rußland ein, um – wie befohlen – »heftige Schläge gegen reichsfeindliche Elemente« zu führen. Die Liste dieser sogenannten Elemente war lang: Parteifunktionäre, Freimaurer, Juden, Volkskommissare und »sonstige Radikale«. Die Einsatzgruppen Heydrichs hatten Anweisung, alles »zu exekutieren«, was ihnen suspekt schien. Mit besonderer »Gründlichkeit« nahm man sich der sowjetischen Juden an, von denen Schätzungen zufolge 1941 über zwei Millionen in der Sowjetunion lebten. Hitler wollte, daß sie starben.

Kaum hatten die deutschen Truppen auf ihrem Vormarsch eine Ortschaft hinter sich gelassen, kaum hatte die überlebende Zivilbevölkerung aufgeatmet, da traten die Einsatzgruppen in Aktion. Es vollzog sich ein fast immer gleich ablaufendes Ritual: Die Juden wurden unter Vorwänden zusammengerufen und auf Lastwagen abtransportiert. Meist hielten die Wagen an einer abgelegenen Stelle: in einer Schlucht, an einer Grube oder in einem Waldstück.

Die Opfer mußten absteigen und ihre Kleidung ablegen, getrennt nach Schuhen, Ober- und Unterkleidern. Männer und Frauen, Greise und kleine Kinder, ganze Familien warteten, bis ein SS-Mann sie anwies, weiterzugehen. Die noch immer Ahnungslosen wurden dann zu großen Gruben geführt. Was dann passierte, schildern Augenzeugen wie Hermann Gräbe, der am 5. Oktober 1942 eine Massenerschießung von fünftausend Juden in der Ukraine miterleben mußte:

»Ein SS-Mann saß am Rand der Grube auf dem Erdboden, ließ die Beine in die Grube herabhängen, hatte auf den

Oben: In den Gefangenenlagern herrschte unvorstellbarer Hunger.

Rechts: Die erste Mahlzeit im Gefangenenlager.

Rechte Seite: Nach Tagen ohne Verpflegung und Wasser: Russische Gefangene stillen ihren Durst an einem Eisloch.

Seite 99: Im Nordkaukasus – Sowjetische Partisanen führen eine Gefangenenkolonne.

Knien eine Maschinenpistole liegen und rauchte eine Zigarette. Die nackten Menschen gingen an einer Treppe, die in die Lehmwand der Grube gegraben war, hinab, über die Köpfe der bereits Liegenden hinweg bis zu der Stelle, die der SS-Mann anwies. Dann hörte ich eine Reihe Schüsse. Ich schaute in die Grube und sah, wie die Körper zuckten oder die Köpfe schon still auf den vor ihnen liegenden Körpern lagen. Von den Nacken rann Blut.«

In den Beschreibungen dieser Mordaktionen wird häufig hervorgehoben, wie ruhig und gefaßt sich die Opfer in ihr Schicksal fügten: ohne Widerstand zu leisten oder den Versuch zu fliehen, aber auch ohne zu klagen oder um Gnade zu bitten. Nur das Weinen kleiner Kinder durchbrach die Stille – und die Schüsse. Was hätte Gegenwehr für einen Sinn gehabt? Flucht war ebenso aussichtslos, wie die Henker um Gnade anzuflehen.

Immer wieder finden sich in den Zeugenaussagen Hinweise auf die Kaltblütigkeit der Täter. Viele rauchten in den

Peter von der Osten-Sacken,
Zugführer und Dolmetscher.

Meine Aufgabe war es, die Hintermänner der sich häufenden Sprengungen und Sabotageakte ausfindig zu machen und die sehr gut getarnten Schlupflöcher der Partisanen zu erkunden. Auf dem Rückweg von einer Erkundungsfahrt wollte ich mich einmal auf einer Anhöhe kurz erholen und den herrlichen Blick auf die Landschaft genießen. Es war schon dunkel geworden. Scharf zeichneten sich die Umrisse des ein Kilometer entfernten Bahnhofs gegen den Abendhimmel ab. Von diesem Anblick wollte ich ein Foto machen. Da durchzuckte ein greller Blitz die Landschaft. Die Bahnhofsgebäude versanken in einem Meer von Feuer, Qualm und Rauch. Ich warf mich zu Boden. Zur rechten Zeit, denn einige Sekunden später flogen mir Splitter, Granaten, Minen und Munitionskisten mit einem ohrenbetäubenden Knall um die Ohren. Genau in dem Moment, als der Kameraverschluß offenstand, hatten die Partisanen zwei vollbeladene Munitionszüge in die Luft gejagt! Wie sich später zeigte, war die Aufnahme zwar überbelichtet, aber sie hielt doch die infernalische Gewalt dieses schaurigen Partisanenanschlags fest.

Tagsüber traten die Partisanen kaum in Erscheinung, und nachts, wenn sie aktiv wurden, waren sie in dem weglosen Wald- und Sumpfgebiet nicht ausfindig zu machen. Daher faßte ich einen Plan: Die Partisanen sollten uns selbst zu ihren Schlupflöchern führen. Ich mußte in die Rolle eines Partisanen schlüpfen. Ausgestattet mit der Uniform eines gefallenen Rotarmisten und einer glaubwürdigen Geschichte von meiner Flucht vor deutschen Verfolgern, machte ich mich auf den Weg in das Partisanengebiet. Das war natürlich purer Leichtsinn, aber meine Abenteuerlust war stärker und die Neugier, die Beweggründe der Untergrundkämpfer aus der Nähe zu erfahren. Eine Frau, von der ich als Vorwand ein Stück Brot erbettelte, wies mir den Weg zu einer Scheune, die als eine Art Auffanglager für versprengte Sowjetsoldaten fungierte. Von dort aus wurde ich nach einer für mich reichlich mulmigen Nacht in ein gut getarntes Partisanenlager geführt. Aus der Nähe betrachtet, erschienen mir die meisten Partisanen als harmlose Mitläufer. Einige waren zweifellos Fanatiker, aber selbst unter diesen waren Männer, denen ich meine volle Hochachtung zollen mußte. Doch bei der Brotausgabe zu Mittag hörte ich, wie einer der Männer einem anderen zuraunte: »Wer ist denn der dort? Der hat so eine deutsche Fratze!« Höchste Zeit, mich aus dem Staub zu machen! Einige Zeit später kehrte ich zu dem Waldlager zurück – diesmal in deutscher Uniform und in Begleitung. Dank des Überraschungseffektes gelang es uns, alle Partisanen ohne eigene Verluste gefangenzunehmen. Da sie meist Uniformen trugen und unbewaffnet waren, konnten wir sie als Kriegsgefangene behandeln und in ein Durchgangslager abtransportieren. Das Entsetzen auf ihren Gesichtern, als sie mich wiedererkannten, werde ich nie vergessen.

Der Partisanenkampf wurde von beiden Seiten sehr grausam geführt. Er war nicht mit einem normalen Krieg zu vergleichen. Deutsche Soldaten wurden oft von Partisanen überfallen und dann auf bestialische Weise ermordet. Und die Reaktion der Soldaten war natürlich dementsprechend brutal. Die Bevölkerung stand oft zwischen den Fronten. Ein großer Teil begrüßte die Deutschen als Befreier, nicht nur vom Joch Stalins, sondern auch von den Ausplünderungen durch die Partisanen. Auf der anderen Seite fühlten sie sich natürlich als Russen, die ihre Heimat verteidigen mußten. Diesem Zwiespalt begegnete ich bei meinen Kontakten mit der Bevölkerung. Einmal berichtete der russische Bürgermeister eines Dorfes sogleich von einer jungen Lehrerin, die angeblich mit Partisanen in Verbindung stünde. Bei der Vernehmung stritt die junge Frau alles ab. Sie wisse von nichts – die Beschuldigungen seien grundlos. Da ihr nichts nachzuweisen war, wollte ich die Sache auf sich beruhen lassen, aber die vor dem Haus der Lehrerin versammelte, aufgebrachte Dorfbevölkerung beharrte auf deren Schuld. Sie sei als Spionin für ihren Freund, einen Partisanenführer, tätig. Daher war ich natürlich gezwungen, die Sache weiterzuverfolgen. Unser Oberleutnant entschied, daß er die Frau pflichtgemäß erschießen lassen müsse, es sei denn, sie gäbe Hinweise auf Partisanen. Das eineinhalb Stunden dauernde Verhör war schlimm: eine Unterredung auf Leben und Tod. Ich wollte ihr helfen und forderte sie auf, einfach irgend etwas zu behaupten, selbst wenn es falsch sei. Aber sie glaubte mir nicht und sagte nichts, was sie hätte retten können. Sie haßte wohl die Deutschen. Da war nichts zu machen: Die schöne junge Frau wurde erschossen.

Pausen zwischen den tödlichen Salven Zigaretten – offenkundig völlig teilnahmslos. In manchen Fällen peinigten die Mörder die dem Tod Geweihten; junge hübsche Mädchen zählten zu den bevorzugten Opfern – vor allem wenn die Schlächter betrunken waren. In der Regel verliefen die Massaker jedoch »ordentlich«, exakt und planmäßig ausgeführt von Killern, die angeblich nur ihre »Pflicht« erfüllten.

»Ich war bei den Erschießungen immer in einem ganz normalen Zustand«, versicherte der Chef der Sicherheitspolizei und des SD von Orscha, Hans Hermann Koch, in einem Prozeß nach dem Krieg. Es wurde also nicht gesoffen, dafür jedoch um so mehr gemordet. Für eine Exekution gab es eine bestimmte Anzahl Munition, die Erschießungskommandos wurden in regelmäßigen Abständen abgewechselt: zwei Stunden morden, zwei Stunden ausruhen – die perfekte Organisation. Für Unordnung war kein Platz, die Leichen waren sorgfältig gestapelt – raumsparend im Massengrab. Die verwertbaren Gegenstände der Opfer, Kleidung und ein paar Habseligkeiten, waren fein säuberlich abgelegt, getrennt und sortiert: ein Häufchen Schuhe, ein Berg Hosen, ein Stapel Röcke. Man hielt alles akribisch schriftlich fest. »Ordentlich« wurden die Meldungen geschrieben: »Die Exekution verlief planmäßig und ohne Zwischenfälle.« Es sind sachliche, nüchterne Protokolle des Unbeschreiblichen, gespickt mit technischen Details: vom Aussuchen des Exekutionsplatzes (»sehr günstig, ein Entkommen der Gefangenen ist mit wenigen Mannschaften zu

Herbert Veigel, Soldat bei der Luftabwehr.

Im Juli 1942 war unsere Flak-Einheit zum Schutz des Flugplatzes Seschtschinskaja eingesetzt. Ein Dorf ganz in unserer Nähe war von Partisanen besetzt, die von dort aus regelmäßig unseren Fliegerhorst angriffen. Eines Morgens kam ein Lkw vorbei und hielt bei mir. Ich war auf vorgeschobenem Posten. Ein Oberfeldwebel stieg aus und fragte mich nach dem Weg in das Partisanendorf. Ich schilderte ihm die Lage dort und warnte ihn eindringlich. Er hatte aber vier mit Maschinenpistolen ausgerüstete Soldaten dabei und fuhr weiter. Kurze Zeit später hörte ich eine wilde Schießerei. Ich machte sofort Meldung. Unser Chef entschied, daß ein Trupp von uns zu Hilfe eilen müsse und schickte einen Spähwagen mit Maschinengewehr los. Mit entsetzten, schreckverzerrten Gesichtern kehrten meine Kameraden kurze Zeit später zurück; einer von ihnen fuhr den Lkw des Oberfeldwebels. Auf der Ladefläche lagen die Leichen der fünf Männer, nackt, zerstückelt wie geschlachtete Tiere. Den Geruch des frischen Blutes werde ich nie vergessen. Ist es dann nicht verständlich, daß sich nichts mehr in mir rührte, wenn ich auf unserem Weg Partisanen an den Bäumen baumeln sah, Schilder um den Hals, auf denen stand: »Ich habe als Partisan deutsche Soldaten überfallen«?

Jekaterina Tichonowa,
Partisanin.

Als junges Mädchen war ich Kundschafterin bei den Partisanen. Das war natürlich sehr gefährlich, und ich hatte immer große Angst. Einmal schmuggelten wir Medikamente für einen verwundeten Partisanen aus der deutschen Garnison heraus. Eine russische Ärztin, die für die Deutschen arbeitete, half uns. Als ich mit dem Sack voller Arzneimittel die Garnison verlassen wollte, stoppten mich zwei deutsche Posten. Sie kamen näher und fragten mich, was ich in dem Sack hätte. Ich dachte, daß mir vor lauter Angst die Beine versagen. Die Deutschen aber lachten, weil ich barfuß ging, und ließen mich weiterlaufen, nachdem ich ihnen stotternd erklärt hatte, es sei nur Brot in meinem Sack.

Brief einer Partisanin
aus dem Gestapo-Gefängnis in
Poltawa:

24. Mai 1942

Meine Lieben, Mama und Papa.
Ich weiß hundertprozentig, daß ich hier nicht mehr herauskomme. Jeden Tag erlebe ich, was Faschismus bedeutet. Die perfektionierte Bestialität. Heute, morgen – ich weiß nicht, wann – werde ich erschossen, weil ich nicht gegen mein Gewissen handeln und keinen Verrat begehen werde. Aber ich fürchte mich nicht vor dem Tod. Ich sterbe gelassen für Euch und mein Heimatland. Ich umarme Euch ein letztes Mal und küsse Euch, aus ganzem Herzen.

Ljalja

Die Spionin
Soja Kruglava
schrieb aus dem Gefängnis
an ihre Eltern:

Seid gegrüßt, Ihr Lieben!

Dies ist mein letzter Brief aus dem Gefängnis. Ihr erhaltet ihn nach meinem Tod. Schon seit einem Jahr habt Ihr von mir nichts mehr gehört. Aber ich habe Euch nicht vergessen. Drei Monate lang saß ich allein in einer Zelle. Jeden Tag habe ich auf den Tod gewartet. Aber ich habe es überstanden. Ich konnte fliehen, und man hat mich wieder gefaßt. O, wie ich da geschlagen wurde. Und wieder warte ich auf den Tod.
Dabei würde ich so gerne noch ein bißchen leben, Euch sehen, umarmen, und bei Euch ausweinen. Aber ich muß sterben.
Liebe Mutter, weine nicht! Ich würde Dich gerne trösten, aber ich kann es nicht. Oft singe ich Lieder. Ihr Lieben, erzählt den anderen Mädchen von mir, damit sie stolz auf mich sind.
Seid, bitte, nicht traurig! Weint nicht über meinen Tod!
Wenn Ihr einmal eine Leiche suchen werdet, sie liegt hinter dem Gefängnis, an der Straße.
Jetzt liebe Mutter, ziehe ich zum letzten Gang mein schwarzes Wollkleid an. Es ist ein wenig ausgebleicht. Jetzt schlüpfe ich in den roten Strickmantel, den Du mir geschenkt hast.

Gott mit Euch, für immer!

Eure Tochter: Soja

verhindern«) über die Qualität des Bodens (»erleichtert das Graben der Gruben und verkürzt die Arbeitszeit«) bis hin zu Angaben über den Zeitaufwand (»das Erschießen geht sehr schnell, 100 Mann in 40 Minuten«).

In privaten Tagebüchern finden sich auch andere Beschreibungen von weniger »disziplinierten« Hinrichtungen. Hauptmann Ludwig Schütte notierte: »Am Massengrab standen Leute des Ordnungsdienstes und auch deutsche Soldaten und schossen auf jede der Gestalten, die drunten noch Leben zeigten. Andere, darunter auch Soldaten, standen an den vielen abgelegten Kleidungsstücken und untersuchten deren Tascheninhalte. Gott sei's geklagt.«

Ob als Mittäter oder vom Standpunkt des Beobachters – auch die Wehrmacht war immer öfter in Massenerschießungen verstrickt.

Die »Endlösung der Judenfrage«

Eine völlig neue Dimension erreichte das Morden zu Beginn des Jahres 1942.

Am 20. Januar trafen sich in einer Villa in Berlin-Wannsee hohe SS-Führer und Staatsbeamte. Unter Leitung von Reinhard Heydrich wurden die organisatorischen Maßnahmen für die sogenannte Endlösung der Judenfrage besprochen. Binnen neunzig Minuten stand der Entschluß über das Schicksal eines ganzen Volkes fest. Mit menschenverachtender Präzision sollte die Ausrottung des europäischen Judentums vollendet werden. Im Protokoll der »Wannsee-Konferenz« heißt es:

»Im Zuge der Endlösung sollen die Juden im Osten zum Arbeitseinsatz kommen. Die arbeitsfähigen Juden werden straßenbauend in diese Gebiete geführt, wobei zweifellos ein Großteil durch natürliche Verminderung ausfallen wird. Der allfällig endlich verbleibende Restbestand wird entsprechend behandelt werden müssen. Im Zuge der praktischen Durchführung der Endlösung wird Europa von Westen nach Osten durchkämmt.«

Dieses Protokoll stellt eines der erschütterndsten Dokumente des Zweiten Weltkrieges dar. Am erschreckendsten dabei ist die – selbst für nationalsozialistische Verhältnisse – kaltblütige und technokratische Ausdrucksweise, mit der die Ermordung von Millionen Menschen verabredet und koordiniert wurde. »Arbeitseinsatz« – das bedeutete Tod infolge von Überanstrengung, Unterernährung, Prügeln. »Natürliche Verminderung« nannten es die Mörder – ein grausamer Zynismus. »Entsprechende Behandlung« – das war das brutale Synonym für Vergasen. Hier kam eine Methode zur Anwendung, die perverser Erfindergeist im Dezember 1941 entwickelt hatte:

In einem Waldschloß bei Kulmhof wurden erstmals Opfer durch Giftgas umgebracht. Es war eine perfide Form des Tötens. Die Hinrichtungsstätten tarnte man als Duschen. Doch statt Wasser strömte aus den Brauseköpfen Zyklon B, das die Eingeschlossenen in zehn bis fünfzehn Minuten tötete. Schnell, billig und effektiv ausrotten – genau das wollten Hitler, Himmler und Heydrich. Nachdem die »Technik der Entvölkerung« gefunden war, wurden im besetzten Osteuropa Vernichtungslager eingerichtet.

Im März 1942 begann das Töten in Belzec, kurz darauf folgten Sobibor, Treblinka und Majdanek – berüchtigte

Ein alltägliches Bild in westrussischen Städten: Die jüdische Bevölkerung wird deportiert.

Hans Östreich, Obergefreiter.

Auf der Fahrt in den Fronturlaub hielt der Zug oft an. In Dnjepropetrowsk fiel mir ein langer Güterzug mit geschlossenen Wagen und stacheldrahtvernagelten Gucklöchern auf. SS-Wachleute patrouillierten entlang des Zuges. In den Waggons waren offensichtlich Juden, meist Frauen, Kinder und Greise. Eingekerkert, verlumpt und verdreckt, lugten sie verängstigt durch den Stacheldraht. Etwas weiter sah ich an die 500 jüdische Frauen und Kinder, bewacht von einem ukrainischen Hilfspolizisten, die sich in eine bestimmte Richtung schleppten, aus der in der Ferne unentwegt MG-Feuer zu hören war. Ich fragte einen herumstehenden Eisenbahner, wohin denn die Juden gebracht würden. Er antwortete mir: »Hörst du denn nicht das Geballer? In einer halben Stunde leben die nicht mehr!«

Namen aus dem Atlas des Grauens. Den makabren Höhepunkt bildete schließlich Auschwitz, dessen Kommandant Rudolf Höß sich rühmte, die »größte Menschen-Vernichtungsanlage aller Zeiten« zu leiten. Aber nicht nur in Auschwitz und anderen Vernichtungslagern wurde gemordet. Kaum ein Deutscher kann heute mit Begriffen wie Koldicewo, Lesnaja, Gloubokoje oder Trostenez etwas anfangen. In Trostenez beispielsweise kamen in kaum drei Jahren mehr als zweihunderttausend Menschen ums Leben. Überall, wo die Lager entstanden, hielt der Tod Einzug. Im Stammlager 337 erinnert noch heute eine Inschrift an die Opfer: »Während des Krieges wurden durch die deutschfaschistischen Eroberer 88 407 Kriegsgefangene, Partisanen und Zivilisten auf bestialische Weise ermordet.«

In allen Stalags (Stammlagern) beziehungsweise Dulags (Durchgangslagern) herrschte der gleiche todbringende Alltag: wenig zu essen, eine, zwei Scheiben Brot am Tag, dazu dünne, wäßrige Suppe; Baracken als Unterkünfte, unbeheizt, auch bei minus dreißig Grad im harten Winter

Lauter Schreibtischtäter: Himmler (rechts) besichtigt das Konzentrationslager Auschwitz-Birkenau. Links im Bild der Nachfolger von Reinhard Heydrich, Ernst Kaltenbrunner.

1941/42; schwerste körperliche Arbeit, angetrieben durch Schläge, vierzehn Stunden am Tag bis zum Umfallen schuften. Wer nicht verhungerte oder an Entkräftung starb, der erfror; wer der Kälte trotzte, wurde erschossen, erschlagen oder vergast.

Die Mörder entwickelten perfekte Techniken: »Spezialwagen«, mobile Hinrichtungsstätten – schnell und kostengünstig. In einem Lkw mit einem luftdicht abgeschlossenen Kastenaufbau wurden die ahnungslosen Opfer zusammengepfercht, angeblich zum Transport in ein anderes Lager. Der Wagen fuhr tatsächlich los, rund um das Lager. Die Abgase wurden in den Holzaufbau geleitet: »Um die Aktion möglichst schnell zu beenden, geben die Fahrer durchweg Vollgas. Durch diese Maßnahme erleiden die zu Exekutierenden den Erstickungstod und nicht, wie vorgesehen, den Einschläferungstod.«

Das berichtet SS-Untersturmführer Becker in einem Brief (Geheime Reichssache) nach Berlin. Die Opfer erstickten qualvoll oder starben an Vergiftung durch das Kohlenmon-

Axel von dem Bussche, Hauptmann.

Schließlich hat sich das mit den Greueltaten herumgesprochen. Aber zwischen dem abstrakten Wissen einer Ausrottung dieses Ausmaßes und dem tatsächlichen Erleben, das war neu, und da setzt etwas ein, was sehr schwer mitteilbar ist, was aber dennoch der jüngeren Generation bewußt sein muß, denn die Sünden der Väter wirken ja bis ins dritte oder vierte Glied. Und wenn der 20. Juli aus vielen Gründen wegen seiner Erfolglosigkeit zu bedauern ist: Einer der Hauptgründe ist, daß wir es nicht geschafft haben, uns von dieser irregeleiteten Führung selbst zu befreien. Es hat Blut, Schweiß und Tränen der endlichen Sieger, z. B. der Engländer, Russen, Amerikaner und Franzosen gekostet, das ist auch das Beklemmende. Den Schmerz zu überleben und wie man sieht, nicht unangenehm zu überleben, ist eine andere Sache, damit muß man fertig werden.

Hans Östreich, Obergefreiter.

Im Zug kam ich mit einem Unteroffizier ins Gespräch, der mir von einer schier unglaublichen Greueltat berichtete: Ein SS-Angehöriger war wegen eines Wachvergehens zu 14 Tagen Haft verurteilt worden. Man versprach ihm Straferlaß, wenn er in einem bestimmten Zeitraum 1500 Juden erschießen würde. Die Juden wurden mit dem Gesicht zur Wand aufgestellt. Drei Pistolen wurden von Hilfskräften laufend nachgeladen. Der SS-Mann ging so von Mann zu Mann und tötete die Juden per Genickschuß. Ab diesem Zeitpunkt, es war der 7. oder 8. November 1942, wußte ich sehr genau, wie mit den Juden verfahren wurde.

Wolfgang Holzapfel, Pionier.

Shitomir war die Hauptstadt des russischen Gouvernements Wolhynien. Vor dem Krieg war die Hälfte der Stadtbevölkerung russisch, die andere jüdisch. Als ich nach Shitomir kommandiert wurde, fiel mir sofort der hohe Stacheldraht eines SS-Lagers am Ortseingang auf. Lastwagenweise wurden hier die jüdischen Einwohner der gesamten Umgebung zusammengetrieben. Ich folgte einem Schwarz-Uniformierten in den Hof des Lagers. Dort wurden von der SS Frauen, Männer und Kinder in Gruppen eingeteilt. Sie mußten sich ausziehen. Die Unterwäsche, Kleider und Mäntel der Juden wurden zu großen Haufen gestapelt. Ich sah einen SS-Zahnarzt, der ohne großes Federlesen alles, was er an Gold oder Platin in den Zähnen der wehrlosen Opfer fand, brutal herausriß. Im Hintergrund sah ich langgezogene, ungefähr drei Meter tiefe Gruben. Je zehn Männer mußten sich an den Rand knien, dann ertönte wie mechanisch das Kommando »Feuer«, und die zehn Körper fielen vornüber hinein. Dann folgten zehn Frauen und Kinder. Die Babys wurden in eine kleinere viereckige Mulde geworfen, aus der sie nicht herausklettern konnten. Als dieser Graben voll war, gab der befehlshabende SS-Offizier mehrere Salven auf die herumkrabbelnden Kleinen ab, bis sich keines mehr regte.

oxid. Wenn nach einer Viertelstunde die Türen geöffnet wurden, offenbarte sich ein Bild des Grauens: im Todeskampf ineinandergekrallte Leiber, Gliedmaßen, vom verzweifelten Versuch auszubrechen blutig geschlagen, schmerzverzerrte Gesichter. Die Leichen wurden herausgezerrt, in eine Grube geschmissen, das Wageninnere wurde von Gefangenen gesäubert; das Fahrzeug stand wieder einsatzbereit zur Verfügung.

Noch brutaler ging man bei der Niedermetzelung von Kindern vor. Munition war wertvoll, auch Benzin war knapp, also warfen die Mörder ihre bedauernswerten Opfer einfach in ausgehobene Gruben, wo schon die Leichen der Erwachsenen lagen. Bei lebendigem Leib wurden die

Menschenjagd in Lemberg. Eine Mutter versucht ihre Tochter zu beruhigen.

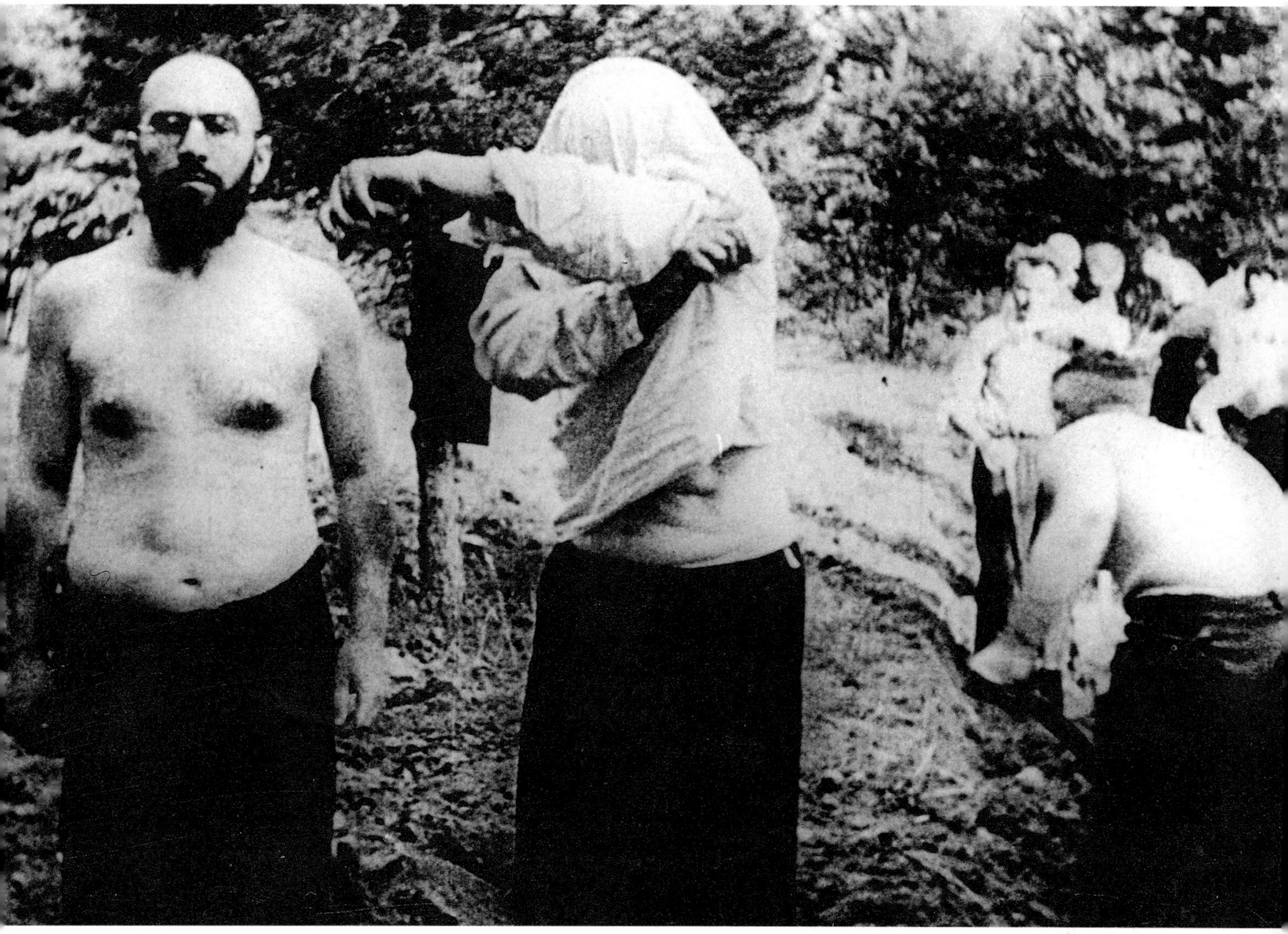

Kinder begraben, oder sie ertranken im Blut ihrer zuvor erschossenen Eltern.

Überall funktionierten die Mordkommandos Himmlers mit mechanischer Routine. Eine perfekte Organisation entstand: Sammlung – Transport – Vernichtung – Beseitigung der Leichen – Verwertung der Hinterlassenschaft.

In endlosen Transporten wurden Juden aus ganz Europa in die neu eingerichteten Vernichtungslager geschafft. Im Mai 1942 trafen die ersten polnischen Juden im Lager Birkenau ein, zwei Monate später gingen Juden aus Holland in den Tod; auch aus den besetzten Gebieten in der Sowjetunion begannen die Deportationen.

Allen stand das gleiche Schicksal bevor. An den Rampen der Vernichtungslager standen SS-Männer, die die Selektion vornahmen. Eine Handbewegung entschied über Leben oder Tod. Wer nicht sofort ins »Gas« geschickt wurde, den erwartete entweder ein mörderischer Arbeitseinsatz, oder er wurde für medizinische Versuche mißbraucht. Ein Name steht für diese wahnwitzigen Quälereien, die angeblich im »Dienste der Wissenschaft« begangen wurden: Josef Mengele, SS-Arzt in Auschwitz, der für seine Zwillingsforschung berüchtigt war.

In einem Wald bei Lemberg. Die Juden müssen vor ihrer Erschießung die Gräber selbst ausheben und sich ausziehen.

Während in den Vernichtungslagern das Töten im »industriellen« Maßstab anlief, verrichteten die SD-Einheiten ihre Mordaktionen vor Ort. Die Tätigkeitsberichte der Ortskommandanturen der Wehrmacht sind Bilanzen des Grauens:

Melitopol: »Sämtliche Juden (2000) wurden durch den S.D. exekutiert.«

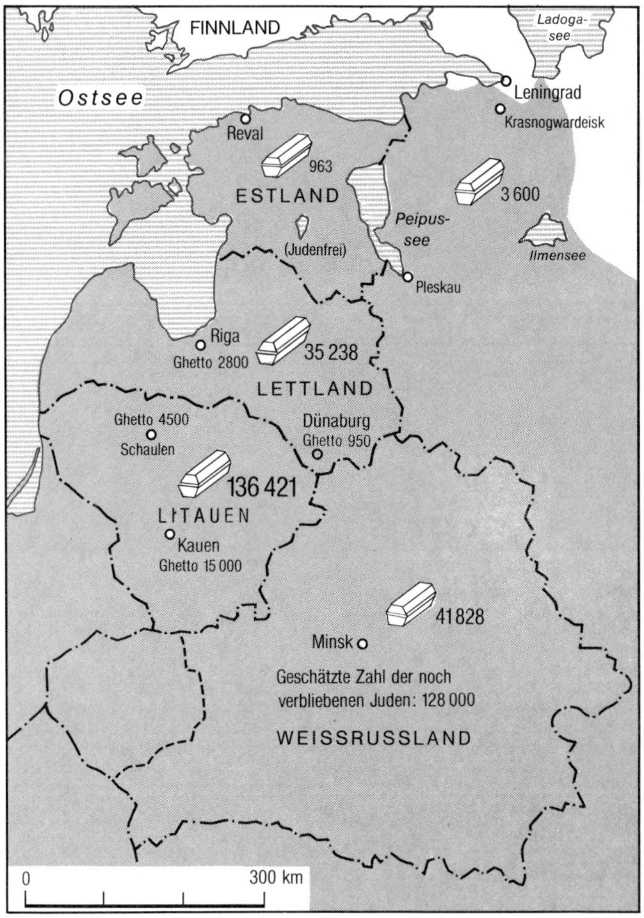

Bilanz des Judenmords, Karte zu einem Bericht der Einsatzgruppe A.

Bruno Rossow, Infanterist.

Eines Tages wurde meiner Einheit ein Soldat in grüner Uniform zugeteilt. Der hatte zuvor an Vergeltungsaktionen teilgenommen. Wegen der Ermordung von fünf hohen deutschen Offizieren mußten 40 000 meist jüdische Geiseln sterben. Diese Mordkommandos wurden regelmäßig in verschiedenen Regionen hinter der Front eingesetzt. Täglich gab es Erschießungen im großen Maßstab. Der Mann erzählte uns, daß wegen der hohen psychischen Belastung Tobsuchtsanfälle und Nervenzusammenbrüche in seiner ehemaligen Truppe an der Tagesordnung gewesen waren. Manche Angehörige der Mordkommandos wurden sogar nach Zakopane, einen Luftkurort in Polen, geschickt, um sich von ihren »Einsätzen« zu erholen.

Axel von dem Bussche, Hauptmann.

Eines Tages kam der Gebietskommissar aus Dubno. Unsere Soldaten-Rekruten sollten das Gelände für eine »Aktion« absichern. Mir war nicht bewußt, um welche Aktion es sich handelte. Mein Kommandeur lehnte es ab, den Gebietskommissar zu unterstützen. Als Garnison in der westlichen Ukraine mußte die deutsche Truppe nur im Falle von Unruhen, z. B. durch Partisanen, eingreifen. Als ich kurze Zeit später wieder auf den Feldflugplatz kam, sah ich Lkw-Kolonnen, die abseits der Kasernen anhielten. Die jüdische Bevölkerung aus dem Ghetto von Dubno wurde hierher gekarrt. Alle mußten sich ausziehen und standen dann völlig nackt im Herbstwetter. Sie standen vor Gräben, die ich naiverweise für eine schlechte Sicherungsmaßnahme gegen Luftlandeoperationen gehalten hatte. Dann fielen immer 10 bis 12 Schüsse. Ein Mann in einer Uniform der Totenkopfverbände ließ jeweils eine Reihe von Juden, Männer, Frauen, Kinder, in die Grube springen und schoß ihnen dann von hinten in den Kopf. Wer nicht gleich tot war, bekam einen Fangschuß. Und die Schlange mit den Juden rückte immer weiter vor. Jedesmal, wenn der Mann geschossen hatte, kamen die nächsten nach vorn. Das Ganze verlief ohne Hysterie, kein Klagelaut, kein Geschrei war zu hören. Das Kommando umfaßte sechs bis acht dieser »Totenkopfmenschen«. Und ich merkte, daß das nicht die brutale Aktion eines lokalen Gewalthabers war, sondern eine systematische Treib- und Ausrottungsjagd, also »die Aktion«, für die Hilfe erbeten worden war.

Arnold Arluk, Überlebender eines Massakers an Juden.

Es war am 8. Mai 1942. Um halb fünf in der Früh wurden die Wohnbezirke unserer Stadt von Fahrzeugen der SS umstellt. Es waren aber auch Wehrmachtangehörige dabei. Die Einwohner der Wohnbezirke wurden auf einem großen Platz zusammengetrieben. Leute, die für die SS oder die Gendarmerie oder den Gebietskommissar arbeiteten, konnten gehen. Ich wurde nicht freige-

stellt, obwohl ich im Spital arbeitete. Bald wußte ich, daß wir schon so gut wie tot waren. Wir waren etwa 5600 Leute, und unter ihnen waren meine Eltern, mein Bruder und ich.
Hinter den Kasernen mußten wir dann riesige Gruben ausschachten. Dann begannen die Erschießungen. Die Angehörigen des Erschießungskommandos waren alle ziemlich betrunken. Meine Eltern und mein Bruder fielen in die Grube. Plötzlich befahl mir einer der SS-Schergen, die Kleidung derer wegzuräumen, die bereits ermordet worden waren. Ich versteckte mich instinktiv unter dem großen Berg von Kleidungsstücken, der schon entstanden war. Gegen 4 Uhr nachmittags war alles vorbei. Das SS-Kommando zog wieder ab. Als es dunkel wurde, kletterte ich aus dem Kleiderhaufen heraus und lief in das nächste Wohngebiet. Dort gab es keine Menschenseele mehr. Ich kroch unter einen Bretterverschlag und blieb dort die ganze Nacht ...

K. W. Wagner, Infanterist.

Im strengen Winter 41/42 hatte unsere Kompanie in einem kleinen Dorf nicht weit vom Ilmensee Quartier bezogen. Das Dorf hieß Bila und bestand nur aus wenigen Blockhäusern, die ohne einen einzigen Nagel aus Baumstämmen zusammengefügt waren. Wir wurden in Gruppen auf die einzelnen Holzhäuser aufgeteilt. In den bitterkalten Nächten drängten wir uns mit den Bewohnern unseres Hauses dicht an den steinernen Kamin in der Mitte des einzigen Raumes. Eines Nachts hörten wir draußen Maschinengewehrfeuer und auch Geschützlärm. Es war verboten, das Haus ohne Befehl zu verlassen. Erst am nächsten Morgen sah ich, was geschehen war. Mehr als hundert Bewohner des Dorfes wurden in dieser Nacht von Soldaten unserer Kompanie umgebracht. Sie hatten Frauen und Kinder im Gemeinschaftsschuppen des Dorfes zusammengetrieben und erschossen. Was der Anlaß für dieses Massaker war, kann ich nur vermuten: räuberische Absichten. Einer der Täter gestand bei der Vernehmung, daß er eine junge Frau wegen ihrer warmen Filzstiefel erschoß. Es war ein degradierter Unteroffizier, seine Begründung: »Den Kampf für meinen Führer kann ich nur mit gesunden Füßen durchstehen ...«

Mariupol: »8000 Juden durch S.D. exekutiert.«

Simferopol: »Die verbliebenen 11 000 Juden wurden durch den S.D. exekutiert.«

Kertsch: »Die Umsiedlung der Juden, etwa 2500 an der Zahl, vollzogen.«

Beim letzten Eintrag wurde das Wort »Umsiedlung« nachträglich eingefügt. Ursprünglich stand an dieser Stelle ein anderes Wort, das handschriftlich durchgestrichen, aber noch lesbar war: »Erschießung«.

Im April 1942 meldete ein Protokoll der Einsatzgruppen des SS-Sicherheitsdienstes die Liquidierung des fünfhunderttausendsten Zivilisten. In kaum einem Jahr hatten die vier insgesamt nur rund dreitausend Mann starken Vernichtungseinheiten eine halbe Million Menschen umgebracht.

Um ihr mörderisches Pensum zu absolvieren, rekrutierten die Deutschen Hilfskräfte aus den besetzten Gebieten: russische und baltische Antisemiten, Angehörige von Milizverbänden. Doch es gab auch Hilfe von seiten der deutschen Wehrmacht – eines der dunkelsten Kapitel in der Militärgeschichte. Die Beteiligung deutscher Soldaten und Offiziere an den Kriegsverbrechen in den Ostgebieten war lange umstritten. Doch die Tatsachen sind eindeutig.

»Kein Kamerad«

Hitler ließ die Bestimmungen zur Behandlung der Kriegsgefangenen schnell außer Kraft setzen. Im Einsatzbefehl Nr. 14 des Oberkommandos des Heeres vom 29. Oktober 1941 hieß es: »Der bolschewistische Soldat hat jeden Anspruch auf Behandlung als ehrenhafter Soldat und nach dem Genfer Abkommen verloren.«

Das war ein Freibrief zum Mord. In einem Monat wurden von 10 940 sich ergebenden Rotarmisten 10 431 liquidiert. »Rücksichtslos und energisch« – das waren häufige Vokabeln im Umgang mit russischen Kriegsgefangenen. Die deutschen Soldaten waren gehalten, bei den geringsten Anzeichen aktiven oder passiven Widerstandes von der Schußwaffe Gebrauch zu machen – rücksichtslos und energisch. Auf flüchtige Kriegsgefangene sei sofort ohne vorherigen Halteruf zu schießen – rücksichtslos und energisch. Waffengebrauch gegenüber sowjetischen Kriegsgefangenen galt in der Regel als »rechtmäßig«.

Die Haager Landkriegsordnung, die unter anderem die Behandlung von Kriegsgefangenen regelt und einen weitestmöglichen Schutz der Zivilbevölkerung vorsieht, sollte im Vernichtungskrieg gegen die »slawischen Untermenschen« nicht berücksichtigt werden. Es oblag den führenden Militärs, Hitlers politisch-ideologische Vorgaben nach der Aufhebung aller kriegsvölkerrechtlichen Grundsätze in Befehle

Josef Zoglmeier, Oberfeldwebel.

Das Ghetto in Beresa wurde von Polizeieinheiten bewacht. Die Mannschaften waren angeheuerte Einheimische, und die Dienstgrade waren Deutsche. An einem Abend, wir waren schon im Bett, gab es Alarm, wir mußten ausrücken und alle Ortseingänge von Beresa besetzen. Das Ghetto brannte lichterloh. Einer meiner Unteroffiziere wollte sehen, was dort los war. Als er zurückkam, erzählte er völlig entsetzt, daß die Juden auf Lkw verladen und aus dem Ghetto rausgefahren wurden. Dann mußten sie Geld und Schmuck abgeben und sich ausziehen. Schließlich wurden sie erschossen, nachdem sie ihre Gräber selbst geschaufelt hatten. Die Juden hatten das Feuer im Dorf wohl selbst gelegt, um in der Verwirrung flüchten zu können. Als ich am nächsten Tag durch die Ruinen des Ghettos ging, konnte ich sehen, daß die Häuser durch ein Grabensystem verbunden waren. Bei Razzien sollte das die Flucht ermöglichen. In diesen Gräben lagen nun viele verkohlte Leichen, die verbrannt oder erstickt waren.
Abends im Soldatenheim trafen sich Angehörige dieser Polizeieinheit. Einer brüstete sich damit, wie viele Juden er erschossen hatte. Ich sagte ihm, daß er ja vielleicht nichts dafür könne, daß er dies tun müsse, aber er solle doch nicht damit angeben. Darauf kam es zwischen uns und denen zu einer Schlägerei; aber irgendwie wurde es dann doch wieder geschlichtet.

umzusetzen und für diesen »neuen«, regellosen Krieg Anweisungen an die Truppe zu formulieren. In einem entsprechenden Befehl erläuterte Generalfeldmarschall von Reichenau im Oktober 1941, zu diesem Zeitpunkt noch Oberbefehlshaber der 6. Armee, die Aufgaben der deutschen Soldaten:

»Fern von allen politischen Erwägungen der Zukunft hat der Soldat zweierlei zu erfüllen:
1. die völlige Vernichtung der bolschewistischen Irrlehre, des Sowjetstaates und seiner Wehrmacht,
2. die erbarmungslose Ausrottung artfremder Heimtücke und Grausamkeit und damit die Sicherung des Lebens der deutschen Wehrmacht in Rußland.«

So wünschte sich Hitler seine Generale. Als er Kenntnis von der Anordnung von Reichenaus erhielt, war der »Führer« voll des Lobes: Sie sei »ausgezeichnet«. Für diese und ähnliche blinde Gefolgschaft sollte von Reichenau im Dezember 1941 mit der Leitung der Heeresgruppe Süd belohnt werden. Im Herbst 1941 wies der »Führer« Oberbefehlshaber von Brauchitsch an, diesen Befehl an alle Verbände im Osten zu versenden.

Man mag dagegenhalten, daß von Reichenau, auch bei den eigenen Offizierskollegen, als »Nazi-General« verschrien war. Doch auch andere hohe Militärführer hatten sich das Nazi-Vokabular angeeignet: »Es ist der alte Kampf der Germanen gegen das Slawentum, die Verteidigung europäischer Kultur gegen moskowitisch-asiatische Überlegenheit, die Abwehr des jüdischen Bolschewismus.« Deswegen müsse der Kampf mit »unerhörter Härte« geführt werden. Das waren nicht die Worte eines Nazis, sondern die des später als Widerstandskämpfer von NS-Schergen ermordeten Generals Hoepner.

Manche der ideologischen Phrasen der NS-Führung fielen offensichtlich auf fruchtbaren Untergrund. Generalfeldmarschall Erich von Manstein äußerte sich am 17. September 1941, zwei Wochen nachdem er den Befehl über die 11. Armee im Südabschnitt der Ostfront übernommen hatte: »Das jüdisch-bolschewistische System muß ein für allemal ausgerottet werden. Nie wieder darf es in unseren europäischen Lebensraum eingreifen. Der deutsche Soldat hat daher nicht allein die Aufgabe, die militärischen Machtmittel dieses Systems zu zerschlagen. Er tritt auch als Träger einer völkischen Idee und Rächer für alle Grausamkeiten, die ihm und dem deutschen Volk zugefügt wurden, auf.«

Bei alldem – und vielen ähnlichen Verlautbarungen – handelte es sich nicht nur um verbale Entgleisungen hoher deutscher Offiziere. Das wirkte sich gleichfalls auf die Behandlung von Kriegsgefangenen aus. Hitlers Auffassung, wonach der Krieg gegen Rußland nicht nur gegen den Bolschewismus, sondern auch gegen die Menschen im Osten geführt werden mußte, war also auch in der militärischen Spitze verbreitet.

Die Verhältnisse in den Lagern waren schon deshalb schwierig, weil die große Menge der Gefangenen die Wehrmacht vor enorme organisatorische Probleme stellte. Infolge mangelnder Ernährung, schlechter Unterbringung und katastrophaler Hygiene stieg die Zahl der Kranken und Unterernährten. Der Leiter der Geschäftsgruppe Arbeitseinsatz im Vierjahresplan, Werner Mansfeld, notierte am 19. Februar 1942: »Es standen 3,9 Millionen Russen zur Verfügung, davon sind nur noch 1,1 Millionen übrig. Allein vom November 41 bis Januar 42 sind 500 000 Russen gestorben.«

Doch diese hohe Zahl der Opfer ist keineswegs auf Versorgungsprobleme zurückzuführen. Den anderen erschreckenden Teil der Wahrheit offenbart ein Bericht des Ober-

Sprengung eines Vorratslagers durch Partisanen.

kommandos der Wehrmacht: »Es kommt immer wieder vor, daß Gefangene, die infolge völliger Entkräftung ihren Marsch nicht mehr fortsetzen können, einfach erschossen werden. Soweit dies in abgelegenen Gebieten und außerhalb geschlossener Ortschaften geschieht, dürfte die Bevölkerung davon nichts merken. Die Kunde von Fällen, in denen Gefangene innerhalb geschlossener Ortschaften einfach erschossen werden, verbreitet sich mit Windeseile über den ganzen Raum.«

Nicht genug, daß hier die Ermordung wehrloser Opfer zugegeben wird – mehr noch schien die Berichterstatter zu stören, daß die Öffentlichkeit von diesen Morden erfuhr. Erschossen wurden nicht nur entkräftete Kriegsgefangene, sondern auch Verwundete.

Nach dem Rückzug der Wehrmacht aus Charkow stellte sich heraus, daß im dortigen Krankenhaus über vierhundert Verwundete abgeknallt und weitere dreihundert Menschen verbrannt worden waren. Die Mörder, in diesem Fall Angehörige der SS-Division »Adolf Hitler«, gingen ihrem fürchterlichen Mordhandwerk auch an Sonn- und Feiertagen nach: Am Heiligen Abend 1942 wurden achtundsiebzig schwerverletzte Rotarmisten in einem Arbeitserziehungslager in Shitomir einer »Sonderbehandlung« unterzogen. »Sonderbehandlung« – das war ein weiterer verharmlosen-

der Begriff für die Ermordung Unschuldiger und Wehrloser. Mit der enormen Tötungsrate beschäftigte sich schließlich sogar Reichsminister Rosenberg. Am 28. Februar 1942 beklagte er sich beim Chef des OKW, Keitel, daß von den bis dahin gezählten 3,6 Millionen Kriegsgefangenen nur noch einige Hunderttausend voll arbeitsfähig seien. Der größte Teil sei verhungert oder erfroren.

Im weiteren Verlauf seines Briefs wird allerdings klar, daß es kein Mitleid war, das Rosenberg bewegte, er fürchtete lediglich, entlassene oder entlaufene Kriegsgefangene könnten die typischen Lagerkrankheiten wie zum Beispiel Fleckfieber weiterverbreiten. »So muß auch die deutsche

Oben links: Sowjetischer Partisan zündet die Lunte einer Sprengladung.

Unten links: Durch Sprengung von Bahngleisen konnte der deutsche Nachschub empfindlich getroffen werden.

Oben: Von Partisanen zerstörte Eisenbahnschwellen.

Rechte Seite: Fast schon alltäglich – Sabotageakte.

Wirtschaft und Rüstungsindustrie für die Fehler in der Kriegsgefangenenbehandlung büßen.«

Addiert man diese »Fehler«, so ergibt sich eine erschrekkende Bilanz: Insgesamt machte die deutsche Wehrmacht während des Krieges im Osten nach eigenen Angaben 5 734 528 Gefangene. Rund 1 Million Rotarmisten wurden entlassen, weitere 500 000 konnten befreit werden. Etwa 3,3 Millionen Soldaten kamen in deutscher Gefangenschaft um oder wurden von Einsatzkommandos ermordet. Eine beschämende Zahl: 57,8 Prozent. Wie außergewöhnlich diese hohen Todesraten sind, mögen zwei Vergleichsangaben verdeutlichen: Nur 1,15 Prozent der britischen und 1,58 Prozent der französischen Soldaten starben in deutscher Gefangenschaft.

»Keine fotografischen Aufnahmen«

Gegen die harte Behandlung der sowjetischen Kriegsgefangenen gab es jedoch auch Proteste. So beklagte sich das Generalkommando des 37. Panzerkorps in einem Rundschreiben vom 30. Juni 1941 über wiederholte Erschießungen von Gefangenen, Überläufern und Deserteuren: »Das ist Mord. Die deutsche Wehrmacht führt diesen Krieg gegen

Partisanen werden für den Nahkampf ausgebildet.

Rechte Seite: Letzte Instruktionen vor dem Einsatz.

Klawdija Tschevanina, Zwangsarbeiterin.

Unter unserem Haus in Stalingrad war ein Luftschutzkeller. Dort versteckten wir uns, als die Deutschen kamen. Als sie uns fanden, jagten sie uns sofort aus diesem Keller und trieben uns wie Hunde in Richtung Kalatsch. Es begann zu regnen und zu schneien. Wir durften nichts mitnehmen. Als wir an einem Sumpf vorbeikamen, trieben sie unsere Kolonne in den Morast. Meine Mutter blieb stecken, aber ich konnte sie retten. Die Deutschen schlugen uns und hetzten uns mit Hunden. Einige Frauen wurden vergewaltigt. Später kamen wir an einen Bahnhof, dort hatte man eine Frau aufgehängt. Sie hatte angeblich einen Kürbis gestohlen. Die Deutschen stopften uns in einen Eisenbahnwaggon und verriegelten die Türen. Auf der langen Fahrt starb ein Mann in unserem Wagen. Bald begann er zu verwesen. Es stank fürchterlich. Unsere Bewacher gaben uns nichts zu essen und auch kaum Wasser. Es war ein Wunder, daß wir lebend in Polen ankamen.

den Bolschewismus, nicht aber gegen die vereinigten russischen Völker.«

Hier kommen erneut die unterschiedlichen Auffassungen zwischen den traditionell denkenden Offizieren und der NS-Führung zum Ausdruck. Doch auch im Offizierskorps hatte sich das nationalsozialistische Gedankengut mittlerweile ausgebreitet. So äußerte der Generalquartiermeister der Heeresgruppe Mitte, Generalleutnant Eduard Wagner: »Nichtarbeitende Kriegsgefangene in den Gefangenenlagern haben zu verhungern.«

Das widersprach eindeutig dem Völkerrecht. Eine solche Einstellung war verbrecherisch. Andere hohe Offiziere allerdings versuchten, allzu willkürliches Vorgehen der Mordkommandos zu kaschieren. So notierte Generalfeldmarschall von Bock im August 1941 in sein Tagebuch: »Ich lasse den für mein rückwärtiges Gebiet zuständigen, mir aber nicht unterstellten Polizeigeneral Nebe bitten, Anweisungen zu geben, daß Exekutionen im Bereich meines Oberkommandos nur so weit durchgeführt werden, als es sich um bewaffnete aufgegriffene Banditen oder Verbrecher handelt.«

Diese vage Einschränkung rettete aber niemandem das Leben. Denn schon der Verdacht, ein Partisan zu sein, bedeutete für den Betroffenen die sofortige Exekution. Daß die Erschossenen oft erst nachträglich zu geflohenen Kriegsgefangenen oder Freischärlern erklärt wurden, läßt sich aus vielen Berichten ersehen.

Offiziell deklarierte man die Morde als »Notwehr«, es galt, den »Rock der Wehrmacht« sauberzuhalten. Und im übrigen verfuhren die Offiziere nach der Devise: Augen zu. »Es ist eine Selbstverständlichkeit für jeden gesunden empfindsamen Menschen, daß von solchen abscheulichen Ausschreitungen keine fotografischen Aufnahmen angefertigt werden.« So lautete ein Befehl für die 11. Armee.

Dennoch wurde das Grauen auf Film festgehalten: Bilder von erhängten Zivilisten oder als Partisanen Verdächtigten sind heute noch der schaurige Beweis, daß viele Landser damals wußten, was hinter der Front geschah. Die sowjetischen Archive verfügen über zahllose Fotodokumente, denn viele deutsche Soldaten hatten derartige »Andenken« bei sich, als sie in Gefangenschaft gerieten.

Auch wenn die Wehrmacht die Scheuklappen anlegte und sich bemühte, sich aus diesen Dingen herauszuhalten, um die Ehre des deutschen Soldaten und der kämpfenden Truppe zu retten, so hat sie sich doch auch zum Werkzeug der NS-Verbrechen gemacht, und ein Teil der militärischen Führung verkam zum Handlanger.

»Dann ist jedes Mittel recht«

Nicht nur den Soldaten der Roten Armee und den Kriegsgefangenen drohte eine gnadenlose Behandlung. Im sogenannten »Barbarossa«-Erlaß vom 13. Mai 1941 hieß es »Angriffe feindlicher Zivilpersonen gegen die Wehrmacht sind von der Truppe auf der Stelle mit den äußersten Mitteln bis zur Vernichtung des Angreifers niederzumachen. Gegen Ortschaften, aus denen die Wehrmacht angegriffen

Michael B., Sowjetsoldat.

Seit Oktober 1942 war ich als russischer Kriegsgefangener in einem Lager bei Welikije Luki. Die Deutschen behandelten uns schlechter als ihr Vieh. Sie ließen uns absichtlich verhungern. Über einen Monat hatten wir kein Brot, sondern nur ungenießbare Abfälle zu essen. Außer Regenwasser, das sich in einer dreckigen Mulde sammelte, gab es nichts zu trinken. Einige Männer verdursteten, viele starben an Typhus. Verwundete wurden überhaupt nicht medizinisch versorgt. Ich selbst konnte ein wenig Deutsch und hörte einmal zufällig, wie ein Offizier zu einem anderen sagte: »Wenn im Frühjahr noch 10 oder 15 Prozent von ihnen am Leben sind, können sie froh sein.«
Für das geringste Vergehen wurden Gefangene erschossen. Am Stacheldraht warteten die Gefangenen oft stundenlang auf Bewohner der Stadt, die Brot, Kartoffeln oder etwas anderes Eßbares über den Zaun warfen. Das war natürlich strengstens verboten. Einmal warf uns eine alte Frau eine Gurke zu, die aber ein Stück vor dem Stacheldraht liegenblieb. Ein Verwundeter, der auf Krücken ging, kniete nieder und versuchte, die Gurke mit einer seiner Krücken hinter den Zaun zu ziehen. Ein deutscher Unteroffizier, den wir nur betrunken und mit blutunterlaufenen Augen kannten, kam herbeigerannt und trat dem Gefangenen, der die Gurke schon fast bei sich hatte, mitten ins Gesicht. Er begann sofort stark zu bluten, aber der Deutsche trat noch einmal brutal zu. Die anderen Gefangenen liefen diesmal jedoch nicht auseinander, sondern rückten mit entschlossenen Mienen enger um den Unteroffizier zusammen. Einer rief: »Das ist genug! Warum töten Sie einen wehrlosen Mann?« Der Rotäugige sah erstaunt auf und fragte drohend: »Was soll das? Ein Aufstand?« Irgend jemand schlug als erster zu. Dann begannen alle Gefangenen wie wild auf den verhaßten Unteroffizier einzuschlagen. Wir schlugen so lange zu, bis er blutüberströmt und bewußtlos liegenblieb.
Die Konsequenzen waren natürlich fürchterlich. Aus der Stadt kamen Lastwagen. Soldaten mit Maschinengewehren umstellten das Lager. Ein Offizier verkündete in scharfem Ton, daß die Gefangenen unseres Lagers fünf Tage keinerlei Nahrung zugeteilt bekommen sollten und daß 16 von uns erschossen werden sollten. So geschah es auch.

wurde, werden unverzüglich auf Anordnung eines Offiziers kollektive Gewaltmaßnahmen durchgeführt, wenn die Umstände eine rasche Feststellung einzelner Täter nicht gestatten.«

Auch Vergeltungsmaßnahmen gegen die Zivilbevölkerung gehörten demnach zum Aufgabenbereich der Wehrmacht. In einem Befehl vom 16. Dezember 1942 mit der Einstufung »Geheim« macht der Chef des OKW unmißverständlich klar: »Mit soldatischer Ritterlichkeit oder mit den Vereinbarungen in der Genfer Konvention hat dieser Kampf nichts mehr zu tun. Die Truppe ist berechtigt und verpflichtet, in diesem Kampf ohne Einschränkung auch gegen Frauen und Kinder jedes Mittel anzuwenden, wenn es nur zum Erfolg führt.«

Von Partisanen gefoltert und ermordet.

Der »Erfolg« galt als einziger Maßstab. Schon zu Beginn des Feldzugs hatten die Generale erkannt, daß Hitlers schmutziger Krieg auch vor der Zivilbevölkerung, Frauen und Kindern nicht haltmachen würde. »Ausrottung« hieß sein Programm. »Letzten Endes wird alles das als recht angesehen, was zur Vernichtung der Banden beigetragen hat. Wenn einer etwas macht, was einer Anordnung nicht entspricht, aber auf einen absoluten Erfolg hinweisen kann, dann ist jedes Mittel recht.«

Das sollte gleichfalls für die Behandlung von Frauen und Kindern gelten: »Wenn sich die Schweine in einem Haus verbarrikadieren, und in diesem Haus sind auch Weiber und Kinder, so darf es keine Frage geben: Er muß es anzünden.«

Doch dagegen wehrten sich die Angegriffenen. Im Verlauf des Feldzugs war die Wehrmacht immer stärker den Aktivitäten von Partisanen ausgesetzt. Gesprengte Brükken, verminte Straßen, unterbrochene Telefon- und Telegrafenverbindungen und brennende Vorratslager gehörten zu den alltäglichen Erfahrungen. Aber nicht nur der Nachschub für die Front litt unter Attacken, auch die deutschen Soldaten konnten sich im Hinterland keineswegs sicher

Reimar Beitz, Gefreiter.

Unsere Einheit, ein Eisenbahn-Pionierbataillon, hatte den Auftrag, die Spurbreite der russischen Gleise der europäischen Normalspur anzupassen. Dazu waren meist umfangreiche Erdarbeiten erforderlich. Dafür wurde uns eine große Zahl russischer Kriegsgefangener zugeteilt. Die Versorgung Hunderter von Gefangenen bereitete uns große Schwierigkeiten. Oft mußten wir hilflos zusehen, wie sie kraftlos zusammenbrachen. Im Winter war es besonders schlimm, viele Gefangene erfroren. Nach einiger Zeit kam es auch zu persönlichen Kontakten mit einigen Lagerinsassen. Eines Tages bat mich einer von ihnen, der unter heftigen Hustenanfällen und Atemnot litt, ich solle ihn von seinem Leiden erlösen und ihn erschießen. Es gelang mir, ihm seine Selbstmordgedanken auszureden, und ich konnte dafür sorgen, daß er wenigstens medizinische Versorgung erhielt.
Einige Monate später erhielten wir einen neuen Befehl: Wir sollten eine Eisenbahnbrücke über den Donez bauen. Wieder hatte man uns russische Gefangene als Hilfsarbeiter zugewiesen. Als diese das erste Mal an uns vorbeizogen, sprang plötzlich einer von ihnen mit weit ausgebreiteten Armen, halb lachend, halb weinend auf mich zu und rief: »Pan, Pan, Pan.« Meine Kameraden und ich waren wie erstarrt vor Erstaunen. Bald erkannte ich jedoch in der ausgemergelten, verschmutzten und zerlumpten Gestalt den Gefangenen wieder, der mich damals gebeten hatte, ihn zu erschießen. Ich weiß nicht, was aus ihm geworden ist, ich sah ihn nie wieder.

Oben: Opfer eines Partisanenüberfalls. Einigen deutschen Soldaten wurden die Augen ausgestochen.

Links: Opfer eines Hinterhalts.

fühlen. Hier gab es ebenfalls Frontlinien, wo jederzeit mit feindlichen Überfällen gerechnet werden mußte. Im besetzten Minsk berichtete ein deutscher Offizier von dauernden Explosionen und Schüssen: »Es ist, als wäre man in einem Schützengraben. Das Elektrizitätswerk wurde in die Luft gejagt. Am Sonntag flog beim Offiziersklub ein Auto in die Luft, und beim Wasserturm eine Lokomotive. Viele Deutsche sind in den Straßen erschossen worden. Heckenschützen lauern überall.«

Es war ein schmutziger Krieg – auf beiden Seiten. Die deutschen Soldaten wurden aus dem Hinterhalt erschossen, zur Abschreckung erhängten die Deutschen gefangene Partisanen. Wer nur annähernd des Partisanentums verdächtigt wurde, dessen Leben war kein Pfifferling mehr wert. Für jeden Angriff übten die Besatzer blutige Vergeltung. Konnte man die Partisanen nicht aufgreifen, mußte die unschuldige Zivilbevölkerung büßen. Für jeden erschossenen Deutschen mußten zehn, zwanzig oder mehr Russen ihr Leben lassen. Der Alltag der Zivilbevölkerung hinter der

Front gestaltete sich so zu einem Drahtseilakt zwischen zwei mörderischen Fronten: hier die Partisanen, dort die deutschen Besatzer. Stets bestand die Gefahr, einem deutschen Vergeltungsschlag zum Opfer zu fallen.

Die Partisanenüberfälle wurden im Verlauf des Feldzugs immer effizienter. Zwischen August und November 1943 verübten die Freischärler allein in Weißrußland zweihunderttausend Sprengstoffanschläge. Über tausend Transportzüge wurden zerstört oder beschädigt. Unmittelbar nach dem Anschlag waren die Freiheitskämpfer in der Weite des Landes verschwunden. In zunehmendem Maße fanden sie dabei auch Unterstützung bei der Bevölkerung.

Dies sah zu Beginn der Offensive noch anders aus. Stalin hatte zwar am 3. Juli 1941 in seiner ersten öffentlichen Radioansprache nach dem deutschen Überfall die Bevölkerung aufgefordert, Partisanengruppen zu bilden, um den Feind in dem von ihm besetzten Territorium zu bekämpfen: »In diesen Gebieten müssen Bedingungen geschaffen werden, die für den Feind unerträglich sind. Ihr müßt ihm überallhin folgen und seine Kräfte vernichten.« Doch der von ihm erhoffte »Volkskrieg« fand zunächst nicht statt. Nicht wenige Menschen, vor allem in der Ukraine, begrüßten die Wehrmacht anfangs als Befreier und überreichten den einmarschierenden deutschen Soldaten Blumen. Auch die Landbewohner hofften durch die Deutschen das bolschewistische Joch abzuschütteln. Ebenso glaubten viele Stadtbewohner jetzt an eine Besserung ihrer Lage. In einem Geheimbericht des Heeresfeldpolizeichefs an das OKH heißt es am 31. Juli 1942 unter anderem: »Die Mehrzahl verhielt sich ruhig und abwartend. Die Masse der versprengten Rotarmisten, die froh war, der Vernichtung entgangen zu sein, suchte bei der Landbevölkerung unterzukommen, um das Ende des Krieges in Ruhe abzuwarten. Unter diesen Umständen war an eine Volkserhebung gegen die nationalsozialistische Besatzung, wie sie von den roten Machthabern angestrebt worden war, nicht zu denken.«

Dies war einer der Gründe, weshalb der Beschluß des Zentralkomitees vom 18. Juli 1941 über die »Organisierung des Kampfes im Hinterland der deutschen Truppen« auch lange nach Kriegsende nicht vollständig veröffentlicht wurde. Denn die sowjetische Führung hatte einsehen müssen, daß sich eine spontane Volkserhebung gegen die Deutschen nicht verwirklichen ließ, sondern nur ein mühsam Tritt fassender Widerstand, dessen Leitung in den Händen der Parteizentrale lag.

Bei der STAWKA wurde ein Stab eingerichtet, zu dessen Aufgaben es zählte, Überfälle auf den deutschen Nachschub, Sabotagemaßnahmen, die Vernichtung von Brücken und E-Werken sowie die Erschießung »faschistischer Beamter« zu organisieren. Mit immer neuen Direktiven versuchte die sowjetische Spitze in Moskau, Disziplin und Kampfmoral der Partisanen zu stärken. Im Stalin-Befehl Nr. 270 vom 16. August 1941 wurde die Gefangenschaft als schmählicher Verrat ausgelegt. Später drohte Stalin mit der Bildung von Strafbataillonen und bewaffneten Sperreinheiten. Hinzu kam eine Propaganda, die den Widerstandskampf als heldenhaften Einsatz fürs Vaterland verklärte.

Nach anfänglichen Schwierigkeiten mangels Koordination und Planung entwickelte sich schließlich doch noch jener von Stalin propagierte Volkskrieg. Die Deutschen hatten nun tatsächlich keine Ruhe mehr. So stieg im Laufe des Jahres 1942 die Zahl der aktiven Freiheitskämpfer von 25 000 auf 150 000 Mann. Auf dem Höhepunkt des Partisanenkrieges im Jahr 1944 kämpften schließlich mehr als eine Viertelmillion Widerständler im Rücken der deutschen Front gegen die Besatzer.

Klawdija Tschevanina, Zwangsarbeiterin.

Zum Transport nach Deutschland haben uns die deutschen Soldaten in Viehwaggons gepfercht, 60–70 Menschen in einem Wagen. Am Tag gab es außer zwei oder drei Laib Brot für den ganzen Waggon nichts zu essen. Über zwei Monate konnten wir uns nicht waschen. Ich war völlig verlaust und am ganzen Körper aufgekratzt. An einem Bahnhof irgendwo auf dem Weg nach Deutschland durften wir aussteigen. Auf einmal warf ein deutscher Soldat, der beim Ausladen von Lebensmitteln half, ganze Brote einfach in die Menge von russischen Zwangsarbeitern. Diese Brote wurden noch im Flug zerrissen und von uns sofort aufgegessen – wir waren ja schon halb verhungert. Was der Soldat getan hatte, war natürlich strengstens verboten. Er wurde dafür später zum Tode verurteilt. Als wir in Deutschland ankamen, warteten am Bahnhof Leute auf uns, die Zwangsarbeiter brauchten. Denen wurden wir dann zugeteilt. Es war wie auf einem Sklavenmarkt.

»Ausrotten, was sich gegen uns stellt«

Wieso nahm die Partisanentätigkeit so rasant zu? Woran lag es, daß offizielle deutsche Stellen melden mußten: »Im weiteren Verlauf des Krieges machte sich in allen Kreisen

der Bevölkerung, erst vereinzelt, dann immer stärker, ein gewisser Stimmungswechsel bemerkbar.«?

Die Erwartungen, die die Bevölkerung mit dem Einmarsch der Deutschen verbunden hatte, waren mehr als nur enttäuscht worden – was den Menschen jetzt blühte, das war schlimmer als die Terrorherrschaft Stalins. Zunächst wurde die von Moskau verordnete verhaßte Kolchoswirtschaft nicht aufgehoben. Statt dessen beschlagnahmte die Wehrmacht Lebensmittel der Bauern, eine Maßnahme im Rahmen der Blitzkriegsstrategie, bei der sich die Armee zu einem erheblichen Teil mit Beständen aus dem eroberten Territorium versorgen mußte. »Stalin ließ uns wenigstens eine Kuh im Stall, die Deutschen aber nehmen uns auch noch diese.«

Die Partisanen erhielten auch Zulauf, weil sich immer mehr Zivilisten dem angeordneten Arbeitsdienst entziehen wollten – vor allem nachdem durchgesickert war, unter welchen Bedingungen die Arbeit geleistet werden mußte. All das erklärt aber nur zum Teil die stetig wachsende Anzahl der Partisanen. Als eine weitere Erklärung mag die folgende Äußerung General Jodls dienen: »Sie können im Kampfe machen, was Sie wollen: Sie dürfen sie aufhängen, verkehrt aufhängen oder vierteilen. Die einzige Einschränkung betrifft die Repressalien nach dem Kampf. Ich muß sicher sein, daß ich dadurch nicht die männliche Bevölkerung vertreibe. Denn das spricht sich von Dorf zu Dorf herum, und dann sausen 2000 Männer wieder in die Bandengebiete ab.«

Bilder einer Erhängung.

Oben links: Auf Partisanenjagd. Ein Verdächtiger wird angesprochen.

Oben: Weil er seine Unschuld nicht beweisen kann, soll er gehängt werden.

Rechte Seite:
Oben: Die Hinrichtung wird vorbereitet.

Unten links: Im Hintergrund sammeln sich Schaulustige.

Unten rechts: Einer von Tausenden.

Was Jodl in brutaler Offenheit ausdrückte, beschrieb auch das Vorgehen bei der Bekämpfung der »Banden«. Gefangene Widerstandskämpfer wurden erst verspottet, zum Teil grausam gequält, dann gehängt und offen zur Schau gestellt – als Warnung für die anderen. Am 16. Juli 1941 notierte Martin Bormann, SS-Obergruppenführer und Leiter der Parteikanzlei: »Dieser Partisanenkrieg gibt uns die Möglichkeit, auszurotten, was sich gegen uns stellt.«

Die Weisung Nr. 46 vom 18. August 1942 legte die Richtlinien für die »verstärkte Bekämpfung des Bandenunwesens im Osten« fest. Ziel aller Maßnahmen war die »restlose Ausrottung jeglichen Widerstands«. Zur Erfüllung dieser Aufgabe sollten alle verfügbaren Kräfte eingesetzt werden: die SS, die Polizei und geeignete Teile der Wehrmacht. In einer ergänzenden Weisung 46a hieß es: »Die Gegner sind, auch wenn es sich äußerlich um Soldaten

Schon der Verdacht, mit den Partisanen zusammenzuarbeiten …

… konnte das Todesurteil bedeuten.

in Uniform handelt, im Kampf oder auf der Flucht bis auf den letzten Mann niederzumachen. Selbst wenn diese Subjekte bei ihrer Auffindung scheinbar Anstalten machen sollten, sich gefangen zu geben.«

Das Nichtbefolgen dieser Vorschrift wurde unter schwere Strafe gestellt. In der Weisung 46b forderte Hitler am 18. Oktober 1942 erneut härteres Durchgreifen. Und die hohen Militärs gehorchten. In der »Kampfanweisung für die Bandenbekämpfung im Osten« ordnete das OKH am 11. Oktober 1942 an: »Sentimentale Rücksichten sind unverantwortlich. Gefangene Banditen sind zu erhängen oder zu erschießen. In der Regel sind Gefangene nach kurzem Verhör an Ort und Stelle zu erschießen. Jeder Führer einer Abteilung ist dafür verantwortlich, daß gefangene Banditen und Zivilisten (auch Frauen) erschossen oder besser erhängt werden.«

Immer wieder wurde darauf hingewiesen, daß nur ein solches Vorgehen die Truppe vor »hinterhältigen Überfällen« schützen könne; permanent wurde der Eindruck erweckt, es sei ausschließlich »Notwehr«, die feige Kampfesweise der Partisanen rechtfertige die eigenen harten Maßnahmen.

Die Grausamkeiten – waren sie eine Reaktion der Nazi-Führung auf Aktionen der Partisanen? Nein. Es ging nur um eine nachträgliche Rechtfertigung für einen Kampf, der von Hitler geplant, ja sogar den eigentlichen Zweck des Rußlandfeldzugs darstellte: den Vernichtungskampf gegen ein ganzes Volk.

»Gut, fast herzlich«

Wo lag die Schuld der Wehrmacht? Das Spektrum reicht von purer Passivität über Handlangerdienste bis hin zum aktiven Mord. Viele deutsche Offiziere schwiegen, wo sie energisch hätten protestieren müssen: Sie rührten keinen Finger, wenn Einsatzgruppen über wehrlose Einheimische herfielen, obwohl es Aufgabe der Armee gewesen wäre, die Zivilbevölkerung zu schützen. So konnten die Mordkommandos ungehindert ihren entsetzlichen Auftrag ausführen, und Wehrmachtsangehörige sahen tatenlos zu.

Die Armee lieferte der SS viele ihrer Gefangenen aus, obwohl sie wußte, daß dies einem Todesurteil gleichkam. Fast schon stolz gaben Fronteinheiten der Wehrmacht ihren vorgesetzten Dienststellen durch: »Die Durchführung der Gefangennahme von politischen Kommissaren und deren Abschiebung bildete kein Problem für die Truppe.«

In einer Ereignismeldung des Sonderkommandos 4 wird

darauf hingewiesen, daß sich unter den 55 432 Exekutierten eines halben Jahres »in erster Linie Juden und hier wieder ein großer Teil von durch die Wehrmacht überstellten jüdischen Kriegsgefangenen« befanden. Die Armee übernahm nicht selten die Rolle des Häschers, der dem Henker die Opfer zutreibt.

Die Zusammenarbeit zwischen Einheiten der Wehrmacht und SS-Einsatzgruppen funktionierte auf die Art und Weise, wie man sie in den Besprechungen zwischen dem Oberkommando des Heeres und dem Reichssicherheitshauptamt der SS vereinbart hatte. Einige wissenschaftliche Untersuchungen kommen heute sogar zur Einschätzung, daß man von seiten der Wehrmacht weit über das vereinbarte Maß hinausging. SS-Brigadeführer Franz Stahlecker, Chef der Einsatzgruppe A, berichtete: »Von vornherein kann betont werden, daß die Zusammenarbeit mit der Wehrmacht im allgemeinen gut, in Einzelfällen, wie z. B. mit der Panzergruppe 4 unter Generaloberst Hoepner, sehr gut, ja fast herzlich war.«

Auch bei einem der fürchterlichsten Massaker durch die Einsatzgruppen auf besetztem sowjetischen Gebiet waren Vertreter der Wehrmacht indirekt involviert. Nach der Erschießung von 33 771 Juden in einer Schlucht bei Kiew am 29. September 1941 erklärte SS-Obersturmführer August Häfner, Mitglied des Sonderkommandos 4a: »Wir mußten die Drecksarbeit machen. Ich denke ewig daran, daß der Generalmajor Eberhardt in Kiew sagte: ›Schießen müßt ihr!‹«

Babij Yar, der Name dieser Schlucht, die zum Massengrab für die Opfer des Nationalsozialismus wurde, ist so nicht nur ein Synonym für deutsche Verbrechen in den okkupierten Territorien, es ist auch ein Name für einen Schandfleck auf der gar nicht so weißen Weste der Wehrmacht, denn einige ihrer Angehörigen haben die Opfer zur Schlachtbank geführt.

Daß die Zusammenarbeit zwischen Teilen der Armee und SS sich nicht nur auf die Auslieferung von politischen Kommissaren oder anderen von der SS besonders hartnäkkig verfolgten Menschen beschränkte, sondern sich schließlich auch in gemeinsamen Mordaktionen niederschlug, darüber finden sich zahlreiche Notizen in den Unterlagen der Einsatzkommandos. Wiederholt ist davon die Rede, daß

Oben: Ehrfurcht vor den Toten? Das galt nicht für die Mordkommandos.

Mitte: Warten auf den Tod. Juden einer russischen Kleinstadt kurz vor ihrer »Liquidierung«.

Unten: Für die Ermordung eines deutschen Soldaten wurden oft Dutzende von Geiseln gehängt.

»Aktionen in Zusammenarbeit mit Wehrmachtsdienststellen« durchgeführt werden konnten. Dazu werden nur noch knappe Fakten genannt: 30, 86, 120, 35 – die Zahl der Umgebrachten. Ähnlich kurz sind auch die Meldungen in manchen Kriegstagebüchern der Wehrmacht, wie etwa der Eintrag der Sicherungsdivision 44 vom 3. Januar 1942: »240 Banditen und 2 Flintenweiber erschossen. 372 verdächtige Personen verhaftet. 136 Juden erschossen.«

Die Tätigkeitsberichte der Einsatzgruppen liefern immer wieder Hinweise auf Erschießungsaktionen der Wehrmacht. Sachlich, ohne jeden Kommentar über die sich dahinter verbergenden Schicksale, wurden Zahlen aneinandergereiht – nüchtern, kalt. Gerade deswegen wirken die Dokumente so brutal und menschenverachtend. Die Opfer wurden grob klassifiziert: »Nach schätzungsweisen Angaben sind von der Wehrmacht bis Dezember 1941 ungefähr 19 000 Partisanen und Verbrecher, d. h. also in der Mehrzahl Juden, erschossen worden.«

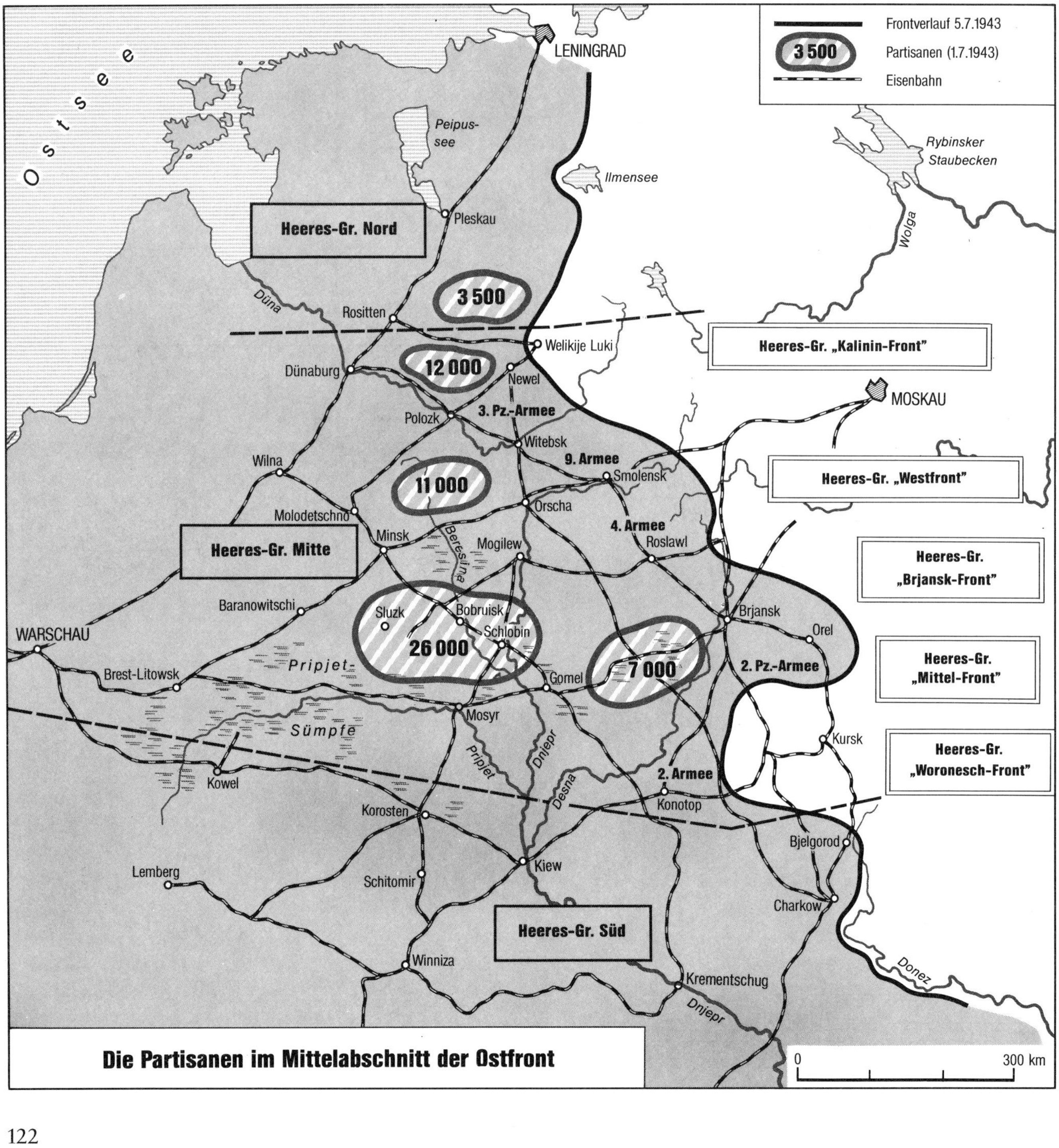

Die Partisanen im Mittelabschnitt der Ostfront

Deutsche Militärhistoriker sind sich mittlerweile weitgehend einig: Dem völkerrechtswidrigen Kommissarbefehl wurde in einem höheren Maße Folge geleistet, als lange behauptet. Diese Übergriffe während des Ostfeldzugs zählen zu den beschämendsten Kapiteln der deutschen Heeresgeschichte.

»Es hieße Tiere beleidigen«

Wieso haben nicht nur überzeugte Nationalsozialisten an der Verwirklichung der rassistischen Wahnideen Hitlers mitgewirkt? Weshalb ließen sich auch »normale« Soldaten als Henkersknechte mißbrauchen? Warum töteten sie Unbewaffnete, unschuldige Frauen und Kinder?

Dafür sorgte zunächst die nationalsozialistische Propaganda, die den Gegner als »minderwertig«, als rassisch und moralisch unwertes Leben diffamierte. Kein Deutscher sollte sich Hemmungen auferlegen, einen jüdischen »Bolschewiken« zu ermorden – so lautete die Botschaft der Goebbelsschen Propaganda.

Der »Herrenmensch« habe kein Mitleid zu verschwenden. Als typisch für die völlige Mißachtung und Abwertung der Menschen in den Ostgebieten, die auch in nationalsozialistischen Hetzblättern wie dem »Stürmer« immer wieder zum Ausdruck kamen, kann eine Rede gelten, die Joseph Goebbels im Juli 1942 auf einer Ministerkonferenz gehalten hat: »Es gibt Lebewesen, die deshalb so widerstandsfähig sind, weil sie so minderwertig sind. Ein Straßenköter ist auch widerstandsfähiger als ein hochgezüchteter Schäferhund. Eine Ratte ist auch widerstandsfähiger als ein Haustier. Auch der Bolschewist ist widerstandsfähig.« Die Vergleiche mit Tieren wie Ratten waren ein häufig wiederkehrendes Motiv im NS-Wörterbuch, wenn es darum ging, den politischen Gegner herabzuwürdigen.

Nicht nur die NS-Propaganda schlug immer wieder in ein und dieselbe Kerbe und bleute der Öffentlichkeit über Jahre hinweg mit sich stetig verschärfenden Formulierungen das Bild vom »jüdisch-bolschewistischen Untermenschen« ein. Auch in den »Mitteilungen für die Truppe« wurde dieses Klischee aufgegriffen. Dort hieß es unverblümt: »Was Bolschewiken sind, das weiß jeder, der einmal einen Blick in das Gesicht eines der roten Kommissare geworfen hat. Es hieße die Tiere beleidigen, wollte man die Züge dieser zu einem hohen Prozentsatz jüdischen Menschenschinder tierisch nennen. Sie sind die Verkörperung des infernalischen, Person gewordenen wahnsinnigen Hasses gegen alles edle Menschentum. In der Gestalt dieser Kommissare erleben wir den Aufstand des Untermenschen gegen edles Blut.«

Die nationalsozialistische Propaganda richtete sich aber nicht nur an die deutsche Seite. In zahllosen Flugblättern,

Befehl
Keitels über die Anwendung beliebiger Mittel im Kampf gegen Partisanen und Einwohner, die ihnen Unterstützung erweisen

Führerhauptquartier — 16. Dezember 1942
Geheime Kommandosache

Dem Fuehrer liegen Meldungen vor, dass einzelne in der Bodenbekaempfung eingesetzte Angehoerige der Wehrmacht wegen ihres Verhaltens im Kampf nachtraeglich zur Rechenschaft gezogen worden sind.

Der Fuehrer hat hierzu befohlen:

1.) Der Feind setzt im Bandenkampf fanatische, kommunistisch geschulte Kaempfer ein, die vor keiner Gewalttat zurueckschrecken. Es geht hier mehr denn je um Sein oder Nichtsein. Mit soldatischer Ritterlichkeit oder mit den Vereinbarungen in der Genfer Konvention hat dieser Kampf nichts mehr zu tun.
Wenn dieser Kampf gegen die Banden sowohl im Osten wie auf dem Balkan nicht mit den allerbrutalsten Mitteln gefuehrt wird, so reichen in absehbarer Zeit die verfuegbaren Kraefte nicht mehr aus, um dies[er] Pest Herr zu werden.
Die Truppe ist daher berechtigt und verpflichtet, in diesem Kampf ohne Einschraenkung auch gegen Frauen und Kinder jedes Mittel anzuwenden, wenn es nur zum Erfolg fuehrt.
Ruecksichten, gleich welcher Art, sind ein Verbrechen gegen das deutsche Volk und den Soldaten an der Front, der die Folgen der Bandenanschlaege zu tragen hat und keinerlei Verstaendnis fuer irgendwelche Schonung der Banden oder ihrer Mitlaeufer haben kann.
Diese Grundsaetze muessen auch die Anwendung der »Kampfanweisung fuer die Bandenbekaempfung im Osten« beherrschen.

2.) Kein in der Bandenbekaempfung eingesetzter Deutscher darf wegen seines Verhaltens im Kampf gegen die Banden und ihre Mitlaeufer disziplinarisch oder kriegsgerichtlich zur Rechenschaft gezogen werden.
Die Befehlshaber der im Bandenkampf eingesetzten Truppen sind dafuer verantwortlich, dass saemtliche Offiziere der ihnen unterstellten Einheiten ueber diesen Befehl umgehend in der eindringlichsten Form belehrt werden, ihre Rechtsberater von diesem Befehl sofort Kenntnis erhalten, keine Urteile bestaet[igt] werden, die diesem Befehl widersprechen.

gez. Keitel

Tod und Terror waren allgegenwärtig, auch beim »Stadtbummel«.

> *Partisanenkommandeur A. V. German schrieb an seine Frau:*
>
> *9. Juli 1942*
>
> *Liebe Fainuschka,*
> *laß Dir gesagt sein, unser Land durchlebt zur Zeit schwere Tage. Ich selbst mußte mit ansehen, wie die deutschen Faschisten kleine Kinder vor den Augen ihrer Mütter, die darüber den Verstand verloren, umbrachten; ich sah, wie sie Frauen vor den Augen ihrer verzweifelten Ehemänner vergewaltigten. – Aber, sei versichert, wir ließen es nicht ungesühnt. Ständig behielten wir im Kopf, daß wir Frauen und Kinder haben, und hinter uns ehrliche Sowjetmenschen stehen, die wir verteidigen müssen. Und wir haben sie verteidigt. Wir haben die Faschisten dazu gebracht, schon bei dem Wort »Partisan« zu erschaudern.*

die über den sowjetischen Linien abgeworfen wurden, malten Goebbels' Agitatoren ein grausiges Bild von den politischen Kommissaren und riefen zu deren Ermordung auf: »Schlagt den Judenkommissar, seine Fresse schreit nach einem Ziegelstein! Schlagt die Juden. Schlagt sie, die Henker, die Kommissare, glaubt nicht den Betrügern, den politischen Leitern. Lauft zu uns über. Schlagt alle Kommissare und Juden tot. Sie sind Euer Unglück, Euer Untergang.«

Dazu zeigten Darstellungen die politischen Kommissare mit Reitpeitsche in der Hand als Tod, der den sowjetischen Soldaten in ein dunkles Schicksal mitreißen will. »Wehrt Euch« – so lautete die Botschaft der deutschen Propaganda an den sowjetischen Soldaten. »Wehrt Euch« – diese Aufforderung sollte zugleich als Rechtfertigung für das eigene brutale Vorgehen dienen. Von einem »Gebot der Selbsterhaltung« sprach General Hoth in einem Befehl an die Truppe vom 17. November 1941, der solchermaßen die harten Maßnahmen gegen »volks- und artfremde Elemente« zu verteidigen suchte. Geradezu ein Muß sei es, daß der Soldat dieser Pflicht nachkomme: »Deshalb muß der Soldat für die Notwendigkeit der harten aber gerechten Sühne am jüdischen Untermenschentum volles Verständnis haben.«

»Jeder Pardon ist zu verweigern«

Ähnlich drückte sich auch der Nazi-General von Reichenau aus, der das brutale Vorgehen im Rücken der Front stets mit militärischer Notwendigkeit begründete: »Sie hat den weiteren Zweck, Erhebungen im Rücken der Wehrmacht, die erfahrungsgemäß stets von Juden angezettelt werden, im Keime zu ersticken.«

Auch wurden für so manche Mordaktion offenkundig unsinnige und irrwitzige Begründungen gefunden. So wird im Kriegstagebuch des 29. Armeekorps die Ermordung von geistig behinderten Frauen damit gerechtfertigt, daß sie angeblich von gegnerischen Ärzten auf das Durchschneiden von Kabeln und Fernsprechleitungen dressiert worden seien. Aber selbst die eingefleischtesten Judenhasser nannten den Massenmord nur selten beim Namen. Um das Unaussprechliche zu umschreiben, entwickelte die SS-Bürokratie eine Art Ersatzsprache. »Säuberung«, »Sonderbehandlung«, »Deportation«, »Auswanderung«, »Wohnsitzverlegung«, »natürliche Verminderung« – mit diesen Vokabeln aus der nationalsozialistischen Terminologie wurde das unvorstellbare Grauen der millionenfachen Vernichtung verschleiert. Diese Verharmlosungen sollten auch die Täter selbst beruhigen.

Die eigentlichen Verantwortlichen für diese Morde glänzten fast nie durch Anwesenheit, wenn ihre Befehle in

Jekaterina Tichonowa, Partisanin.

Als der Krieg begann, war ich 16 Jahre alt. Ich war die älteste von acht Geschwistern. In unserer Gegend versteckte sich eine kleine Partisanengruppe unter der Führung eines Wolgadeutschen, Petja Reiter. Wir waren sehr stolz auf ihn. Denn ein Partisanenführer deutscher Abstammung war den Deutschen natürlich ein besonderer Dorn im Auge. Im März 1942 schickten sie eine Strafexpedition, um die Partisanen zu vernichten. Ich zog los, um Reiter und seine Leute zu warnen, und habe für sie gekundschaftet. Zwei Wochen später, Reiters Truppe war längst verschwunden, wurde ich von den Deutschen verhaftet. Jemand aus dem Dorf hatte mich verraten. Ich wurde mit zehn Rutenschlägen bestraft. Zwei Wochen lang konnte ich weder sitzen noch schlafen. Viel schrecklicher noch als die Prügel war aber die Verletzung meiner Ehre. Vor den Augen des gesamten Dorfes haben mir die Deutschen das Kleid hochgezogen – wir trugen keine Höschen damals.
Reiters Partisanen gerieten übrigens bald in deutsche Gefangenschaft. Er selbst wurde schwer verwundet und dann bei lebendigem Leib begraben; viele seiner Leute wurden von den Deutschen aufgehängt.

Auch unschuldige Zivilisten fielen der Willkür zum Opfer.

die Tat umgesetzt und die angeordneten Massenerschießungen durchgeführt wurden. Es war eine Ausnahme, daß Heinrich Himmler Ende August 1942 ein solches Massaker miterlebte. Er fiel fast in Ohnmacht und reagierte hysterisch, als er sah, wie umgesetzt wurde, was er am Schreibtisch verfügt hatte. Es war das erste und letzte Mal, daß er einer Mordaktion persönlich beiwohnte.

Mit teilnahmsloser Buchhaltermentalität registrierte die NS-Mordbürokratie akribisch die Opfer. Deren Quoten hielten die Einsatzkommandos mit peinlicher Genauigkeit fest – menschliches Leid wurde reduziert auf eine nackte Zahl und ein Datum: »20. 9. Exekutierung von 67 Juden in Windau.« Die Meldungen von einem Massenmord paßten in eine Zeile, der viele folgen sollten. Es war eine ebenso rationelle wie durchorganisierte Tötungsmaschinerie, über deren Funktionieren genau Buch geführt wurde. Der Leidtragende war der sogenannte Untermensch, die Tat war »Notwehr«, so wurden die Morde gerechtfertigt.

Und die diesbezüglichen Parolen verfehlten auch bei der Truppe ihre Wirkung nicht. In einem Feldpostbrief von der Front an die Heimat schrieb ein Soldat am 16. Juli 1942: »Über die Ereignisse im Osten betr. Juden könnte man ein Buch schreiben. Dafür ist das Papier zu schade. Ihr dürft Euch sicher sein, sie kommen an einen richtigen Ort, da unterdrücken sie keine Völker mehr.«

Dieser Kommentar belegt eindringlich, daß der von den NS-Agitatoren verlangte Judenhaß auch in der Truppe verbreitet war. Außerdem wird noch etwas anderes bewiesen: Die nach dem Krieg immer wieder geäußerte Behauptung, der einfache Soldat habe nichts von den Greueltaten im Osten gewußt, trifft für bestimmte Teile der Wehrmacht nicht zu. Vieles war bekannt, vieles wurde auch gebilligt.

Aber nicht nur beim einfachen Soldaten war die NS-Propaganda erfolgreich. Der Oberbefehlshaber der Heeresgruppe Nord, Feldmarschall Ritter von Leeb, notierte nach einer Besprechung mit dem Befehlshaber der rückwärtigen Heeresgebiete Nord schon im Juli 1941 in sein Tagebuch: »Roques meinte wohl zutreffend, daß auf diese Weise die

Judenfrage wohl nicht gelöst werden kann. Am sichersten wäre sie durch Sterilisierung aller männlichen Juden zu lösen.« Sterilisieren anstatt erschlagen – das war die von manchen Offizieren vorgeschlagene »menschliche« Form der Vernichtung eines Volkes, die augenscheinlich nicht nur von Nazis für notwendig gehalten wurde.

»Das Attentat muß erfolgen«

Die Wehrmacht – eine Truppe von Antisemiten, von mehr oder weniger brutalen Mördern? Sicher nicht. Immer wieder haben sich Wehrmachtsangehörige dem Morden der SS-Kommandos entzogen. Einfache Soldaten haben sich geweigert, an Erschießungen teilzunehmen, hohe Offiziere gegen das unmenschliche Treiben protestiert.

Aber auch dort, wo der Mut nicht reichte, aktiv gegen die Tötungsbefehle Widerstand zu leisten, gab es wiederholt Beweise von Menschlichkeit, selbst in grausamsten Momenten des Krieges. Nach 1945 berichteten viele Überlebende, wie sie von deutschen Soldaten in letzter Minute vor den SS-Henkern gerettet wurden.

Der organisierte Massenmord an der jüdischen Bevölkerung, vor allem im Osten, aktivierte den Widerstand gegen Hitler. Graf von Stauffenberg, der am 20. Juli 1944 die Aktentasche mit der Bombe in das Führerhauptquartier einschleuste, faßte den Entschluß zur Ermordung Hitlers, nachdem er von einem Befehl Ernst Kaltenbrunners erfahren hatte: Durch den Chef des Reichssicherheitshauptamts war die »Sonderbehandlung« von vierzigtausend ungarischen Juden in Auschwitz verfügt worden.

Viele der Attentäter des 20. Juli nannten als ein Hauptmotiv für ihren Widerstand die Vernichtung der Juden. Sie führten, wie Graf von Moltke am 11. November 1941 an seine Frau schrieb, einen »Kampf gegen die neueste Judenverordnung«. Was sie an der Front sahen, veranlaßte etliche deutsche Offiziere, sich dem Kreis der Gegner des NS-Regimes anzuschließen. Axel von dem Bussche, der im Herbst 1942 in der Ukraine die Massenerschießung von mehr als tausend Juden miterlebte, führte der Schock dieses Vorfalls ebenso in den Widerstand wie Carl Hans von

Oben: Verhör eines mutmaßlichen Partisanen.

Rechts: Die Partisanen hielten sich nicht an die Zeiten…

Tamara Butschkina, Partisanin.

Es war am 13. oder 15. März 1942. Ich war 17 Jahre alt. Die deutschen Soldaten verließen unser Dorf wieder, nachdem sie sich drei Tage lang in den Häusern einquartiert hatten. Dann kamen SS-Verbände. Alle Bewohner unseres Dorfes flüchteten in eine Schlucht und konnten sich auf diese Weise retten. Die Deutschen fanden sie nicht. In einem anderen Ort, drei Kilometer von uns entfernt, war ein deutscher Soldat ermordet worden. Die SS-Männer trieben alle Bewohner in einem Stall zusammen, der Stall wurde verschlossen und mit Kerosin übergossen. Dann wurde darauf geschossen, und der Stall begann zu brennen. Die Menschen verbrannten bei lebendigem Leibe. Wir hörten das Gestöhne, das Geschrei, es war schrecklich. All die Dörfer in der Umgebung wurden niedergebrannt. Dieser Schmerz blieb für mein ganzes Leben.
Wenig später stieß ich zu einem Partisanentrupp. Der Führer des Trupps hieß Hermann, sein Großvater war Deutscher gewesen. Die Deutschen setzten auf seinem Kopf 300 000 Mark; sie wollten ihn lebend. Er fiel, als die Brigade von einer SS-Armee umzingelt wurde. Es war ein schrecklicher Kampf. Er dauerte vom frühen Morgen bis in die Nacht. Sehr viele Partisanen mußten sterben.

Hardenberg und Heinrich von Lehndorff, die mit ansehen mußten, wie in Borissow ein ganzes Dorf ausgelöscht wurde. Oberst Rudolf-Christoph Freiherr von Gerdorf notierte im Kriegstagebuch der Heeresgruppe Mitte: »Ich habe den Eindruck gewonnen, daß die Erschießungen der Juden, der Gefangenen und auch der Kommissare fast allgemein im Offizierskorps abgelehnt wurden.«

Es handelte sich hierbei in erster Linie um junge Stabsoffiziere, die bereit waren, ein Attentat auf Hitler zu verüben. Es war eine neue Generation, die sich zum Widerstand bekannte. Treffend beschrieb es Claus Graf von Stauffenberg: »Nachdem die Generäle bisher nichts erreicht haben, müssen sich nun die Obersten einschalten.«

In einem »Aufruf an das deutsche Volk«, der nach dem geglückten Attentat verbreitet werden sollte, hieß es, daß der blutige Terror und die Verbrechen des Hitler-Regimes den »Aufstand des Gewissens« gegen Hitler erforderlich gemacht hätten. Die Verschwörer beabsichtigten nach Hitlers Tod sofort, »den Krieg von seinen Entartungen zu reinigen und die verheerenden Vernichtungen von Menschenleben hinter den Fronten zu beenden«.

Generalmajor Henning von Tresckow, Chef des Generalstabs der Heeresgruppe Mitte – einer der aktivsten Gegner Hitlers –, hatte die moralische Notwendigkeit eines Putschversuchs erkannt: »Das Attentat muß erfolgen, coûte que coûte. Denn es kommt nicht mehr auf den praktischen Zweck an, sondern darauf, daß die deutsche Widerstandsbewegung vor der Welt und vor der Geschichte den entscheidenden Wurf gewagt hat.«

Das andere, das bessere Deutschland hat das Attentat schließlich gewagt – und diesen Versuch mit dem Leben vieler seiner Besten bezahlt. Auch sie wurden Opfer eines verbrecherischen Regimes, dessen Rassenwahn hinter der Front sieben Millionen Zivilisten das Leben kostete.

Leningrad will überleben

Hätte Hitler seinen Krieg gewonnen, wenn Moskau, Leningrad und Stalingrad in deutsche Hand gefallen wären? Die Schlacht um Moskau war geschlagen und für Stalin siegreich ausgegangen. Nun nahm der »Führer« die Stadt im Süden der Sowjetunion ins Visier, die den Namen seines Gegners trug: Stalingrad sollte um jeden Preis eingenommen werden. Ganz anders hingegen sah die Strategie im Norden aus: Leningrad, die Metropole an der Newa, sollte nicht erobert, sondern ausgehungert werden.

Das »Venedig des Nordens« mit der barocken Pracht seiner Zarenschlösser galt immer noch als heimliche Hauptstadt der Sowjetunion. Von hier nahm die Oktoberrevolution ihren Ausgang, der Sturm auf den Sankt Petersburger Winterpalast war 1917 die Initialzündung für den bolschewistischen Aufstand gegen das Zarenregime; von hier aus hatte Lenins Kommunistische Partei ihre Macht in erbitterten Kämpfen auf das ganze Russische Reich ausgedehnt. Leningrad war für Hitler das verhaßte »Jerusalem der Kommunisten«; auch aus diesem Grund wollte er es um jeden Preis unter deutsche Kontrolle bringen. Diese Vorstellung wiederum – Leningrad in die Hände der »Faschisten« fallen zu sehen – war für Stalin undenkbar.

Schon in Hitlers Planungen für das »Unternehmen Barbarossa« erschien Leningrad als Hauptziel der Heeresgruppe Nord. In der Weisung Nr. 21 war vom »Führer« die Einnahme der Stadt noch vor dem Angriff auf Moskau angeordnet worden. Die Wehrmacht hatte am Nordflügel der achtzehnhundert Kilometer langen Front bis zum 14. Juli 1941 das letzte große natürliche Hindernis, die Luga, überquert und bereitete sich auf die entscheidende Offensive zur Besetzung der Stadt vor.

Am 8. August waren fünfundvierzig Divisionen durch die ausgedehnten Wälder und Moore des Nordens zum Angriff vorgerückt. Vier Wochen später kappten die deutschen Truppen bei Schlüsselburg am Ladogasee die einzige noch verbliebene Landverbindung zwischen Leningrad und der übrigen Sowjetunion. Der letzte Verteidigungsriegel war durchbrochen, die deutschen Truppen standen in Urizk, einem Vorort, und hätten sogar mit der Straßenbahn ins Zentrum fahren können.

Die Soldaten hatten die Stadt an der Newa im Fadenkreuz der Fernrohre, sie sahen die Kuppel der Isaaks-Kathedrale, die Turmspitzen der Admiralität und die Peter-Pauls-Festung. »Nur Stunden trennen uns vom Fall Leningrads«, meldete der Großdeutsche Rundfunk.

Doch dann kam der Befehl zur Einstellung des Angriffs. Hitler hatte seine Taktik geändert. Das Oberkommando der Wehrmacht verkündete am 24. September 1941: »Wir schließen Leningrad zunächst hermetisch ab und schlagen die Stadt, soweit mit Artillerie und Fliegern möglich, zusammen.«

Nur noch siebzig Kilometer bis Leningrad. Doch die Eroberung der Stadt war in weite Ferne gerückt.

Marija Bystrowa,
Leiterin einer Werkhalle.

Der Hunger war unerträglich. Wir ernährten uns sogar von Tischlerleim, aus dem wir eine Art Sülze kochten. Während dieser Zeit konnte man feststellen, daß die schneller starben, die über den Hunger jammerten und ständig etwas vermißten.

Die sieggewohnten deutschen Soldaten waren verwirrt. Warum hatten sie sich im Eiltempo von Ostpreußen bis vor die Tore Leningrads durchschlagen müssen, um nun kurz vor dem Ziel gestoppt zu werden? Hitlers Befehl bedeutete jedoch keinesfalls, sich zurückzuziehen. Auch der Stadt und ihren Bürgern verschaffte das Stocken des Angriffs keine Erleichterung. Der »Führer« hatte sich nämlich in Abänderung des ursprünglichen Plans zunächst zur Einnahme Moskaus entschlossen und benötigte für die Operation »Taifun« die schnellen Panzerverbände, die vor Leningrad im Einsatz waren.

Zudem hielten ihn die Erfahrungen der bisherigen Kämpfe vom Vordringen in die Stadt ab: vor allem die blutige Lehre, die die Deutschen aus der Besetzung Kiews gezogen hatten, als die einmarschierenden Truppen durch Zeitzünderbomben schwere Verluste hinnehmen mußten. Deshalb gab auch das OKW die Anweisung heraus: »Kein Soldat hat daher diese Städte [gemeint waren Moskau und Leningrad] zu betreten.«

Auch eine Kapitulation lehnte die deutsche Führung aus diesem Grund kategorisch ab. Das Schicksal, das Hitler für Leningrad und seine Einwohner vorsah, war weitaus perfider, wie seine Weisung vom 7. Oktober 1941 offenbarte: »Leningrad muß ausgehungert werden.«

Schon zu diesem Zeitpunkt wurde deutlich: Die Belagerung Leningrads war mehr als eine rein militärische Operation, auch sie war Ausdruck der nationalsozialistischen Vernichtungsstrategie. Daß sich die deutsche Wehrmacht diesem Willen bedenkenlos unterordnete, verdeutlicht die Weitergabe eines Befehls zu Beginn der Belagerung: »Feststehender Entschluß des Führers ist es, Moskau und Leningrad dem Erdboden gleichzumachen, um zu verhindern, daß Menschen darin bleiben, die wir dann im Winter ernähren müßten.«

Für die Einwohner Leningrads kam dieser Plan einem Todesurteil gleich. Die Voraussetzungen für das unmenschliche Vorhaben wurden am 8. September geschaffen, als die Wehrmacht Schlüsselburg eroberte und Leningrad damit von seinem Hinterland trennte. Der Ring um Leningrad

Wegweiser in die Heimat. In der Gegenrichtung geriet der Vormarsch ins Stocken.

war geschlossen. Großsprecherisch verkündete Hitler am 9. November 1941 vor den »alten Kämpfern« des Putschversuchs von 1923: »Die Stadt ist umklammert. Niemand wird sie mehr befreien, und sie fällt in unsere Hand.«

Eine ganze Armee hielt Wache vor der zweitgrößten Stadt des Sowjetreichs, in der sich dreißig sowjetische Divisionen, verstärkt durch dreihunderttausend Milizionäre und Arbeiter, verbarrikadiert hatten. Hitlers Entscheidung, nicht mit der unverzüglichen Eroberung zu beginnen, wodurch starke deutsche militärische Kräfte vor der Stadt gebunden wurden, kommentierte der finnische Feldmarschall Mannerheim, Deutschlands Verbündeter im Kampf vor Leningrad: »Hitler schleppt diesen schweren Rucksack den ganzen Krieg über auf dem Rücken mit.«

dertfünfzig Gramm Brot täglich erhielt ein Arbeiter zu Beginn der Blockade, Kinder und Nichtwerktätige bezogen nur halb soviel. Schon am 1. Oktober wurden die Rationen weiter gekürzt.

Über eine Luftbrücke brachten Flugzeuge im November durchschnittlich sechsundachtzig Tonnen Hilfsgüter pro Tag in die Stadt. Zum Vergleich: Während der Berliner Blockade erreichte die tägliche Versorgungsleistung viereinhalbtausend, an Spitzentagen sogar zehntausend Tonnen. Die später in Stalingrad eingekesselte 6. Armee wurde von der Luftwaffe mit durchschnittlich etwa der gleichen Materialmenge wie das belagerte Leningrad versorgt. Doch dort sollte sie nicht einmal genügen, dreihunderttausend Mann am Leben zu erhalten. Wie konnte dann in Leningrad das Überleben von zehnmal so vielen Menschen gesichert werden?

In der Umklammerung: Leningrad durch das Scherenfernrohr eines Artilleriebeobachters.

»Der Tod haust in der Stadt«

Die Belagerung traf die Stadt völlig unvorbereitet. Denn bevor die deutsche Wehrmacht den Ring schließen konnte, hatten die Russen sogar noch Material aus der Stadt vor dem heranrückenden Feind in Sicherheit gebracht. Das Staatsverteidigungskomitee veranlaßte am 27. August 1941 eine Bestandsaufnahme der verfügbaren Verpflegungsreserven in Leningrad. Die Bilanz war wenig ermutigend: Mehl für siebzehn, Fisch für sechzehn, Fleisch für fünfundzwanzig Tage. Zudem waren noch riesige Lebensmitteldepots vernichtet worden, als die deutsche Luftwaffe vom 8. bis 10. September die Badajew-Lagerhäuser bombardierte. Da auch die letzte Verbindungslinie unterbrochen war, konnten keine zusätzlichen Vorräte mehr in die Stadt gebracht werden, die selbst nur etwas Gemüse und Brennholz aus eigener Produktion beisteuern konnte. Zu den ersten Maßnahmen nach Beginn der Belagerung gehörte die strenge Rationierung der Lebensmittel. Vierhun-

Die relativ großzügigen Zuteilungen aus der Anfangszeit konnten nicht lange beibehalten werden. Der von Stalin entsandte Dimitri W. Pawlow mußte die Tagessätze immer weiter herabsetzen, nachdem alle Versuche gescheitert waren, die Blockade noch vor dem Winter zu durchbrechen. So gab es bald nur noch dreihundertfünfzig, dann dreihundert Gramm Brot am Tag. Im November schließlich erhielten Arbeiter gerade noch ein halbes Pfund, ihre Angehörigen und Kinder sogar nur noch die Hälfte davon. Der Hunger schuf täglich Tausende von Tragödien. Ein Beispiel: Die Tochter einer Leningrader Familie war nicht einmal mehr in der Lage, ihre winzige Brotration zu essen. Die kleine Lera konnte sich überhaupt nicht mehr bewegen und lehnte jedes

Dmitrij Lichatschow, Schriftsteller.

Leningrad erlebte eine zweifache Blockade. Nicht nur die Belagerung der deutschen Truppen von außen bedrohte die Stadt, auch im Inneren existierte eine Blockade, errichtet vom KGB. Die Geheimdienstler ernährten sich nämlich ausgezeichnet und setzten Fett an. Für sie hielt man eigens Kühe, um frische Milch zu melken, und per Flugzeug schickte man ihnen Lebensmittel. An Silvester fehlte es auf ihren Festen nicht mal an Kaviar.

Essen ab. Als ihre Mutter ihr eine winzige Brotkruste reichte, kostete es Lera einige Überwindung, ein Stück davon abzubeißen. Doch sofort begann sie zu weinen: Die Magenschmerzen waren unerträglich geworden. Das Mädchen starb am 28. Februar 1942. »In wenigen Minuten«, so Walentina Fedossik, »war unsere Lera nicht mehr. Ich und Lida weinten, warfen aber – ich muß es gestehen – gierige Blicke auf die liegengebliebene Brotkruste. Mutter sagte jedoch: ›Dieses Stück Brot will ich als Andenken an unsere Lera aufbewahren.‹ Erst später begriff ich, daß diese Entscheidung durch echte Mutterliebe diktiert war. Es bedeutete allerhand, an Hunger zu sterben und dabei ein Stück

Die belagerte Stadt im Visier: Flak-Schütze im Blockadering um Leningrad.

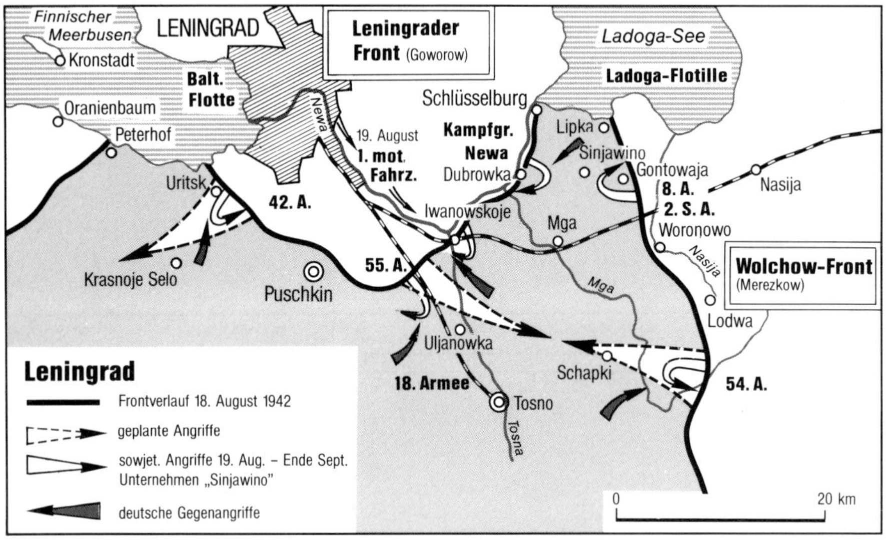
Finnischer Meerbusen
LENINGRAD
Kronstadt
Balt. Flotte
Oranienbaum
Peterhof
Newa
Leningrader Front (Goworow)
Ladoga-See
Ladoga-Flotille
Schlüsselburg
19. August
1. mot. Fahrz.
Kampfgr. Newa
Dubrowka
Lipka
Sinjawino
Gontowaja
8. A.
2. S. A.
Nasija
Woronowo
Iwanowskoje
Mga
Uritsk
42. A.
Krasnoje Selo
Puschkin
55. A.
Wolchow-Front (Merezkow)
Lodwa
Uljanowka
Schapki
54. A.
18. Armee
Tosno
Tosna
Leningrad
Frontverlauf 18. August 1942
geplante Angriffe
sowjet. Angriffe 19. Aug. – Ende Sept. Unternehmen „Sinjawino"
deutsche Gegenangriffe
0
20 km

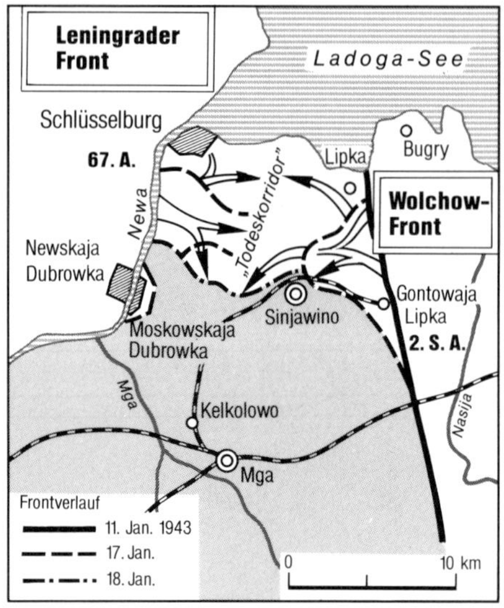
Leningrader Front
Ladoga-See
Schlüsselburg
67. A.
Lipka
Bugry
Wolchow-Front
Newa
„Todeskorridor"
Newskaja Dubrowka
Moskowskaja Dubrowka
Sinjawino
Gontowaja Lipka
2. S. A.
Mga
Kelkolowo
Nasija
Frontverlauf
11. Jan. 1943
17. Jan.
18. Jan.
0
10 km

Links: Kampfpanzer IV in Wartestellung vor Leningrad.

Oben: Die meisten deutschen Soldaten waren nur unzureichend für den Winter gerüstet.

Rechts oben: Oft blieb der Nachschub in meterhohen Schneeverwehungen stecken.

Rechts unten: Ausharren in eisiger Kälte. Belagerer vor Leningrad.

Brot – und mag es noch so klein gewesen sein – nicht anzutasten.«

Die Lage verschlimmerte sich stetig durch die zunehmend miserable Qualität des Brotes. Konnte zunächst noch das Getreide aus der neuen Ernte verarbeitet werden, so mußten die Großbäckereien schon bald auf stellenweise angeschimmelte Getreidereste aus den Lagerhallen zurückgreifen. Überdies wurden in das Brot immer mehr Zusatz- und Ersatzstoffe hineingebacken: Mit »Zutaten« wie Baumwolle, Zellulose, Stroh, Fichtenholz oder Knochenmehl wurde der Teig gestreckt. Die Arbeiter der Brotfabriken mußten Rinde sammeln; Holzfirmen lieferten Sägemehl. So bestand das sowjetische »Brot« schließlich bis zu dreißig Prozent aus »genießbarer« Zellulose.

Doch trotz solcher Streckungen und Kürzungen, die Pawlow bald den Ruf eines »Lebensmitteldiktators« einbrach-

Linke Seite:
Oben: Gelegenheit zur ungestörten Kaffeepause gab es selten.

Unten: Ein unentbehrliches Transportmittel: der Pferdeschlitten.

Oben: Zermürbendes Warten in den Schützengräben vor Leningrad.

Fritz Weber, Ausbilder bei der Marine.

Von der Marineschule aus ging es direkt an die Front bei Leningrad. Für uns Matrosen war der Landeinsatz völlig ungewohnt. Wir hatten unverhältnismäßig hohe Verluste, Verpflegung und Unterkunft waren unvorstellbar schlecht. Unser Bunker hieß »Rattenburg«, weil er voller Ungeziefer war. Jeden Tag überflog uns ein russischer Doppeldecker, wir nannten ihn »Nähmaschine«. Der Pilot warf mit der Hand Splitterbomben in unsere Stellungen. Uns gegenüber lag eine russische Kompanie. Sie bestand fast ausschließlich aus degradierten Soldaten, die etwas ausgefressen hatten. Jeder mußte mindestens einen deutschen Landser töten, um wieder in seine normale Einheit zurückzukommen. Als Beweis genügte ein Stück einer deutschen Uniform. Kein Wunder, daß die Nahkämpfe besonders fürchterlich waren.

ten, waren die Nahrungsmittelreserven in kurzer Zeit aufgebraucht. Die Einwohner Leningrads begriffen allmählich, daß die bedrohlichste Gefahr nicht von den deutschen Granaten und Bomben ausging. Ein schlimmerer, unsichtbarer Gegner forderte seinen Tribut, schleichend und fast unmerklich: der Hunger.

Der Hunger schwächte zuerst jene Menschen, die schwere körperliche Arbeit in den Munitionsfabriken, in den Versorgungseinrichtungen, beim Bau von Verteidigungsanlagen oder der Behebung von Schäden zu leisten hatten, die durch das anhaltende Artilleriefeuer und die deutschen Luftangriffe entstanden waren. Zwar erhielten die körperlich Arbeitenden größere Rationen als Nichtwerktätige, doch reichten auch diese Zuteilungen bei weitem nicht aus, um den Kalorienbedarf zu decken. Sinkende Arbeitsleistung, geringeres Arbeitstempo und allgemeine Mattigkeit waren die Folge.

Körperpflege in freier Natur, Schnee ersetzte fließendes Wasser.

Georg Seitz, Pionier, notierte in sein Tagebuch:

27. 04. 42
Um 10 Uhr morgens heißt es: raus!! Die Würfel sind gefallen! Ich laufe mit meinen Leuten sofort runter zur Newa. Die MP im Anschlag, die Handgranaten mit abgeschraubten Köpfen in der Tasche, ständig nach rechts und links sehend, laufe ich auf die russischen Bunker zu. Da kommt ein Iwan aus einem Loch heraus, will im Laufgraben verschwinden. Etwa fünf Schuß jage ich ihm durch den Kopf, daß die Mütze fliegt. Weiter. Da bewegt sich rechts in einem Loch etwas. Ich will gerade schießen, da sehe ich, daß es ein Deutscher ist. Er ist furchtbar zugerichtet. Allem Anschein nach hat er etwas von einem Flammenwerfer abbekommen. Er ist ganz schwarz verbrannt. Die Uniform hängt in Fetzen um seinen Körper. Er stöhnt nur noch ganz leise. Ich muß mich umdrehen – so etwas kann ich nicht sehen.

Die Menschen suchten in dieser ausweglosen Situation nach Ablenkung. Wer noch kräftig genug war, ging spazieren oder besuchte Konzerte, wie jenes legendäre vom 8. November 1941, an dem auch die Radiohörer in England teilnehmen konnten: Beethovens Neunte Sinfonie, gespielt von einem Radiosinfonieorchester unter Leitung des Dirigenten Karl Eliasberg. Die Live-Übertragung der BBC versprach den Hörern in London und Leeds, in Bristol und Birmingham ein musikalisches Erlebnis inmitten des europäischen Kriegswahnsinns. Die Musiker spielten unbeirrt weiter. So lieferte das Geräusch detonierender Bomben eine makabre Begleitmusik zur Vertonung von Schillers »Ode an die Freude«. Das Orchester hielt durch bis zum Schlußakkord. Dann verabschiedete sich der Ansager und wünschte den Hörern in England eine gute Nacht.

Solche Kulturereignisse sollten den Belagerern zeigen: Wir in Leningrad geben nicht auf. Das geistige und künstlerische Leben, das während der gesamten Blockadezeit nie-

Mitte April notierte Georg Seitz:

16. 04. 42
Wie sieht das jetzt hier aus, da der Schnee weg ist! Trichter an Trichter zwischen den zerfetzten Bäumen. Rechts und links am Weg tote Iwans. Es kommt einem vor, als habe jemand, nachdem der Schnee alles ohne Unterschied mit milder Hand zugedeckt hatte, nun brutal wieder alles nackt aufgedeckt. Das Grauen des Stellungskrieges wird blitzartig erleuchtet. Die Toten liegen einzeln und in kleinen Gruppen wohl schon über ein halbes Jahr – mit faltigen Wachsgesichtern. Einzelne haben noch die Hände erhoben, wollten sich wohl ergeben, da war es aus. Auch deutsche Landser kommen zum Vorschein. Zum Teil gänzlich verstümmelt.
Wir schlängeln uns am Boden entlang nach vorne zur Kiesgrube. Furchtbar sieht es aus. Schlimmer kann es im Weltkrieg bei Verdun nicht gewesen sein. Eine Unmenge von Gerät, Gewehre zuhauf, Kampfpistolen, Gasmasken, MG-Läufe, Gurte, Kästen, Mäntel, Röcke, Koppeln, Trommeln, dazwischen die Toten, aufgequollen und zerfetzt, schwarz im Gesicht, einzeln herumliegende Beine und Arme, zerfetzte Stahlhelme. Dazwischen noch Wasserleichen und Schneeflecken. Es ist unheimlich. Unmenschlich. Noch stinkt es nicht, aber was wird in zwei Wochen sein? In der Zwischenzeit liegen unsere Landser auf Bahren in der Sonne und lassen sich braten. Krasse Gegensätze auf engstem Raum.

Walter Ax,
Infanterist.

Anfang Januar 1942 traf ich nach einem Lazarettaufenthalt wieder bei meiner Kompanie ein, die südlich von Leningrad lag. Unsere Aufgabe war es, die restlose Einkesselung am Ladogasee zu erreichen, um somit Leningrad völlig von der Außenwelt abzuschneiden. Bei einem der fürchterlichen Gefechte mit den Russen – wir waren am Eingang eines Dorfes in Feuerstellung gegangen – ließ ein junger Kamerad, der mit der Bedienung eines Geschützes betraut war, plötzlich alles stehen und liegen und rannte wie besessen davon. Aufgebracht riefen wir ihm nach, aber er schien weder etwas zu hören noch zu sehen. Die ganze Nacht blieb er verschwunden. Am nächsten Morgen fanden wir ihn am Ortsausgang, zitternd und außer Fassung an einen Baum gelehnt. Er hatte einen Nervenzusammenbruch erlitten. Unser Kompanieführer machte Meldung ans Regiment. Wenig später kam der Bescheid: Wegen »Feigheit vor dem Feind« zum Tode verurteilt. Wir waren fassungslos. An dem Morgen, an dem er erschossen werden sollte, erreichte uns seine Begnadigung. Er wurde zu einem Strafbataillon abkommandiert. Unser Feldwebel, ein Jurist, hatte sich für ihn eingesetzt. Einmal noch habe ich ihn wiedergesehen: schwer verwundet.

mals zum Erliegen kam, erweckte fast den Eindruck von Normalität. Im Dezember 1941 feierten die Leningrader mit Hingabe den fünfhundertsten Geburtstag des Dichters Nawoi. Theatergruppen ließen mit ihren Darbietungen für wenige Stunden den Hunger vergessen. Die Bibliotheken hielten ihre Lesesäle geöffnet. Nur die Schilder, die dort zur Ruhe mahnten, wirkten nun eher tragikomisch – in einer Stadt, in der durchschnittlich alle drei Minuten eine Bombe oder Granate einschlug.

Die sowjetische Schriftstellerin Olga Bergholz, die sich während der Blockade in Leningrad aufhielt, beschrieb das Dauerbombardement: »Mit wahrhaft teuflischem Raffinement erfindet der Feind unermüdlich Mittel zur Ausrottung der Stadteinwohner. Manchmal wirkt der Beschuß wie ein rasender Feuerüberfall: Es wird zunächst ein Stadtbezirk mit Feuer belegt, dann ein anderer, ein dritter [...] Bald feuern bis zu achtzig Batterien gleichzeitig auf alle Bezirke. Bald wird eine Salve aus mehreren Geschützen abgefeuert und anschließend eine längere Pause – zwanzig bis dreißig Minuten – eingelegt. Man rechnet damit, daß die Menschen, die in den Bombenkellern Schutz suchten, nach zwanzig Minuten Stille wieder auf die Straße gehen, um erneut Geschützsalven auf sie abzugeben. Die Beschüsse dieser Art werden gleichzeitig gegen mehrere Bezirke unternommen und dauern mitunter, wie dies Anfang Dezember der Fall war, zehn und mehr Stunden. In diesem Sommer kam es vor, daß Beschüsse 24 Stunden ununterbrochen dauerten.«

Dmitri Schostakowitsch komponierte in der belagerten Stadt den ersten Teil seiner Siebten Sinfonie, die am 9. August 1942 in Leningrad uraufgeführt wurde. Die Dichter Olga Bergholz und Nikolai Tichonow oder Wsewolod Wischnewski lasen aus ihren Werken. Die Kunst geriet zum Über-Lebensmittel.

Andere, die zu schwach waren, um noch ihr Haus zu verlassen, begannen Tagebuch zu führen – zur Ablenkung,

Dmitrij Lichatschow, Schriftsteller.

Im Winter zog eine Frau ihren vom Hunger geschwächten Mann auf einem Schlitten durch die Straßen. Während sie für ihn im Laden um Brot anstand, wurde der wehrlose Mann vor der Tür seiner letzten Habseligkeiten beraubt und dann mitsamt seinem Schlitten im Eis versenkt. Als seine Frau mit den Broten in der Hand zurückkam, war er verschwunden. Sie sah ihn niemals wieder.

als Versuch, die eigene Situation seelisch zu verkraften, oder auch als Botschaft für die Nachwelt: »Meine Hauptabsicht war es, wenn all dies vorbei sein würde, das einmal selbst zu lesen, und natürlich sollten es auch diejenigen, die das alles nicht miterlebt haben.«

Diese Tagebücher sind bewegende Zeugnisse eines unmenschlichen Daseins, das von Angst und Not gezeichnet war. Sie dokumentieren das Leid der Betroffenen, ihren Widerstand gegen den Hunger, ihren Kampf um das tägliche Brot, die Ausweglosigkeit im belagerten, dem Hunger ausgelieferten Leningrad: »Der Tod haust in der Stadt. Menschen sterben wie die Fliegen.«

Es sollte noch schlimmer kommen. Der Winter setzte ein, zum Hunger gesellte sich die Kälte. Die ohnehin geschwächten Menschen traf der Wintereinbruch besonders hart. Das Elektrizitätswerk mußte wegen Brennstoffmangels den Betrieb einstellen. Nun gab es auch keinen Strom mehr, kein Licht, keine Energie. Geheizt wurde mit Burshuikas, kleinen selbstgebauten Öfen, in denen man alles Brennbare verfeuerte, um ein bißchen Wärme zu erzeugen. Wer nicht mehr die Kraft hatte, sich auf die Suche nach Brennmaterial zu machen, riskierte, im Bett zu erfrieren; die Fenster waren oft zerstört und die Zimmer ohne Heizung.

Elftausend Tote zählten die Leningrader Behörden allein

Unten: Mitten auf der Straße traf sie der Tod. Opfer von Artilleriegranaten.

Rechts: Stumme Anklage der Belagerten.

СМЕРТЬ ДЕТОУБИЙЦАМ!

Vom Hunger gezeichnet: Eine Mutter mit ihren Kindern.

Der Schichtmeister einer Leningrader Konditoreifabrik überprüft die Qualität der Backwaren für die KP-Funktionäre – während die Bevölkerung auf den Straßen verhungerte.

im November 1941, im Dezember stieg die Zahl auf das Fünffache: Dreiundfünfzigtausend Menschen verhungerten, erfroren oder fielen dem Bombenterror zum Opfer.

»Ich habe kein Vertrauen mehr zu den Menschen«

Ein besonders düsteres Kapitel der Blockade ist erst in jüngerer Zeit ans Tageslicht gekommen. Die Ausdauer, mit der die Menschen in Leningrad die Umklammerung überlebten, zeugt ohne Zweifel von Kraft und menschlicher Größe. Leidensfähigkeit, Hilfsbereitschaft und Mitmenschlichkeit im Angesicht des Todes – das ist eine Seite. Aber da existiert auch noch eine andere Seite, die vor allem in der Sowjetunion lange Jahre ein Tabu war. Erst heute, nach dem Ende der alten UdSSR, wird offen darüber gesprochen, wie auch während der Belagerung Leningrads Mißbrauch von Privilegien, Korruption und Abgründe zwischenmenschlicher Beziehungen zum Alltag gehörten.

Der Kampf ums Überleben konnte nicht selten zu Auseinandersetzungen zwischen den Hungernden ausarten. Bei der Suche nach Eßbarem schreckten viele auch vor Gewalt nicht zurück. Halbwüchsige schlossen sich zu Banden zusammen und überfielen Lieferwagen mit Brot. Später, als die Transporte besser bewacht wurden, fielen auch einzelne Passanten Überfällen zum Opfer. Wartende vor der Lebensmittelausgabe entrissen anderen die eben ausgehändigte Ration, um sie blitzschnell an Ort und Stelle zu verschlingen. G. A. Knjasew, ein Historiker, der die Blockade überlebte, berichtete später: »Man beobachtete einander, zankte sich wie hungrige Hunde. Wie schnell kann der Mensch doch von den Gipfeln der Kultur auf seinen tierischen Urzustand zurücksinken!« Angesichts der brutalen Qualen, die der Hunger verursachte, darf das allerdings kaum verwundern.

Tagebucheintragungen berichten von legalen und weniger legalen »Geschäften« mit den Toten. Die Angehörigen zögerten die Beerdigung Verstorbener hinaus, um mit deren Lebensmittelmarken weiterhin Brot zu beziehen. Da deswegen erhebliche hygienische Probleme auftraten, wurden Sonderverordnungen erlassen, die es den Verwandten des Verstorbenen gestatteten, dessen Marken zehn Tage lang weiterzubenutzen. Diese zusätzliche Ration war die »Prämie« für eine ordnungsgemäße Bestattung: »Beerdigung gegen Brot« spottete der Volksmund sarkastisch. Wer seine Angehörigen auf eine weitaus billigere Art im Massengrab bestatten ließ, konnte längere Zeit von der Zusatzration zehren: »Um das Erdendasein hinauszuziehen, kommen die Menschen auf die tollsten Ideen.«

Strolche, die sich auf Diebstähle in zerstörten Häusern spezialisiert hatten, schreckten selbst vor Leichenfleddereien nicht zurück. Lebensmittelkarten wurden gestohlen oder von organisierten Banden gefälscht. Selbst unter

Dmitrij Lichatschow, Schriftsteller.

Mein besonderer Halt während der Blockadezeit war die Poesie. Abends kroch ich beim Schein eines ölgetränkten Holzspans mit meinen kleinen Töchtern ins Bett und las ihnen vor. Das lenkte ihre Gedanken ab. Man durfte einfach nicht ans Essen denken. Denn der menschliche Organismus verzehrt sich selbst dann am meisten, wenn die Gedanken beim Essen weilen. Man brauchte geistige Nahrung und geistige Beschäftigung. Nie habe ich so viel geschrieben wie in dieser Zeit. Allerdings machte ich auch viele Fehler dabei, denn meine Kraft reichte nicht einmal mehr, meinen Arm zu heben, um irgendwelche Nachschlagewerke aus dem Bücherregal zu nehmen.

Herstellung von Rumkugeln während der Blockade Leningrads. Zynismus angesichts von Hunger und Tod.

Nachbarn und Familienmitgliedern herrschte Zwietracht. »Ich habe kein Vertrauen mehr zu den Menschen. Ich machte Feuer im Ofen und wollte mir einen Riemen auskochen. Eine Mitbewohnerin strich dauernd um den Topf. Ich ging nur einen Moment hinaus, und als ich wieder hereinkam und in den Topf guckte, war der halbe Riemen weg! Was ist nur aus den Menschen geworden! Sie haben keine Scham und kein Gewissen.«

Mundraub aus Verzweiflung, wenn der Hunger entsetzlich plagt – das ist verständlich, vielleicht sogar entschuldbar. Was aber ist davon zu halten, wenn jemand seine privilegierte Stellung ausnutzt, um sich auf Kosten anderer Vorteile zu verschaffen? Wenn der Arzt im Krankenhaus von den Angehörigen der Patienten als Honorar zusätzliche Lebensmittel verlangt und den Kranken ihre Nahrung vorenthält, um sie sich selbst einzuverleiben oder seine Familie damit zu versorgen?

Was mußte es für die Menschen auf der Straße bedeuten, die schon für ein Stück Brot dankbar waren, wenn Parteifunktionäre Feste feierten und Köstlichkeiten auftischen ließen? Tatjana Tolstoja berichtete 1988 in der Sowjetunion über Sonderlieferungen, die für Stalins Kronprinzen Schdanow nach Leningrad eingeflogen wurden: Räucherwurst, Kondensmilch, sogar Pfirsiche bekamen die Funktionäre aufgetischt, während die Menschen auf der Straße verhungerten. Jetzt hat das Leningrader Filmtonbildarchiv Fotografien zur Veröffentlichung freigegeben, die von den Kommunisten lange Jahre im »Giftschrank« unter Verschluß gehalten wurden. Sie zeigen die Herstellung der berühmten Petersburger Rumkugeln, die Kontrolle der fertigen Produkte, Konditormeister vor Blechen voller Kuchen, Zuckergußmeister beim Anlernen junger Hilfskräfte – also den Alltag in einer Großbäckerei. Nichts Besonderes eigentlich, wäre da nicht das Datum: Dezember 1941. Auf dem Höhepunkt der Blockade, als über fünfzigtausend Leningrader starben, weil sie nicht einmal mehr das lebensrettende Stückchen Brot hatten, gab es an anderer Stelle der Stadt Kuchen im Überfluß.

Linke Seite:
Links: Um den Trinkwasserbedarf wenigstens notdürftig zu decken, wurden Löcher in den tiefgefrorenen Boden gehackt.

Rechts: Leichen wurden auf Schlitten zum Friedhof gebracht.

Oben: Die Blockade trifft vor allem Kinder und alte Menschen. Eine Leningraderin zieht ihren völlig entkräfteten Mann auf einem Schlitten über die Straße.

»Das Wichtigste war, den Willen nicht zu verlieren«

Je länger die Leiden dauerten, je mehr Opfer die Belagerung kostete, desto größer wurden die Zweifel. Wozu das alles? Wozu noch weiter hungern? Wozu noch länger frieren? Wäre es nicht besser, einen Schlußstrich zu ziehen und sich den Deutschen auf der anderen Seite der Barrikaden zu ergeben, die mit Brötchen auf Lanzetten winkten? Die Belagerer verhöhnten die hungernde Bevölkerung mit Spottversen: »Aufgefressen sind die Linsen – Leningrad geht in die Binsen!«

Doch Kapitulieren war kein Ausweg. Hitler hatte mehrmals strikte Anweisung erteilt, eine Übergabe der Stadt abzulehnen. Er wollte sie in »enger Umklammerung« halten und die Bevölkerung aushungern. Erschien es da nicht besser, sich gleich hinzulegen, um in aller Ruhe zu sterben? Die völlige Aufgabe des Lebenswillens, die Paralyse durch Hunger und Kälte, klingt im Tagebuch der Leningraderin Elena Skrjabin an: »Heute ist es so einfach zu sterben. Man beginnt das Interesse zu verlieren, dann liegt man im Bett und steht nicht mehr auf.«

Der stille Hungertod in der gewohnten Umgebung gehörte zu den beklemmendsten Erfahrungen, die in den Aufzeichnungen der Leningrader festgehalten wurden. Sie berichten von Menschen, die am Tisch saßen, unbemerkt einschliefen und nicht mehr aufwachten; von Gesprächspartnern, die plötzlich innehielten, verstummten und leblos vornüberfielen; von Fußgängern, die eben noch zögernd die Straße überquerten, dann kurz stehenblieben – scheinbar um sich auszuruhen – und plötzlich tot zusammenbrachen. Daniil Granin, Schriftsteller und damals Kriegsfreiwilliger, nennt ein Überlebensrezept: »Es hat sich nachträglich herausgestellt, daß vor allem die Menschen überlebt haben, die sich für andere aufopferten, die sich bewegten, Angehörige und Kinder pflegten, Wasser und Nahrung besorgten oder Holz für die Öfen auftrieben. Von diesen Menschen starben zwar auch viele, aber seltener als jene, die unbeweglich in ihren Betten blieben und Kräfte sparten.

Oben: Sandsäcke sollen die Kulturdenkmäler der ehemaligen Zarenstadt schützen.

Links oben: Der Komponist Dmitri Schostakowitsch (rechts) hilft bei Löscharbeiten.

Links unten: Auf Schlitten werden Panzersperren zu den Befestigungsanlagen vor Leningrad transportiert.

Rechte Seite:
Oben: In Tag- und Nachtschichten halten die Frauen in den Munitionsfabriken die Waffenproduktion aufrecht.

Unten: Leningrad sollte wie Moskau »verbarrikadiert« werden.

Der Schüler W. G. Mantul notierte in sein Tagebuch:

13. Januar 1942

Mit der Verpflegung sieht es in der Stadt ganz schlecht aus. Seit einem Monat gibt es weder Graupen noch Fett. Wenn man auf der Straße entlanggeht, sieht man unzählige Fußgänger, unter den Arm Bündel von Holzscheiten geklemmt oder einen Becher Brühe aus irgendeiner Kantine in der Hand. Die Straßenbahn fährt nicht mehr, Autos sieht man kaum. Rauch dringt nur aus den Klappfenstern der Wohnungen, durch die die Rohre der Kanonenöfen geschoben sind. Und das nicht einmal in jeder Wohnung. Viele können nicht einmal kurzzeitig einheizen, da einfach kein Holz da ist. Die Sterberate liegt sehr hoch. Ja, ich selbst weiß nicht, ob unsere Familie es schafft, diesen Winter zu überleben.

Das Wasser ist überall gefroren, und man muß es von einem Brunnen, der über vier Kilometer entfernt liegt, herbeiholen. In den Wohnungen selbst gibt es nicht einmal mehr genug Wasser, um einen Tee aufzubrühen. Tee ...: Wie wohlig klingt dieses Wort jetzt, wo man sich schon über heißes Wasser mit Brot freut! Es gibt ja auch nichts, das man zum Tee dazu essen könnte. Kein Krümelchen Süßstoff, selbst das heiße Wasser schmeckt salzig. Das einzige, das es bei uns noch in Fülle gibt, ist Salz.

Das Wichtigste war damals, den Willen nicht zu verlieren. Und das war das Schwierigste.«

Nicht den Willen zu verlieren, wenn man auf der Suche nach Brennholz oder Essen die Straße entlangschlurfte und überall das gleiche verzweifelte Elend sah: junge Mädchen mit ausgemergelten Körpern und welken Gesichtern, die alten Frauen glichen; Kinder, deren Bäuche vom Hunger aufgedunsen waren. Die Ärzte gaben es auf, Hausbesuche zu machen – was hätten sie gegen Hunger auch verschreiben können? Denn für Mangelerscheinungen fehlte es an Behandlungsmöglichkeiten. Ersatzlösungen wie zum Beispiel die schon vor zweihundert Jahren gegen Skorbut eingesetzten Fichtennadeln kurierten nur an den Symptomen herum. Die eigentliche Ursache blieb bestehen: die Unterernährung.

Es war schwer, nicht zu verzweifeln, wenn man in Gesichter voller braungrüner Flecken blickte, die von Skorbut herrührten, in starre Augen zu schauen, die ohne jeden Ausdruck blieben und zu keiner Regung mehr fähig waren; nicht den Mut zu verlieren, wenn man Angehörige im Krankenhaus besuchte und sich mühsam den Weg durch vollgestellte Gänge bahnen mußte, in denen überall bleiche, aufgedunsene Gestalten lagen, oft über und über mit Geschwüren bedeckt, die nicht mehr heilen wollten, weil dem Körper die Kraft fehlte. »Ich hätte nie gedacht, dem Tod gegenüber so gleichgültig werden zu können.«

Gleichgültig auch deshalb, weil der Tod ein alltägliches Gesicht bekam. Im Winter 1941/42 lagen in der ganzen Stadt Leichen am Rande der Straße, die aus den Häusern gebracht und auf den Bürgersteigen gestapelt wurden. Särge gab es längst nicht mehr, bestenfalls verhüllte noch ein Leichentuch den Anblick der Toten. Lastwagen sammelten sie ein, um sie zu Friedhöfen zu karren, wo sich selbst dem abgestumpftesten Betrachter ein schauriges Bild bot. Tote aller Altersgruppen, auch zahlreiche Kinder, lagen dort, in den Positionen verharrend, in denen sie gestorben waren: im Sitzen, im Liegen, mit erhobenen Armen oder gebeugten Beinen. Da der Boden gefroren war, konnten die Massen-

Links: Das Tor zur »Straße des Lebens« über den zugefrorenen Ladogasee.

Oben: Tag und Nacht brachten die Lastwagen über die »Straße des Lebens« Versorgungsgüter nach Leningrad.

gräber häufig nur durch Sprengungen ausgehoben werden. Tausende von Leichnamen wurden in die langen Gräben geworfen und mit Erde bedeckt. Durchschnittlich zweitausend Tote meldete die Verwaltung des Friedhofs Piskarjowskoje in den ersten Wintermonaten 1941/42.

Der Frost, der die Aushebung der Gräber erschwerte, hatte jedoch auch sein Gutes: Temperaturen von vierzig Grad unter Null verhinderten die Verwesung der Toten und verringerten somit die Gefahr, daß Seuchen ausbrachen. Deshalb mußten die Opfer von Hunger, Kälte und deutschen Bomben noch vor Beginn des Tauwetters im Frühjahr begraben werden. Eine gespenstische Prozession begann: Die Angehörigen brachten auf Schlitten ihre Toten zu den Friedhöfen oder Sammelstationen.

Trotz dieser fürchterlichen Bilder, trotz des unfaßbaren Elends hieß es, sich weiter auf die Suche nach Eßbarem, nach Brennholz und wieder nach Lebensmitteln zu machen. Das biblische Wort vom »täglichen Brot« erschloß sich den Leningradern in seiner elementaren Bedeutung.

Tatjana Fjodorowna, Schülerin.

Die Angst ist ein ganz ungewöhnliches Gefühl. Manchmal packt sie einen völlig unerwartet, wenn eigentlich gar keine Bedrohung lauert. In einer Nacht hatte es mehrmals Fliegeralarm gegeben, aber zum Luftangriff war es nicht gekommen.
In der Stadt herrschte beinahe Totenstille. Da hörte ich ein Geräusch, das Dröhnen eines Flugzeuges, das näher kam. Der Pilot schien ohne jede Furcht seine Kreise zu ziehen, und wir fühlten uns schutzlos preisgegeben. Bald näherte er sich unserem Stadtteil, bald flog er wieder davon. Als er erneut auftauchte, dachten wir, daß er nun genau über unseren Köpfen schwebte. Und dies war der schrecklichste Augenblick, weil wir jeden Moment damit rechneten, daß ausgerechnet jetzt eine der Bomben unser Haus treffen würde.
Das war die heftigste Empfindung von Angst, die ich je hatte. Auch wenn diese Situation bestimmt nicht die bedrohlichste war. Erst später wurde mir bewußt, daß das Flugzeug nur ein Aufklärer war.

Georgij Kulagin notierte zwischen März und Juli 1942 in sein Tagebuch:

22. März 1942

Die Leute bewegen sich irgendwie besonders beschwerlich. Sie bleiben oft stehen. Lange schauen sie vor sich hin mit einem Blick, der in die Leere geht. Andere bewegen sich vorsichtig, langsam, stützen sich dabei auf einen Stock, als ob sie etwas sehr Zerbrechliches in sich trügen. In der Tat, was könnte denn zerbrechlicher sein als das Leben der Leningrader, die diesen Winter durchgemacht haben?

5. Mai 1942

Die ägyptischen Priester ebenso wie die Borgias in Italien kannten Gifte, die schleichend, aber unabwendbar tödlich wirkten. Anfangs merkten die Opfer noch nichts, sie lebten, lachten, liebten wie gewohnt. Eines Tages, wenn sie in den Spiegel schauten, entdeckten sie plötzlich eine eigenartige Blässe im Gesicht und neue Falten. Danach begannen die Zähne zu wackeln, die Haut wurde faserig, der Glanz verschwand aus den Augen. Man hörte auf zu lachen, sich zu bewegen, sich zu unterhalten – und zu leben. Manchmal scheint mir, daß der Feind solches Gift gegen unsere Stadt eingesetzt hat.

23. Juni 1942

Im Februar kam zu den Mangelkrankheiten noch der Hungerdurchfall. Die Wirkung dieser unscheinbaren Krankheit auf den entkräfteten Organismus war fürchterlich. Als ob sie mit einer Pumpe innerhalb von ein bis zwei Wochen alle Lebenssäfte aus dem Menschen herauspumpte. Der Erkrankte magerte katastrophal ab, trocknete aus, wurde gelb und hatte kaum eine Chance zu überleben. Der Organismus verlor die Fähigkeit, die Nahrung zu verdauen. Nur ausgesprochene Glückskinder kamen aus der Krankenstation für Durchfallpatienten jemals wieder lebend heraus. Im März kam auf verheerende Weise Skorbut hinzu. Die Beine schwollen auf den doppelten Umfang an, wurden blau, wurden von Ausschlag und Geschwüren bedeckt und trockneten schließlich aus. Seit dem Frühlingsbeginn stürzten sich alle auf das frisch aus dem Boden sprießende Gras, aber auch das brachte kaum Abhilfe. Inzwischen wurde Gras sogar offiziell als eßbar eingestuft.

In der eisernen Umklammerung des Hungers

Schlitten mit Mumien und Entkräfteten werden mühsam über die Straßen gezogen. Die Menschen laufen und laufen. Morgens, mittags, abends. Sie laufen mit unterschiedlichen Schritten in verschiedene Richtungen. Sie laufen schweigend über totenstille Straßen. Sie laufen unentwegt, beharrlich, sie gehen so, als hätte jeder sein eigenes nahes und endgültiges Ziel: Nur noch diese letzte Anstrengung, und das Ziel ist erreicht. Und sie laufen weiter ... Wozu? Im Januar sah ich auf der Straße einen Fünftonner. Er fuhr schnell zur Brücke und holperte über die verschneiten Schlaglöcher. Auf der Ladefläche waren über die Seitenwände hinaus Leichen aufgehäuft, die Wachspuppen ähnelten. Sie glichen wirklich eher schlechten Theaterfiguren als toten Menschen: Die Haut vertrocknet und gelb, zu unnatürlich waren ihre Arme eingeknickt und ihre Köpfe in den Nacken geworfen. Oben thronten drei Arbeiter. Um sich wenigstens irgendwie vor der Kälte zu schützen, drückten sie sich an ihre Fracht, stützten sich mit den Ellenbogen auf ihnen auf und streckten die Beine weit auseinander, die in Stiefeln steckten. Keiner der Passanten beachtete den Lastwagen – es war schon ein normaler Anblick.

4. Juni 1942

Ich erinnere mich an einen ruhigen Tag im März, an dem noch vereinzelt kleine Schneeflocken fielen. Da sah ich am Ende einer Gasse Leichen an einem Zaun – drei, vier, sechs. In schmutzigen Wattejacken, mit tief über die noch offenen Augen gezogenen Mützen. Sie waren nachlässig hingekippt worden an diesen Sammelplatz von Toten der letzten Nacht. Ein alter Mann lag noch auf der Tragbahre, wie man ihn hergebracht hatte: Offenbar waren die Träger zu matt gewesen, sie freizuräumen und wieder zurückzutragen. Ich schaute auf das Wachsgesicht des alten Mannes, auf die umgestülpten Taschen (jemand hatte nach Bezugsscheinen gesucht), auf seine halb zugedeckten glasigen Augen. Schneeflocken, die ihm auf das Gesicht fielen, schmolzen nicht, denn seine Haut war hart und kalt wie Stein. Unwahrscheinlich, daß das jemals ein Mensch war. Bei den anderen Leichen waren die Arme abgewinkelt, die Taschen durchwühlt. Fast alle waren ohne Schuhe – denn ihre Filzstiefel wurden dringend von den Lebenden gebraucht.

16. Juli 1942

Die Deutschen werfen Flugblätter ab. Gestern fand ich einige. Der Inhalt ist ausgesprochen gemein und heuchlerisch. Sie, die Leningrad täglich beschießen, schrieben: »Wir wollen eure herrliche Stadt nicht zerstören.« Sie, die unser Land überfallen haben und unsere Frauen und Kinder erbarmungslos vernichten, bedauern angeblich, daß »Ströme russischen Blutes fließen«. Was für eine gemeine Heuchelei!

Je mehr die Lebensmittelvorräte zur Neige gingen, desto verzweifelter stürzten sich die Menschen auf alles, was irgendwie eßbar schien: Lederriemen, technische Öle, Leinölfirnis, Pflanzenabfälle, Vaseline, Holzspäne. Sie rissen Tapeten von den Wänden und kratzten den Klebstoff ab, weil das Gerücht kursierte, der Leim sei aus Kartoffelmehl hergestellt. Schließlich wurde sogar Erde zum begehrten Lebensmittel, allerdings nur jene »Erde« vom Boden des Badajew-Lagerhauses. In diesen Vorratsdepots war während der deutschen Bombardements im September 1941 auch Zucker verbrannt und ins Erdreich eingesickert. Aus den schwarzen Klumpen versuchten Chemiker während der Belagerung Süßstoff rückzugewinnen. Wer sich keinen großen Aufwand leisten konnte, lutschte die Erde pur, die süß und sandig zugleich geschmeckt haben soll.

Mit dem wachsenden Hunger stieg auch die Bereitschaft, selbst Ungenießbares zu essen. Es gab sogar Fälle, in denen das Fleisch von Leichen verzehrt wurde. Dmitrij Lichatschow, Literaturwissenschaftler und Kulturhistoriker, wirbt in seinem – nachträglich geschriebenen – Tagebuch um Verständnis: »Die Menschenfresserei darf man nicht von oben herab verurteilen. In den meisten Fällen geschah das nicht bewußt. Das wichtigste am Essen war doch das Eiweiß. Wenn dein Kind stirbt und du weißt, daß nur Fleisch es retten kann, dann schneidest du auch welches von einer Leiche ab.«

Plakat zur Stärkung des Widerstandswillens.

»Die Straße des Lebens«

Der Winter, der die Lage der Menschen in der Stadt so katastrophal verschärft hatte, bot aber auch eine Chance: Nachschubverbindungen über die zugefrorenen Wasserwege. Bei Temperaturen unter minus vierzig Grad fror der Ladogasee zu. Die Hoffnung der Eingeschlossenen stieg, eine Brücke zur Außenwelt zu gewinnen. Schon seit Anfang November prüften Vermessungstrupps die Belastbarkeit des Eises, am 17. November war es endlich soweit: Die Arbeiten für den Bau einer Straße über den zugefrorenen See konnten beginnen. Der erste Transport startete am 20. November. Zuerst brachten nur leichte Pferdewagen, dann größere Schlitten, schließlich ganze Lastwagenkolonnen Lebensmittel nach Leningrad hinein und transportierten auf dem Rückweg Schwerverletzte, Frauen und Kinder aus der Stadt. Mit der »Straße des Lebens«, wie die Leningrader den Weg über den See nannten, wurde die deutsche Blokkade zum erstenmal durchbrochen.

Auch wenn nur das Allernötigste auf diesem Weg in die Stadt gelangte, für Zehntausende war es die Rettung. Doch diese »Straße des Lebens« konnte sich sehr schnell in eine »Straße des Todes« verwandeln. Die Deutschen bombardierten die Transportkonvois aus der Luft; ständig bestand für die Fahrzeuge die Gefahr, in eines der Löcher einzubrechen, die deutsche Bomben in das Eis rissen. Die Oberfläche war auch keineswegs völlig eben. Wer während der holprigen Fahrt vom Wagen fiel, konnte in den Schneestürmen schnell die Orientierung verlieren und war der Eiswüste ausgeliefert. Elena Skrjabin, die im Februar 1942 mit ihren Kindern evakuiert wurde, beschrieb in ihrem Tagebuch, wie ihr Wagen bei der Fahrt über den Ladogasee mit einem Defekt liegenblieb: »Der Wagen, der hinter uns herfahren und im Notfall helfen soll, fährt vorbei, und wir sind in einem unendlichen Schneefeld uns selbst überlassen. Fahrer und Beifahrer plagen sich mit der Reparatur. Es wird immer kälter. Ein ununterbrochener Strom von Fahrzeugen überholt uns – alle haben nur den einzigen Wunsch, eine so gefährliche Stelle wie den Ladogasee, der pausenlos bombardiert und mit Artilleriefeuer beschossen wird, schnellstens zu überqueren. Erst um zehn Uhr abends erreichen wir mühsam das gegenüberliegende Ufer.«

Auch wer die gefährliche Strecke über die offene Eisfläche glücklich zurückgelegt hatte, war noch nicht endgültig in Sicherheit. Was die offiziellen sowjetischen Berichte von heroisch verklärter Leidensfähigkeit und Widerstand schamhaft verschwiegen: Beim Weitertransport mit dem Zug spürten viele der Flüchtlinge, daß sie häufig gar nicht willkommen waren, weil die Evakuierten die Versorgungslage in den betreffenden Gebieten noch verschärften. Von Mitreisenden bestohlen, von den neuen Nachbarn mißtrauisch beäugt, wurde manchem Leningrader bald klar, daß er nicht überall Mitleid und Hilfsbereitschaft erwarten durfte.

Doch trotz der Risiken: Fast achthunderttausend Menschen, die im Winter 1941/42 aus der Stadt evakuiert wurden, rettete die Fahrt über den zugefrorenen Ladogasee das Leben. Auch für die, die in Leningrad bleiben mußten, weil die Transportkapazität beschränkt war, wurde die Versorgungsbrücke zur »Straße des Lebens«. Denn die fünftausend Tonnen Lebensmittel, mit denen die belagerte Stadt versorgt werden konnte, bewahrten viele Leningrader vor dem Hungertod. Bis das Tauwetter im April die Straße über das Eis lahmlegte und wieder die wenigen Schiffe der Ladogaseeflotte die Versorgung der Stadt mit Lebensmitteln übernahmen, hatte sich die dramatische Situation deutlich entspannt.

Die Rationen konnten wieder ein wenig heraufgesetzt werden. Hundert Gramm Brot zusätzlich, dreihundertfünfzig statt vorher zweihundertfünfzig Gramm, erhielten die Arbeiter am 24. Dezember 1941 – ein unschätzbares Weihnachtsgeschenk. Dennoch starben allein an diesem Tag 3700 Leningrader den Hungertod. Für sie kam zwar jede Hilfe zu spät, aber die Überlebenden konnten wieder Hoffnung schöpfen.

Die Lage verbesserte sich, nicht nur wegen der Evakuierungen: Die katastrophalen Folgen des ersten Blockade-

Links: Sturmangriff gegen den Belagerungsring um Leningrad.

Unten: Soldaten der Newa-Front feiern den Durchbruch der Leningrader Blockade am 18. Januar 1943.

winters hatten bewirkt, daß die Zahl der Stadtbewohner drastisch zurückgegangen war. Somit wurden die zur Verfügung stehenden Lebensmittel auf weniger Köpfe verteilt. Die Rationen konnten angehoben werden. So makaber es klingt: Die Toten ermöglichten den Lebenden zu überleben.

»Leningrad ist zu Fall zu bringen!«

Zu Beginn des Jahres 1942 entbrannten im Abschnitt der Heeresgruppe Nord erbitterte Gefechte. Die Rote Armee versuchte mit aller Kraft, die unterbrochene Landverbindung nach Leningrad wiederherzustellen. Der 2. sowjetischen Stoßarmee gelang es schließlich, die Verbände der Wehrmacht über den Wolchow zurückzuwerfen und eine zehn bis zwanzig Kilometer breite Bresche in die deutschen Linien zu schlagen, während zur gleichen Zeit die 54. Armee von Schlüsselburg ihren durchbrechenden Kameraden entgegenzukommen versuchte. Damit wären starke deutsche Verbände eingekesselt gewesen, und es hätten reelle Aussichten zur Befreiung Leningrads bestanden. Die Hälfte des Weges hatten die sowjetischen Einheiten bereits geschafft, doch gelang es im März den Deutschen mit einer Gegenoffensive, den Waldweg, über den der sowjetische Nachschub abgewickelt wurde – die sogenannte Erikaschneise –, zurückzuerobern. Nun war es die 2. sowjetische Armee, der die Einschließung drohte. Stalin, der die erfolglosen Heerführer ebenso umgehend wie sein deutscher Kontrahent für seine eigenen Fehler verantwortlich machte, setzte einen neuen General ein, der die Katastrophe am Wolchow abwenden sollte: Andrej Andrejewitsch Wlassow fiel die Aufgabe zu, die eingeschlossenen Verbände wieder zu befreien. Zwar gelang es seinen Truppen, einen schmalen Versorgungskorridor durch die deutschen Linien zu schlagen, doch mußte sich Stalins 2. Stoßarmee trotz erbitterter Gegenwehr letztlich geschlagen geben. Am 11. Juli 1942

Alexej Baranow,
Soldat an der Leningrader Front.

Nachdem wir schon einige Male vergeblich versucht hatten, den deutschen Blockadering um Leningrad zu sprengen, sammelten wir uns im Januar 1943 zur alles entscheidenden Schlacht. Alle hatten nur den einen Gedanken: die Blockade zu durchbrechen, koste es, was es wolle. Und die Kosten waren hoch für uns. Von 144 Mann unserer Kompanie waren zum Schluß nur noch 17 Soldaten beim Durchbruch zur Wolchowfront mit dabei. Doch das war ein Zusammentreffen! Nach sieben Tagen härtesten Kampfes fielen wir uns in die Arme, küßten uns und weinten. Ja, besonders wir, die Soldaten aus Leningrad, weinten. Es waren Tränen über die Verluste und Tränen über den Sieg. Wir hatten unsere Aufgabe erfüllt.

geriet General Wlassow in deutsche Gefangenschaft und wurde in Hitlers Hauptquartier gebracht.

Dies war der Auftakt eines Propagandacoups: Wlassow, einer der fähigsten und politisch zuverlässigsten Generale der Roten Armee, erklärte sich bereit, gegen Stalins Herrschaft zu kämpfen. Schon bald warf die Luftwaffe über den sowjetischen Linien Flugblätter ab, auf denen der prominente Überläufer die Offiziere und Soldaten der Roten Armee aufrief, sich Stalins Gewaltherrschaft zu widersetzen. Wlassow kündigte die Aufstellung einer eigenen Armee an, um Rußland von der »bolschewistischen Tyrannei« zu befreien. Doch seine Appelle blieben folgenlos. Auch die Verfechter des nationalsozialistischen Rassenwahns wollten einen »slawischen Untermenschen« nicht als Partner akzeptieren. Für sie blieb Wlassow letztlich nur ein »Verräter

Unten: Sowjets im Kampf um die Zufahrtswege nach Leningrad.

Rechts: Mit dem Mut der Verzweiflung versuchen die eingekesselten Truppen immer wieder, den Belagerungsring um Leningrad zu durchbrechen.

zur besonderen Verwendung«, dessen propagandistischer Kurswert für das »Dritte Reich« bald wieder sank.

In den Planungen für die deutsche Sommeroffensive des Jahres 1942 stellte Leningrad für Hitler weiterhin einen Eckpfeiler seiner Strategie dar. In der am 4. April ausgegebenen Weisung Nr. 41 lautete das Hauptziel für die Heeresgruppe Nord, »Leningrad zu Fall zu bringen und die Landverbindung mit den Finnen herzustellen«.

Allerdings stellte der »Führer« für diese Aktionen keine zusätzlichen Kräfte zur Verfügung, da der Schwerpunkt der Sommeroffensive im Süden der Ostfront lag. Als jedoch die Wehrmacht dort im Juli schnelle Erfolge verzeichnete, befahl Hitler am 23. Juli 1942, auch den Angriff auf Leningrad vorzubereiten. Für das Unternehmen »Feuerzauber«, das am 1. August in »Nordlicht« umbenannt wurde, kommandierte er fünf Divisionen der 11. Armee, die auf der Krim und vor Sewastopol gekämpft hatten, in den Norden ab. Über eine Entfernung von zweitausend Kilometern mußte die Verstärkung an ihren neuen Einsatzort herangeführt werden. Aus der Wahl der Einheiten und der Benennung des Oberbefehlshabers für diesen Frontabschnitt wurde Hitlers Vorhaben ersichtlich. Erich von Manstein, der mit dieser Armee die uneinnehmbare Festung Sewastopol bezwungen hatte, sollte seinen Erfolg im Norden wiederholen. Wie in Sewastopol wollte Hitler mit riesigen Artilleriegeschützen auch den Widerstand Leningrads endgültig brechen. Manstein sollte, so befahl der »Führer« persönlich, »Leningrad dem Erdboden gleichmachen« – mit eben

Oben: Sowjetischer Gegenangriff am Ladogasee.

Rechts: Aus Belagerern werden Gefangene.

jenen Riesengeschützen, die schon das bombensichere Bollwerk auf der Krim in Schutt und Asche gelegt hatten.

Mansteins Strategie sah vor, mit drei Korps von Süden her die sowjetischen Stellungen zu durchbrechen, nach Osten zu schwenken und über die Newa in die Stadt einzurücken. Der jüngste deutsche Feldmarschall setzte dabei auch auf die neuen Panzer vom Typ »Tiger«, die hier erstmals zum Einsatz kommen sollten.

Doch die Pläne für einen deutschen Großangriff auf Leningrad wurden abrupt zunichte gemacht. Bei Gaitolowo durchbrachen sowjetische Verbände die Linien der 18. deutschen Armee und stießen nach Westen vor. Mga, die wichtigste Station der Kirow-Bahn, drohte wieder in sowjetische Hände zu fallen. Drei »Tiger« wurden dabei von der sowjetischen Abwehr zerstört. Dennoch endete diese erste »Ladoga-Schlacht« schließlich mit einer sowjetischen Niederlage. Der 18. Armee unter General Lindemann gelang es, den sowjetischen Vorstoß zurückzuschlagen, über zwölftausend Soldaten der Roten Armee gerieten in deutsche Gefangenschaft.

Doch die Kämpfe am Ladogasee und weiter südlich – im

sogenannten Demjansker Korridor – verhinderten, daß die Vorbereitungen für das Unternehmen »Feuerzauber/Nordlicht« planmäßig abgeschlossen werden konnten. So wurden zwar die sowjetischen Gegenoffensiven gestoppt, aber die Munitionsvorräte für die Operation »Leningrad« waren weitgehend verbraucht.

Die Folge: Am 1. September 1942 stellte Generalstabschef Halder die vorgesehene Eroberung Leningrads zurück – einstweilen, hieß es. Manstein wurde erneut in den Süden zurückkommandiert. Der Befehl zur weiteren Einschließung und Belagerung der Stadt blieb jedoch bestehen.

Wiederholt versuchte die Rote Armee nach Kräften, den Ring um Leningrad zu sprengen. Am Südufer des Ladogasees tobten beinahe ununterbrochen Kämpfe. Die zweite Phase der »Ladoga-Schlacht« begann am 12. Januar 1943 mit einem Artillerieangriff von bis dahin noch nie dagewesenem Ausmaß: Mit viereinhalbtausend Geschützen nahm die Rote Armee die deutschen Stellungen unter Feuer, bevor die 2. Stoßarmee unter Generalleutnant Romanowski mit sieben Divisionen ihre Infanterieoffensive begann. Wie im Süden, so war auch im Norden der Blitzkrieg von erbitterten Stellungskämpfen abgelöst worden, die einen enormen Tribut forderten. Das Oberkommando der Heeresgruppe Nord schätzte die Verluste allein bei den Sowjets auf mehr als eine Viertelmillion Mann.

Der Roten Armee gelang es zwar nicht, die Kirow-Bahn, die wichtigste Verkehrsverbindung nach Leningrad, der deutschen Kontrolle zu entreißen, sie konnte jedoch einen etwa zehn Kilometer breiten Korridor nach Schlüsselburg erkämpfen. Der Belagerungsring war an einer Stelle durchlässig geworden. Am 18. Januar 1943 meldete der Leningrader Rundfunk: »Lange haben wir auf den Tag gewartet, wir wußten, daß er kommen würde. Wenn wir unsere Angehörigen und Freunde ohne jede Feierlichkeit in die frostharte Erde der Massengräber betten mußten, schworen wir ihnen statt eines Abschiedsworts: ›Die Blockade wird durchbrochen.‹«

Nun war die Blockade löchrig geworden. Am 7. Februar konnte über die schmale Landbrücke am Ladogasee wieder der erste Zug nach Leningrad fahren. Aber erst am 27. Januar 1944 – neunhundert Tage nachdem die Wehrmacht den Ring um Leningrad geschlossen hatte – erlebte die Stadt ihre vollständige Befreiung.

»Möge keiner vergessen«

Als die Nachricht von der Eroberung Schlüsselburgs im Januar 1943 Verbreitung fand, wurden überall Flaggen gehißt, Musik erklang, Hoffnung keimte auf. Freude herrschte vor allem in den Straßen Leningrads – allerdings verhaltene Freude: Die Kraft zu überschäumender Ausgelassenheit reichte bei vielen nicht mehr aus. Verhalten auch, weil für etliche die Rettung zu spät kam. Mehr als fünfhunderttausend Hungertote ergab die traurige Bilanz der Behörden. Heutige Schätzungen liegen weitaus höher: Mehr als eine Million Menschen ließen während der Belagerung Leningrads ihr Leben. Aber Hitler hatte sein Ziel nicht erreicht. Er vermochte den Widerstand der Bevölkerung nicht zu brechen: Sein Befehl, Leningrad dem Erdboden gleichzumachen, blieb perfides Planspiel.

Der Friedhof Piskarjowskoje, die letzte Ruhestätte hunderttausender Opfer des Hungertodes, ist heute eine Gedächtnisstätte. Hier findet sich eine Inschrift: »Möge keiner vergessen; möge nichts vergessen werden.«

Die Falle schnappt zu

Sechzig Kilometer breit ist die Landbrücke zwischen den beiden mächtigen Strömen im Süden Rußlands. Sechzig Kilometer trennten die Wolga vom Don und damit Stalingrad von der Front. Über den Höhenrücken 137 versuchten deutsche Panzer im August 1942 die sowjetischen Verteidigungslinien zu durchbrechen.

»18 Uhr, Wolga erreicht. Übersetzungsmöglichkeiten zur Bildung eines Brückenkopfes am Ostufer vorhanden.« Dieser Funkspruch ging am 23. August beim Stab der 16. Panzerdivision ein. Abgesandt hatte ihn Oberstleutnant Hyazinth Graf von Strachwitz, dessen Abteilung in den frühen Abendstunden dieses heißen Hochsommertages bei Rynok bis zum hochgelegenen Westufer des Flusses vorgestoßen war. Seine Soldaten hatten einen drei Kilometer breiten Korridor in die sowjetischen Verteidigungslinien gerissen und waren in die nördlichen Vororte Stalingrads eingedrungen. Zum erstenmal standen deutsche Panzer am Ufer der Wolga.

Noch ahnen sie nichts von der herannahenden Katastrophe.

Nun erwarteten sie die ihnen folgenden Kameraden und bereiteten sich auf die Gegenangriffe der Roten Armee vor. Denn die Reaktion der Verteidiger war eindeutig: »Die durchgebrochenen Kräfte sofort vernichten.« So lautete der Befehl der STAWKA. Mit allen zur Verfügung stehenden Kräften versuchten die Sowjets den deutschen Vorposten zu zerschlagen, der weit vor den eigenen Linien stand, ohne Verbindung zu nachrückenden Verbänden. In eilig ausgehobenen Stellungen igelten sich die Deutschen ein, um Schutz vor dem sowjetischen Artilleriefeuer zu suchen. Rückzug war strikt untersagt. Der »Führer« hatte befohlen: »16. Panzerdivision hält Stellung unter allen Umständen. Adolf Hitler.«

Eine Woche verteidigten die eingekesselten Einheiten der 16. Panzerdivision den Brückenkopf um Rynok und Spartakowka, die beiden nördlichen Industriesiedlungen vor Stalingrad. Die 22. sowjetische Armee bemühte sich mit zunehmender Stärke, die Deutschen zurückzuschlagen und die Verbindungen der deutschen Vorposten am westlichen Donufer zur 6. Armee zu durchschneiden. Vom 24. August bis 1. September mußte der erste Kessel am Stadtrand von Stalingrad aus der Luft versorgt werden.

Neben Nachschubaufgaben hatte Görings Luftwaffe einen weiteren Auftrag: In der Nacht zum 24. August begannen die konzentrierten Bombenangriffe auf Stalingrad. Sechshundert Maschinen luden ihre tödliche Last über der Stadt ab und verwandelten sie in eine einzige Flammenhölle. Zuerst brannten die Industrieviertel, wo aus den getroffenen Öllagern bis zu zweihundert Meter hohe Flammensäulen den Nachthimmel erleuchteten. Vierzigtausend Tote verursachte das deutsche Bombardement nach sowjetischen Angaben allein unter der Zivilbevölkerung. Doch die Verteidiger verzichteten zu diesem Zeitpunkt auf eine Evakuierung, zu der sie zunächst entschlossen schienen: Über Funk – das gesamte Telefon- und Telegrafennetz war durch den deutschen Luftangriff ausgeschaltet worden –

Vormarsch Richtung Wolga – bei Temperaturen um vierzig Grad.

setzte sich Andrej I. Jeremenko mit dem Kreml in Verbindung und schlug eine Räumung der Wohnviertel und der Rüstungsbetriebe, ja der ganzen Stadt vor. Doch Stalin lehnte das Ansinnen seines Oberbefehlshabers in Stalingrad kategorisch ab: »Darüber wollen wir gar nicht reden. Man muß verstehen, daß, wenn wir mit der Evakuierung beginnen und die Sprengung der Objekte vorbereiten, alle denken werden, wir wollten Stalingrad aufgeben. Das Oberkommando verbietet daher die Evakuierung.«

Jeremenko gehorchte. Die Vororte wurden zur Verteidigungszone erklärt. Wie ein Jahr zuvor in Moskau, so bereiteten die Verteidiger diesmal die Stadt an der Wolga auf die Belagerung vor. Zivilisten und Soldaten errichteten Panzersperren, zogen Minengürtel, hoben Sperrgräben aus, verbarrikadierten die Straßen, bauten Schützenstellungen.

Zur gleichen Zeit hielten die Deutschen ihre Brückenköpfe am Wolgaufer gegen sowjetische Angriffe. Die Infanterieverbände rückten von drei Seiten auf die Stadt zu. Die Schlacht um Stalingrad hatte begonnen.

»Aus psychologischen Gründen dringend notwendig«

Stalingrad, die Metropole an der Wolga mit fast einer halben Million Einwohner, bot aus der Luft ein eigentümliches Bild: Über dreißig Kilometer lang, aber nur fünf Kilometer breit zog sich die Stadt als schmales Band am Ufer des an

Linke Seite
Oben: Deutsche Panzerbesatung begrüßt eine anfliegende Ju 87.

Unten: Marschziel Stalingrad. Endlos erscheinen die Steppen am Don.

Oben: Vor dem Eintreffen der Deutschen hatten die Sowjets auch diese Ölraffinerie bei Suchum in Brand gesetzt.

Oben rechts: Deutsche Nebelwerfer im Einsatz.

dieser Stelle zweitausend Meter breiten Stromes entlang. Brücken gab es nicht, das Ostufer war nur dünn besiedelt, alle wichtigen Gebäude der Stadt lagen am Westufer, das sich an manchen Stellen bis zu hundertfünfzig Meter steil über dem Fluß erhob. Holzhäuser in schachbrettartig angelegten Wohnsiedlungen prägten das Stadtbild. Hier schlug das industrielle Herz des Südens der großen Sowjetunion. Allein in der Stahlgießerei »Roter Oktober« waren zwanzigtausend Arbeiter beschäftigt; ihr schloß sich das von Amerikanern gebaute riesige Traktorenwerk Dserschinski an, das monatlich zweihundertfünfzig Panzerungetüme vom Typ T 34 produzierte. Nachschub für die Rote Armee lieferte auch die Geschützfabrik »Rote Barrikaden«; das Benzin produzierten die hier angesiedelten bedeutendsten Ölraffinerien des Landes. Stalingrad war ein Zentrum der Schwerindustrie, aber auch ein wichtiger Verkehrsknotenpunkt. Die deutschen Piloten hatten den verzweigten Gleis-

anlagen des Bahnhofs aufgrund ihrer eigentümlichen Form den Namen »Tennisschläger« gegeben. Ein anderes Wahrzeichen der Stadt, die von weitem sichtbaren überdimensionalen Getreidesilos, die die südliche Silhouette Stalingrads prägten, war von General Paulus als Motiv für ein Armschild ausgewählt worden, das an die Soldaten verliehen werden sollte – nach dem Sieg.

Die Stadt an der Wolga hatte im August 1942 für beide Seiten mehr als symbolische Bedeutung gewonnen. Ihre strategisch günstige Lage – sie war gleichermaßen Tor zum Kaukasus wie in den Fernen Osten – ließ die Stadt, eine Gründung Iwans des Schrecklichen, im 16. Jahrhundert zu einem wichtigen Handelsposten werden, der sich schon damals vor Überfällen durch die Tataren schützen mußte. Aus dieser Zeit stammte ein gut erhaltener Schutzwall, der sich vom Donknie bei Katschalinskaja über den Mamai-Kurgan zog – ein beliebtes Ausflugsziel der Stalingrader.

Auch in jüngerer Geschichte war Zarizyn – die Stadt der Zarin, wie Stalingrad bis 1925 hieß – Schauplatz entschei-

Oben links: Jubel nach einem Volltreffer.

Oben rechts: Meter um Meter kämpfen sich die deutschen Infanteristen vor.

Links: Auch beim Essen höchste Wachsamkeit.

Rechte Seite: Schuß vor den Bug eines deutschen Panzers IV.

Düstere Prophezeiung eines britischen Karikaturisten.

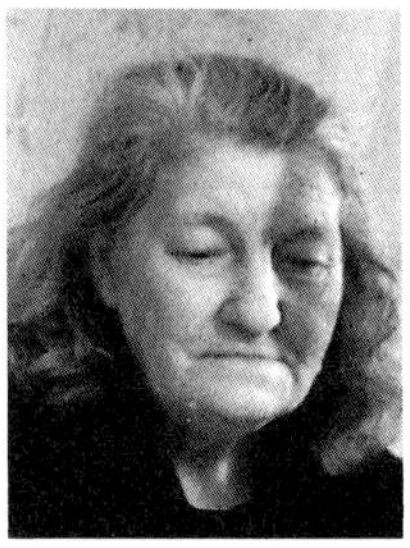

Anna Soldatowa, Fabrikarbeiterin.

Im Sommer 1942 wurde die Evakuierung der Zivilbevölkerung Stalingrads angekündigt. Sie fand aber nie statt. Es wurde einzig ein Eisenbahnzug zusammengestellt, der aber bis 1943 stehenblieb, weil es keine funktionsfähige Lokomotive gab. In Wirklichkeit war nämlich eine Evakuierung überhaupt nicht vorgesehen. Die Frontkommandeure wünschten sich, daß die Menschen in Stalingrad blieben. Die Soldaten wüßten dann, wofür sie kämpften. Eine menschenleere Stadt sei viel schwerer zu verteidigen, sagten die Militärs. Wir wurden also absichtlich im Feuer gelassen, damit unsere Armee länger durchhielt. Nur die Offiziersfrauen wurden mit einem Militärzug aus der Stadt herausgebracht.

Karl Peter, Infanterist.

Beim Kampf um das Getreidesilo bemerkte ich von meinem Beobachtungsposten aus einen etwa dreizehnjährigen Jungen. Der kletterte an einer Hauswand hinunter und lief dann an einer Mauer entlang. Plötzlich entdeckte ich, wie er einen MG-Schützen einwies und ihm unsere Stellungen zeigte. Ein Feldwebel rief mir zu: »Karl, den greif' ich mir, wenn er wieder vorbeikommt.« Als der Junge kam, packte er ihn am Haarschopf und schoß ihm mit der Pistole ins Genick. Ähnlich erging es einer alten Frau, die uns wohl laufend verraten hatte. Da gab es keine Gnade. Die eigene Haut war in diesen Momenten die nächste.

dender Auseinandersetzungen gewesen: Während der blutigen Kämpfe der Oktoberrevolution bemühte sich die Weiße Garde unter Denikyn vergeblich, die Stadt unter ihre Kontrolle zu bringen. Kurz darauf versuchten kaukasische Nationalisten unter Ataman Krasnow, den Schiffsverkehr auf der Wolga zu blockieren, um den Getreidenachschub für die neue Hauptstadt Moskau zu verhindern. Der Mann, der damals die Verteidigung der Stadt organisierte und somit zum Erfolg der Roten Armee beitrug, war Jossif Wissarionowitsch Dschugaschwili, genannt Stalin. Ihm zu Ehren wurde die Stadt 1924 umbenannt.

Für den sowjetischen Diktator war es allein aus diesem Grund schon eine Frage des persönlichen Renommees, daß »sein« Stalingrad nicht in deutsche Hände fiel. Deshalb hatte er am 12. Juli 1942 Marschall Timoschenko in den Kreml gerufen und ihm kurz und bündig mitgeteilt: »Ich befehle die Bildung der Heeresgruppe Stalingrad. Die Stadt selbst wird von der 62. Armee bis zum letzten Mann verteidigt.« Ebenso wie die Stadt für Stalin ein Prestigeobjekt besonderen Ranges darstellte, legte deswegen auch der deutsche Diktator großen Wert auf die Einnahme Stalingrads. »Die Eroberung ist aus psychologischen Gründen dringend notwendig«, erklärte der »größte Feldherr aller Zeiten« Anfang Oktober gegenüber General Paulus und fügte später hinzu: »Der Kommunismus muß seines Heiligtums beraubt werden.«

Stalingrad war für Hitler zur fixen Idee, zu einem Phantom geworden, dem er, je länger der Krieg dauerte, immer verbissener und blindwütiger nachjagte. Das war nicht immer der Fall gewesen, denn in den ursprünglichen Planungen spielte die Stadt am Wolgaknie keine so wichtige Rolle. In der Weisung 41 hatte Hitler sie nur am Rande erwähnt, als Zielraum für die Vereinigung der beiden Zangenarme. Darüber hinaus war es Aufgabe der Heeresgruppe Süd, Stalingrad zu erreichen oder »es zumindest so unter die Wirkung unserer schweren Waffen zu bringen, daß es als weiteres Rüstungs- und Verkehrszentrum ausfällt«.

Erst mit der verhängnisvollen Änderung des Angriffsplans im Juli 1942 erhielt Stalins Stadt in Hitlers Denken ihren fatalen neuen Stellenwert. Laut Weisung 45 sollte die neu geschaffene Heeresgruppe B die Operation »Fischreiher« durchführen. Diese »Geheime Kommandosache« bedeutete, »im Vorstoß gegen Stalingrad die dort im Aufbau befindlichen feindlichen Kräftegruppen zu zerschlagen, die Stadt selbst zu besetzen und die Landbrücke zwischen Don und Wolga sowie den Strom selbst zu sperren«.

Hatte Hitler zunächst »nur« geplant, die Stadt wegen ihrer kriegswirtschaftlichen Bedeutung als Versorgungs- und Rüstungsbasis auszuschalten, so setzte er nun alles daran, die Stadt zu erobern, die den Namen seines verhaßten Feindes im Kreml trug.

»Mit der 6. Armee kann ich den Himmel stürmen«

In Stalingrad wollte der »Führer« im August die endgültige Entscheidung erzwingen, nicht nur der Sommeroffensive 1942, sondern des gesamten Rußlandfeldzugs. Die Lage des deutschen Heeres erwies sich im Spätsommer 1942 allerdings als außerordentlich prekär.

Von der Barentssee bis zum Kaspischen Meer war die Wehrmacht mit der Roten Armee in Kämpfe verwickelt. Auf einer Frontlänge von 5000 Kilometern standen 196 deutsche Divisionen, die von 68 Divisionen der Verbündeten verstärkt und unterstützt wurden. In dem seit mehr als einem Jahr andauernden Rußlandfeldzug vermeldete die Wehrmacht bis zum August 1942 insgesamt 336 000 Gefallene, 1 127 000 Verwundete und 75 900 Vermißte. Diese Lücken konnten nur unzureichend mit neuen Rekruten und genesenen Verwundeten gefüllt werden. Auch der Ersatz aus den besetzten Gebieten Westeuropas vermochte die Verluste nicht vollständig zu ersetzen. An der Sollstärke des Ostheeres fehlten den deutschen Verbänden fast eine Million Soldaten.

Völlig anders gestaltete sich die Situation auf seiten der Roten Armee. Zwar erreichten die Verluste in absoluten Angaben ein Mehrfaches der deutschen Quoten – so mußten allein vier Millionen Rotarmisten im ersten Kriegsjahr den Weg in die deutsche Gefangenschaft antreten. Dennoch standen der sowjetischen Militärführung nach Schätzungen der Abteilung Fremde Heere Ost im Sommer 1942 etwa 790 Divisionen zur Verfügung – viermal so viele wie dem Oberkommando der Wehrmacht. Beim Material neigte sich die Waage ebenso zugunsten der Roten Armee. Sie konnte ihre Verluste zwar nicht durch eigene Rüstungsproduktion ausgleichen, dafür aber rollte nun der amerikanisch-britische Nachschub.

Demgegenüber geriet die Versorgung der deutschen Truppen zunehmend ins Stocken. Die Produktionskapazitäten im Reich waren ausgeschöpft, die Nachschubwege wurden immer länger.

Zum Kampf um Stalingrad war auf deutscher Seite die 6. Armee unter dem Befehl von General Paulus angetreten. Sie wurde von der 4. Panzerarmee General Hoths unterstützt. Der deutschen Streitmacht stellten sich die 62. Armee (Befehlshaber Generalmajor Kolpaktschi), die 63. Armee (Ge-

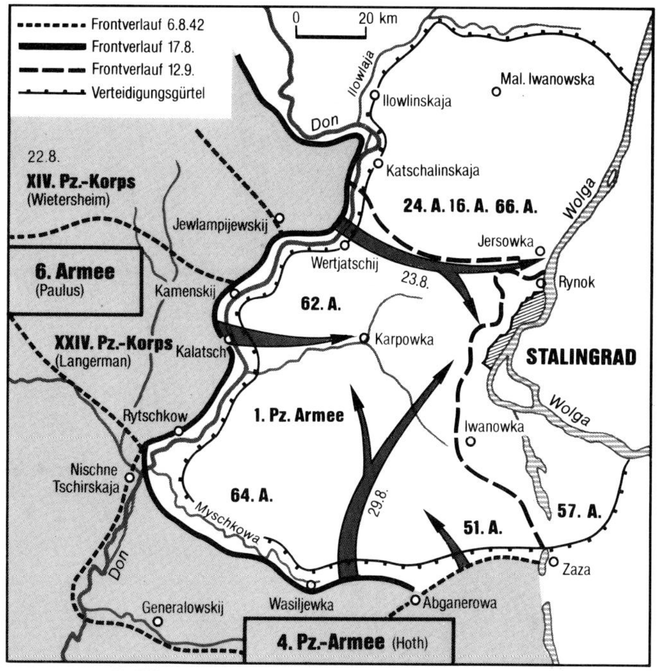

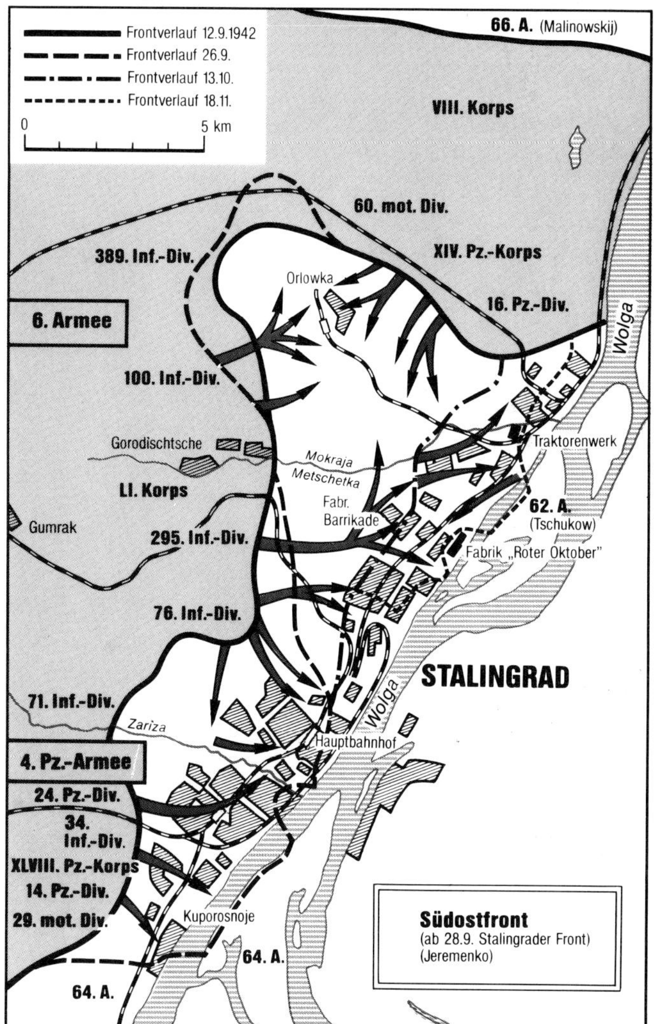

Oben: Die Vorstöße der deutschen Truppen auf Stalingrad.

Unten: Der Kampf um Stalingrad von September bis November 1942.

Norddeutsche Ausgabe
250. Ausg. / 55. Jahrg. / Einzelpreis 20 Pf.

„Freiheit und Brot"

Norddeutsche Ausgabe
Berlin, Montag, 7. September 1942

VÖLKISCHER BEOBACHTER

Zentralverlag der NSDAP., Frz. Eher Nachf. GmbH., Zweigniederlassung Berlin, Berlin SW 68, Zimmerstr. 88 (Ruf 11 00 71). Drahtanschrift Eherverlag Berlin. Zweigstellen in Breslau, Schweidnitzer Str. 16-18 (Ruf 290 55), Bromberg, Adolf-Hitler-Str. 13 (Ruf 38 33), Kattowitz, Poststr. 3 (Ruf 33 333), Litzmannstadt, Adolf-Hitler-Str. 62 (Ruf 14 444), Posen, Berliner Str. 12 (Ruf 16 33). Schriftleitung: Berlin SW 68, Zimmerstr. 88 (Ruf 11 00 71). Sprechstunde 12–13 Uhr. Drahtanschrift: Beobachter Berlin. Münchener Schriftleitung: München 13, Schellingstr. 39 (Ruf 2 08 01). Wiener Schriftleitung: Wien VII, Seidengasse 3-11 (Ruf B 39-5-40)

Kampfblatt der nationalsozialistischen Bewegung Großdeutschlands

Der „Völkische Beobachter" erscheint täglich. Bezugspreis: Norddeutsche Ausgabe RM. 2,80, zuzüglich 42 Pf. Bestellgeld, bei Zustellung durch unsere Zweigstellen monatlich RM. 2,80. Anzeigenschluß: 12 Uhr am Vortage des Erscheinens. Bezugsgebühren: Postscheckkonto: Berlin 4454, Prag 78082, Warschau 10004, Deutsche Bank, Stadtzentrale A, Berlin, Berliner Stadtbank, Girokasse 9, Konto-Nr. 60, Berlin. Gewünschte einzelne Nummern unter Streifband werden nur gegen vorherige Einsendung von 30 Pfennig zugestellt

„Was machen wir mit dem Feind?"

Wickham Steed stellt „reichlich hypothetische" Frage

V. B. Berlin, 6. September.

In der englischen politischen Monatszeitschrift „Contemporary Review" hat Wickham Steed einen Artikel mit der Überschrift „Was machen wir mit dem Feind?" veröffentlicht. Der Name des Verfassers bürgt dafür, daß aus jeder Zeile dieses Aufsatzes verblendeter Haß spricht, denn Wickham Steed ist neben Lord Vansittart seit langen Jahren der wütendste Gegner Deutschlands. Was er als Antwort auf seine Frage von sich gibt, die er selbst in einem Anfall bei ihm sonst ungewohnter Erkenntnis der Wirklichkeit als „reichlich hypothetisch" bezeichnet, ist die alte, abgespielte und krächzende Walze: Zerschlagung des Reiches, völlige Entwaffnung, Polizeiaufsicht durch die Demokratien, Beobachtung des „deutschen Geistes" solange, bis er „reichliche und dauerhafte Beweise einer erfreulichen Formung" zeigt.

Der Northcliffe-Schüler Wickham Steed hat seine geistige Herkunft nie verleugnen können. Nachdem er vergeblich die Lebensfähigkeit des Versailler Diktats, in dem dieser wüste Hasser alles Deutschen stets den Gipfel politischer Vernunft gefeiert hat, jahrelang zu beweisen versucht hatte, warf er sich mit einer an Wahnsinn grenzenden Wut in den Schreibtischkampf gegen die Erneuerung Deutschlands durch den Nationalsozialismus. Seine Hysterie wuchs mit jedem nationalsozialistischen Erfolg. Er verfaßte ein Pamphlet nach dem anderen gegen den Nationalsozialismus schreiben. Darüber hinaus aber gibt es für ihn nur blinden Haß auf „reichlich hypothetischer" Grundlage:

„Wir und die vereinigten Nationen müssen auf jeden Fall die totale Entwaffnung aller deutschen Staaten (!) herbeiführen. Wir und die vereinigten Nationen müssen uns Zeit nehmen, um zu erkennen, welche Form der deutsche Geist annimmt."

Dieser Mühe brauchen sich weder Mr. W. Steed noch die vereinigten Nationen zu unterziehen. Der deutsche Geist wird so nationalsozialistisch werden, daß den

Gigantische Brände wüten in der Wolga-Stadt

Orkan von Feuer und Eisen geht auf Stalingrad nieder

Der deutsche Angriff gewinnt ständig Boden

V. B. Berlin, 6. September.

Mit der verzweifelten Verbissenheit dessen, der weiß, was der drohende Verlust gerade dieser Stadt für die sowjetische Kriegführung bedeutet, verteidigen die Bolschewisten Stalingrad. Mögen aber ihre Anstrengungen im Einsatz von Menschen und Material noch so groß sein, so vermögen sie doch das von unseren Waffen und Soldaten bestimmte Schicksal dieser Stadt.

eingerichteten Friedenshorst. Vieles ist improvisiert, manchmal fehlen die Hilfskräfte und -mittel, aber die rollenden Einsätze funktionieren wie ein gut geöltes Uhrwerk. Mag der Teufel wissen wie. Wenn mal kein

Zwei Jahre junges Rumänien

Von unserem Bukarester Berichterstatter Karl Hermann Theil

Bukarest, 6. September.

Über Rumänien und besonders über seiner Hauptstadt Bukarest pflegt in den ersten Septembertagen eine versöhnliche Stimmung zu liegen. Die Kraft der glühend heißen, alles verdorrenden Sommersonne ist gebrochen, und die Pflanzenwelt atmet noch einmal auf. Der Bevölkerung stehen zwei wunderschöne Monate bevor, in denen die Sonne mild leuchtend am Himmel hängt und die Welt von einem goldgelben Licht erfüllt ist, das alles Geschehen weniger kraß, weniger hart und seltsam gemildert erscheinen läßt. Zufriedenheit ist das allgemeine Charakteristikum der Stimmung im rumänischen Herbst.

Und doch hat es zu Beginn des Herbstes 1940 in Rumänien — ganz entgegen den Traditionen der rumänischen Geschichte — eine Revolution gegeben. Eine Revolution, die das Bild der üblichen Zufriedenheit brüsk in das Gegenteil verkehrte. Drei Provinzen hatte Rumänien

Oben: Noch sind die Deutschen in der Offensive.

Rechts: Mit Flugblättern fordern die Sowjets deutsche Soldaten zum Überlaufen auf.

neralleutnant Kusnezow) und die 64. Armee (Generalleutnant Tschuikow) entgegen. Im Verlauf der Schlacht konnte der Oberbefehlshaber der Stalingradfront, Marschall Timoschenko, außerdem noch die 21. Armee unter dem Kommando von Generalmajor Danilow heranführen.

Eine deutsche Armee gegen vier sowjetische – ein Kräfteverhältnis von eins zu vier? So einfach war die Rechnung nicht, denn die Verbände waren unterschiedlich gegliedert. Eine sowjetische Armee setzte sich aus vier bis fünf, in Ausnahmen auch mehr Divisionen zusammen. Eine deutsche Armee bestand in der Regel aus vier Korps, von denen jedes drei bis fünf Divisionen umfaßte. Damit entsprach eine sowjetische Armee von der numerischen Stärke her einem deutschen Korps. Nimmt man auf deutscher Seite die verbündeten Einheiten hinzu, so hielten sich – zu Beginn des Angriffs – die Kräfte der Angreifer und der Verteidiger von Stalingrad die Waage. Um sein Ziel, die Eroberung der Stadt Stalins, in die Tat umzusetzen, bot Hitler das Beste auf, das der Wehrmacht zur Verfügung stand: »Mit der 6. Armee kann ich den Himmel stürmen«, hatte er einst diese Einheiten gelobt. Am 19. August befahl Hitler seiner Elitetruppe: »Die Stadt soll bis zum 25. August genommen werden.«

In Stalingrad aber sollte die 6. Armee die Hölle erleben.

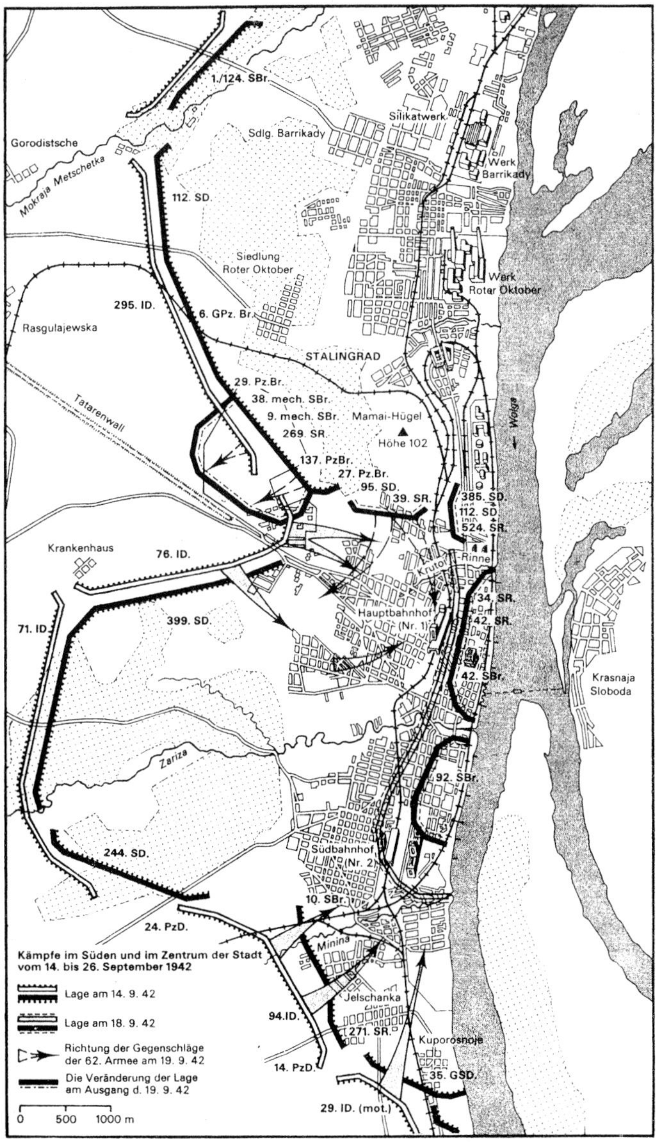

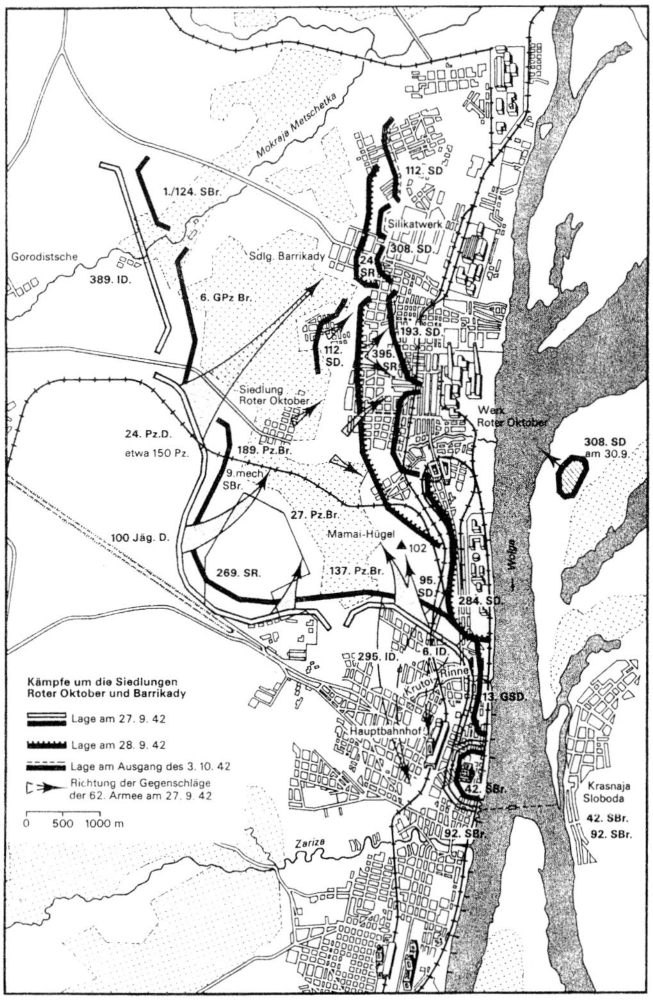

Diese beiden Stadtpläne zeigen den genauen Frontverlauf und die am häufigsten umkämpften Stadtbezirke.

»Die Lage war tatsächlich sehr gefährlich«

Am 25. August 1942, dem Tag, an dem die Stadt Hitlers Befehl zufolge schon längst in deutscher Hand sein sollte, erreichten deutsche Verbände erstmals die Wolga und bildeten bei Rynok einen Brückenkopf, den es nun gegen die sowjetischen Gegenangriffe zu halten galt. Zur gleichen Zeit überquerte das 51. Armeekorps den Don. Zwei Aufgaben hatte Generalleutnant von Seydlitz-Kurtzbach mit den Sturmtruppen der beiden Infanteriedivisionen zu lösen: die Verbindung zu den eingeschlossenen Truppen im Kessel bei Rynok wiederherzustellen und gleichzeitig den Flugplatz Gumrak, acht Kilometer westlich Stalingrads, zu erobern. Damit wäre im Norden die Ausgangsposition für den Angriff auf die Stadt geschaffen. Im Süden bereitete sich die 4. Panzerarmee ebenfalls auf die endgültige Eroberung vor. Bei Abganerowo hatten Hoths Panzer den äußeren Verteidigungsgürtel Stalingrads erreicht und konnten weiter bis zum inneren Befestigungsring vorstoßen. Bereits am 20. August standen die Deutschen bei Tundutowo, dem südlichen Eckpfeiler, der letzten Sperre vor der Stadt.

Im Norden wie im Süden hatten die Deutschen auf ihrem Weg vom Don zur Wolga mit besonderen Schwierigkeiten fertig zu werden: den Balkas, Erosionsspalten – tiefe Schluchten mit steilen Wänden –, die für die Fahrzeuge fast unüberwindliche Hindernisse darstellten. Unzählige kleinere Wasserläufe, Nebenflüsse des Don und der Wolga, verwandelten die Ebene in zerklüftetes, unwegsames Gelände. Aus der Weite der Donsteppe sickerte der Krieg in die durchfurchten Berghänge längs der Wolga ein.

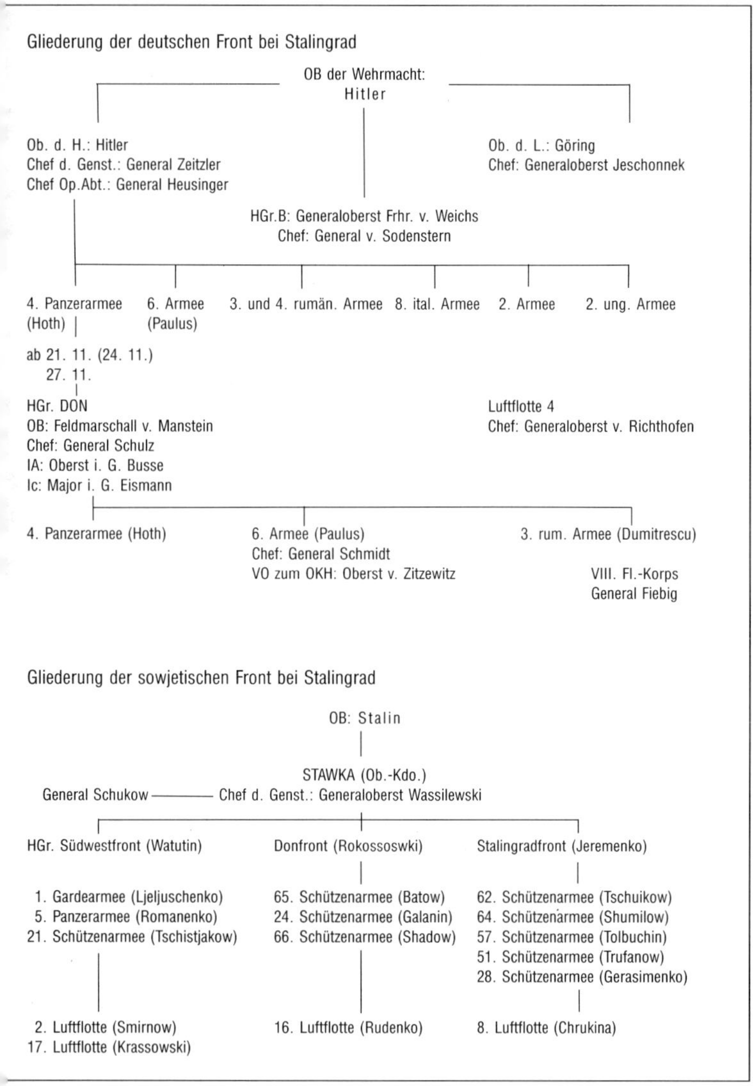

Diese geographischen Gegebenheiten schufen glänzende Voraussetzungen für die Verteidiger, die sich die natürliche Deckung zunutze machen konnten. Gut getarnt hatten sich kleine Einheiten der Roten Armee in den Balkas verbarrikadiert und störten erfolgreich den Vormarsch der deutschen Truppen. Um diese Widerstandsstellungen zu räumen, setzten die Deutschen Fallschirmjäger ein, die in kleinen Gruppen von bis zu fünfundzwanzig Mann hinter den sowjetischen Linien absprangen.

Bei den Schilderungen der Kämpfe finden sich wiederholt gleichlautende Vokabeln: »Starke Abwehr«, »tapferer Widerstand« und »hartnäckige Gegenwehr« – davon ist sowohl in sowjetischen als auch in deutschen Berichten die Rede. Immer wieder werden »heldenhafter Mut« und »entschlossene Opferbereitschaft« gemeldet – auf beiden Seiten. »Beispiellose Härte« – diese Formulierung findet sich in fast jedem Bericht. Einig waren sich die Militärs auch in einem anderen Punkt: Es handelte sich bei der Schlacht vor Stalingrad um besonders »erbitterte Kämpfe«. Dabei hatte die eigentliche Eroberung der Stadt noch gar nicht begonnen.

Die Zeit lief gegen die Deutschen: Nur noch fünf Wochen blieben bis zum Einsetzen der großen Herbststürme. Was die Schlammperiode bedeutete, das hatte die Wehrmacht im Herbst 1941 vor Moskau erfahren, als die Offensive im Morast steckengeblieben war. Dies sollte sich nicht noch einmal wiederholen. Doch Ende August waren Hoths Truppen vor dem inneren Verteidigungsring Stalingrads bei Abganerowo zum Stehen gekommen. Hoth zog die Konsequenzen: »Wir müssen umgruppieren«, lautete die Losung im Stab der 4. Panzerarmee. Der General dirigierte seine Panzer um: von Abganerowo nach Gawrilowka, von der

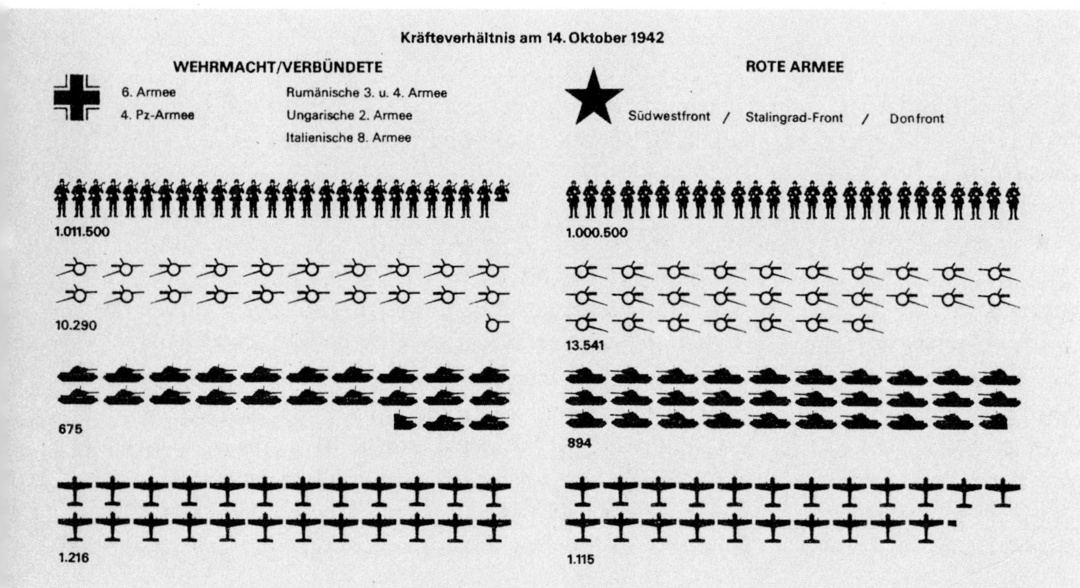

Oben: Überblick über die deutschen und sowjetischen Truppeneinheiten, die um Stalingrad kämpften.

Unten: Kräftevergleich der beiden Gegner.

Klawdija Schipowalowa, Fabrikarbeiterin.

Am 14. September jagten die Deutschen die Erdölbehälter in die Luft, die in der Nähe der Metallwarenfabrik standen. Brennendes Erdöl floß in die Wolga, und der ganze Fluß stand in Flammen. Rußfetzen flogen überall durch die Luft. Am hellen Tag war der Himmel von tiefem Schwarz verhüllt. Das war furchtbar. Als wir endlich unsere Köpfe wieder aus dem Graben streckten, in den wir uns geflüchtet hatten, sahen wir plötzlich eine richtige Heerschar von deutschen Soldaten mit schußbereiten Maschinenpistolen vor uns. Es war regelrecht eine graue Wand, die wir da vor uns hatten. Wenig später sahen wir einen Trupp unserer Soldaten, vielleicht 60 junge Kerle, auf dem Vormarsch in ein anderes Stadtviertel. Natürlich wurden sie von den Deutschen sofort entdeckt. Sie steckten das ganze Viertel in Brand; die Holzhäuser brannten wie Zunder. Ich bin mir sicher, daß alle 60 Jungs in den Flammen umgekommen sind.

Anna Popowa

Als die Deutschen nach Stalingrad kamen, war ich gerade in unserer Hütte. Die Soldaten umstellten das Haus, denn sie dachten, daß sich bei uns noch russische Soldaten aufhielten. So rief ich ihnen zu: »Ich bin alleine und koche!« Die Deutschen kamen herein und durchsuchten alles. Dann ließen sie mich gehen, und ich versteckte mich unweit von unserer Hütte in einem Unterstand. Ich zitterte vor Angst um mein Leben. Plötzlich trat ein deutscher Soldat auf mich zu und sagte: »Mutter, zittere doch nicht so! Man sagt uns nach, daß wir den Menschen die Augen ausstechen und den Frauen die Brüste abschneiden würden. Aber es stimmt nicht, was man euch erzählt. Wir machen so etwas nicht!« Tatsächlich beruhigten mich seine Worte etwas. Die deutschen Soldaten hoben in unserem Hof einen Schützengraben aus und wohnten einige Tage bei uns. Dann zogen sie weiter…

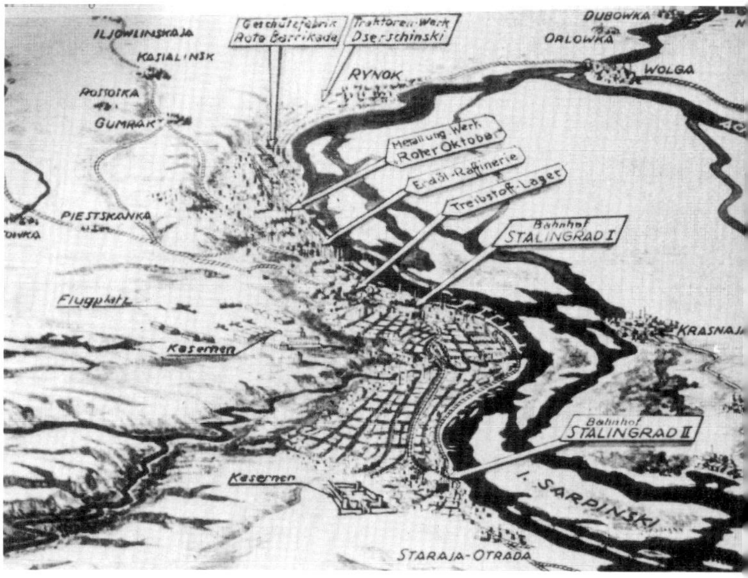

Die wichtigsten Gebäude und Industrieanlagen in Stalingrad.

Gerhard Terlutter, Gefreiter.

Ihr Lieben!
Wir bekommen jetzt für acht Mann ein Brot, das sind zwei Schnitten, und dann ein halbes Kochgeschirr mit dünner Suppe. Da ist man noch nicht einmal satt, wenn man alles auf einmal ißt. Und das soll dann für den ganzen Tag reichen… Das, was wir hier machen, das ist schon gar kein Leben mehr, Waschen und Rasieren ist unmöglich, und wenn man nicht gerade Wache hat, sitzt man in einem dunklen Erdloch und versucht zu schlafen, sofern es die Läuse zulassen, sie fressen einen fast auf. Außerdem habe ich immer Schmerzen bei diesem nassen Wetter.

Liebe Eltern und Geschwister!
Der Kessel soll an einer Stelle aufgebrochen sein. Mit der Verpflegung ist es allerdings noch nicht besser geworden. Aber auch das soll in den nächsten Tagen wieder besser werden. Es wird auch Zeit, denn wir sind mittlerweile schon so schwach, daß wir keine körperliche Arbeit mehr verrichten können. Die ersten Kameraden sind schon vor Tagen vor Schwäche zusammengebrochen, und so wird es uns dann auch bald ergehen.

Haubitze im gnadenlosen Straßenkampf.

Südspitze in die südwestlichen Bezirke der Stadt. Dort gelang der Durchbruch durch die Linien der überraschten Sowjets. Der innere Verteidigungsgürtel war aufgerissen – die sowjetischen Kräfte der 62. und 64. Armee an vorderster Front waren von der Einkesselung bedroht und somit die Voraussetzungen für den Frontalangriff geschaffen.

»Die Lage war tatsächlich sehr gefährlich«, notierte Generaloberst Jeremenko in sein Tagebuch. Er entschloß sich, den Rückzug zu befehlen. Zwar gab er damit die gut ausgebauten Befestigungsanlagen des inneren Verteidigungsgürtels auf, doch bewahrte er zwei Armeen vor der tödlichen Umklammerung. Denn am nächsten Tag ordnete Paulus den Vorstoß von Norden nach Gawrilowka an. Am 3. September trafen sich die beiden deutschen Zangenarme; zwar war nun der Ring um die Kräfte der Verteidiger vor der Stadt geschlossen, doch hatte sich die Rote Armee bereits in die Stadt zurückgezogen. Allerdings hofften die Deutschen, daß nun, nach dem Stoß durch den letzten Verteidigungsgürtel, die Eroberung Stalingrads nicht mehr lange auf sich warten lassen würde.

»Jeder Soldat eine Festung«

»Genossen von Stalingrad! Wir werden den Deutschen unsere Vaterstadt nicht zum Spott preisgeben. Wir alle werden uns gemeinsam erheben und unsere liebe Stadt, unser Vaterhaus und unsere Familien verteidigen. Wir werden die Straßen der Stadt mit unüberwindlichen Barrikaden versperren. Jedes Haus, jedes Stadtviertel, jede Straße machen wir zu einer uneinnehmbaren Festung. Alle zum Aufbau der Barrikaden! Jeder, der fähig ist, Waffen zu tragen, auf die Barrikaden zur Verteidigung der Vaterstadt, des väterlichen Hauses!«

Es war der 25. August – der Tag, an dem die deutschen Vorauskommandos die Wolga erreichten –, als das Stalingrader Verteidigungskommando diesen Aufruf an die Bevölkerung erließ. Gleichzeitig verhängte der Kriegsrat den Belagerungszustand über die Stadt. Die Verantwortung oblag nun Generaloberst Andrej I. Jeremenko, der seit dem 13. August auf Stalins persönliche Anweisung die Organisation der Verteidigung der Stadt und die Leitung der Stalingradfront übernommen hatte. Ihm stand als politischer Kommissar Nikita Chruschtschow, der spätere Generalsekretär der KPdSU und erste Mann der Sowjetunion, zur Seite. Ihre Aufgabe leitete sich aus Stalins Befehl Nr. 227 ab,

Oben links: Schußbereit, auch beim Briefschreiben. Sowjetischer MG-Schütze.

Oben rechts: Idylle in Ruinen. Klavierspiel während einer Feuerpause.

dessen Maxime lautete: »Keinen Schritt zurück«. Das Vordringen der Deutschen sollte endgültig gestoppt werden, die sowjetische Führung bestand auf der unbedingten Verteidigung der Stadt. »An der Wolga muß Schluß sein«, hatte der Mann im fernen Kreml befohlen.

Für die militärische Bewältigung der Aufgabe war Jeremenko verantwortlich; Chruschtschow, der Chef der politischen Abteilung im Kriegsrat, besorgte die psychologische Kriegsführung. »Steht wie eine Mauer vor den Toren der Stadt« – mit solchen Parolen erklärte er die Abwehr des »faschistischen Angriffs« zur Ehrenaufgabe jedes Kommunisten, für die es notfalls auch den Heldentod zu sterben lohne. Seine Appelle rührten aber vor allem an den Patriotismus und den Nationalstolz der Stalingrader Bevölkerung: »Wir wenden uns an Euch, um Euch aufzurufen, unser Stalingrad, die heiligen Ufer unseres in soviel Liedern besungenen Wolgastrandes standhaft, unbeugsam, bis zum letzten Blutstropfen zu verteidigen. Keinen Schritt zurück.«

Nach dem Aufruf am 25. August begann die Bevölkerung verstärkt mit dem Bau von Barrikaden in den Vororten Stalingrads und auch im Zentrum der Stadt. Die Arbeiten wurden immer wieder unterbrochen von den deutschen Bombern, die in pausenlosen Angriffen versuchten, die militärischen Objekte und die Rüstungsfabriken zu zerstören. Die Spreng- und Brandbomben, die von den He 111, den JU 88 und 87, den Me 109 und 110 über der Stadt abgeworfen wurden, verwandelten Stalingrad in ein einziges Flammenmeer: »An dieser Stadt bleibt nichts heil, was den Bolschewisten zum weiteren Widerstand von Nutzen sein kann.« Solche Berichte wie jenen eines Flugzeugführers veröffentlichten die Zeitungen in Berlin. Dabei gab sich die deutsche Propaganda sogar human: »Alles brennt, nur die eigentlichen Wohnviertel nicht.«

Die Erinnerungen der Eingeschlossenen sind andere. Denn Bomben trafen auch Wohngebiete, machten Tausende von Zivilisten obdachlos, zwangen sie zur Flucht über die Wolga, Zehntausende verloren in den Bombennächten ihr Hab und Gut.

»Die Stadt brennt. Nicht nur die Stadt, sondern das ganze Ufer in seiner ganzen Länge, so weit das Auge reicht. Schwarz und rot. Andere Farben gibt es hier nicht. Schwarze Stadt und roter Himmel«, berichtete Viktor Nekrassow.

Um Verluste unter der Zivilbevölkerung geringzuhalten, entschlossen sich die Verteidiger in Stalingrad nun doch zur Evakuierung der brennenden Stadt. Fast dreihunderttausend Frauen, Kinder, alte Männer und Verwundete konnten in Booten und Kähnen über den Fluß ohne Brücken in Sicherheit gebracht werden. Wer blieb, bereitete die Verteidigung vor, baute Barrikaden, zog Panzergräben, errichtete Straßensperren.

Die Industrie- und Rüstungsmetropole Stalingrad wollte Hitler ausschalten – doch die Produktion lief zunächst unbeirrt weiter. Panzer verließen am laufenden Band das eigentlich zur Traktorenherstellung konzipierte Werk Dserschinski; Brandsätze wurden massenhaft hergestellt: Weißer Phosphor und Schwefel, in Schwefeldioxid aufgelöst, waren eine explosive Mixtur, die sich beim Aufschlag in Verbindung mit Luft sofort entzündete. Die Herstellung dieser Mischung, erprobt seit dem russisch-finnischen Krieg, wurde in Stalingrad weiter perfektioniert.

In den Fabriken, von denen bald nur noch Mauerreste übrigblieben, übernahmen Frauen die Arbeit der Männer, denn diese standen an der Front. Junge Mädchen arbeiteten als Krankenschwestern; Jugendliche, fast noch Kinder, wurden als Angehörige der kommunistischen Jugendorganisation Komsomol zur kämpfenden Truppe abkommandiert; Zivilisten dienten in Volkswehren oder kamen gleich zur regulären Armee. Für die Rotarmisten hatte General Tschuikow, der am 12. September von der STAWKA das Kommando über die 62. Armee erhielt, einen kurzen Befehl ausgegeben: »Jeder Soldat eine Festung«.

Jede Talsenke, jedes Schützenloch, jede Straßenkreuzung war zum Bollwerk ausgebaut, das bis zur buchstäblich letzten Patrone verteidigt werden sollte. Und je weiter die Deutschen vordrangen, desto heftiger fiel die sowjetische Gegenwehr aus. Die Verteidiger der Stadt hielten sich an die Direktiven ihrer militärischen und politischen Führung. Kein Schritt zurück, jeder Soldat eine Festung – getreu dem Schwur, den Tschuikow vor Chruschtschow und Jeremenko am 12. September geleistet hatte: »Ich schwöre, die Stadt nicht zu verlassen. Wir werden Stalingrad halten oder dort sterben.«

Fisch à la carte im Schlamm.

Rechte Seite:
Oben links: Mobile Backstube.
Oben rechts: Schreibarbeit trotz Mückenplage.

Mitte links: Selbst ist der Mann.
Mitte rechts: Ein musikalisches Beutestück.

Unten links: Besser im Regal als auf dem harten Boden schlafen.
Unten rechts: Exotisches Transportmittel in der Kalmückensteppe.

»Betreten der Stadt verboten«

Am 28. Juni hatte die Operation »Blau« im Süden der Sowjetunion begonnen. Als die Heeresgruppe B am 19. August den Angriffsbefehl zur Eroberung Stalingrads erhielt, dauerte die deutsche Offensive bereits sieben Wochen, länger als der gesamte Feldzug gegen Holland, Belgien und Frankreich.

Ende August war die Stadt zwar weiträumig eingeschlos-

sen, doch erst am 4. September konnten deutsche Panzer in die südlichen Vororte eindringen. Nach harten Kämpfen fiel drei Tage später der Flughafen Gumrak in die Hand der Wehrmacht. Am 9. September stießen deutsche Panzer in die nördlichen Außenbezirke Stalingrads vor und eroberten die Eisenbahnlinie Astrachan–Moskau. Der Weg, auf dem die sowjetische Hauptstadt von den westlichen Alliierten mit Nachschub versorgt wurde, war unterbrochen. Die Rote Armee mußte sich am 12. September auf den sogenannten Stadtring, den inneren Befestigungsgürtel Stalingrads unmittelbar an der Stadtgrenze, zurückziehen; der Kampf in den Vororten war vorläufig beendet. Zwei Tage später hatten sich Verbände der 71. Infanteriedivision ins Zentrum Stalingrads vorgekämpft. Mitte September, nach vier Wochen härtester Auseinandersetzungen, standen die sowjetischen Verteidiger eingeschlossen mit dem Rücken zur Wolga.

Vom Blitzkrieg, von einer »schnellen Eroberung« der Stadt, konnte keine Rede mehr sein. Im Lagebericht vom 13. September meldete das Oberkommando des Heeres: »Der Angriff gegen Stalingrad schreitet gegen die zäh verteidigte Befestigungsanlage am Rande der südlichen Vororte langsam vorwärts.«

Am selben Tag begann die Offensive gegen das Stadtzentrum, den Mamai-Hügel und das Ufer der Wolga. Die BBC schilderte ihren Hörern Anfang Oktober die noch immer mit unverminderter Härte andauernden Kämpfe: »Polen wurde in 28 Tagen erobert. In 28 Tagen eroberten die Deutschen in Stalingrad einige Häuser. Frankreich wurde in 38 Tagen niedergeworfen. In Stalingrad brauchen die Deutschen 38 Tage, um von einer Seite auf die andere zu gelangen.«

Beim Kampf in und um Stalingrad handelte es sich nicht um eine offene Feldschlacht, in der Panzer und motorisierte Verbände weiträumig agieren und Gegner einkesseln konnten. Der Kampf um Stalingrad war eine Materialschlacht, ein Graben- und Stellungskrieg, den die sowjetische Propaganda schon damals nicht zu Unrecht als »russisches« oder »Rotes Verdun« bezeichnete. Sogar manche Namen aus den Schlachten des Ersten Weltkriegs benutzte das Sowin-

Oben: Kreuzfeuer von Fenster zu Fenster.

Mitte: Der Häuserkampf wird von beiden Seiten erbittert geführt.

Unten: In den Trümmern der Traktorenfabrik »Rote Barrikaden«.

Rechte Seite: »Jedes Haus eine Festung.«

formbüro: Das »Douaumont Stalingrads« nannte man einen besonders umkämpften Höhenzug im Norden der Stadt. Die Botschaft an den Angreifer: Wie damals auf den Feldern von Verdun kommt ihr auch hier nicht weiter.

Gleich den Schlachten des Ersten Weltkrieges, als deutsche und französische Einheiten in den Schützengräben ausbluteten, ohne sich große Raumgewinne verschaffen zu können, standen sich in den Straßen Stalingrads nun Rote Armee und Wehrmacht in verlustreichen Stellungsgefechten gegenüber. Hans Doerr, ein deutscher Verbindungsoffizier zu den verbündeten rumänischen Einheiten, beschrieb den gnadenlosen Straßenkampf in der Stadt: »Der Kilometer als Maßeinheit wich dem Meter, die Generalstabskarte dem Stadtplan. Um jedes Haus, jede Fabrikhalle, um Wassertürme, Bahneinschnitte, Mauern, Keller und schließlich um jeden Trümmerhaufen tobte ein Kampf, wie man ihn in dieser Konzentration selbst in den Materialschlachten des ersten Weltkrieges kaum erlebt hatte. Entfernungen gab es nicht, nur Nähe.«

Stalingrad nach den ersten Wochen des Kampfes – das war schon eine zerstörte Stadt: die Holzbauten verbrannt, die Steinhäuser in Trümmern, die Straßen vom Dauerbombardement aufgerissen. Über der Ruinenlandschaft lag eine dichte Rauchwolke, die weithin sichtbar von der Vernichtung kündete. Der leidgeprüften Zivilbevölkerung, soweit sie nicht fliehen und sich über die Wolga in Sicherheit bringen konnte, blieben Erdhöhlen als letzte Zuflucht.

Hier und in den Ruinen hatten sich die Verteidiger verschanzt und leisteten Widerstand. Hinter den leeren Fensterhöhlen waren Scharfschützen in Stellung gegangen. »Dann lieber gegen die T 34«, fluchte mancher Landser,

Links: Vorstoß mit wurfbereiter Handgranate.

Mitte: Deutscher Infanterist mit erbeuteter sowjetischer Maschinenpistole.

Rechts: Zigarettenpause: Ein vorgeschobener Beobachter gibt seinem Kameraden Feuer.

Rechte Seite:
Links: In der Deckung zusammengekauert. Deutsche Soldaten warten auf den Befehl zum Angriff.

Rechts: Deutsches Pak-Geschütz im Straßenkampf.

»die kann man wenigstens sehen.« Das stimmte jedoch nicht ganz, denn auf den Straßen versperrten nicht nur eilig errichtete Betonbunker den Weg, sondern auch bewegungsunfähig geschossene, eingegrabene schwere Panzer, die immer noch feuern konnten. Im mühsamen Nahkampf mußten diese Hindernisse ausgeschaltet werden; Meter um Meter ging es vorwärts, unter den Geschoßsalven der Widerstandsnester, die aus den Ruinen der umliegenden Häuser die Deutschen bekämpften.

Auch die NS-Propaganda, die den Kriegsverlauf bis dahin mit Meldungen von schnellen, glorreichen Erfolgen beschönigte, stellte nun die Härte der Auseinandersetzungen in den Mittelpunkt der Berichterstattung aus Stalingrad. Natürlich wurden auch hier die deutschen Leistungen heroisiert, natürlich waren es immer die Landser, die »im harten Einzelkampf mit der blanken Waffe« einen Sieg nach dem anderen errungen hatten. Die deutsche Propaganda mußte rhetorische Spagate vollbringen: Goebbels' Kampf-

blätter hatten die deutsche Öffentlichkeit derart mit Erfolgsmeldungen aus dem Osten bombardiert, daß diese daraufhin glauben mußte, die erschöpften Sowjets seien bereits geschlagen, die Eroberung Stalingrads stehe unmittelbar bevor – doch die Stadt an der Wolga fiel nicht. Daneben hatten NS-Hetzkampagnen das Bild eines russischen »Untermenschen« gezeichnet, der minderwertig, feige und hoffnungslos unterlegen sein sollte – und diese Russen leisteten der deutschen »Herrenrasse« seltsamerweise erfolgreich Widerstand. Schließlich häuften sich auch die Meldungen über Verluste der Wehrmacht. Es blieb in der Heimat nicht verborgen, daß die harten Kämpfe auf deutscher Seite ebenfalls große Opfer forderten.

Die deutsche Propaganda zelebrierte nun mehr denn je den Mythos vom »Heldentod«. Die Soldaten wurden zu »Verteidigern gegen den drohenden Bolschewismus« hochstilisiert. Sie starben »auf dem Felde der Ehre«, »gefallen für Führer, Volk und Vaterland«.

Im »Völkischen Beobachter« war zu lesen: »Es ist eine Hölle: Dieser Lärm und das Krachen, das andauernde Detonieren der Granaten aller Kaliber, das heulende Pfeifen der Geschosse in der Luft, der beißende und stinkende Pulverdampf und dazwischen der harte, fast pausenlose Mündungsknall der Abschüsse der deutschen Batterien. Durch dieses Inferno müssen die stürmenden Infanteristen hindurch. Sie müssen immer wieder ihr Herz vorwerfen, sie müssen tapfer und hart bleiben, zäh und kaltblütig, und sie dürfen in keiner Minute daran denken, daß sie in der nächsten Minute vielleicht nicht mehr leben oder verwundet liegenbleiben. Diese Männer entscheiden die Schlacht.

Die Sowjets sind fertig, am Ende ihrer Kraft, Gefangene taumeln und torkeln uns mit entsetzten Gesichtern entgegen. Über einen Hang führt ein Gefreiter 20 Sowjetarmisten herauf, die aus ihren Löchern herausgeholt wurden. Da knallt ein sowjetischer Panzer mit genau gezieltem Schuß mitten in die Gruppe hinein, acht Mann bleiben liegen, ihre Körper sind zerfetzt und aufgerissen.«

Der Argumentationskreis der deutschen Propaganda schloß sich: auf der einen Seite der tapfer kämpfende deutsche Landser, auf der anderen Seite der feige Heckenschütze

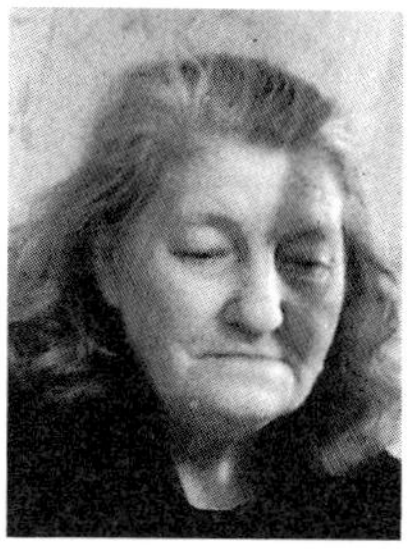

Anna Soldatowa, Fabrikarbeiterin.

Alle Häuser Stalingrads brannten, auch unser Haus. Nicht weit von uns stand ein Kino, es war ganz aus Holz gebaut. Die Deutschen warfen zuerst eine Sprengbombe, dann eine Brandbombe. So zerstörten sie die ganze Stadt. Das Kino brannte bis auf die Fundamente nieder. Unsere Luftabwehr hatte keine Chance. Sie war viel zu schwach. Am Anfang saßen auf den Dächern noch junge Männer, die die Brandbomben mit langen Stangen aufsammelten und in Wassertonnen warfen. Viele von ihnen kamen dabei um. Alle Dächer und Decken waren aus Holz, alles brannte. Auch die Bäume und sogar die Erde.

Klawdija Schipowalowa, Fabrikarbeiterin.

In einer Nacht kam der Nachbar unserer Tante und rief uns zu: »Unser Unterstand wurde verschüttet. Kommt, helft uns graben!« Wir folgten ihm. Er hatte eine Frau und drei Kinder. – Bis wir sie durch den Schutt freigeschaufelt hatten, waren sie schon tot ... Ich hatte solche Angst vor dem Tod. Jedesmal wenn Flugzeuge kamen und die Stadt bombardierten, verkroch ich mich in der hintersten Ecke, hielt mir die Ohren zu, schloß die Augen und stammelte das einzige Gebet, das ich auswendig kannte: »Ihr Heiligen, helft uns!« Vielleicht war das unsere Rettung ...
Nicht weit von uns entfernt war eine deutsche Einheit stationiert. Es war kaum zu glauben, aber jeden Tag kam einer von ihnen, ein rothaariger, junger Soldat, bei uns vorbei und brachte uns einen Laib Brot. Jeden Tag! Soweit es seine Sprachkenntnisse zuließen, unterhielt er sich mit meiner Mutter und den anderen. Dann steckte er meiner Mutter rasch das Brot zu und lief wieder zurück.

Oben: Schwer zugänglich: Von einer Ju 52 abgeworfene Versorgungsbombe.

Links: Der Inhalt einer Versorgungsbombe.

Rechte Seite:
Oben links: Fast so wichtig wie Munition – der Treibstoff.

Oben rechts: Russische Mädchen montieren Maschinenpistolen.

Unten links: Noch rollt der Nachschub.

Unten rechts: An der deutschen Heimatfront: Wer zu alt für die Front ist, arbeitet in der Rüstungsindustrie.

der Roten Armee, der nicht davor zurückschreckte, die eigenen Kameraden zu opfern.

In einem aber blieb die Propaganda bei der Wahrheit: Die Kämpfe wurden mit unerbittlicher Härte geführt – von beiden Seiten. Den Angriff auf feindliche Stellungen begannen die deutschen Tiefflieger. Die Stukas nahmen das Kampfgebiet unter Feuer und legten es in Trümmer, keine einzige Straße, die nicht schwer gelitten hätte, die gesamte Stadt lag unter einem ständigen Bombenhagel. Die Sowjets versuchten vergeblich, sich die Luftüberlegenheit zu sichern. Durchschnittlich bis zu tausend Einsätze am Tag flogen die Maschinen aus den Staffeln des 8. Fliegerkorps unter dem Kommando von General Fiebig. Um die deutsche Luftwaffe auszutricksen, gab Tschuikow eine neue Taktik aus: »Wir müssen so nahe wie möglich an den Feind heranrücken, damit seine Luftwaffe unsere vordersten Einheiten oder Gräben nicht bombardieren kann. Wir müssen jedem deutschen Soldaten das Gefühl geben, daß er in die Mündung eines russischen Gewehrs blickt.«

Schon bald lagen sich die Stellungen von Wehrmacht und Roter Armee auf engstem Raum gegenüber. Die deutschen Infanteristen mußten den Widerstand im Nahkampf brechen. Mit aufgepflanztem Bajonett kam es zum Kampf Mann gegen Mann. Flammenwerfer und Handgranaten sollten die in den Ruinen versteckten Verteidiger aus der sicheren Deckung treiben. Nicht nur jedes Haus und jede Etage, jede einzelne Wohnung – oder das was davon übrig war – mußte erobert werden. War eine sowjetische Stel-

Jochen Matthies, Bordmechaniker.

Die Luftbrücke zur Versorgung des Kessels wurde überstürzt aufgebaut. Ganze Flugschulen einschließlich der für die Ausbildung so wertvollen Fluglehrer wurden nach Stalingrad beordert, wo sie regelrecht verheizt wurden. Auch an Flugzeugen wurde alles herangezogen, was verfügbar war; mitunter völlig ungeeignete Maschinen, die dann reihenweise zu Bruch gingen. Die meisten Verluste entstanden bei der Landung in der unübersichtlichen Schneewüste. Manchmal mußten wir beim Anflug die Seitenfenster aufmachen, um uns im undurchdringlichen Nebel und Schneesturm zurechtzufinden. Immer wieder prallten Flugzeuge auf andere Maschinen, die auf dem Flugfeld liegengeblieben waren, und gingen in Flammen auf. Wenn damals großspurig verkündet wurde, daß man täglich 300 Tonnen Material in den Kessel einfliegen würde, dann konnten wir darüber wirklich nur noch den Kopf schütteln. Denn im Gegensatz zu denen, die diese Parolen ausgaben, wußten wir, was in Stalingrad wirklich los war.

lung in deutsche Hand geraten, begann schon bald der Gegenangriff. Die Fronten rückten hin und her. Hatte ein deutsches Kommando um acht Uhr einen Bahnhof erobert, so war er vielleicht schon zwei Stunden später wieder in sowjetischer Hand. Der Hauptbahnhof wechselte an einem Tag allein viermal den Besitzer, andere Ziele noch häufiger. Traurigen Ruhm erhielt der Kampf um die Höhe 102, den Mamai-Hügel. Bis in den Januar hinein tobte die Materialschlacht um diesen strategisch wichtigen Höhenzug. Keine Seite konnte ihn über einen längeren Zeitraum halten.

Eine Legende rankt sich um den Namen »Dom Pawlowa«, das »Haus Pawlows«. Der Feldwebel Jakob Pawlow, ein einfacher Mann, verteidigte »sein« Anwesen gemeinsam mit einigen Kameraden gegen die anstürmenden deutschen Einheiten. Achtundfünfzig Tage harrte die kleine Truppe im völlig zerstörten Mietshaus in der Soletschnaya-Straße, unweit des Hauptquartiers des NKWD, aus. Moralische Unterstützung, so heißt es in sowjetischen Berichten, lieferte ein altes Grammophon, mit dem immer wieder eine einzige Schallplatte abgespielt wurde. Auf Lieder wurde bei der psychologischen Aufrüstung großer Wert gelegt, sie machten Mut, motivierten und vermittelten ein Gefühl des

Unten: Der Kommandeur der 6. Armee läßt sich über die sowjetischen Zangenbewegungen unterrichten.

Rechte Seite:
Oben: Der General zeichnet einen Verwundeten mit dem EK I aus.

Unten: General Paulus im Zentrum von Stalingrad.

Walter Loos, Infanterist.

Auch im Häuserkampf gab es manchmal Zeiten, in denen nicht geschossen wurde. Da kamen die russischen Soldaten heraus, guckten sich um. Wir sahen sie auch und riefen ihnen zu – ein wenig Russisch konnten wir ja –, sie sollten rüberkommen. Die stutzten und kamen nicht. Wir boten ihnen Zigaretten an, aber sie blieben mißtrauisch. Auf einmal holte einer, der ganz neu bei uns war, sein Gewehr und feuerte damit einem Russen, der austreten war, in den Hintern. Von da an war's aus. Wir durften uns nicht mehr blicken lassen. Die Scharfschützen traten in Aktion. Wenn jemand nur für einen kurzen Moment den Stahlhelm hochhielt, hatte er sofort ein Einschußloch drin.

Zusammengehörens. Die sowjetischen Soldaten in Stalingrad sangen ein Lied, das bei der Belagerung Moskaus entstanden war:

»In unserem Unterstand brennt ein Holzfeuer,
Tränen von Harz, sie zischen und seufzen.
Der sanfte Refrain des Akkordeons
erzählt mir von dir, deinem Lächeln und deinem Blick.
Wir sind viele Lichtjahre voneinander entfernt
und getrennt durch schneebedeckte Steppen.
Auch wenn die Straße zu dir so weit ist,
zur Tür des Todes sind es nur ein paar Schritt.«

Ein Hauch von Soldatenromantik und Rührseligkeit? Auf jeden Fall ein Stück Menschlichkeit in einer unmenschlichen Umgebung.

Die Geschichte der Kämpfe um Dom Pawlowa ist symptomatisch für die Auseinandersetzungen um die Stadt. Das große Schlachtfeld »Stalingrad« zerbrach in einzelne Kriegsschauplätze. Im Trommelfeuer der jeweils anderen Seite brannten die Einheiten in wenigen Tagen völlig aus. Die Überlebenden mußten zur dringenden Erholung aus der vordersten Linie zurückgenommen werden. Die Opfer blieben auf der Kampfstätte zurück. Aufgrund der spätsommerlichen Temperaturen verwesten die Leichen schnell, ein süßlicher Geruch lag über der Stadt, vermischte sich mit dem Rauch, dem Pulverdampf.

Eine gespenstische Szenerie, die mit »Vorhof der Hölle« nur unzureichend beschrieben werden kann. Das war nicht nur der Vorhof, das schien bereits das Inferno selbst zu sein:

Oben links: Nur noch die Grundmauern sind stehengeblieben.

Oben rechts: Vor den Flammen gerettet.

Mitte: Alles ist weg. Aber sie leben.

Unten links: Zerstörte Wohnviertel vor Stalingrad.

Unten rechts: Nur die Kamine sind übriggeblieben.

Rechte Seite: Trauer und Verzweiflung: Mutter und Tochter in den Trümmern ihres Hauses.

Klawdija Schipowalowa, Fabrikarbeiterin.

Am 14. September wurde unsere Straße von den Deutschen besetzt. Während des Kampfes hatten wir Kinder uns in einem Graben versteckt. Dann kam ein deutscher Soldat mit einer Maschinenpistole und schrie: »Weg, weg, weg!« Auf der Suche nach einem neuen Versteck fanden wir drei verbrannte, eingeschrumpfte Menschen, einer hielt noch eine Pistole, er hatte sich selbst erschossen. Auf einmal hörte ich die Stimme meiner Mutter, sie rief nach mir. In dem Graben, in dem sie sich versteckte, lag auch mein Onkel. Sein Darm quoll aus dem Bauch hervor. Er lag mit dem Gesicht auf dem Boden, aber wir konnten ihn nicht aufheben, weil draußen so schreckliche Kämpfe tobten. Er lag etwa zwei oder drei Tage so. Als wir aus dem Graben krochen, mußten wir über ihn klettern, als sei das selbstverständlich. Unsere Gefühle waren wie abgestorben.

In den Wochen, in denen der Kampf um unser Viertel hin und her wogte, dachten wir überhaupt nicht ans Essen. Der Durst war viel schlimmer. Mein Brüderchen, damals zehn Jahre alt, flehte unsere Mutter die ganze Zeit an: »Mama, trinken.« Wir beteten zu Gott, daß er uns Regen schicken möge. Aber es fielen höchstens mal zwei, drei Tropfen vom Himmel, das war's. Es war so schlimm, daß wir sogar unseren eigenen Urin tranken. Als wir über eine Woche ohne Wasser und Essen waren, sagte meine Mutter zu den anderen: »Ihr könnt machen, was ihr wollt, aber ich hole Wasser für meine Kinder!« Eine Nachbarin, Tante Natascha, die zwei Kinder hatte, ging mit ihr. Die beiden Frauen nahmen Geschirr mir, das unzerbrochen geblieben war. Die Wolga war ganz in unserer Nähe. Kaum waren sie aus dem Graben geklettert, traf eine Kugel Tante Natascha mitten ins Herz. Meine Mutter rutschte wieder in den Graben zurück. Die Kinder von Tante Natascha schrien und wollten zu ihrer Mutter laufen. Wir hatten große Mühe, sie zurückzuhalten. Es war schrecklich.

überall rauchende Trümmer; die Hitze, von der man nicht wußte, ob sie vom Spätsommer kam oder durch die überall lodernden Brände verursacht wurde; dazu der bestialische Gestank von Tod und Fäulnis; schließlich ein irrsinniger Lärm vom Donnern der Geschütze und vom Röhren der Flugzeuge; ständige Detonationen, in die sich die Schreie der Verwundeten mischten. Selbst die Natur mußte den Auseinandersetzungen Tribut zollen, schon im September färbten sich die Blätter gelb, die Bäume verloren ihr Laub. All das unterstrich die apokalyptische Atmosphäre.

»Ich verbitte mir dieses idiotische Geschwätz!«

Während die Deutschen scheinbar unaufhaltsam, aber eben auch langsam im Häuserkampf weiter vorstießen, ohne daß sich eine endgültige Entscheidung abzeichnete, wurde die Lage der Heeresgruppe A immer prekärer. »Die Auswirkungen unseres Sieges im Kaukasus und am Don erscheinen uns höchst zweifelhaft. Die Fronten werden länger, die Kräfte reichen nirgends mehr aus«, notierte der Chef des Generalstabs beim 11. Armeekorps, Oberst Groscurth, bereits am 19. August. In Hitlers Hauptquartier bahnte sich eine schwerwiegende Krise zwischen dem »Führer« und seiner militärischen Spitze an.

Anfang September häuften sich die Hiobsbotschaften aus dem Kaukasus. Hitler tobte wieder einmal. Seine Wutausbrüche nahmen immer groteskere Formen an. Einwände, daß die vorgegebenen Ziele mit den zur Verfügung stehenden Kräften nicht zu erreichen waren, ließ der »Führer« nicht gelten: »Es geht nicht mehr – wenn ich das schon höre!« schimpfte er über die vermeintliche Unfähigkeit seiner Generale.

Der Oberbefehlshaber der Heeresgruppe Mitte, Kluge, traf am 8. August zu einer Lagebesprechung in Winniza ein, um über das Vorgehen im Bereich seines Frontabschnitts zu beraten. Bei Rshew war die Rote Armee zu einer Offensive angetreten, es bestand die Gefahr eines Durchbruchs, der Kluge mit zwei Panzerdivisionen begegnen wollte. Hitler jedoch beharrte darauf, diese Einheiten nahe Ssuchinitschi zu belassen, wo die Wehrmacht beim gescheiterten Vorstoß auf Moskau im Winter 1941 einen Keil in die sowjetischen Linien hatte treiben und auch halten können. Nun wollte der »Führer« diesen Frontvorsprung sichern – als Plattform für einen weiteren Angriff auf die sowjetische Hauptstadt. Kluge erkannte sofort die dadurch entstehende Gefahr einer gleichzeitigen Einkesselung von zwei Seiten und erklärte Hitler unverblümt: »Dann übernehmen Sie, mein Führer, aber auch die Verantwortung« – sprach's und ging. Zurück blieb ein verblüffter Hitler, der solches Verhalten von seinen Generalen nicht gewöhnt war.

Ein Bild der Verwüstung: Fahrzeugkolonne nach einem Bombenangriff.

Aus dem gleichen Anlaß kam es am 24. August erneut zu einer heftigen Auseinandersetzung. Diesmal gerieten Hitler und Halder aneinander, denn auch der Generalstabschef sah in den Kämpfen um Rshew eine unnötige Bindung deutscher Kräfte, die an anderer Stelle dringender benötigt würden. Als sein Vorschlag, die Frontlinie zu begradigen, auf Hitlers brüske Zurückweisung stieß, verwies Halder auf die damit verbundenen Verluste und unnötigen Opfer. Hitler schien völlig konsterniert und blaffte seinen Generalstabschef an: »Generaloberst Halder, was erlauben Sie sich mir gegenüber für einen Ton! Sie wollen mir vorwerfen, ich verstünde die Front nicht? Ich verbitte mir das! Das ist unerhört!«

Es war nicht das erste Mal, daß Halder Kritik geübt und Hitler seinerseits mit harschen Vorwürfen geantwortet hatte. Schon am 21. August, als der Generalstabschef Bedenken äußerte, ob die deutschen Offensivkräfte im Süden gleichzeitig zwei große Ziele würden erreichen können, hatte sich Hitler in wüste Beschimpfungen und einen Tobsuchtsanfall hineingesteigert. Argumenten war der »Führer« in solchen Situationen nicht zugänglich. Als Halder ihn darauf aufmerksam machte, daß die sowjetische Produktion noch immer jeden Monat zwölfhundert Panzer fertigstellen könne, fuhr Hitler ihn brüllend an: »Ich verbitte mir dieses idiotische Geschwätz!« Fortan steigerten sich die Spannungen zwischen beiden bis zur Unerträglichkeit.

Die Zahl derer, die Hitler – wenn auch vorsichtig – zu widersprechen wagten, wuchs. Als sich die Krise im Kaukasus zuspitzte, schickte Hitler den Chef des Wehrmachtführungsstabs, Jodl, einen seiner willfährigsten Offiziere, zur Berichterstattung an die Front. Der ihm sonst blind ergebene Jodl bestätigte die pessimistische Lageeinschätzung Lists und brachte damit seinen unfehlbaren »Führer« in Verlegenheit.

Je offenkundiger nun die militärischen Probleme zutage traten, desto eher waren auch die bislang schweigsamen Offiziere in Hitlers unmittelbarer Umgebung bereit, nicht alle Entscheidungen des »Führers« kommentarlos hinzunehmen. Der Oberbefehlshaber der Heeresgruppe B, Freiherr von Weichs, und General Paulus, der Kommandierende General der 6. Armee, versuchten bei einem Besuch am 12. September, Hitler von der Notwendigkeit zu überzeugen, die 6. Armee aus ihren weit nach Osten vorgeschobenen Stellungen zurückzunehmen. Hitler lehnte ab. Er

Oben links: So begann es: In der Ukraine wurden die deutschen Truppen vielerorts herzlich begrüßt.

Oben rechts: Auch das gab es: Deutsch-russische Romanze.

Mitte: Deutsch-sowjetischer Kulturaustausch.

Rechte Seite:
Oben links: Wer nicht im Bombenhagel starb, wurde obdachlos: Mutter mit Kind.

Oben rechts: Hilfsbereitschaft: Deutscher Soldat verbindet verwundete Russin.

Mitte: Nach einem Bombenangriff: Trauer um die Angehörigen.

wollte die Eroberung Stalingrads – um jeden Preis. Die Generale murrten zwar, dann aber schluckten sie die bittere Pille, obwohl erfahrene Offiziere wie Freiherr von Weichs die Einnahme von Stalingrad mit den zur Verfügung stehenden Kräften als »unmöglich« bezeichnet hatten.

Die Kluft zwischen dem Offizierskorps und dem Diktator wurde tiefer. Hitler wählte den einfachsten und für ihn typischen Ausweg: Er wich zunächst einer Entscheidung aus und zog sich zurück. Das Verhältnis zu seinen militärischen Beratern wurde zunehmend gespannter, Zusammenkünfte kamen immer seltener zustande. Selbst den Handschlag verweigerte er seinen Offizieren. Zu den Mahlzeiten, die der »Führer« seit dem Frankreichfeldzug gemeinsam mit seinen Vertrauten eingenommen hatte und die er zu langatmigen Monologen nutzte, erschien er nicht mehr; sein Stuhl im Speiseraum blieb unbesetzt. Auch die Besprechungen im großen Lageraum, ebenfalls oft Forum für endlose Vorträge, die der »größte Führer aller Zeiten« seinen militärischen Fachleuten zumutete, fanden zu dieser Zeit nur noch im kleinsten Kreise in Hitlers Privatquartier statt. Hitler begnügte sich mit kurzen Anweisungen und zog sich sofort wieder in sein dunkles Blockhaus zurück. »Es ist bedrückend, das zu erleben«, notierte Alfred Jodl, noch immer ein treuer Gefolgsmann des »Führers«.

Doch die Flucht in die selbstgewählte Isolation konnte auf Dauer kein Ausweg sein. Hitler machte sich daran, die unbotmäßigen Kritiker zu feuern.

Am 9. September entzog der »Führer« Generalfeldmarschall List das Kommando über die Kaukasusfront und übernahm höchstpersönlich den Oberbefehl über die Heeresgruppe A. Als nächstes sollte das gesamte Oberkommando der Wehrmacht umbesetzt werden, selbst Jasager

wie Jodl und Keitel sollte der Bannstrahl des »Führers« treffen. Alternativen hatte Hitler bereit: Paulus und Kesselring. Diese Ideen wurden jedoch nicht weiterverfolgt. Dringlicher für Hitler war die Ablösung Halders, für den er allerdings noch keinen Ersatz wußte. Er würde einen Major zum General befördern und zum Generalstabschef ernennen, wenn er nur einen wisse, äußerte sich der »Führer« gegenüber seinem Heeresadjutanten Gerhard Engel. Das Vertrauensverhältnis zwischen Hitler und Halder war völlig zerrüttet. Hitler hatte die »Besserwisserei« seines Generalstabschefs satt, der ihn wiederholt auf die hohen Verluste in Stalingrad hinwies.

Am 17. September war das Maß endgültig voll, und Hitler entsandte seinen Chefadjutanten, Generalmajor Schmundt, in geheimer Mission nach Paris, die lautete, Generalmajor Kurt Zeitzler, den Chef des Generalstabs beim Oberbefehlshaber West, persönlich in die Ukraine zu begleiten. Dort empfing ihn der »Führer« am 22. September, um ihm kurz und bündig zu erklären: »Ich habe mich entschlossen und bereits heute mittag befohlen, daß Generaloberst Halder abgelöst wird und Sie Chef des Generalstabs des Heeres werden. Ich befördere Sie hiermit zum General der Infanterie.«

Es war ein Uhr nachts. Zeitzler würde sich an derartige Arbeitszeiten gewöhnen müssen: Von diesem 22. September an war er der engste militärische Mitarbeiter Hitlers, der meist die ganze Nacht durcharbeitete.

Der neue Generalstabschef war ein Mann nach Hitlers Geschmack: »Ich brauche einen Mann wie diesen Zeitzler«, hatte er schon Ende August betont. Er brauchte ihn, weil Zeitzler seinen Optimismus teilte und ihm die »ewigen Bedenken« seines Vorgängers ersparte. Zeitzler enttäuschte

ihn nicht. In seiner Begrüßungsansprache vor den Generalstabsoffizieren erklärte er: »Jeder Generalstabsoffizier muß an den Führer und seine Führung glauben. Er muß diesen Glauben auf seine Untergebenen und seine Umgebung ausstrahlen.«

Der letzte kleine Rest von Realitätssinn und eigenständiger Handlungsfreiheit im Generalstab ging mit Halders Ausscheiden verloren. An seine Stelle traten der stramme Zukunftsglaube Zeitzlers und die Bereitschaft, nun auch noch den Generalstab zum Werkzeug Hitlers zu degradieren.

Die Zuversicht des neuen Generalstabschefs schien an-

steckend. General Paulus meinte in einem Schreiben an den zum Chef des Heerespersonalamtes beförderten Hitler-Adjutanten Schmundt am 7. Oktober: »Der Kampf um Stalingrad verläuft sehr zäh. Es geht sehr langsam, jedoch täglich ein Stück vorwärts. Das Ganze ist eine Menschen- und Zeitfrage. Aber wir werden mit dem Russen schon fertig.«

Vor Stalingrad: Sowjetischer Offizier gibt das Signal zum Gegenangriff.

Rechte Seite:
Rechts: »Vabanquespiel« auf Leben und Tod: Sturmangriff durch feindliches Artilleriefeuer.

Unten: Feuergefecht in einem Wohnblock.

»Bald wird es einen Freudentag in unseren Straßen geben«

Während im deutschen Hauptquartier »Werwolf« die Krise zwischen Hitler und seinem Generalstabschef auf ihren Höhepunkt zusteuerte, trafen im Kreml der sowjetische Generalstabschef Alexander Wassilewski und der stellvertretende Oberbefehlshaber Georgi Schukow ein. Sie waren von Stalin an diesem 13. September in das Zentrum der Sowjetmacht beordert worden, um die Pläne für das weitere Vorgehen in Stalingrad zu erörtern. Dort hatte am selben Tag die Wehrmacht ihre Offensive auf den Mamai-Hügel und das Wolgaufer begonnen, um die letzten sowjetischen Stellungen zu überrennen und damit die Stadt zu erobern.

Fast tausend Kilometer entfernt präsentierten Wassilewski und Schukow nun ihre ersten Entwürfe für eine Gegenoffensive im Süden. Die Operation »Uran«, so der vorläufige Deckname, sah vor, die Deutschen mit ihrer eigenen Taktik zu schlagen: Eine aus zwei Armen bestehende Zange sollte die deutschen Verbände in Stalingrad einkesseln. Aus Belagerern würden Belagerte. Von Serafimowitsch am oberen Don aus sollte ein sowjetischer Keil durch die deutschen Linien getrieben und der 6. Armee der Rückzug abgeschnitten werden. Der Ausgangspunkt der sowjetischen Gegenoffensive war für Stalin von historischer Dimension: Zwei Jahrzehnte zuvor hatte er von Serafimowitsch aus beim Kampf gegen die Weißen Garden die Entscheidung zu seinen Gunsten herbeiführen können. Ein gutes Omen?

Um diesen Plan umzusetzen, brauchten die Sowjets zusätzliche Kräfte und damit auch Zeit, diese Verstärkung heranzuführen. Stalin erließ folgenden Appell: »Die kleinste dem Feind entrissene Hügelstellung bedeutet Zeitgewinn, und jeder gewonnene Tag kann vielleicht den Ausgang der Schlacht bestimmen.«

Die ständige Wiederholung der Aufrufe zum Ausharren zeigte Wirkung. Entschlossen hielten die Verteidiger ihre Stellungen, kämpften auch in aussichtsloser Situation weiter und leisteten erbitterten Widerstand. Ein derart unbeugsamer Durchhaltewille schien ebenso irrational wie Hitlers Beharren auf der Einnahme der Stadt. Als der 29. Infanteriedivision am 10. September bei Kuporosnoje im Süden der Durchbruch gelang und die 62. von der 64. sowjetischen Armee trennen konnte, erwog der Kommandeur der 62. Armee, Generalleutnant Lopatin, den Rückzug. Lopatin wurde unverzüglich abgelöst und durch Krylow ersetzt. Stalins Befehl lautete, »den Gegner in aktiver Verteidigung aufreiben«.

Die Rote Armee setzte auf die Zermürbung des Angreifers, weil sie damit rechnete, schon bald dem erschöpften Gegner mit neuen Reserven den Rest zu geben. Die Sowjets konnten davon ausgehen, daß die Zeit auf ihrer Seite war: Der Winter stand vor der Tür. Am 16. September verwandelten starke Regenfälle die Trümmerlandschaft in eine Schlammwüste. Aus Bombentrichtern wurden kleine Tümpel. Eine dicke Lehmschicht überzog bald Uniformen und Gesichter der Soldaten. Doch das war erst das Vorspiel: Anfang Oktober fiel der erste Schnee. Der Winter, der ein Jahr zuvor den deutschen Angriffsschwung vor Moskau eingefroren hatte, bedrohte nun auch die 6. Armee im zerstörten Stalingrad.

Wilhelm Böhlig schrieb aus dem Stalingrader Kessel an seine Frau Luise:

Liebe kleine Luise!
Heute kann ich mein Versprechen, Dir wenigstens des Sonntags einen Gruß zu senden, noch ausführen. Ob das in sieben Tagen noch möglich sein wird, weiß ich nicht. Es sieht nämlich sehr böse aus hier. Wie schwer wir es haben, hörst Du ja auch täglich im Rundfunk. Es ist nur gut, daß die nicht alles erzählen können. Sonst würde Dir in der Heimat doch etwas bang werden. Später werde ich mal erfahren, ob diese Briefe auch bei Dir angekommen sind. Schreibe doch mal das Datum des Ankunftstages darauf. Es interessiert mich wirklich ... Hoffentlich habe ich noch mal Gelegenheit, dies zu erfahren. Man weiß ja nicht, was uns noch bevorsteht. Hier muß man aber mit allem rechnen.

Der Gefreite Georg Wagner schrieb aus dem Stalingrader Kessel:

Es sind auch schon viele aus unseren Reihen geschieden. Und wer wird wohl morgen oder vielleicht übermorgen der Nächste sein? Aber nun muß ich diese Gedanken, die uns immer so quälen, fallen lassen. Mein Brief war ja ganz anders vorgesehen. Du mußt verzeihen, meine liebe Betti, daß ich in die Wirklichkeit zurückgefallen bin. Es wird jedem so ergehen hier. Und warum sollen wir auch nicht offen und ehrlich zueinander sein, wie wir es doch immer waren. Und ich glaube auch, meine gute Betti, es ist Dir so lieber, als wenn ich Dich darüber hinwegtäuschen würde. Das könnte ich auch niemals ... Es ist ja eigentlich verboten, etwas offen!! zu schreiben, und wenn wirklich, dann wollen sie dieses Brieflein vernichten.

Heinz Schuhmann schrieb aus dem Stalingrader Kessel an seine Frau:

Diese paar Monate, die jetzt noch kommen, werden auch bestimmt vergehen, und sobald die Frühlingssonne wieder scheint, sieht ja auch alles wieder viel rosiger aus. Und vor allem hat dann dieser verfluchte Russe ausgespielt. Gerade der Winter ist ja sein einziger Trumpf. Daß er aber, sobald der Winter vorüber ist, seine Trümpfe ausgespielt hat, und zwar so, daß er sie nächsten Winter nicht wieder in die Hand nimmt, davon sind wir alle überzeugt.

Pause mit Essenfassen nach der Überquerung des Don.

Ein Feiertag bei unserem Kompanie-Sanitäter Lücking: Briefe und Päckchen aus der Heimat.

Am Morgen danach: Sowjetische Heckenschützen haben uns überfallen. Lücking – im Hintergrund – ist tot.

Nach der Eroberung des Traktorenwerks am 15. Oktober 1942.

Der Weg nach Stalingrad

Der Soldat Hans Eckle schildert, wie es seiner Kompanie vor und während der Schlacht um die Wolgametropole erging.

»In Rußland waren wir vom Dnjepr zum Donez, über den Ostrol zum Don und dann bis an die Wolga marschiert. Schon auf dem Weg nach Stalingrad hatten wir hohe Verluste. Die schreckliche Kesselschlacht selbst überlebten nur wenige aus meiner Kompanie. Ich wurde schwer verwundet, konnte aber noch aus dem Kessel abtransportiert werden.«

Der Häuserkampf nahm kein Ende.

Deutsche Soldatengräber beim Flugplatz Gumrak am Stadtrand von Stalingrad

In den Trümmern des Traktórenwerks »Barrikaden«.

Hans Eckle, befördert zum Obergefreiten. In der Riegelstellung zwischen Don und Wolga.

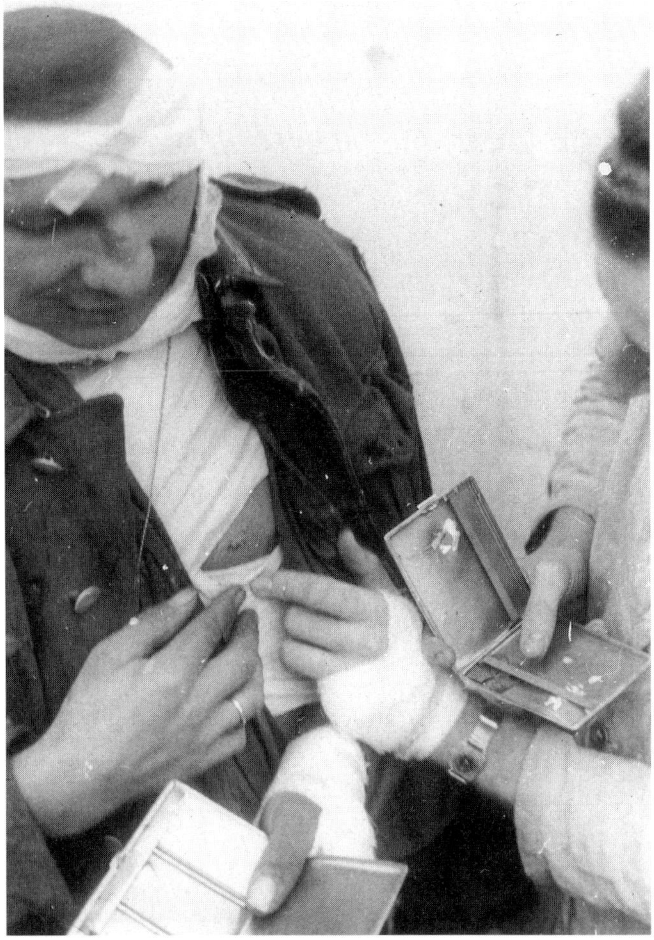

Auch wenn der Reichspressechef die Parole ausgab: »Die Generäle Winter, Kälte, Zeit usw. können Deutschland nicht schaden« – die Offiziere an der Front wußten, daß die Zeit gegen sie arbeitete. Am 14. Oktober verkündete der »Führer« in seinem Operationsbefehl Nr. 1: »Die Vorbereitungen für den Winterfeldzug sind in vollem Gange. Dieser zweite russische Winter wird uns rechtzeitig und besser vorbereitet finden.«

Hitler ordnete die Einleitung der Wintervorbereitungen an und befahl unter anderem: »Es sind sofort frostsichere, heizbare Bunker für Panzer zu bauen.« Doch womit? Holz war Mangelware. Zement gab es nur weit hinter der Front, das Baumaterial mußte über riesige Entfernungen herantransportiert werden. Und wer sollte die Bunker bauen? Die Pionierbataillone waren ebenso erschöpft wie die Infanterie. Fest stand nur eines: Die Sowjets würden den Bauarbeiten nicht tatenlos zusehen.

Paulus versuchte deshalb mit allen zur Verfügung stehenden Kräften, die Stadt vor dem Wintereinbruch in die Hand zu bekommen. Scheinbar mit Erfolg: Am 18. September mußte General Tschuikow seinen Unterstand räumen und in einen hastig eingerichteten Gefechtsstand am westlichen Steilufer der Wolga ausweichen. Vier Tage später fiel das Getreidesilo, dessen Umrissse als Muster für das Emblem der siegreichen Stalingradkämpfer vorgesehen waren, in deutsche Hand. Am 26. September wehte die deutsche Kriegsflagge auf dem Parteigebäude am Roten Platz.

Jeder Straßenzug mußte Meter um Meter erobert werden, in den Häusern Stockwerk um Stockwerk. Manchmal war das Erdgeschoß schon von Deutschen besetzt, während im Keller und im ersten Stock noch Rotarmisten ihre Stellung hielten. Auf beiden Seiten kämpften die Soldaten bis zur völligen Erschöpfung. Wie konnte man auch Schlaf finden in diesem Inferno, wenn ohne Pause die Geschütze donnerten und Granaten detonierten? »Kennt ihr jenen Schlaf, der nach Minuten zählt? Könnt ihr euch vorstellen, daß wir seit Wochen, seit Monaten mit offenen Augen

Oben: Wie durch ein Wunder überlebt: Die Zigarettendose in der Brusttasche lenkte die Kugel ab.

Unten: Aus Helfern werden Opfer. Zwei Piloten, die in letzter Minute aus dem brennenden Wrack ihrer Ju 52 geborgen wurden.

Rechte Seite:
Oben: Deutsche Bomber machten der Aufführung ein Ende.

Rechts oben: Grausam verstümmelt: sowjetischer MG-Schütze.

Rechts Mitte: »Gefallen für Führer, Volk und Vaterland.«

Unten: Erschossen auf dem Weg zur Essensausgabe.

Rechts unten: Nur selten spielte ein Orchester zur Ehre der Toten.

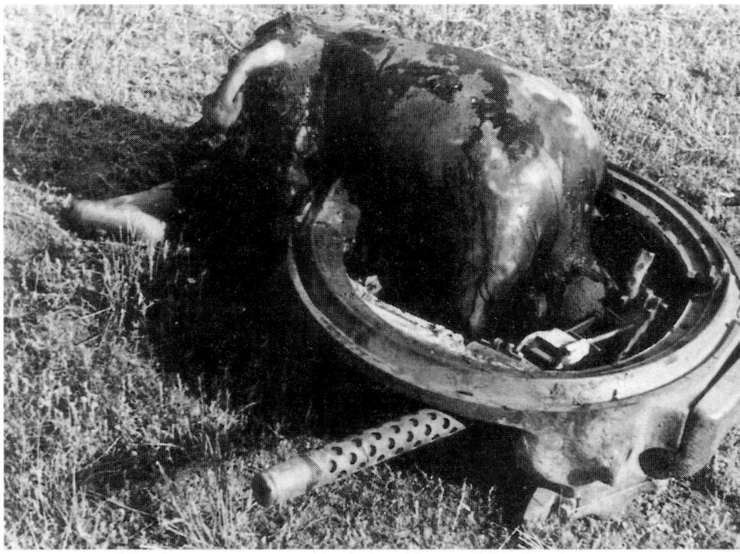

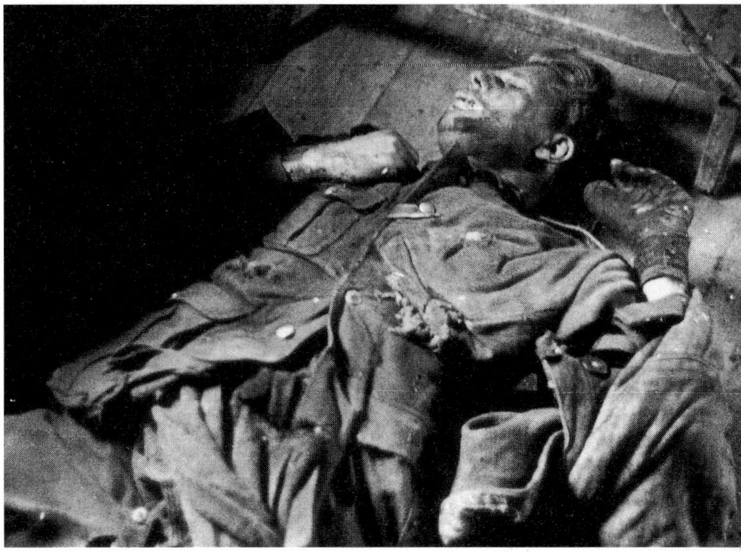

schlafen? Zählt die Stunden des zusammenhängenden Schlafes an den Fingern einer einzigen Hand. In den meisten dieser Stalingrader Nächte werdet ihr beim Daumen anfangen und den Zeigefinger schon nicht mehr zu zählen brauchen.« So ließ der »Völkische Beobachter« einen Soldaten aus Stalingrad berichten.

Wann sollte man Essen herbeischaffen? Wie konnten Verwundete aus der Schußlinie gebracht und versorgt werden, wenn ohne Pause die Kugeln flogen? Ende September begann der nächste Angriff auf Krasnja Oktjabr. Doch in sechs Tagen und sechs Nächten kamen die Deutschen kaum vierhundert Meter vorwärts. Am 6. Oktober mußte die Operation eingestellt werden, weil die Kampfkraft nicht ausreichte. Eine Atempause, aber mehr nicht. Sie diente den Vorbereitungen für die nächste Offensive. Die entscheidende?

Am 14. Oktober begann der sorgfältig geplante deutsche Großangriff auf die Traktorenfabrik Dserschinski. Massives Artilleriefeuer und Bombenhagel gingen auf die sowjetischen Verteidiger nieder. Die nachstoßenden Infanterieverbände konnten die sowjetischen Linien durchbrechen und zur Wolga vorstoßen. Der 62. sowjetischen Armee drohte die totale Vernichtung. Dreihundert Meter waren die Deutschen noch vom Bunker Tschuikows entfernt, dreihundert Meter trennten sie von der Gefangennahme des sowjetischen Oberbefehlshabers an diesem Frontabschnitt. »Der Angriff der 6. Armee führte am 15. 10. zur völligen Inbesitznahme des Nordteils von Stalingrad einschließlich Traktorenwerk und der Ziegelei«, meldete das Oberkommando des Heeres.

Nur noch in einigen wenigen Häuserblocks konnten sich die Sowjets halten, sie hatten sich festgekrallt in den Arbeitersiedlungen im Norden, in einigen Fabrikhallen, und sie saßen noch sicher in den Unterständen, die in das Steilufer an der Wolga hineingetrieben worden waren, wo die hohen Felshänge Schutz vor deutschen Bomben boten. Die Reste der 62. Armee Tschuikows, die die Stadt zu halten hatte, sahen sich eingekeilt zwischen der Fabrik »Roter Oktober« und den »Barrikaden«. In ihrem Rücken lag die Wolga, von allen übrigen Seiten rückten die deutschen Truppen vor. Drei Brückenköpfe konnten die Sowjets noch verteidigen, nur wenige hundert Meter breit war das sowjetisch besetzte Territorium. Und Trümmer überall: »Dieser Landstreifen war der größte Müllberg der Geschichte«, schreibt der deutsche Kriegskorrespondent Walter Kerr zutreffend.

Die Deutschen kontrollierten mittlerweile neunzig Prozent des »Müllbergs« Stalingrad. Aber die Verluste waren

Oben: In Reih und Glied in den Tod: sowjetisches Propagandaplakat.

Unten: Dieses Massengrab blieb offen.

Generalleutnant Konstantin Rokossowski.

Nikita S. Chruschtschow.

Generaloberst Alexander Wassilewski.

Armeegeneral Georgi K. Schukow.

Politkommissar Nikita Chruschtschow (links) beim Frontbesuch.

Der Händedruck täuscht über Differenzen hinweg.
Hitler zu Besuch bei Generalfeldmarschall von Manstein.

Oberstleutnant Hyazinth Graf von
Strachwitz erreichte als erster die Wolga.

Georgi Schukow, stv. Oberbefehlshaber der Roten Armee.

Am 26. Juli 1942 durchbrachen mobile Panzer- und motorisierte Truppen des Gegners die Verteidigungsstellungen der 62. Armee und erreichten den Raum Kamenskoje am Donez. Das Hauptquartier befahl unverzüglich, mit der noch nicht vollständig aufgestellten 1. und 4. Panzerarmee diesen Durchbruch zu stoppen. Die 1. und 4. Panzerarmee verfügten zu dieser Zeit nur noch über 240 Panzer und zwei Schützendivisionen, so daß sie den deutschen Panzertruppen nicht den entsprechenden Widerstand leisten konnten, den Vormarsch des Feindes jedoch eine Zeitlang aufhielten. Die Schlacht um Stalingrad hatte größte militärpolitische Bedeutung. Wenn Stalingrad fiele, bekäme das gegnerische Kommando die Möglichkeit, den Süden des Landes vom Zentrum abzuschneiden. Außerdem konnten wir dabei die Wolga, diese wichtigste Wasserverkehrsader, verlieren, auf der in großen Mengen Güter aus dem Kaukasus befördert wurden.

Alfred Meisel, Oberleutnant, schrieb an seine Brieffreundin Gerda:

22. 08. 1942

Ich stehe seit 2 Monaten mit meiner Truppe im härtesten Einsatz, der jetzt vor Stalingrad seinen Höhepunkt erreicht hat. Die Gegend hier ist eine Wüste, unfruchtbare Sandsteppe, in der es glühend heiß ist. Wolken am Himmel gibt es scheinbar nicht. Kein Haus, kein Strauch bietet Schatten, und oft gibt es tagelang kein Wasser. Hier wehrt sich der Iwan in gut ausgebauten Bunkern so zäh und verbissen, daß wir oft in einigen Tagen nur wenige Meter Boden gewinnen. Meine Haut ist von der Sonne völlig verbrannt und schält sich dauernd. Seit Wochen bin ich ungewaschen, unrasiert und von dem unbeschreiblichen Staub total überkrustet. So arbeiten wir uns von Erdloch zu Erdloch und von Trichter zu Trichter vor, um dem Russen Stalingrad abzunehmen. Es ist bisher der schwerste Kampf, den ich mitgemacht habe…

unvorstellbar hoch: In zwei oder drei Tagen bluteten ganze Bataillone aus, die meisten deutschen Kompanien bestanden nur noch aus wenigen Mann, und auch die sowjetischen Verbände verloren in den Kämpfen um Dserschinski fünfundsiebzig Prozent ihrer Soldaten. Es grenzt an ein Wunder, daß in diesem Feuerhagel überhaupt jemand überlebte.

In einer Lagebeurteilung der Fremden Heere Ost hieß es derweil: »Feind bleibt ruhig, weil zu geschwächt.« Das war eine fatale Fehleinschätzung. Tatsächlich konnten die Sowjets in der Zeit vom 15. September bis 3. Oktober allein in zweieinhalb Wochen sechs frische Infanteriedivisionen in die Schlacht werfen. Es war auch ein verhängnisvoller Irrtum, wenn man sah, was sich rund um Stalingrad abspielte. Denn in den Wäldern von Kremenskaja und in der Steppe südlich von Stalingrad herrschte hektische Betriebsamkeit: Ausgeruhte sowjetische Divisionen bezogen ihre Ausgangspositionen und bereiteten sich auf den großen Gegenangriff vor. Die Operation »Uran« lief an.

Das größte Problem dabei ergab sich mit der Tarnung. Alle Truppenbewegungen vollzogen sich, soweit das möglich war, im Schutz der Nacht. Die Flughäfen und die notwendigen Versorgungslinien waren gut verborgen, täu-

Linke Seite: Sowjetische Jagdbomber greifen den deutschen Belagerungsring um Stalingrad an.

Oben: Nach dem Abwurf über Stalingrad: Wen wird diese Bombe treffen?

Rechts: Sowjetische Jäger im Luftkampf mit deutschen Bombern.

Hans Östreich, Obergefreiter.

Um meine Notdurft zu verrichten, war ich in spärlich vorhandene Büsche geeilt. Doch plötzlich entdeckte ich etwas Grauenhaftes. Das konnte doch nicht wahr sein! Dort lag die Leiche eines deutschen Unteroffiziers mit heraushängendem Gedärm. Er mußte schon seit Tagen tot sein. Angewidert wendete ich mich ab. Mir wurde kotzübel. Ich eilte in die Nähe des Gefechtsstandes zurück. Melder, Ordonnanzen und auch Offiziere waren dort versammelt. Ich meldete voller Entsetzen meinen Fund. – Keine Reaktion, nur ein teilnahmsloses An-mir-Vorbeischauen. So wird dieser Unteroffizier – gefallen für »Führer, Volk und Vaterland« – bei seinen Angehörigen wahrscheinlich heute noch als vermißt gelten. Was waren das bloß für Menschen, meine Kameraden!

schend echte Landebahnen wurden angelegt und Pseudo-Behelfsbrücken über die Wolga. Attrappen sollten die deutsche Luftaufklärung täuschen – doch ohne Erfolg. General Paulus erfuhr über die Luftaufklärung und durch das Verhör sowjetischer Gefangener von den sowjetischen Truppenbewegungen. Er wollte die Kampfhandlungen in Stalingrad unterbrechen und die 6. Armee zurücknehmen, um die gefährdeten Flanken zu stabilisieren. Doch Hitler verstieg sich am 23. Oktober in einer Ergänzung zu seinem Operationsbefehl Nr. 1 zu der Behauptung: »Der Russe ist zur Zeit wohl nicht in der Lage, eine große Offensive mit weiträumigem Ziel zu beginnen.«

Die Operation »Uran« lief zu diesem Zeitpunkt bereits auf Hochtouren. Als Angriffstermin stand der 9. November fest. Was auf dem Papier ausgearbeitet worden war, sollte nun in die Praxis umgesetzt werden. Als Schwachpunkt in der deutschen Front hatten die Planer um Jeremenko den Südabschnitt ausgemacht, der den Verbündeten der Deutschen anvertraut war. Dort standen Rumänen und Ungarn, zwischen beiden die Italiener. Es wäre nun unfair, die Schuld an den weiteren Ereignissen den Verbündeten zuzuschieben. Die deutsche Heeresführung hatte ihnen Aufga-

Vom Los des Soldaten: Kampf, Erschöpfung, Angst, Resignation.

ben zugewiesen, die nicht zu erfüllen waren: einen vierhundert Kilometer langen Frontabschnitt mit unzureichenden Waffen und wenig Material zu halten – das konnte nur gelingen, wenn die Rote Armee auf massive Durchbruchversuche verzichten würde. Doch genau dies sah die Operation »Uran« vor. Die Schwäche der deutschen Flanken trat so klar zutage, daß die sowjetischen Generale zunächst eine Falle vermuteten. Um so genauer bereiteten sie ihren Angriff vor. Am 7. November versprach Schukow: »Bald wird es einen Freudentag in unseren Straßen geben.«

Die Informationen der deutschen Führung lauteten widersprüchlich. Noch am 12. November hatte Oberst Reinhard Gehlen, Chef der Abteilung Fremde Heere Ost, beruhigende Meldungen weitergegeben: »Baldige Angriffsmöglichkeiten zeichnen sich nicht ab, die vorhandenen Kräfte sind zu schwach für weitergehende Operationen.«

Ganz anders sahen jedoch die Lageberichte im Oberkommando der Wehrmacht aus. Darin war von verstärkten Bewegungen im Süden und Norden Stalingrads die Rede, sowie von »Stoßtruppaktivitäten«, »Ansammlungen des Feindes« und sogar von »Angriffen« auf den rumänischen und italienischen Abschnitt der Front. Deutsche Funker fingen russische Befehle ab, die Hinweise auf die Umorganisation und den Aufmarsch der Roten Armee im Bereich der neuen sowjetischen »Südwestfront« lieferten. Die deutsche Feindaufklärung meldete »starke sowjetische Bereitstellungen im Donbogen bei Kletskaja«.

Doch die deutsche Führung vermochte aus all diesen Alarmsignalen nicht die entsprechenden Schlüsse zu ziehen. Die Verstärkung der bedrohten Flanken unterblieb ebenso wie die Verlegung der Wehrmachtsverbände. Einzig Hitler siedelte aus seinem bisherigen Hauptquartier »Werwolf« bei Winniza wieder um in die »Wolfsschanze« bei Rastenburg. Von dort ordnete er an: »Ich erwarte, daß die Führung nochmals mit aller wiederholt bewiesenen Energie und die Truppe nochmals mit dem oft gezeigten Schneid alles einsetzen, um wenigstens bei der Geschützfabrik und beim Metallurgischen Werk bis zur Wolga durchzustoßen und diese Stadtteile zu nehmen.«

Fast wie Hohn mußte den erschöpften Soldaten an der Front der Zusatz klingen, mit dem General Paulus die Direktive seines »Führers« weiterleitete: »Ich bin überzeugt, daß dieser Befehl unseren braven Truppen neuen Impuls geben wird.«

General von Seydlitz kommentierte diesen Befehl Hitlers später, in seinen Memoiren, bitter. Aber er wie auch die anderen Offiziere trieben die Landser noch einmal gegen die sowjetischen Stellungen. In einer letzten, fast schon ver-

zweifelten Kraftanstrengung versuchten sie, Hitlers Willen umzusetzen und stürmten erneut gegen die Bastionen der verbliebenen Verteidiger, die sehnsüchtig auf die Entlastung vom Süden und Norden Stalingrads her warteten.

Am 19. November war es soweit. In einem Befehl an die Truppen wandte sich der Kriegsrat der Stalingrader Front an die »Genossen, Rotarmisten, Kommandeure und Politarbeiter«: »Die Stunde der Abrechnung mit dem gemeinen Feind ist gekommen. Ich befehle den entschlossenen Angriff gegen die deutsch-faschistischen Okkupanten. Vernichtet den Feind und erfüllt ehrenvoll Eure Pflicht vor der Heimat. Tod den deutschen Okkupanten.«

Die sowjetische Gegenoffensive begann im dichten Schneegestöber. Von zwei Seiten trat die Rote Armee zum Angriff an: mit der 31. Armee von Norden, mit der 51., 57. und 64. Armee von Osten, unterstützt von der 5. Panzerarmee. Die Befehlshaber der drei sowjetischen Frontabschnitte waren Generalleutnant Watutin, Generalleutnant Rokossowski und Generalleutnant Jeremenko. Ihre Weisung lautete, die Linien der rumänischen und italienischen Verbände zu durchbrechen. Das gemeinsame Ziel war die Einkesselung der 6. Armee.

Der Zeitpunkt: 19. November, 5.50 Uhr.

Am selben Tag, an dem die Deutschen die Stalingrader Fabriken Dserschinski und Barrikady eroberten und dem Hauptbrückenkopf der Sowjets die endgültige Vernichtung drohte, startete die Rote Armee ihren entscheidenden Gegenschlag. Die weit überlegenen sowjetischen Truppen überrannten die rumänischen Stellungen nordwestlich und südlich von Stalingrad. Nach nur vier Tagen schnellen Vormarschs trafen die Spitzen der beiden Zangenarme bei Sowjetzki zusammen. Was die deutschen Panzer unter Guderian zu Beginn des Rußlandfeldzugs so erfolgreich demonstriert hatten, das wandten die Sowjets als gelehrige Schüler nun selbst gegen die Deutschen an: Der Ring um die 6. Armee hatte sich geschlossen, rund dreihunderttausend Soldaten, deutsche und mit ihnen verbündete, saßen in der Falle.

Als Paulus die Nachricht vom Beginn der Donoffensive der Russen erhielt, brach er die Aktion gegen Tschuikows Truppen im Kessel von Stalingrad ab. Der »Führer« schien ratlos: »Aushalten und weitere Befehle abwarten.« Mehr war von ihm am 22. November nicht zu hören. Vierzehn Tage zuvor klang das noch anders. Damals hatte er im Münchner Bürgerbräukeller vor »alten Kämpfern« aus Anlaß des Jahrestags des gescheiterten Putschversuchs 1923 geprahlt: »Stalingrad ist so gut wie erobert. Sie dürfen versichert sein – und ich wiederhole es mit voller Verantwortung vor Gott und der Geschichte, daß wir Stalingrad nie wieder verlassen werden. Nie wieder!«

Für zehntausende Landser sollte dieses makabre Versprechen grausame Wirklichkeit werden. Das Drama der 6. Armee nahm seinen Lauf. Die Falle hinter den deutschen Soldaten hatte sich geschlossen.

Das Ende an der Wolga

Drei Tage vor Beginn der sowjetischen Offensive fielen bei Kalatsch am Don dicke Schneeflocken und bedeckten die tiefen Wunden, die von der Artillerie zu Beginn des deutschen Angriffs auf Stalingrad in den Boden gerissen worden waren. Eine zartweiße Decke senkte sich auf das blutdurchtränkte Schlachtfeld; der bevorstehende Winter kündigte sich an. Doch vom Rückzug auf Winterstellungen, wie ihn die deutsche Führung zu Beginn der Sommeroffensive geplant hatte, war keine Rede mehr.

In Stalingrad, sechzig Kilometer weiter östlich, versuchte die 6. Armee noch immer, die zusammengeschmolzenen Reste der 62. sowjetischen Armee zur Kapitulation zu zwingen. Doch diese wehrte sich nach wie vor mit dem Mut der Verzweiflung.

Beide Seiten demonstrierten Entschlossenheit. Die sowjetische Führung veröffentlichte am 7. November in der »Prawda« einen Stalin gewidmeten »Eid der Verteidiger von Stalingrad«. Darin hieß es: »Wir schwören, daß wir den Ruhm der russischen Waffen nicht entehren, vielmehr bis zum Ende kämpfen werden. Unter Ihrer Führerschaft haben unsere Väter die Schlacht von Zarizyn gewonnen, und unter Ihrer Führung werden wir auch die große Schlacht von Stalingrad gewinnen.« Zur gleichen Zeit versprach Hitler im Münchner Bürgerbräukeller, daß Stalingrad nie wieder geräumt werde.

Mitte November hatte der Winter eingesetzt. Hitler wollte endlich die Entscheidung: die Eroberung der Wolgametropole. Doch trotz der Erfahrungen aus dem »Winter des Unheils«, als die Operation »Taifun« um die Jahreswende 1941/42 vor Moskau festfror, vermochte sich die Truppe nicht auf die niedrigen Temperaturen einzurichten. Um so wichtiger wäre es gewesen, die 6. Armee in Stalingrad noch vor dem ersten Schnee mit Winterausrüstung zu versorgen. Doch statt dessen gab es nur billige Ratschläge:

»Der Landser, friert er Stein und Bein,
hüllt alles warm in Decken ein.
Stets gilt es das, was wir besitzen,
vorm bösen Element zu schützen.«

Mit dieser und ähnlicher »Lyrik« wurden die frierenden Soldaten aufgefordert, vor allem die kälteempfindlichen Waffen zu schützen. Doch anstelle kindlicher Schüttelreime hätte es der versprochenen wärmenden Decken bedurft. Und wie funktionierte nun der Nachschub?

Die Brücke von Kalatsch war ein entscheidendes Glied in der deutschen Nachschubkette. Über diese Donüberführung verlief der Hauptstrang für die Versorgung der 6. Armee. Brach die Kette an dieser Stelle, würde der Nachschub unweigerlich zusammenbrechen.

Die strategische Bedeutung der Brücke bei Kalatsch war natürlich auch den Sowjets bekannt. So stießen gleich zwei sowjetische Panzerkorps von Norden her dorthin vor. Ihre

Abzweigung nach Stalingrad: Ein Weg ohne Wiederkehr für Hunderttausende deutscher Soldaten.

Im Herzen des zerstörten Stalingrad: Das heftig umkämpfte Getreidesilo.

Tagesleistung betrug allein am ersten Tag über fünfzig Kilometer. Die an der Brücke stationierten rumänischen Verbände, die auf den massiven gegnerischen Angriff ebensowenig vorbereitet waren wie auf den plötzlichen Temperatursturz, vermochten der Wucht des Vorstoßes nichts Ernsthaftes entgegenzusetzen. Stammtischstrategen waren später schnell bei der Hand mit Vorwürfen: Die geringe Gegenwehr der verbündeten Armeen, der Mangel an Widerstand an den Flanken, habe die Katastrophe der 6. deutschen Armee erst möglich gemacht. Richtig ist: Die deutsche Militärführung hatte das – begrenzte – Militärmaterial, die modernen, leistungsfähigen Waffen, für ihre Einheiten reserviert. Den Rumänen blieb nur die eigene, schlechte Ausrüstung. Mit diesen veralteten Waffen hatten sie angesichts der materiellen Überlegenheit des Gegners, der seinen Angriff mit einer bislang unbekannten Massierung von Artilleriegeschützen begann, keine Chance.

Ausschlaggebend war vor allem, daß die deutsche Militärführung die Front überdehnt hatte und das Risiko langgezogener und nur unzureichend geschützter Flanken in Kauf nahm. Hinzu kam, daß Warnungen bezüglich der bevorstehenden gegnerischen Offensive ignoriert wurden.

Ein Stoßtrupp des 26. Panzerkorps unter dem Kommando von Oberstleutnant Filippow erhielt am 21. November den Befehl, die Brücke im Handstreich zu nehmen. In den frühen Morgenstunden des 22. November, eines Sonntags, erreichten die Panzerspitzen Kalatsch und bemächtigten sich der begehrten Brücke. Die nachstoßenden Infanterieeinheiten der Roten Armee bezogen ihre Stellungen auf den umliegenden Anhöhen, von wo sie die Straße unter Feuer nehmen konnten. Nun war die wichtigste Verkehrsverbindung nach Stalingrad unter sowjetischer Kontrolle, die 6. Armee vom lebensnotwendigen Nachschub abgeschnitten.

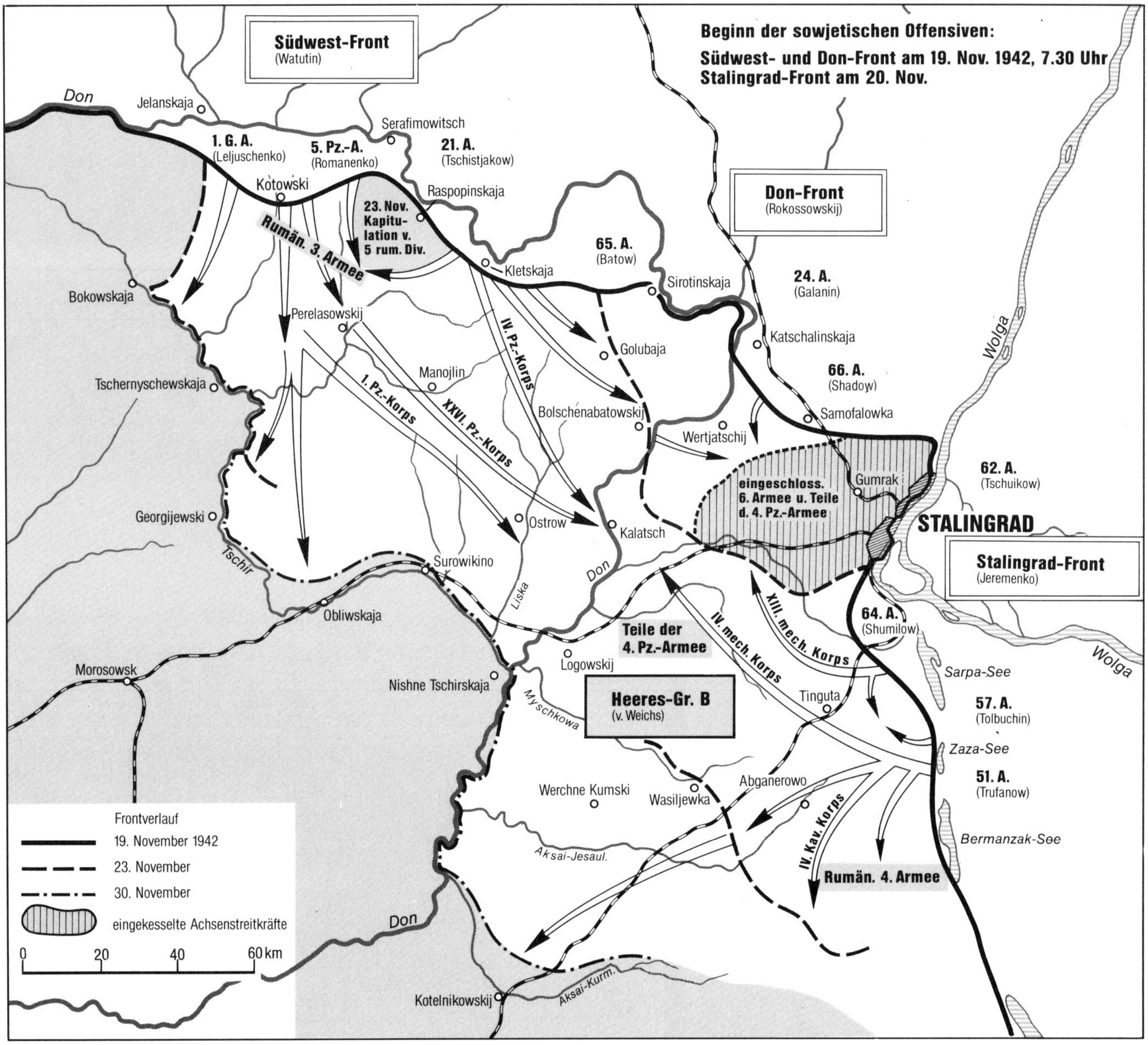

Die deutsche Propagandamaschine war zum erstenmal nicht nur konsterniert, sie fand auch keine Worte mehr. In einer Tagesparole wies der Reichspressechef die Zeitungen an, die Abwehrkämpfe in Stalingrad keinesfalls als Überschrift zu verwenden. Weiter hieß es: »Eine Sprachregelung ist abzuwarten.«

»Der Führer ist zuversichtlich«

Was sich bei Kalatsch abspielte, vollzog sich während dieser letzten Novembertage auch an vielen anderen Stellen: Bei Golubinskaja fielen wichtige Brücken in die Hände der Sowjets. Bei Kriwo Muschanskaja wurde mit der Blockade der westlichen Eisenbahnlinie ein weiterer zentraler Versorgungsstrang unterbrochen. Die 51. Armee eroberte Abganerowo und setzte zum Stoß auf Kotelnikowo an, um dort die zweite Eisenbahnverbindung zu kappen. Bei Paspopinskaja im Norden kapitulierten schon am 23. November fünf rumänische Divisionen vor der sowjetischen Übermacht. Im Süden stand die 4. rumänische Armee vor der Auflösung. Das Sowinformbüro berichtete von der Einnahme »mehrerer Dutzend« Ortschaften und der Gefangennahme von fünftausend Soldaten.

Schließlich meldete sich auch das sowjetische Oberkommando wieder zu Wort, nachdem es sich zu Beginn der

Offensive mehrere Tage bedeckt gehalten hatte. Erst am 22. November informierte ein Bulletin die sowjetische Öffentlichkeit vom bisherigen Erfolg der Operation. Rund hundert Kilometer hatte die Rote Armee bis zu diesem Zeitpunkt zurückerobern können. In einem schulmäßig vorgetragenen Zangenangriff war zwei getrennt voneinander operierenden Heeresgruppen die Durchbrechung der feindlichen Linien gelungen; sie trafen sich im Rücken des Gegners. Damit saß die 6. deutsche Armee in Stalingrad in der Falle: in einem Kessel von rund sechzig Kilometer Länge und kaum vierzig Kilometer Breite.

Beinahe wäre es zu einem vorentscheidenden Coup gekommen: General Paulus, der sein Hauptquartier fünfzehn Kilometer nordöstlich von Kalatsch aufgeschlagen hatte, entging in letzter Minute der Gefangennahme durch sowjetische Vortruppen. An Bord eines »Fieseler Storchs« konnte er sich mit seinem Stab nach Nischne-Tschirskaja absetzen. Dort, hundert Kilometer westlich der Wolga am Zusam-

Oben links: Deutscher Infanterist beobachtet russische Jagdbomber.

Oben Mitte: Anspannung auch beim Gewehrreinigen.

Oben rechts: Mit Sommeruniform im Winterkrieg.

Rechts: Rumänische Verbündete gönnen sich eine Kampfpause.

Leutnant mit Ritterkreuz. Seine Offizierslitzen an der Schulter hat er abgerissen; die russischen Scharfschützen schossen gezielt auf »höhere Dienstgrade«.

Hans-Jürgen Groß, Unteroffizier.

In der Nacht zum 13. Januar mußten wir im Freien kampieren. Abends bekam jeder noch einmal eine Scheibe Brot und einen Pott Pferdefleischsuppe. Dies war die »letzte offizielle Verpflegungsausgabe unserer Kompanie«. Am nächsten Morgen ließ unser Hauptfeldwebel die Reste der Kompanie antreten und sagte: »Wer hierbleiben und sich den Russen ergeben will, rechts raus!« Noch nie hatte ich in dem nun schon vier Jahre dauernden schrecklichen Krieg solche Worte, schon gar nicht von einem Dienstgrad gehört . . ., aber fast alle traten rechts raus. Nur ein kleiner Teil, darunter auch ich, blieb stehen, in der Hoffnung, doch noch irgendwie herauszukommen. Wir nahmen Abschied von den Kameraden, die zurückblieben. Ich habe keinen von ihnen jemals wiedergesehen.

Jochen Matthies, Bordmechaniker.

Beim Start vom Flugplatz Pitomnik meldete eine Maschine über Funk, daß sie ihr Fahrwerk nicht richtig einziehen könne. Aber erst beim Landeanflug außerhalb des Kessels offenbarte sich die fürchterliche Ursache. Als die Räder ausgefahren wurden, fiel die Leiche eines Soldaten aus dem Radschacht, zu Tode gequetscht und erfroren. Er war wohl vor dem Start in seiner Verzweiflung in die Radaufhängung geklettert, um in dieser Luke verborgen aus dem Kessel zu entkommen. Diesen Fluchtversuch hat er natürlich nicht überlebt.

menfluß von Tschir und Don, sollte der Wintergefechtsstand der 6. Armee eingerichtet werden – nach der Eroberung Stalingrads.

Die deutsche Führung reagierte zunächst nicht, sie konnte nicht reagieren, denn der »Führer« weilte zu Beginn der sowjetischen Offensive in Berchtesgaden. Auf dem idyllisch gelegenen Berghof, zweitausend Kilometer vom Ort der Ereignisse an Don und Wolga entfernt, verbrachte Hitler seinen Urlaub. Am Abend des 22. November startete der Sonderzug des »Führers« zur Rückfahrt nach Leipzig, wo ein Flugzeug wartete, um ihn nach Rastenburg zu bringen. Vor der Abfahrt hatte der deutsche Diktator über das Oberkommando des Heeres Paulus angewiesen, in den Kessel einzufliegen: Ein Oberbefehlshaber gehöre zur Truppe. Der Kapitän begab sich folgsam an Bord des sinkenden Schiffes: Paulus bezog sein Hauptquartier in Gumrak, dem Flugplatz rund zehn Kilometer außerhalb der Stadt, wo ihn die nächste Anweisung Hitlers erreichte: »Aushalten und weitere Befehle abwarten.«

Auf der Fahrt von Berchtesgaden nach Leipzig hielt der Sonderzug alle zwei Stunden, damit der »Führer« über den aktuellen Stand der Entwicklung informiert werden konnte. Zeitzler, der neue Generalstabschef, mußte Hitler mehr und mehr Hiobsbotschaften aus dem Kessel von Stalingrad überbringen. Doch der deutsche Diktator schien optimistisch. Das Kriegstagebuch des Wehrmachtsführungsstabs notierte im Anschluß an die ersten Lagebesprechungen in der »Wolfsschanze«, an denen Hitler nach seiner Rückkehr wieder teilnahm: »Der Führer ist hinsichtlich der Lage der 6. Armee in Stalingrad zuversichtlich.«

Hatte Hitler den Ernst der Situation nicht erfaßt und nicht erkannt, daß der 6. Armee die Vernichtung drohte? Waren seine Informationen nicht ausreichend, um ein realistisches Bild der Lage gewinnen zu können?

Oben: Während eines Angriffs deutscher Stukas. Kampfpause für die Grenadiere.

Mitte: Gewußt, wie: »beheizter« Schützengraben.

Unten: Trotz der Hungerrationen ständig im Einsatz: deutsche MG-Schützen.

»Durchbruch oder Untergang«

Im Oberkommando der Wehrmacht herrschte vier Tage nach Beginn der sowjetischen Aktionen zwar Beunruhigung, jedoch keineswegs Katastrophenstimmung. Sofort nach dem Eintreffen der ersten Meldungen über den Start der sowjetischen Gegenoffensive hatte der Oberbefehlshaber der Heeresgruppe B, Generaloberst von Weichs, am 19. November den Befehl zur Einstellung aller weiteren Angriffe in Stalingrad gegeben. Danach machten sich die Stäbe der 6. Armee, der Heeresgruppe B und des Oberkommandos der Wehrmacht ein genaues Bild von der Lage. Das Oberkommando der 6. Armee mußte am 22. November um 19 Uhr der Heeresgruppe B melden: »Armee eingeschlossen. Ganzes Zarizatal, Eisenbahn von Sowjetski bis Kalatsch, ebendortige Donbrücke, Höhen auf Westufer Don bis Golubinskaja, Oskinski und Kraini trotz heldenmütigen Widerstandes in Händen der Russen.« Auf einer Fläche von 1500 Quadratkilometern waren rund 300 000 Mann mit 1800 Geschützen, 10 000 Transportfahrzeugen und 50 000 Pferden eingekesselt.

Anhand dieser Tatsache mußten sich die Offiziere nun Gedanken über das weitere Vorgehen machen. Die militärischen Fachleute waren sich schnell einig: Nach Sammlung aller zur Verfügung stehenden Kräfte sollten die Verbände umgruppiert und aus Stalingrad zurückgenommen werden. General Paulus bat in seinem Bericht vom 22. November um Handlungsfreiheit. Wie er sie nutzen wollte, hatte er bereits angedeutet: »Lage kann zwingen, Stalingrad und Nordfront aufzugeben, um mit ganzer Kraft Gegner an Südfront zwischen Don und Wolga zu schlagen.«

Raus aus dem Kessel – so lautete die einzige vernünftige Lösung. Raus aus dem Kessel – so schlug es auch der Oberbefehlshaber der Heeresgruppe B vor. Freiherr von Weichs unterstützte den Vorschlag seines direkten Untergebenen: »Trotz der außergewöhnlichen Schwere des zu fassenden Entschlusses muß ich melden, daß ich Zurücknahme der 6. Armee, wie von General Paulus vorgeschlagen, für notwendig halte.«

In der Zwischenzeit entwickelte sich die Lage für die eingeschlossenen Truppen immer bedrohlicher. Die Rote Armee hatte den Ring um die Deutschen verstärkt, die

Telegramm von General Paulus an Hitler:

23. November 1942
g. Kdos., Chefsache!
Funkspruch an OKH
nachr.: an Heeresgruppe B

Mein Führer!
Seit Eingang Ihres Funkspruchs vom 22. 11. abends hat sich die Entwicklung der Dinge überstürzt.
Die Schließung des Kessels ist im Südwesten und Westen nicht geglückt. Bevorstehende Feindeinbrüche zeichnen sich hier ab. Munition und Betriebsstoff gehen zu Ende. Zahlreiche Batterien und Panzerabwehrwaffen haben sich verschossen. Eine rechtzeitige, ausreichende Versorgung ist ausgeschlossen.
Die Armee geht in kürzester Zeit der Vernichtung entgegen, wenn nicht unter Zusammenfassung aller Kräfte der von Süden und Westen angreifende Feind vernichtend geschlagen wird.
Hierzu ist sofortige Herausnahme aller Divisionen aus Stalingrad und starker Kräfte aus der Nordfront erforderlich. Unabwendbare Folge muß dann Durchbruch nach Südwesten sein, da Ost- und Nordfront bei derartiger Schwäche nicht mehr zu halten.
Uns geht dann zwar zahlreiches Material verloren, es wird aber die Mehrzahl wertvoller Kämpfer und wenigstens ein Teil des Materials erhalten.
Die Verantwortlichkeit für diese schwerwiegende Meldung behalte ich in vollem Umfange, wenn ich melde, daß die Kommandierenden Generale Heitz, Strecker, Hube und Jaenecke die gleiche Beurteilung der Lage haben.
Bitte auf Grund der Lage nochmals um Handlungsfreiheit!

Heil mein Führer!
gez. Paulus

Durchgabe an OKH: 23. 11., 23.45 Uhr

Nachschubdepots der Wehrmacht waren in sowjetische Hände gefallen. Dadurch verschlimmerte sich die ohnehin schon angespannte Versorgungssituation. Schon bald sollten den vorgeschobenen Einheiten Munition und Benzin ausgehen. Paulus setzte am Abend des 23. November einen erneuten Funkspruch an das Oberkommando des Heeres ab: »Die Armee geht in kürzester Zeit der Vernichtung entgegen, wenn nicht unter Zusammenfassung aller Kräfte der von Süden und Westen angreifende Feind vernichtend geschlagen wird.«

Im Klartext bedeutete dies den Ausbruch aller Divisionen aus Stalingrad. Paulus verwies nachdrücklich darauf, daß auch die kommandierenden Generale seines Stabes, Heitz, von Seydlitz, Strecker, Hube und Jaenecke, einhellig zur gleichen Einschätzung gelangt waren. Fast beschwörend schloß er: »Bitte auf Grund der Lage nochmals um Handlungsfreiheit.«

Paulus hatte zu Recht auf die Meinung seiner Offiziere verwiesen. Am weitesten wagte sich der General der Artillerie, Walter von Seydlitz-Kurzbach, vor. Er hatte anhand eines Memorandums in sechs Punkten detailliert die Aussichtslosigkeit der Lage geschildert, in der sich die 6. Armee befand. Von Seydlitz verwies zunächst auf die Versorgungssituation: Auf keinem Sektor sei »irgendeine Bevorratung« vorhanden. Schon kleinere Abwehrkämpfe würden zur Folge haben, daß sich die Munitionsbestände drastisch verringerten. Eine Versorgung aus der Luft könne, selbst bei Einsatz zusätzlicher Flugzeuge, den Bedarf einer ganzen

Links: Bestens für den Winterkrieg gerüstet: Rotarmisten warten auf den Befehl zum Angriff.

Rechts: Nur außerhalb des Kessels konnten sich die deutschen Soldaten so aus der Dekkung wagen.

Oben: Vorposten zur Abwehr sowjetischer Tanks. Die Panzerfäuste liegen bereit.

Rechte Seite:
Oben: Es gelingt nicht, den Kessel von außen zu sprengen. Mörserstellung während einer Kampfpause.

Unten: Ende Dezember '42 südwestlich von Stalingrad. Panzer IV im Rückzugsgefecht.

Armee nicht decken. »Aus den angestellten Berechnungen ergibt sich, daß eine Versorgung auf dem Luftweg für die Armee völlig ausgeschlossen ist.«

Auch von Weichs und Paulus teilten die Skepsis, die von Seydlitz geäußert hatte. Am 23. November gab von Weichs dem Generalstabschef des Heeres zu verstehen: »Die Versorgung der 20 Divisionen umfassenden Armee auf dem Luftweg ist nicht möglich. Mit dem verfügbaren Lufttransportraum kann täglich nur ein Zehntel des Tagesbedarfs in den Kessel geflogen werden.«

Selbst diese pessimistische Schätzung basierte noch auf der zuversichtlichen Voraussetzung günstiger Witterungsbedingungen. Seydlitz erwartete, daß die Rote Armee nach der Schließung des Kessels die heftigen Angriffe fortsetzen würde, um die eingeschlossenen Deutschen endgültig zu vernichten, bevor diese einen Entlastungsangriff starten könnten. Um eine derartige Vorhersage treffen zu können, mußte man kein Prophet sein. Jeder Militärführer würde die Gunst der Stunde und die Schwäche des Gegners ausnutzen und entsprechend handeln. Umgekehrt folgerte von Seydlitz daraus, daß die eingeschlossenen Verbände verloren sein würden, wenn nicht schnellstmöglich für Verstärkung gesorgt werden könne. Dabei erwies er sich allerdings als Realist. Ob von Westen oder von Süden – die Chancen für einen entsprechenden Entlastungsangriff innerhalb der nächsten fünf Tage schätzte er gering ein. Lapidar hieß es: »Hierfür liegt nicht ein einziges Anzeichen vor.«

Da es also keine Vorräte gab, der Nachschub auch durch die Luft nicht in ausreichendem Umfang gewährleistet werden konnte und mit Verstärkung nicht zu rechnen war, zeichnete sich für Seydlitz nur eine mögliche Schlußfolgerung ab: »Die Armee steht vor dem eindeutigen Entweder-Oder: Durchbruch nach Südwesten in allgemeiner Richtung Kotelnikowo oder Untergang in wenigen Tagen. Es gibt keine andere Wahl.«

Diese schonungslose Analyse versah der Chef des Generalstabs der Armee, Generalmajor Arthur Schmidt, mit einem kurzen Zusatz: »Wir haben uns nicht den Kopf des Führers zu zerbrechen und General von Seydlitz nicht den des Oberbefehlshabers.«

Rudolf C. schrieb nach Hause:

Ich will nicht sagen, daß dieser Brief der letzte ist, den ich Dir schreibe. Gott bewahre, doch du mußt auf alles gefaßt sein, denn wenn wir das Ganze aufgeben müssen und in russische Gefangenschaft kommen, woran ich nicht mehr zweifle, kann ich Dir leider nicht mehr schreiben. Liebe Greti, nimm es nicht zu tragisch. Du mußt Dir auch immer vor Augen halten, daß dieses Schicksal und Los, das mich trifft, zugleich eine 1/4 Million Menschen trifft. Weißt Du Greti, wir hofften ja immer, daß von außen Hilfe kommt, doch jetzt wissen wir, daß wir nicht damit rechnen können. Vielleicht sind wir auch nicht mehr so wichtig, obwohl wir fast zwei Monate lang mit schweren Opfern die Festung Stalingrad gehalten haben. Wenn nicht ein Wunder geschieht, sind wir erledigt. Ich habe auch jede Hoffnung aufgegeben, denn bis März können wir nicht warten, dann sind wir entweder vor Hunger verreckt oder die Russen haben uns umgebracht. Ich müßte in nächster Zeit noch verwundet werden, am besten am Fuß, am Ohr oder am Auge. Dann würde ich vielleicht mit einer JU rauskommen. Aber so besteht keine Hoffnung. Sie bringen ja noch nicht mal die raus, die an Gelbsucht erkrankt sind. Was einzelne Landser erzählen, die von vorne kommen, will ich gar nicht schildern. Denn es sind so grauenhafte Ereignisse, daß man es ja in der Heimat nicht für möglich hält, daß so etwas möglich ist. […]

Oben: Sowjetische Karikatur: »Denk ich an Stalingrad…«
Rechte Seite: Scharfschützen in Lauerstellung. Die Trümmer bieten ihnen Deckung.

So unsinnig diese Anmerkung auch war, sie offenbarte die Geisteshaltung mancher Generale: Ein Offizier denkt nicht, er gehorcht, seine Sache ist die Durchführung eines militärischen Auftrags, nicht die politische Analyse. Eine solche Einstellung ließ Schlimmes befürchten. Immerhin teilte der Generalstabschef im Oberkommando des Heeres die negativen Standpunkte der Frontgenerale. Zeitzler hatte sich bereit erklärt, Hitler vorzuschlagen, daß die 6. Armee sofort einen Durchbruchsversuch wagen müsse. So versicherte er es in einem Telefongespräch, das er in der Nacht vom 22. auf den 23. November mit General von Sodenstern, dem Generalstabschef der Heeresgruppe B, führte. Einen entsprechenden Vorschlag wollte er am nächsten Morgen unterbreiten. Warum erst am folgenden Tag? Wieso eine Entscheidung aufschieben, angesichts einer Situation, in der es auf jede Stunde ankam? Der »Führer« habe sich nach seiner Ankunft in Rastenburg erst einmal zurückgezogen. Er sei von der Reise erschöpft, ließ er mitteilen. Aber immerhin: Die Generale rechneten damit, daß Hitler sich würde überzeugen lassen. Zeitzler gab Anweisung, alle Vorbereitungen für den Ausbruch zu treffen.

»Unter allen Umständen halten. Luftversorgung«

Die von allen erwartete Entscheidung des »Führers« traf am Morgen des 24. November im Hauptquartier der 6. Armee ein. Die Funkmeldung war kurz und präzise, sie schlug ein wie eine Bombe. Schon die Überschrift verhieß nichts Gutes: »Führerentscheid« stand da, es handelte sich also um keine »normale« Anweisung, sondern um die oberste Befehlsstufe, gegen die es keine Widerspruchsmöglichkeit gab.

Telegramm von Hitler an den OB der 6. Armee:

24. November 1942

Die 6. Armee ist vorübergehend von russischen Kräften eingeschlossen. Ich beabsichtige, die Armee im Raume Stalingrad Nord-Kotluban – Höhe 137 – Höhe 135 – Marinowka – Zybenko – Stalingrad Süd zusammenzufassen. Die Armee darf überzeugt sein, daß ich alles tun werde, um sie entsprechend zu versorgen und rechtzeitig zu entsetzen. Ich kenne die tapfere 6. Armee und ihren Oberbefehlshaber und weiß, daß sie ihre Pflicht tun wird.

gez. Adolf Hitler

Die Entscheidung des »Führers« machte alle Hoffnungen zunichte, die 6. Armee zu retten: »Führer beabsichtigt, 6. Armee in dem Raum jetzige Wolgafront, jetzige Nordfront zusammenzufassen. Jetzige Wolgafront und jetzige Nordfront LI.A.K. unter allen Umständen halten. Luftversorgung durch Einsatz weiterer 100 Ju im Anlaufen.«

Das bedeutete das endgültige Verbot des Rückzugs. »Halten und verteidigen« – jene fatalen Befehle, die Stalin in der Anfangsphase des Rußlandfeldzugs gegeben hatte, führten zur Vernichtung ganzer sowjetischer Armeen. Das gleiche Los stand nun einer deutschen Armee bevor.

»Keinen Schritt zurück« – mit dieser Anweisung hatte

Margot Schmieder über ihren in Stalingrad vermißten Verlobten:

Anfang 1943 lebte ich in ständiger Angst und Sorge um meinen Verlobten, der an der Ostfront war. Als ich im Radio vom Untergang der 6. Armee in Stalingrad hörte, überfiel mich ein ganz furchtbares Gefühl, denn ich wußte, daß mein Verlobter zuletzt dort gekämpft hatte. Offiziell war ja damals keine Rede von Gefangenen, es gab nur »Heldentote«. Doch trotz meiner Verzweiflung gab ich die Hoffnung nicht auf, daß er überlebt habe und in Gefangenschaft geraten sei, besonders als ein Brief bei mir eintraf, den er noch am 20. Januar 1943 an mich geschrieben hatte. Wenn er es bis dahin geschafft hatte, dann würde er auch weiterhin durchhalten, davon war ich überzeugt! Mein ganzes Leben richtete ich auf seine Rückkehr aus. Erst drei Jahre später erhielt ich ein erstes Lebenszeichen von ihm aus der Gefangenschaft.

Dr. Hans Girgensohn, Arzt.

In der ersten Dezemberhälfte 1942 erhielt die Dienststelle des Armeearztes aus dem Kessel von Stalingrad in zunehmendem Maße Meldungen über Todesfälle ohne vorausgegangene Verwundung; eine Krankheitsdiagnose konnte nicht angegeben werden. Vermutet wurden Unterkühlung, »Erschöpfung« und vor allem eine noch nicht erkannte Seuche. Daher wurde ich beauftragt, nach Stalingrad zu fliegen, um die Todesursache zu untersuchen. Um den Auftrag erfolgreich auszuführen, galt es zu improvisieren und unkonventionelle Wege zu gehen. Als Räume für die Sektion der Leichen wurden Erdbunker, ein vorübergehend geräumtes Zimmer einer Hütte, ein Eisenbahnwaggon oder lediglich ein einfaches Zelt zur Verfügung gestellt. Schwierig war das Problem zu lösen, glashart gefrorene Leichen wieder aufzutauen; in einem Erdbunker beispielsweise geschah das mit Hilfe eines kleinen Öfchens, vor dem der Leichnam immer wieder gewendet wurde. In der Zeit vom 18. bis 31. Dezember 1942 öffnete ich 50 Leichen unter diesen Bedingungen. Das Ergebnis war deutlich: Genau 25 dieser Toten waren verhungert, viele der anderen Fälle hochgradig abgemagert. Der Nachweis des Hungertodes war, so unfaßbar uns das heute sein mag, eine Überraschung und schlug wie eine Bombe ein.

Hans Schmieder, Flaksoldat.

Was man zum Schluß gesehen hat, das erinnerte wirklich an den Untergang von Sodom und Gomorrha. Einen steifgefrorenen Gaul, den wir zuvor vielleicht noch als Zugtier benutzt hatten, buddelten wir aus dem Schnee aus, zerhackten ihn, legten ihn in Essig ein und kochten ihn. Oder wir gruben halbverfaulte Kartoffelschalen aus dem Eis. Mir dreht sich heute noch der Magen um, wenn ich daran denke. Und einmal habe ich sogar gesehen, wie deutsche Soldaten Fleisch von toten Menschen herausschnitten und aßen. Der unerträgliche Hunger im Kessel machte sie zu Kannibalen.

Hitler im Winter 1941/42 nach dem Scheitern des Angriffs auf Moskau die Verluste der Wehrmacht vervielfacht. »Unter allen Umständen halten« – das bedeutete nun das Todesurteil für die deutschen Einheiten im Kessel von Stalingrad. Ein Ausfallangriff der 6. Armee wäre zu diesem Zeitpunkt noch möglich gewesen, eine Zurücknahme aus den bedrohten Gebieten auf eine Linie westlich des Don hätte die Deutschen vor der Vernichtung gerettet. Welche Gründe führten zu dieser tödlichen Fehlentscheidung? Wie reagierten die Generale?

»Ich gehe nicht von der Wolga zurück«

»Ein Aufgeben von Stalingrad würde den Verzicht auf den wesentlichsten Erfolg der Offensive dieses Jahres bedeuten. Es muß daher mit allen verfügbaren Mitteln angestrebt werden, Stalingrad zu halten und die Verbindung mit der 6. Armee wiederherzustellen.«

Mit dieser Lagebeurteilung begann ein Führerbefehl, den General Zeitzler an Generalfeldmarschall von Manstein weiterleitete. Der »Eroberer von Sewastopol« war von Hitler mit Wirkung vom 26. November zum Befehlshaber der neu gebildeten Donfront ernannt worden. Als unmittelbarer Nachfolger von Weichs' sollte er mit der 3. und 4. rumänischen Armee – beziehungsweise dem, was davon noch übrig war – sowie Teilen der 4. Panzerarmee und der 6. Armee die eingekesselten deutschen Verbände in Stalingrad freikämpfen, die Nachschubverbindungen wiederherstellen und die Rote Armee auf die Linie zurückwerfen, die vor dem Beginn der sowjetischen Offensive die Front bildete. Das waren hochgesteckte Ziele, die Manstein an seinem fünfundfünfzigsten Geburtstag von Hitler als Geschenke präsentiert wurden; Ziele, die dem Wunschdenken des »Führers« entsprangen; Ziele aber auch, die von einer Voraussetzung ausgingen: Die 6. Armee würde sich bis zum Eintreffen der Entsatzeinheiten halten können. Dazu war es notwendig, die eingeschlossenen Verbände, dreihunderttausend Mann, aus der Luft mit allen notwendigen Materialien zu versorgen.

Genau das bezweifelten die militärischen Fachleute im Stab der 6. Armee, bei der Heeresgruppe B und auch im Oberkommando des Heeres. Selbst der Chef der Luftflotte 4, Wolfram von Richthofen, erklärte, daß die Unterstützung einer ganzen Armee aus der Luft unter den gegebenen Umständen nicht möglich sei, da die Transportkapazitäten der Luftwaffe dafür nicht ausreichten. General Fiebig, der Kommandeur des 8. Fliegerkorps, erklärte am 21. November, als die Entscheidung »Ausbruch« oder »Igel« noch diskutiert wurde, in Anwesenheit von General Paulus: »Eine ganze Armee aus der Luft versorgen, das ist unmög-

Von sowjetischen Soldaten zurückgelassene »Propaganda-Laken«.

lich. Die Luftwaffe hat nicht genug Transportflugzeuge zur Verfügung.«

Doch nicht nur Hitler war anderer Auffassung, sondern auch Göring. Der Feldmarschall prahlte damit, daß seine Luftwaffe die Versorgung aufrechterhalten könne. Diese Zusage gab der Reichsmarschall allerdings nicht persönlich. Bei der entscheidenden Sitzung im Führerhauptquartier trug sein Generalstabschef, Generaloberst Jeschonnek, die Meinung Görings vor. Er knüpfte das Versprechen seines Chefs jedoch an zahlreiche Bedingungen: gutes Flugwetter, Nutzung frontnaher Flugplätze, Abkommandierung zusätzlicher Flugzeuge und dergleichen mehr.

Aber diese Einschränkungen wischte Hitler vom Tisch. Für ihn galt nur das grundsätzliche »Ja«, die »Wenns« vergaß er. Er vergaß auch, daß der großspurigste unter seinen Paladinen schon einmal ein vollmundiges Versprechen nicht zu erfüllen in der Lage war: Niemals würde eine feindliche Bombe auf deutsche Städte fallen, weil »seine« Luftwaffe das zu verhindern wüßte. Mittlerweile flogen die alliierten Bomberstaffeln nicht nur im Schutz der Nacht, sondern sogar schon am hellichten Tag ihre Angriffe auf das Reichsgebiet. Um verlorenes Renommee beim »Führer« zurückzugewinnen, versprach Göring nun, die Versorgung des Kessels in Stalingrad zu gewährleisten.

Hubert Kremser, Offizier.

Wenn man Glück hatte, bekam man auf dem Hauptverbandsplatz noch eine Bahre oder sonst etwas als Unterlage. Um mich herum lagen 80 bis 100 Verletzte, und das Inferno nahm von Tag zu Tag zu. Nur wenigen, die noch so bewegungsfähig waren, wieder an der Front eingesetzt zu werden, blieb eine Hoffnung. Die anderen, die ein Bein oder einen Arm verloren hatten oder dem Exitus nahe waren, die wurden also schon auf die sogenannte schwarze Liste gesetzt, von denen sagte man: »Der ist zum Ableben bestimmt, mit dem braucht man nicht mehr zu rechnen.« Die Verwundeten ließen sich selbst von den Ärzten nichts mehr sagen. Da fielen die schändlichsten Schimpfwörter, die man sich vorstellen kann. Aber man war eben so kaputt, daß man sich dachte: »Mehr als krepieren kannste nicht.« Laufend schnitten sich die Leute die Pulsadern auf. Die Sanitäter versuchten, die Wunden noch zu verbinden. Aber meistens war das so perfekt gemacht, daß jede Hilfe zu spät kam. Auch ich hatte schon eine Rasierklinge parat, aber mir fehlte dann doch der Mut.

Hitler glaubte Göring. Er mußte ihm glauben, denn der deutsche Diktator wollte Stalingrad um jeden Preis halten.

Zwar hatte Generalstabschef Zeitzler am frühen Morgen des 23. November versucht, Hitler davon zu überzeugen, daß nur ein Rückzug schlimmeres Unheil verhindern könne. Mit drastischen Worten schilderte er die Folgen eines Ausharrens im Kessel: »Das bedeutet Tod oder Gefangennahme für eine Viertelmillion tapferer Soldaten. Der Verlust dieser großen Armee würde der Ostfront das Rückgrat brechen.« Doch von zwei anderen engen Beratern erhielt Hitler jene Antworten, an denen ihm gelegen war. Generalfeldmarschall Keitel nutzte eine entsprechende Frage des »Führers« zu einem theatralischen Auftritt im Hauptquartier, der mit den Worten endete: »Mein Führer, geben Sie Stalingrad auf keinen Fall auf!«

Generaloberst Jodl, der immerhin noch die militärischen Gründe, die für einen Ausbruch sprachen, abwog, kam zum gleichen Ergebnis: Die 6. Armee solle sich einigeln, kein Ausbruch. Das wollte Hitler hören. Seinem Generalstabschef beschied er knapp: »Sie sehen, daß ich mit meiner Ansicht nicht allein stehe. Ich werde mich also weiterhin an die von mir bereits getroffene Entscheidung halten.«

Kategorisch hatte er bereits zu Beginn der Diskussion erklärt: »Ich gehe nicht von der Wolga zurück.« Fortan sprach der »Führer« von der »Festung Stalingrad«, die es zu halten gelte. So, wie es im Verlauf des »Unternehmens Barbarossa« schon einmal gelungen war, einen Kessel zu halten und die eingeschlossenen Einheiten zu befreien.

»Brückenschlag« und »Fallreep«

Eingekesselte deutsche Einheiten – das bedeutete kein Novum in der Geschichte des Rußlandfeldzugs. Schon im Januar 1942 war bei Demjansk ein Kessel entstanden, der monatelang durch die Luft versorgt werden mußte, bevor es glückte, ihn aufzubrechen und hunderttausend Mann, die ihre Stellungen gehalten hatten, zu befreien. Rund fünfhundert Flugzeuge brachten das notwendige Material und flogen verwundete Soldaten aus. Täglich bis zu hundertfünfzig Maschinen landeten auf zwei behelfsmäßig ausgebauten Pisten und transportierten insgesamt fünfundsechzigtausend Tonnen in den Kessel. Im März 1942 begannen der Befreiungsangriff von außen und gleichzeitig ein Ausbruchsversuch der Eingeschlossenen. Bei der Wahl der Decknamen bewiesen die deutschen Strategen erstaunlichen Einfallsreichtum: »Brückenschlag« hieß der Entsatzangriff von außen, »Fallreep« lautete das hintergründige Codewort für den Ausbruchsangriff. Beide Aktionen gelangen. Der Belagerungsring von Demjansk konnte am 28. April 1942 gesprengt werden.

In die Militärgeschichte ging Demjansk als längste Kesselschlacht des Ostfeldzugs ein. Sie hatte jedoch noch eine zusätzliche psychologische Bedeutung, die sich ein halbes Jahr später auswirken sollte. Das Beispiel Demjansk wurde von Hitler nun als Beweis dafür herangezogen, daß es möglich sei, einen Kessel über längere Zeit zu halten und schließlich aufzubrechen. Der Kommandeur, der damals den ent-

Martin Wunderlich, Geschützführer.

In den zerschossenen Hallen des Traktorenwerks dachte ich zuerst, aufgestapelte Bahnschwellen vor mir zu haben. Aber es waren steifgefrorene Leichen. Daß man die Kameraden nicht einmal mehr begraben konnte, war für mich schon erschütternd. Als erschreckend empfand ich es auch, die vielen armen Menschen mit abgefrorenen Füßen zu sehen. Ein Kamerad unserer Kompanie hatte ein ganz schwarzes Bein. Dem gab unser Sanitäter eine halbe Flasche Schnaps zu trinken und trennte ihm dann das Bein ab. Alles erschien zum Schluß so sinnlos. Ich gab keinen Schuß mehr ab. Überall herrschte Chaos und Resignation.

Hubert Kremser, Offizier.

Die frontunerfahrenen Offiziere, die noch eingeflogen wurden, wurden überhaupt nicht für voll genommen. Im Gegenteil: Wenn sie sich besonders frech aufführten, konnte es passieren, daß sie von den eigenen Leuten erschossen wurden. Mancher blutjunge, frischdekorierte Offizier wollte sich wohl noch goldene Sporen verdienen, legte dann die üblichen Befehlstöne an den Tag oder ließ die Soldaten, auch wenn sie im Schützengraben lagen, die Hacken zusammenreißen. Wenn schon allein das Wort »Führerbefehl« fiel, war die Wut schon am Kochen. Einmal habe ich es erlebt, daß ein junger Befehlshaber kaltgemacht wurde. Man konnte nichts dagegen unternehmen. In diesem Wahnsinnszustand und bei der Ausweglosigkeit war alles möglich.

scheidenden Befreiungsschlag geführt hatte, war General von Seydlitz-Kurtzbach. In Stalingrad stand er auf der anderen Seite des Rings, er gehörte zu den Eingeschlossenen, die es nun zu retten galt. Gerade von Seydlitz zählte zu den energischsten Verfechtern einer Ausbruchlösung. Die Vergleiche mit Demjansk ließ er damals wie heute nicht gelten. In seinen Memoiren nannte er die zentralen Unterschiede

Linke Seite: Die Bedienung einer Panzerabwehrkanone bereitet sich auf den nächsten Angriff vor.

Oben: In einem befestigten Unterstand. Zwei Offiziere der Roten Armee begrüßen sich.

Unten: Auch der Treibstoff wurde streng rationiert.

Die Luftversorgung des Kessels von Stalingrad durch das VIII. Fliegerkorps.

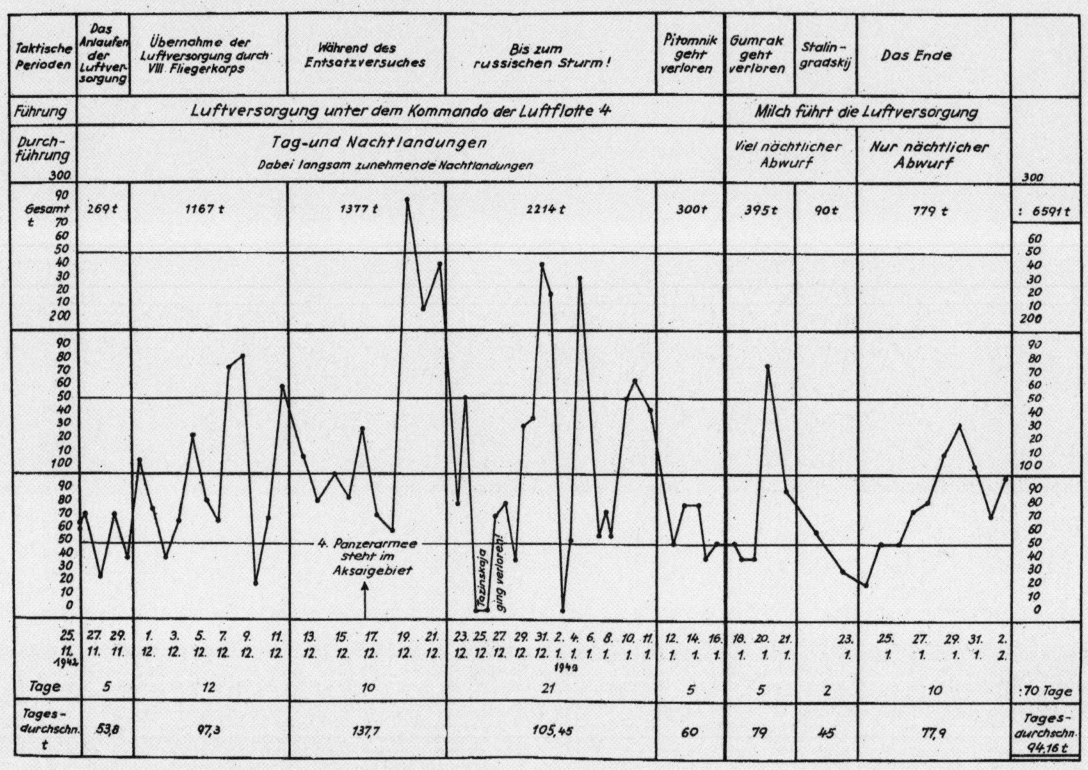

zwischen den beiden Kesselschlachten und erklärte, warum die Luftversorgung in Demjansk so erfolgreich abgewickelt werden konnte:

»1. Die Entfernung des Kessels von der Front betrug durchschnittlich nur etwa 35 bis 40 Kilometer.

2. Die im Kessel zu versorgenden Divisionen hatten eine Stärke von etwa 100 000 Mann; ihre Verluste von 35 400 Soldaten konnten ersetzt und durch Einfliegen von 30 500 Mann Ersatz ausgeglichen werden.

3. Das zu überfliegende Gelände war sehr waldig und für die russische Luftabwehr ungünstig.«

Die Bedingungen für die Versorgung, die Verteidigung und schließlich die Befreiung des Kessels waren also ungleich günstiger als im Fall Stalingrads. Die Entfernung, die von Versorgungsflugzeugen dort überbrückt werden mußte, betrug schon bald mehr als zweihundert Kilometer. Diesmal galt es, fast die dreifache Zahl an Soldaten zu versorgen. Und schließlich schuf die flache Donsteppe ideale Voraussetzungen für die sowjetische Luftabwehr.

Diese Fakten, die ein nüchterner General wie von Seydlitz als Gegenargumente anführte – und auch damals in seiner Denkschrift erläuterte –, lagen auf der Hand. Doch sie wurden von Hitler nicht akzeptiert. Was für die Generale

Linke Seite:
Unten: Vom Kampfeinsatz zermürbt; der Durchbruchsversuch ist gescheitert.

Oben: Feldflugplatz Pitomnik: Fast pausenlos starteten und landeten die JU 52, um die 6. Armee mit Nachschub zu versorgen.

blieb, war Gehorsam zu demonstrieren und im Kessel auszuharren, oder gegen den »Führerentscheid« zu handeln und den Ausbruch zu wagen. Mit welchen Folgen der offene Widerspruch gegen einen Befehl Hitlers verbunden sein konnte, hatte die Erfahrung im Dezember 1941 gezeigt: Guderian und von Brauchitsch mußten gehen, weil der »Halte-Befehl« Hitlers von ihnen kritisiert worden war; Hoepner wurde unehrenhaft aus der Wehrmacht ausgestoßen, weil er gegen den ausdrücklichen Befehl des »Führers« gehandelt hatte. Noch schlimmer traf es General von Sponeck: Ein Kriegsgericht verurteilte ihn wegen Ungehorsams zum Tode, weil er auf der Krim seinen Truppen entgegen Hitlers Anweisung den Rückzug angeordnet hatte. Sie alle hatten in letzter Konsequenz keinen anderen Ausweg gesehen, als den militärischen Notwendigkeiten entsprechend zu handeln und Hitlers Befehl nicht zu gehorchen. Diesmal blieb es General von Seydlitz vorbehalten, ein Zeichen zu setzen.

»Ich stehe hier auf Befehl«

Das 51. Armeekorps unter General von Seydlitz kämpfte in Stalingrad an der Wolga- und Stadtfront. In Erwartung des Rückzugbefehls plädierte er – und zwar *bevor* die Entscheidung Hitlers bekannt wurde – für den Rückzug aus den gefährdeten Stellungen. Seydlitz schuf entsprechende Fakten: Seine Einheiten vernichteten, was beim erwarteten Ausbruch hinderlich sein würde, um es nicht in die Hand der Roten Armee fallen zu lassen, und sie sollten beginnen, ihre befestigten Stellungen aufzugeben. Entsprechend seiner Lagebeurteilung befahl von Seydlitz: »Herauslösung des XIV. Panzerkorps, Übernahme der Stellungen durch 94. Infanteriedivision und Zurücknahme des Lataschamkazipfels in der Nacht zum 23. November.«

Es entstand das Gerücht, daß mit dieser Maßnahme, die zunächst einmal eine Begradigung der Front auf eine besser zu haltende Verteidigungslinie bedeutete, der Befehl zum

Links: Zum Schutz gegen die Kälte: Gesichtsmaske eines JU-52-Piloten.

Rechte Seite:
Oben: Solches »Frachtgut« gab es immer seltener.

Unten: Für viele die letzte Rettung: Abtransport verwundeter Stalingradkämpfer per Flugzeug.

allgemeinen Rückzug provoziert werden sollte. In seinen Memoiren wies von Seydlitz diese Interpretation zurück: »Die Version, ich hätte mit der Zurücknahme des Lataschamkazipfels den Durchbruch der Armee zum Westen ins Rollen bringen wollen, ist eine absolute Fabel.«

Fest steht jedoch, daß Seydlitz auf eigene Verantwortung seinen Soldaten die Anordnung zum Verlassen der gesicherten Stellungen erteilt hatte und den Ausbruch auch ohne die ausdrückliche Erlaubnis Hitlers wagen wollte. Damit stand er im Gegensatz zu Paulus, der den Rückzugsbefehl nur nach vorherigem Einverständnis Hitlers geben wollte.

Fest steht auch, daß Seydlitz' Teilrückzug mit einem Desaster endete, da die Rote Armee sofort nachstieß, die geräumten Stellungen besetzte und der 94. Infanteriedivision schwere Verluste zufügte. Das Scheitern der einzigen geplanten Rückzugsaktion bestärkte Hitler in seinem Glauben, daß seine Aushalte-Direktive die richtige Entscheidung war. Von Seydlitz erreichte also genau das Gegenteil von dem, was er gewollt hatte.

Fest steht schließlich, daß Hitler von dieser Rückzugsaktion Kenntnis erhielt und sofort nachfragte, wer dafür verantwortlich zu machen sei. Der Oberkommandierende der 6. Armee wollte jedoch keine konkrete Auskunft geben und deckte somit die Entscheidung des ihm untergeordneten Generals.

Hitler reagierte für alle Beteiligten völlig überraschend. Von Seydlitz, der nach dem Scheitern der Operation mit seiner Verhaftung rechnete, blieb unerkannt und wurde sogar noch befördert: »Die Ost- und Nordfront sind unter den einheitlichen Befehl des Generals von Seydlitz zu stellen, der mir für das Halten dieser Front unmittelbar verantwortlich ist.«

In einem Gespräch, das von Seydlitz und Paulus nach der Entscheidung Hitlers führten, wurde deutlich, daß der Unterschied zwischen beiden so groß nicht war. Paulus wies von Seydlitz auf die Möglichkeiten hin, die sich ihm nach der Ausweitung seiner Kompetenz boten: »Nun können Sie ja selbständig handeln und ausbrechen.«

Doch von Seydlitz lehnte ab: »Mir bleibt ja wohl nichts anderes übrig, als zu gehorchen.«

Hier wurde klar: Auch von Seydlitz entstammte der alten preußischen Militärschule. Zu Beginn hatte er wie von Weichs, Paulus und sogar Zeitzler versucht, Hitler von der militärisch sinnvollsten Lösung zu überzeugen. Doch der »Führer« hatte anders entschieden und statt einer Anweisung zum Ausbruch den Befehl zum Ausharren erteilt. Damit gaben alle bisherigen Kritiker ihren Widerstand auf und beschäftigten sich fortan nur noch mit der Frage, wie den Absichten Hitlers entsprochen werden konnte. Auch General von Seydlitz vollzog eine Kehrtwendung: »Keinen Schritt zurück! Was verlorengeht, muß unverzüglich wiedergewonnen werden.«

Ebenso wies Paulus auf seine Pflicht zum Gehorsam hin: »Ich stehe hier auf Befehl.« In diesem knappen Satz, der aus dem letzten Brief Paulus' überliefert ist, läßt sich das Dilemma der deutschen Offiziere zusammenfassen. Befehl ist Befehl. Auch wenn dadurch das Schicksal einer ganzen Armee besiegelt wurde.

»Uns geht's hier ganz beschissen«

Die Aufgabe, die sich der Luftwaffe stellte, schien unlösbar. In einem Bericht über die Versorgungslage des 51. Armeekorps vom 23. November wurde detailliert festgehalten, welche Vorräte den eingekesselten Einheiten noch verblie-

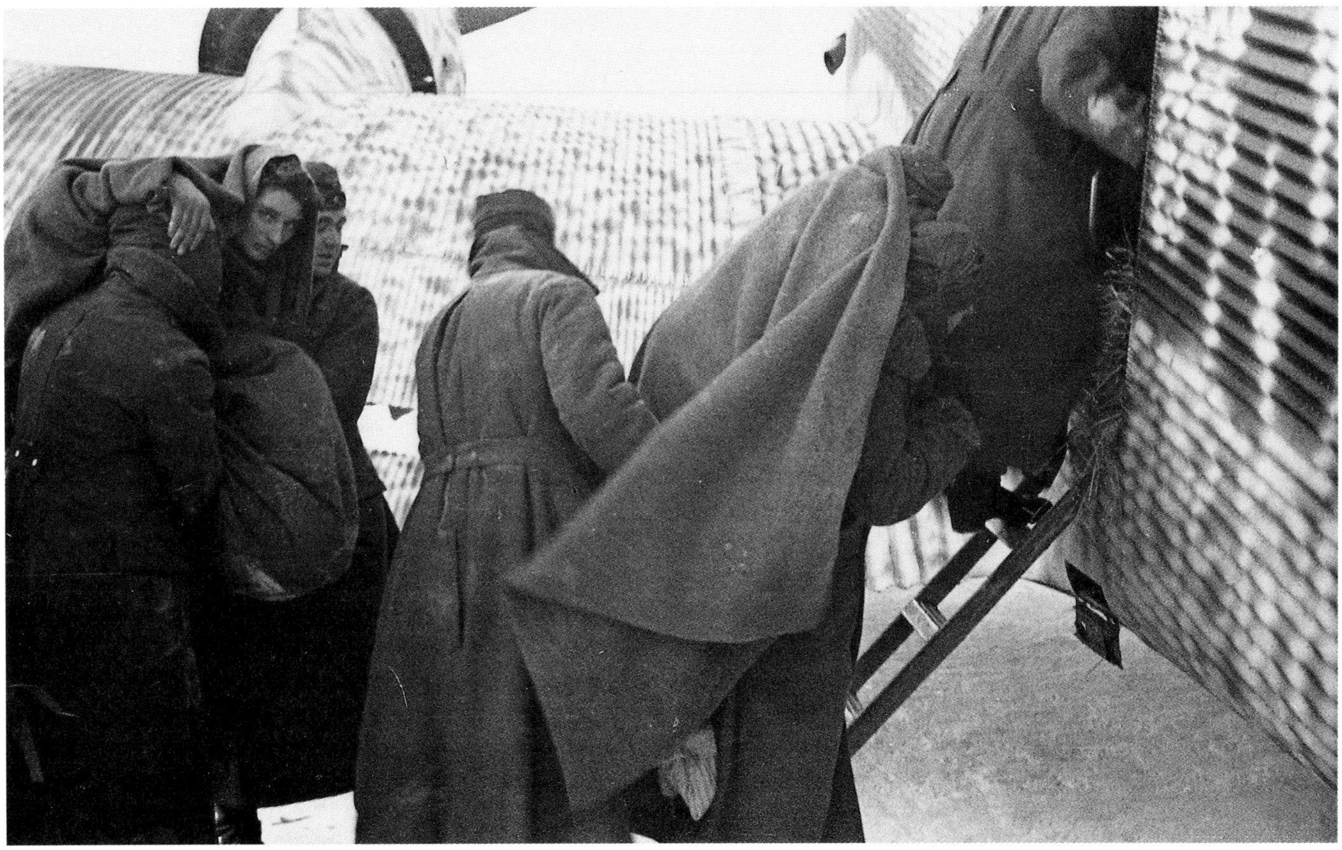

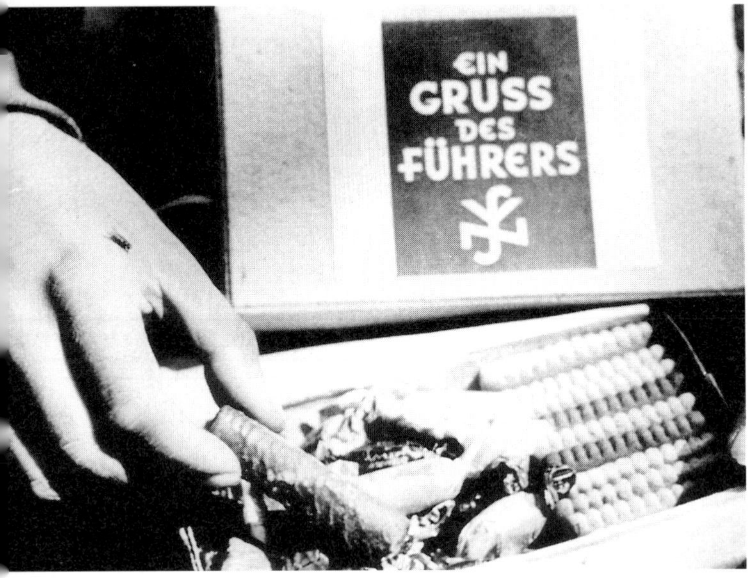

Oben: Den deutschen Soldaten kam es nur auf den Inhalt an.

Unten: Tagesration eines Stalingradkämpfers ab 9. Januar. 1943: 75 g Brot, 24 g Gemüse, 200 g Pferdefleisch mit Knochen, 12 g Fett, 11 g Zucker, 9 g Getreide, 1 Zigarette.

ben. Das Ergebnis war entmutigend: Der Betriebsstoff ging zur Neige. Die notwendigsten Versorgungs- und Melderfahrten konnten nur noch vereinzelt durchgeführt werden. Der Munitionsbestand erreichte bei den verschiedenen Waffengattungen kaum mehr als dreißig Prozent des Solls, bei der schweren Infanteriemunition war der Vorrat auf acht Prozent der Grundausstattung gesunken. Der Bedarf an Munition hing ab von der Dauer der Gefechte. Und von denen nahmen manche am Kesselrand kein Ende mehr.

Vorsichtigen Schätzungen zufolge ergab sich ein täglicher Munitionsbedarf des Korps von mindestens vierhundert Tonnen. Allein um die Eingeschlossenen mit einer solchen Menge zu versorgen, mußten täglich zwischen zweihundert und vierhundert Transportflugzeuge den Kessel anfliegen. Die Verpflegung reichte gerade für knapp eine Woche. Brot gab es nur noch für vier Tage. Die Quartiermeister erkundigten sich schon nach dem Bestand an Pferden – doch der Verzehr dieser »Ersatznahrung«, so rechneten die kühlen Militärs, würde die taktische Beweglichkeit der Truppe nachhaltig einschränken. Alles Überlebensnotwendige mußte also eingeflogen werden: tausend Tonnen technisches Material, Munition, Verpflegung, Betriebsstoff täglich. Sechshundert Tonnen forderte das Oberkommando der 6. Armee, rund dreihundert Tonnen waren nach Auskunft der 4. Luftflotte realistisch. Am 25. November landete die erste Ju 52 mit Versorgungsgütern im Kessel. An den beiden ersten Tagen der Luftbrücke wurden fünfundsiebzig Tonnen Material eingeflogen – fünfundsiebzig Tonnen für eine ganze Armee, die mindestens dreihundert Tonnen benötigte. Der Chef der 4. Luftflotte, Generaloberst Wolfram Freiherr von Richthofen, notierte zutiefst deprimiert in sein Tagebuch: »Alle unsere Ju's fliegen heute Versorgung. Wir haben aber dazu nur mehr 30 Stück. Von den gestrigen 47 fielen 22 und von den heutigen wieder 9 aus. Wir haben zuwenig Transportflugzeuge. Die 6. Armee muß sich sechs Wochen allein behelfen. Wie wir sie aus der Luft versorgen sollen, ist mir völlig schleierhaft.«

Um sein großspuriges Versprechen halten zu können, mobilisierte Hermann Göring alles, was Flügel hatte. Sämtliche verfügbaren Ju-52-Transportmaschinen wurden zur Versorgung des Stalingrader Kessels abkommandiert, veraltete Ju 86 wieder flottgemacht. Fluglehrer und -schüler aus den privaten Flugschulen im Reich sollten ebenso helfen wie Personal der Lufthansa. Doch mit Transportraum allein war es nicht getan. Die Maschinen mußten wintertauglich und für den militärischen Einsatz ausgerüstet sein. Außerdem bedurfte es geeigneter Start- und Landebahnen, sowohl innerhalb als auch außerhalb des Kessels. In fieberhafter Eile wurden zwei Flugplätze in Stalingrad vorbereitet: Bassargino und Pitomnik. Bassargino fiel bald aus, da die Front zu nahe gerückt war. In den noch von den Deutschen besetzten Gebieten außerhalb des Kessels wurden Tazinskaja und Morosowskaja-West als Startpunkte ausgewählt. Immerhin hundertachtzig Kilometer betrug die Entfernung zu den Zielgebieten in Stalingrad. Von Salsk, Lugansk, Swerowo und Nowotscherkask aus mußten die Maschinen mehr als dreihundert Kilometer zurücklegen – kein Vergleich also zu den Distanzen bei der Versorgung des Kessels bei Demjansk.

»Von 38 gestarteten Ju 52 erreichten nur 12 den Raum Stalingrad«, meldete der Lagebericht des OKW am 30. November. Doch solche Anlaufschwierigkeiten schienen bald überwunden. Schon eine Woche später, am 7. Dezember, landeten 188 Maschinen in Pitomnik mit 282 Tonnen Material an Bord. Die geforderte Menge von 300 Tonnen

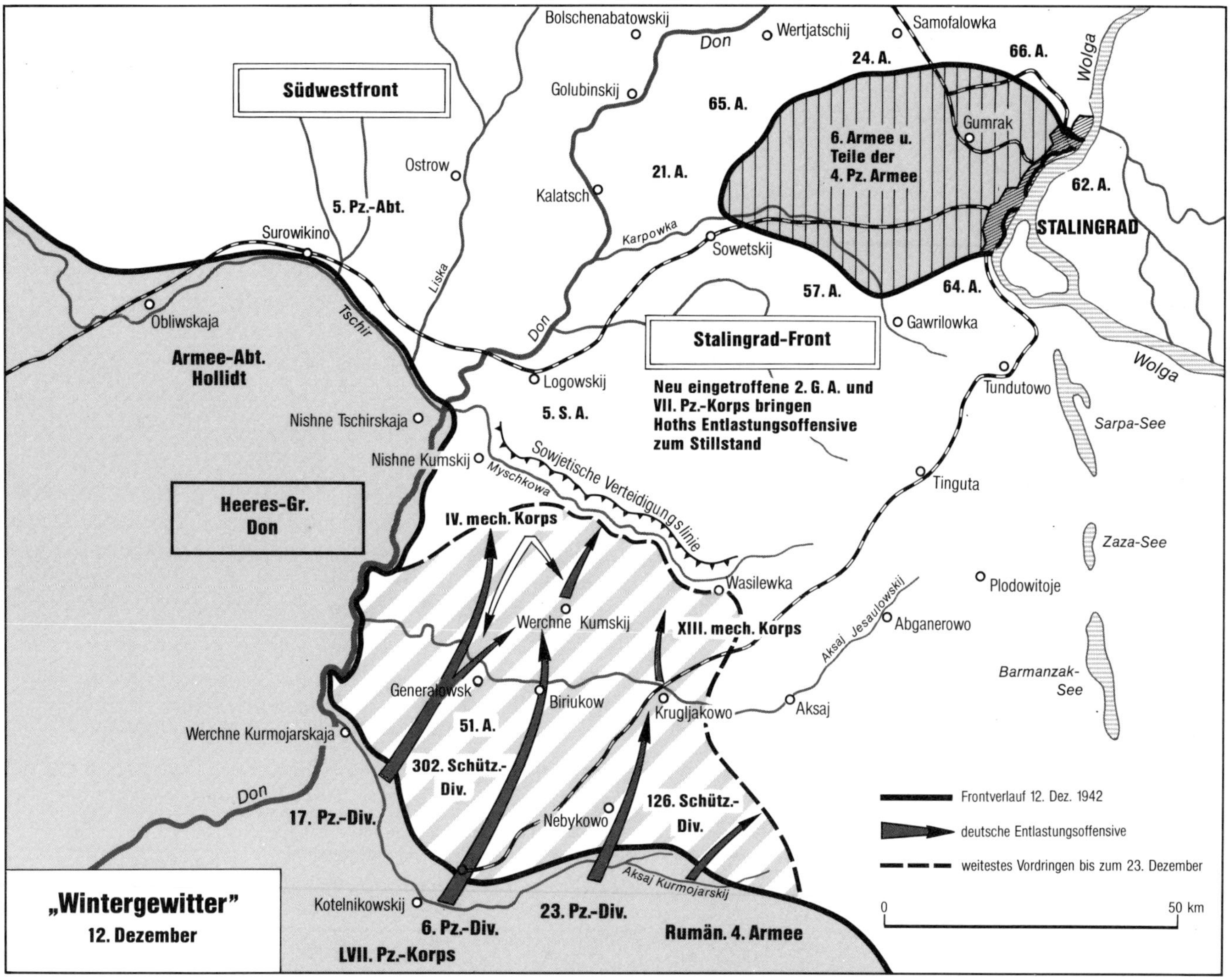

Auch dieser groß angelegte Versuch, die eingeschlossenen deutschen Truppen zu befreien, scheiterte.

schien bald erreichbar. Die Stimmung besserte sich. Auf dem Rückflug nahmen die Maschinen die Feldpost mit. Auch die Heimatfront sollte von den Leistungen der Luftwaffe erfahren: »Unsere Flieger, so viele könnt Ihr Lieben Euch gar nicht denken, fliegen Wolke auf Wolke jetzt fast acht Tage ununterbrochen nach Stalingrad.«

Noch war der Optimismus nicht gebrochen! Und auch den Humor hatten die Soldaten noch nicht verloren: »Wir haben uns eingerichtet, so läßt sich's hier aushalten. Mit dem Beziehen begann in verstärktem Maße der Kleinkrieg gegen Läuse und Flöhe. Wie das zwickt und zwackt, kribbelt und krabbelt, und die Haut brennt, wenn der Gegner Angriff fährt. Diese Brut ist nicht loszukriegen trotz Wäschewechsel.« »Läusepulver« sollten Abhilfe schaffen. Pakete mit wirkungslosen Wundermitteln, angeblich entwickelt von Hitlers Leibarzt, wurden von den Flugzeugen in den Kessel gebracht. Der »Führer«, so die Botschaft, denke an alles. Den hungernden Soldaten half solche Propaganda wenig.

Denn mittlerweile häuften sich wieder die Hiobsbotschaften. Nach dem ersten Kälteeinbruch im Dezember sprangen bei vielen Flugzeugen die Motoren nicht an. Nur noch mit Hilfe von Wärmegeräten konnten die eingefrorenen Maschinen gestartet werden. Je länger sich die Rote Armee auf dem zurückeroberten Territorium einrichtete, desto wirksamere Maßnahmen zur Störung der Luftbrücke konnte sie ergreifen. Über tausend Flugabwehrgeschütze waren mittlerweile entlang den Flugschneisen stationiert. Zudem erhielt die sowjetische Luftwaffe von ihrem Oberbefehlshaber Generalleutnant A. A. Nowikow neue Anweisungen: »Hauptaufgabe ist die Vernichtung gegnerischer Transportflugzeuge.«

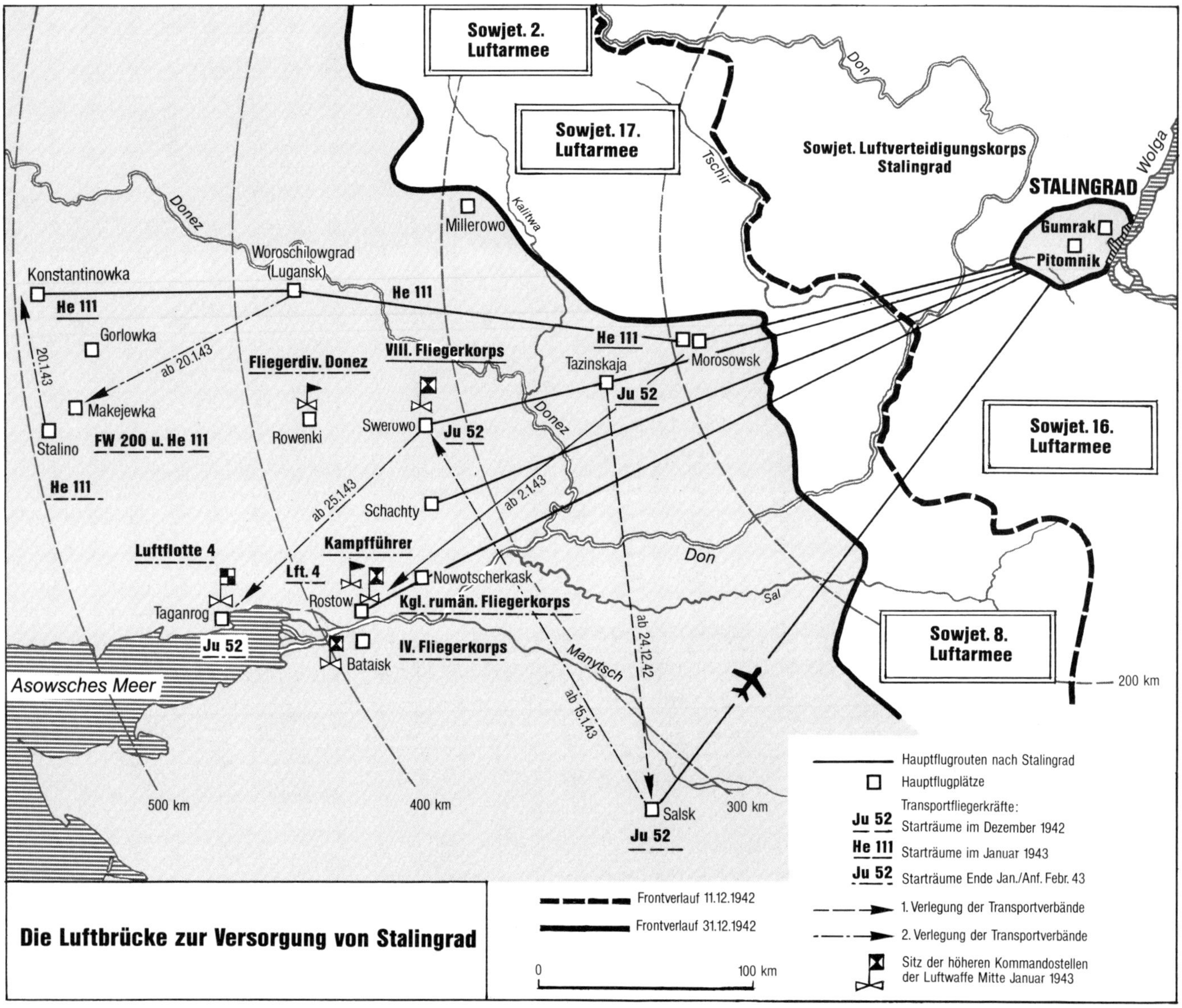

Die Luftbrücke zur Versorgung von Stalingrad

Im Laufe des Dezember verstärkten die Sowjets die Flugabwehr am Boden und in der Luft so sehr, daß die deutschen Transportmaschinen nur noch im Schutz der Dunkelheit fliegen konnten. Tagsüber wurden Kampfflugzeuge vom Typ He 111 eingesetzt. »Die russische Fliegerei ist so aktiv, wie ich sie im ganzen Feldzug noch nie gesehen habe. Tausende und Abertausende von Bomben prasseln auf unseren Stützpunkt nieder. Tag und Nacht halten die Angriffe zu Land und in der Luft an«, notierte ein deutscher Infanterist.

Jedes dritte Flugzeug ging verloren. Von den insgesamt 1550 eingesetzten Maschinen fielen 550 aus: Sie wurden abgeschossen, mußten notlanden oder kamen wegen technischer Defekte nicht zum Einsatz. Mancher Pilot ließ sich von sowjetischen Funksprüchen irreleiten und landete auf einer der von den Russen angelegten Landebahnen vor dem eigentlichen Ziel im Kessel. Aber auch auf russischer Seite gab es Irrtümer:

»Der Russe bekommt halt immer noch Verstärkung über die Wolga und nachts durch Flugzeuge. Wenn auch nicht alles in Russenhände dabei fällt. So wurde vor ein paar Tagen ein Fallschirm nachts abgelassen mit über 5000 Tafeln Schokolade und Zigaretten. Etwas ganz Hervorragendes. Zwei Tage später wiederholte sich dieses. Seitdem stehen nicht nur aufgestellte Posten Wache, sondern gleich das ganze Regiment steht auf den Beinen.«

Solche unfreiwilligen Hilfslieferungen der Belagerer kamen den Belagerten gerade recht. Denn die Versorgung wurde immer schwieriger. Witterungsbedingungen und heftige Luftabwehr machten die Situation im Kessel noch prekärer. War das Wetter anfangs noch klar, so wurde die

Linke Seite:
Die Strecken, die die deutschen Versorgungsflugzeuge zurücklegen mußten, waren riesig.

Sicht in den Tagen vor dem Jahreswechsel stetig schlechter. Schließlich mußten die Piloten im Blindflug ihre Ziele anfliegen. Durchschnittlich 97,3 Tonnen betrug die tägliche Transportleistung im Zeitraum vom 1. bis zum 12. Dezember. Anschließend stieg sie auf 137,7 Tonnen, wobei es bis zum Jahreswechsel blieb. Danach sank die Versorgungsmenge wieder auf unter 100 Tonnen ab. Das war ein Drittel dessen, was die Luftwaffe zugesagt hatte, nur ein Sechstel von dem, was die 6. Armee tatsächlich benötigte. Nur an zwei Tagen wurden annähernd 300 Tonnen in den Kessel gebracht: am 7. Dezember mit 282 Tonnen und am 20. Dezember mit 291 Tonnen. Das war der absolute Rekord.

Doch bald gingen Treibstoff und Munition zu Ende. Resignation machte sich breit. Die Armee hatte Hitler vertraut. Und nun? Die Truppe mußte hungern. Bei den begrenzten Kapazitäten bestand die Wahl zwischen Munition und Nahrung. Aber Verteidigung war wichtiger. Mitunter wurden auch unsinnige Güter angeliefert. General Paulus berichtete, daß »anscheinend zum Scherz« mehrere Pakete mit Kondomen geschickt worden seien. Ein anderes Mal waren es sechs Tonnen Bonbons. Ein Flugzeug brachte alte Zeitungen, Kragenbinden und Dachpappe. Das waren Irrtümer, für die die Eingeschlossenen nicht das geringste Verständnis aufbrachten.

Schon zu Beginn der Belagerung war die Verpflegungsration halbiert worden. Am 8. Dezember wurden die Sätze noch einmal gekürzt: 200 Gramm Brot gab es nun für jeden Landser, dazu 200 Gramm Pferdefleisch, 75 Gramm Frischwurst und 3 Zigaretten. Eine Woche später mußte die Brotration erneut halbiert werden: 100 Gramm – zwei Scheiben Brot – sollten nun ausreichen. Nach einem etwas üppigeren Weihnachtsmahl wurden die Zuteilungen am zweiten Weihnachtsfeiertag wieder verringert. Gerade noch 50 Gramm Brot betrug die tägliche Menge. »Wir ernähren uns hauptsächlich nur von Pferdefleisch, ich selbst habe Pferdefleisch vor Hunger schon roh gegessen. Daß es bald besser werden soll: keine Aussichten.« Es wurde schlechter. Bald sah man in den Straßen keine Hunde mehr; was eßbar war oder schien, wurde verzehrt. Rezepte über das »Auskochen von Pferdeknochen zur Herstellung einer schmackhaften Brühe« machten die Runde.

Zum Hunger gesellte sich die Kälte. In Berlin dozierte ein renommierter Arzt, Professor Ferdinand Sauerbruch, über Erfrierungen: »Als kritische Grenze gilt eine Temperaturherabsetzung auf etwa 20 Grad.« Im Kessel in Stalingrad fiel das Thermometer auf dreißig bis vierzig Grad unter Null. Die Heeresdienstvorschrift empfahl zur Vorbeugung gegen Erfrierung »gegenseitige Beobachtung«, um schwere Schäden rechtzeitig vermeiden zu können. Ratschläge der Truppenbetreuung, nasse Kleider am Körper zu trocknen oder ein Schneebiwak mit einer improvisierten Heizung aus einer Konservendose zu wärmen, erwiesen sich als wenig hilfreich. Erneut rächte sich, daß die Truppe nicht rechtzei-

Franz an Helene:

19. 11. 1942

Liebe Helene!

. . .

Stalingrad ist immer noch nicht gefallen. Obwohl es nur einige 100 Meter Breite und einige 100 Meter Länge noch sind, können wir dies Stück nicht nehmen, obwohl unzählige Divisionen gegen die Russen fast jeden andern Tag angreifen. Doch jeder Angriff kommt zum Stehen und wird abgeschlagen. Tagelang wird manchmal um ein einziges Haus gekämpft. – So sieht es hier aus. Der Russe bekommt halt immer noch stark Verstärkung über die Wolga und nachts durch Flugzeuge, wenn auch nicht alles in Russenhände dabei fällt. So wurde vor ein paar Tagen ein Fallschirm nachts abgelassen mit über 500 Tafeln Schokolade und Zigaretten. Etwas ganz Hervorragendes. Zwei Tage später wiederholte sich dieses. Seitdem stehen nicht nur die aufgestellten Posten Wache, sondern gleich das ganze Regt. steht auf den Beinen und wartet bis ein russischer Flieger kommt, in der Hoffnung etwas Ähnliches als so kostbare Zutat zu erhalten! – So sieht es momentan bei uns aus. Die Nase haben wir alle restlos voll.

Dr. Oskar Larbig, Stabsarzt.

Der 13. Januar '43 wird mir für immer im Gedächtnis bleiben. Am Morgen landete eine 4motorige JU 290, die Verpflegungs- und Militärmaterial an Bord hatte. Nach der Entladung wurden etwa 150 deutsche und rumänische Verwundete auf den glatten Metallboden im Rumpf des Flugzeugs gebettet. Als die Maschine startete und hochzog, rutschten die Verwundeten ins Heck ab. Das Flugzeug wurde hecklastig und stürzte ab. Nur einer überlebte dieses schreckliche Unglück.

Karl Weißelberg, Gefreiter.

Wir sind hier zu acht in einem primitiven Bunker. Gegen Mittag kam der Spieß mit dem Essen nach vorne und brachte ein paar Weihnachtssachen mit. Trotz der schweren Lage waren wir alle angenehm überrascht. Jeder bekam zwei Brote, einen halben Liter Schnaps, 48 Zigaretten, sechs Zigarren, zwei Tafeln Schokolade, drei Rollen Drops und einen Fruchtriegel... Ein Bäumchen hatten wir uns selbst gemacht. In ein Stück Besenstiel haben wir einige Löcher hineingebrannt, Steppensträucher reingesteckt und ihn mit Watte und Silberfolie behängt. Mittels einer Batterie aus einem zerstörten russischen Panzer und einer Birne aus meinem Wagen hatten wir sogar elektrisches Licht. Wir saßen zusammen, erzählten von der Heimat und sangen ein paar Lieder. Zwischendurch mußten immer wieder Kameraden zur Wachablösung antreten, und so war ich dann auch von 7 bis 9 Uhr auf Posten. Draußen heulte der eisig kalte Schneesturm. Das Gewehr unter'm Arm, das Gesicht im Mantel verborgen, so hab' ich da gestanden mit dem Gedanken bei Euch in der Heimat.

tig mit Winterkleidung versorgt wurde. »Liebe Eltern, ich wiege noch 92 Pfund, bin nur noch Haut mit Knochen, der lebende Tod. Wir sind noch 32 Mann von der ganzen Kompanie und da sind jetzt schon 2 Kompanien zusammen.«

Einer der eingeflogenen Ärzte notierte, daß die Hälfte der Verluste auf Erfrierungen zurückging. Tausende starben an Hunger. Kranke oder Verletzte, die nicht mit einem der zurückkehrenden Transportflugzeuge ausgeflogen werden konnten, waren verloren: »Verpflegungslage zwingt dazu, an Verwundete und Kranke keine Verpflegung mehr auszugeben, damit Kämpfer erhalten bleiben.« Dieser Befehl wurde in der Endphase der Schlacht erteilt.

Die Propaganda der Roten Armee machte sich den Hunger der deutschen Soldaten zunutze. Lautsprecherwagen bombardierten die gegnerischen Stellungen zunächst mit Schmähliedern: »Morgenrot, Morgenrot, morgen gibt es noch kein Brot.« Außerdem regnete es Flugblätter. Die Deutschen wurden aufgefordert, den »nutzlosen Widerstand« zu beenden. Auf sowjetischer Seite im Propagandakrieg dabei: Walter Ulbricht, der spätere Staats- und

Wilhelm Ellinghoven, Gefreiter.

Wir hatten dieses Jahr ein trauriges Weihnachtsfest, ohne Post, ohne Tannenbaum, ohne Kerzen, einfach ohne alles. Nichts haben wir gehabt, was auf Weihnachten hindeuten könnte. Aber ich bin froh, daß Ihr zu Hause wenigstens das Fest in Ruhe begehen konntet. Ich weiß auch, daß Ihr an Weihnachten genauso an uns gedacht habt, wie wir an Euch... Ich liege mit einem im Bunker zusammen, der ist 22 Jahre alt. Der Junge hat Heiligabend geweint wie ein kleines Kind. Ich sage Dir, uns allen haben die Tränen in den Augen gestanden, als wir hörten, daß keine Post mehr durchkommt. Aber ich habe die Zähne zusammengebissen und gesagt: Vielleicht kommt morgen ja doch Post, auch wenn ich eigentlich selbst nicht daran glaube. So war bei uns das Weihnachtsfest 1942, und ich werde es in meinem Leben nicht vergessen.
...

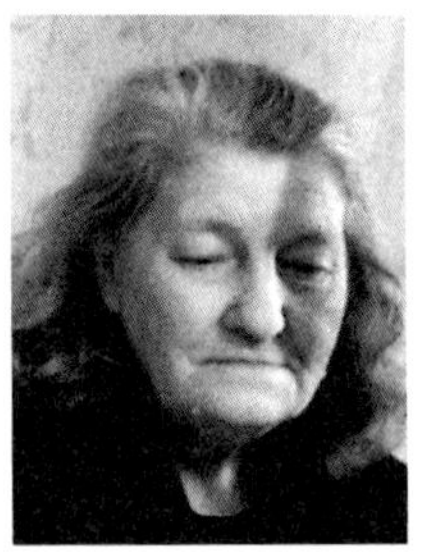

Anna Soldatowa, Fabrikarbeiterin.

Weihnachten 1942 fand für uns eigentlich nicht statt. In Pasportanowka standen nur noch wenige Häuser. Eine Straßenseite war von deutschen Soldaten besetzt, eine von uns. Am 24. Dezember sahen wir bei den Deutschen kleine Tannenbäume; die müssen von Flugzeugen abgeworfen worden sein. Sogar Kerzen waren dabei. Wir konnten sehen, wie die Soldaten in gemütlichen Runden um diese Bäumchen saßen. Wir hingegen hatten keine Kerzen. Aber unsere Soldaten beschlossen, an diesem Abend den Feind in Ruhe zu lassen. Es gab keine Schießerei, keine Angriffe. Aber feiern konnten wir trotzdem nicht.

Parteichef der DDR. Er half bei dem Versuch, die Soldaten der 6. Armee zur Kapitulation zu bewegen: »Kommt rüber! Ihr wollt doch gesund nach Hause.«

Weihnachten stand vor der Tür und für die deutschen Soldaten ein Heiliger Abend im Kessel. Die sowjetische Propaganda warf ein »Weihnachtsflugblatt« ab, mit einem Gedicht von Erich Weinert, einem deutschen Schriftsteller, der im Moskauer Exil lebte:

»Vom Himmel hoch, da komm ich her,

Martin Wunderlich, Geschützführer.

An den Weihnachtsabend 1942 habe ich eine sehr traurige Erinnerung. Ich war mit drei Kameraden auf der Suche nach Verpflegungsbomben, die die Flugzeuge abgeworfen hatten. Seit Tagen war nämlich der Nachschub ausgeblieben. Auf dem Weg sahen wir durch ein zerschossenes Kellerfenster, wie dort Tische mit weißen Tischdecken, Kerzen und ein halbwegs üppiges Mahl für das Fest bereitstanden. Daß diese Tafel nicht für einfache Soldaten war, versteht sich. Als wir schließlich zu unserer Bleibe zurückkehrten, empfing uns ein Bild des Grauens. Ein russischer Stoßtrupp hatte während unserer Abwesenheit die Posten überwältigt und den Kellerraum samt der Besatzung mit einer geballten Ladung in die Luft gejagt – am Heiligen Abend. Die schreiende Ungerechtigkeit schmerzte mich. Beinahe bereute ich es, keine Handgranate in den Raum mit den weißen Tischdecken geworfen zu haben.

Ich bring euch keine Goebbels-Mär.
Ich bring euch keine Feindeslist,
Ich bring die Wahrheit, wie sie ist.
Die Wahrheit ist: Der Tag ist nah,
Da ist kein Hitlerstaat mehr da.
Wie glücklich, wer zu dieser Frist
Noch unversehrt am Leben ist.«

Für die deutschen Landser in den Schützengräben und Ruinen gab es an Heiligabend einen »Festschmaus«, »Königsberger Klopse aus Pferdefleisch«, und auch einen Hauch von Weihnachtsstimmung: »Wir hoffen, daß der Russe einige Tage Ruhe gibt, damit auch wirklich zu merken ist, daß Weihnachten das Fest des Friedens und der Eintracht ist.« – »Ich will Dir meine augenblickliche Lage nicht schildern, Du würdest weinen.« Das sind Auszüge aus Briefen junger Soldaten, Lebenszeichen nach Hause, wobei es ungewiß blieb, ob die Eltern diese Briefe je erhalten würden. Es war ein trostloses Fest. Und das Radio verbreitete eine Sendung, die über das Leid hinwegtäuschen sollte: die »Weihnachtssendung des Großdeutschen Rundfunks«. Sie vermittelte Grüße vom Eismeerhafen bis nach Afrika, von der Atlantikküste bis zur Wolga – über fünfzigtausend Kilometer von den verschiedenen Kriegsschauplätzen in die Heimat.

Oben: Von Todesahnungen überschattet: Weihnachtsfeier in Stalingrad.

Unten: Idylle inmitten der Vernichtungsschlacht: Liebevoll wird ein kleiner Plastikchristbaum geschmückt.

Als »Wunderwerk der Technik« feierte der »Völkische Beobachter« dieses Wunschprogramm, bei dem Angehörige aus dem ganzen Reich mit ihren Männern, Söhnen, Vätern sprechen konnten. »Ich rufe Stalingrad«, klang dann die beschwörende Stimme des Sprechers in alle Wohnstuben, und in Stalingrad meldeten sich Soldaten, um Grüße nach Hause durchzugeben. Es waren hoffnungsvolle Meldungen, rührende Mitteilungen, die von der nationalsozialistischen Propaganda für ihre Durchhaltekampagne mißbraucht wurden. Die wahre Stimmung von der Front kam nicht über den Äther. Sie fand ihren Niederschlag bestenfalls in Feldpostbriefen: »Uns geht's hier ganz beschissen, so ein Weihnachtsfest und Silvester werde ich nie vergessen. Heiligabend habe ich auf Posten gestanden.«

Anfang Januar gaben viermotorige Condor-Maschinen Anlaß zu neuer Hoffnung. Doch die empfindlichen FW 200 waren ebensowenig für den Wintereinsatz geeignet wie die He 111 und die Ju 86, die künftig streikten. Eine entscheidende Verbesserung der Versorgungssituation konnte nicht erreicht werden. Nur Göring im fernen Führerhauptquartier war anderer Meinung. Wie er, der großspurig die Versorgung des Kessels garantiert hatte, die Lage dort sah, dokumentiert eine Tagebucheintragung des Kommandeurs der 4. Luftflotte, Generaloberst von Richthofen: »Über Manstein-Zeitzler erfuhr ich, daß der Reichsmarschall geäußert habe, die Verpflegungslage dort sei gar nicht so schlimm. Seiner Taille würde der Aufenthalt im Kessel sehr gut tun.«

Die Lage verschlechterte sich zusehends. Ein Flugplatz nach dem anderen wurde außerhalb des Kessels von den Sowjets erobert. Am 28. Dezember fiel der Fliegerhorst Tazinskaja in die Hände der Sowjets. Damit verloren die Deutschen nicht nur große Nachschublager, sondern auch einen der wichtigsten Stützpunkte für die Luftversorgung. Die neue Anflugroute nach Stalingrad war nun hundert Kilometer länger. Die Chancen auf eine ausreichende Versorgung aus der Luft wurden immer geringer. Eine seiner Zusagen, die Versorgung der eingeschlossenen Armee zu gewährleisten, hatte Hitler nicht gehalten. Hilfe konnte, wenn überhaupt, nur auf dem Landweg kommen. Und auch die war vom »Führer« versprochen worden. Wie sah es nun damit aus?

»Haltet aus, der Führer haut euch raus«

In seinem berühmt-berüchtigten »Igel-Befehl« vom 24. November 1942 hatte Hitler den Entsatzangriff von außen angekündigt. Am 2. Dezember begannen die Vorbereitungen zum geplanten Befreiungsschlag. Der Auftrag an Generaloberst Hoth lautete kurz und präzise: »Stellen Sie ostwärts des Don auf kürzestem Wege die Verbindung zur 6. Armee her.«

Für diese Operation konnte der Panzergeneral auf die 4. Panzerarmee sowie Reste der 4. rumänischen Armee zurückgreifen. Außerdem stand ihm die aus Frankreich herangeführte 6. Panzerdivision zur Verfügung, eine frische Einheit, die zum erstenmal mit den modernen Panzern vom

Typ »Tiger« ausgestattet war und dazu noch hundertsechzig Kampfwagen des bewährten »Panzer IV« mitbrachte. Wenn eine derartige Elitetruppe es nicht schaffen würde – wer dann?

Zunächst war geplant, in Ergänzung zu den Aktionen im Süden einen weiteren Vorstoß aus dem Gebiet des Tschir zu führen. Doch dieser Entlastungsangriff kam nie zustande, da die hierfür vorgesehenen Verbände sich ständiger Attakken der Roten Armee ausgesetzt sahen, die ihren Abzug unmöglich machten. Hoth war also auf sich allein gestellt. Desto größeren Wert legte er darauf, daß die 6. Armee ihm aus dem Kessel entgegenkam. Hitler hingegen bestand nach wie vor auf deren Ausharren an der Wolga.

In den frühen Morgenstunden des 12. Dezember stießen deutsche Panzer von Kotelnikowo aus in Richtung Stalingrad vor. Rund hundertzwanzig Kilometer lagen vor ihnen, eine Eis- und Schneewüste, die von starken sowjetischen Kräften kontrolliert wurde. Die Rote Armee war von der Wucht der deutschen Entlastungsoffensive zunächst überrascht: Hoths Panzer überwanden die erste Gegenwehr. Sie

Oben links: Auch Bomber wie die Heinkel HE 111 wurden für Transportzwecke eingesetzt.

Oben Mitte: Die deutschen Flugzeuge konnten nur einen Bruchteil des täglichen Bedarfs der 6. Armee einfliegen.

Oben rechts: Die letzten Treibstoffreserven.

Rechts: Hektische Betriebsamkeit in einem deutschen Befehlsstand außerhalb des Kessels.

Oben: Gefahr für die Luftbrücke: Sowjetische Flaksperre entlang einer deutschen Einflugschneise.

Rechte Seite: Manstein an Hitler: »... mit einem Entsatz der 6. Armee ... nicht zu rechnen ...«

kamen relativ schnell vorwärts. Fünfzig Kilometer waren in drei Tagen geschafft, mindestens noch einmal die gleiche Strecke lag vor ihnen. Am 14. Dezember erreichten die Deutschen den Aksai. Nach fünf Tagen härtester Gefechte konnte auch hier der sowjetische Widerstand gebrochen werden. Unterstützung erhielt Hoth dabei von der 17. Panzerdivision, die Hitler, nach langem Drängen Mansteins, endlich von der Kaukasusfront abkommandiert hatte. Im Funkverkehr mit Paulus gab Hoth sich optimistisch: »Haltet aus, wir kommen!« – »Die Vereinigung steht dicht bevor«, so lauteten die Meldungen, die im Hauptquartier der 6. Armee, im Erdbunker auf dem Flugplatz Gumrak, eintrafen.

Doch der Entlastungsangriff Hoths geriet ins Stocken. Generaloberst Jeremenko hatte die 2. Gardearmee, Stalins Elitetruppe, heranführen können, die nun Hoths Flanke bedrohte und die vorwärts drängenden Panzer in heftige Gefechte verwickelte. Am 19. Dezember standen die Deutschen am Myschkowa. Hier, am Ufer des Flusses bei Wassiljewka, war das Zusammentreffen der Soldaten der 6. Armee und der 6. Panzerdivision geplant, bis hierher hätten Paulus' Truppen gelangen müssen.

Der 19. Dezember war als Tag der Rettung der 6. Armee vorgesehen. Am Vortag hatte Manstein den dritten Generalstabsoffizier der Heeresgruppe Don, Major Eismann, in den Kessel fliegen lassen mit dem Auftrag, sich ein persönliches Bild von der Lage in Stalingrad zu machen und die weitere Vorgehensweise mit Paulus abzustimmen. Mansteins Beauftragter sollte Paulus' Stab überzeugen, daß die 6. Armee unter allen Umständen den Ausbruch wagen müsse.

Um 14.35 Uhr funkte Manstein seine Lagebeurteilung an das Oberkommando der Wehrmacht: »Das Durchbrechen der 6. Armee nach Südwesten ist die letzte Möglichkeit, um wenigstens die Masse der Soldaten und der noch beweglichen Waffen zu erhalten.« Im Klartext war das die Bitte, den Befehl für »Donnerschlag«, den Ausbruch der 6. Armee aus dem Kessel, zu geben.

Doch Hitler zögerte. Manstein versuchte nochmals, den »Führer« zu überzeugen – vergebens: Der Befreiungsstoß habe sich schon bis achtundvierzig Kilometer dem Kessel angenähert, und die Panzer Hoths würden auch diese Entfernung überbrücken können. Per Fernschreiber diskutierten Paulus und Manstein am Abend des 19. Dezember die Lage. Der Oberbefehlshaber der Heeresgruppe Don befahl der 6. Armee, ihren Anteil zur Fortsetzung der Aktion »Wintergewitter« zu beginnen. Sie sollte zum Angriff übergehen und einen Korridor zur Armeegruppe Hoth herstellen. Weiter hieß es in dem Befehl: »Entwicklung der Lage kann dazu zwingen, daß Auftrag zum Durchbruch der Armee erweitert wird. Stichwort ›Donnerschlag‹.«

Das also waren die Alternativen an diesem 19. Dezem-

ANLAGE 11

Nur durch Offizier
Geheime Kommandosache
Chefsache
Geh. Kdos. Chefsache
Nur durch Offizier

3 Ausfertigungen
3. Ausfertigung
19. 12., 14.35

An Chef des Generalstabes des Heeres
zur sofortigen Vorlage beim Führer

Die Lage bei Heeresgruppe Don hat sich im Zusammenhang mit der Entwicklung bei Heeresgruppe B und dem sich hieraus ergebenden Abschneiden weiterer Kräftezufuhr so entwickelt, daß mit einem Entsatz der 6. Armee in absehbarer Zeit nicht zu rechnen ist.

Da sowohl aus Kräfte- wie aus Witterungsgründen die Versorgung auf dem Luftwege und damit die Erhaltung der Armee im Festungsgebiet, wie die vier Wochen der Einschließung erwiesen haben, nicht möglich, 57. Pz.-Korps allein die Landverbindung zur 6. Armee offensichtlich nicht herstellen, geschweige denn dauernd aufrechterhalten kann, halte ich nunmehr das Durchbrechen der Armee nach Südwesten für die letzte Möglichkeit, wenigstens die Masse der Soldaten und der noch beweglichen Teile der Armee zu erhalten.

Der Durchbruch, dessen erstes Ziel die Herstellung einer Verbindung mit dem 57. Panzer-Korps etwa am Jerik Myschkowa sein wird, kann nur in der im Kampf erzwungenen, allmählichen Verschiebung der Armee nach Südwesten bestehen, in der Form, daß entsprechend der Erweiterung nach Südwesten im Norden das Festungsgebiet abschnittsweise aufgegeben wird.

Im Laufe dieser Operation ist unbedingt Sicherstellung der Luftversorgung durch ausreichende Jagd- und Kampfkräfte erforderlich.

Da sich schon jetzt ein Feinddruck gegen Nordflügel der 4. rum. Armee abzeichnet, müssen ferner unter allen Umständen schnell Kräfte aus der Kaukasusfront herangeführt werden, um Durchführung der Aufgabe des 57. Pz.-Korps durch Deckung seiner tiefen rechten Flanke sicherzustellen.

Bei weiterer Verzögerung ist abzusehen, daß sich 57. Pz.-Korps an oder nördlich der Myschkowa festlaufen oder durch Angriffe in seiner rechten Flanke gebunden werden wird und damit das Zusammenwirken des Angriffs von innen und außen fortfällt. 6. Armee benötigt bis zum Antreten ohnehin einige Tage für Umgruppierung und Betriebsstoffauffüllung.

Verpflegung im Kessel noch bis 22. Dezember vorhanden. Bereits starke Entkräftung der Soldaten (seit 14 Tagen nur 200 g Brot). Masse der Pferde nach Angabe der Armee bereits an Entkräftung ausgefallen bzw. verzehrt.

Der Oberbefehlshaber der Heeresgruppe Don

gez. v. Manstein
Generalfeldmarschall

gez. Schulz
Ia Nr. 0368/42 geh. Kdos. Chefsache

Hubert Kremser, Offizier.

Wir waren zuletzt so ermattet, daß wir nicht mal mehr die Kraft hatten, am Maschinengewehr zu stehen. Wir befestigten Bindfäden oder Schnürsenkel am Abzug und hängten uns mit aller Kraft daran, wenn mal geschossen werden mußte. Aber geschossen wurde dann ohnehin nur noch, wenn es unbedingt sein mußte. Wir hatten Angst, auf diese Weise unsere Stellung zu verraten. Alle waren vollkommen übermüdet, wir waren geistig, nervlich und körperlich völlig am Ende. Da ist mancher direkt in den Beschuß hineingelaufen oder in kauernder Haltung irgendwo eingenickt und im Schlaf erfroren. Der Kältetod war ja eine der schönsten Todesarten, die es gab.

ber: »Wintergewitter« oder »Donnerschlag« – ein schmaler Verbindungskorridor oder der Ausbruch der ganzen 6. Armee. Entgegen Hitlers bisheriger Direktive befahl Manstein den eingeschlossenen Verbänden, auch für die Möglichkeit des Ausbruchs Vorbereitungen zu treffen. Die Zeit drängte, denn an den Flanken der 6. Panzerdivision zogen die Sowjets große Verbände zusammen.

Im Stab General Paulus' vertrat dessen Stabschef Generalmajor Arthur Schmidt jedoch die »kleine Lösung«: »Es ist völlig unmöglich, gerade jetzt auszubrechen, dies wäre die Anerkennung einer Katastrophe.« Der Nationalsozialist Schmidt warnte vor den psychologischen Folgen eines Rückzugs. Wenn die Versorgung gewährleistet sei, könne die 6. Armee noch an Ostern in Stalingrad stehen. Wenn! Doch der Nachschub über die Luftbrücke reichte nicht aus.

Paulus zögerte. Er wollte den Ausbruch der gesamten Verbände erst mit der Zustimmung Hitlers einleiten. Manstein versuchte den »Führer« zu überzeugen, doch der

Oben: Ein »Winterfritz«: Armselig wirkten die deutschen Soldaten in ihrer behelfsmäßigen Winterkleidung.

stellte sich nach wie vor stur. Über einen Verbindungsoffizier in Paulus' Stab wußte Hitler von den Diskussionen um die Treibstoffprobleme im Kessel: Major von Zitzewitz hatte ihn informiert, daß die Benzinvorräte dort für einen Ausbruchsversuch nicht ausreichten. Mit dem Hinweis auf dieses Problem blockte Hitler alle Bemühungen Mansteins ab, die ganze Armee aus dem Belagerungsring herauszuholen: »Was wollen Sie eigentlich? Paulus hat ja nur für 20 oder höchstens 30 Kilometer Sprit, er kann ja zur Zeit gar nicht durchbrechen!«

Doch Manstein war überzeugt, daß die einzige Möglichkeit, die 6. Armee zu retten, in einem Ausbruchsversuch bestand. Pläne, einen Lkw-Konvoi aus der vorgeschobenen Position Hoths in den Kessel durchzubringen und alle verfügbaren Reserven zu mobilisieren, waren ausgearbeitet. Mansteins Hoffnung war: »Die Freiheit wiederzugewinnen, dem Tode oder der Gefangenschaft zu entgehen, würde wohl die Truppe befähigt haben, das unmöglich Scheinende möglich zu machen.«

Hitler blieb jedoch bei seiner Entscheidung: »Wintergewitter«, ja – »Donnerschlag«, nein. Paulus gehorchte dem »Führer«. Ohne dessen Befehl wollte er den Ausbruch auf eigene Faust nicht wagen. Noch fast eine Woche hielten die Einheiten der 4. Panzerarmee ihre Stellungen am Myschkowa, noch fast eine Woche gab es optimistische Funksprüche, wie: »Haltet aus! Wir holen euch raus.« – »Auf Wiedersehen in Kürze.« Doch die Situation für Hoths

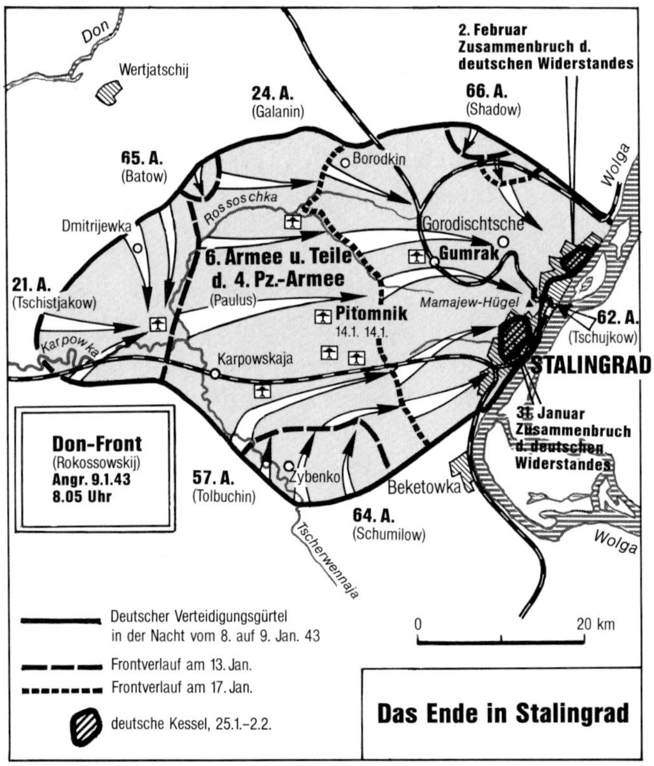

Walter Loos, MG-Schütze.

Im Krankenlager, da dachte jeder nur noch an sich. Niemand bat mehr einen Kameraden um etwas. Am zweiten Weihnachtsfeiertag kam einmal ein Sanitäter und brachte für jeden 50 Gramm Brot mit. Aber der kam nicht einmal bis zu unserem Zelt, da wurde er schon überfallen und niedergemacht. Und das Brot fiel zu Boden und wurde mit den Füßen zertreten. Ich habe keins bekommen. Und meinen Verwundetenschein, den hat mir einer abgerissen. Er wollte ihn sich unter den Nagel reißen, um damit ausgeflogen zu werden.

Hans-Jürgen Groß, Unteroffizier.

Der alte Major eines Raketenwerferbataillons war ein besonderer Draufgänger. Der sagte: »Wollt ihr bei dem Angriff mitmachen? Dann bekommt ihr auch was zu essen, das garantiere ich euch!« Mit vier Raketenwerfern schossen sie direkt auf die heranrükkenden Russen. Da flogen die Panjewagen durch die Luft. »So«, rief der Major, »jetzt holt euch was zu fressen!« Das war schrecklich. Mit Messern, Keulen und Pistolen ging es gegen die am Boden liegenden Soldaten, die sich oft noch verzweifelt mit dem Messer wehrten. Sie wurden umgebracht, dann wurde ihr Brotbeutel geleert.

Über dem Flughafen Gumrak wurde eine deutsche JU 52 in Brand geschossen und stürzte etwa 200 Meter von uns entfernt in die Schneewüste. Sofort stürmten die Soldaten von allen Seiten auf das Wrack des Transportflugzeuges zu, das mit Lebensmittelkisten beladen war. Auch mir gelang es, ein Stück Brot zu ergattern. Aber danach mußte ich mich schnell aus dem Staub machen. Denn es entbrannte eine wilde Schlägerei, sogar Schüsse fielen dabei. Die noch besser bei Kräften waren, rissen den Schwächeren ihren knappen Proviant aus der Hand. Befehle galten nichts mehr. Meinem Vorgesetzten, der schon halbtot im Schnee lag, klaute man noch das letzte Stück Brot und schlug ihm obendrein ins Gesicht. Als ich etwa 100 Meter von dem Flugzeug weg war, explodierte die Tankfüllung, und viele Soldaten, die in den Trümmern herumstocherten, flogen mit in die Luft.

Sie können ihren Kameraden im Kessel nicht helfen: Deutsche Soldaten nach dem gescheiterten Entsatzversuch.

Panzer wurde immer bedrohlicher. Am 24. Dezember mußte er aufgeben.

Bei der 8. italienischen Armee am Don, die mit der Dekkung der Flanke der Armeegruppe Hollidt am Tschir beauftragt war, gelang den Sowjets der Durchbruch. Eine weitere Einkesselung drohte. Der Vorstoß der Roten Armee nach Rostow schien möglich. Manstein blieb keine andere Wahl, als einen Teil der Panzerverbände, die nach Stalingrad durchbrechen sollten, zu verlegen. Hoth mußte Panzer abgeben, damit an anderen Abschnitten der Front Einbrüche vermieden werden konnten.

Was wäre gewesen, wenn die 6. Armee den Ausbruch gewagt hätte, wenn Paulus auf eigenes Risiko den Rückzug befohlen hätte und die eingekesselten Verbände sich hätten befreien können? Was wäre gewesen, wenn? Eine Frage, die hypothetisch ist und die es auch bleiben wird. Vielleicht wäre der Ausbruch gelungen, vielleicht hätte die 6. Armee der Vernichtung in Stalingrad entgehen können. Wäre sie dann an einem der vielen anderen Brennpunkte der Front eingesetzt und dort aufgerieben worden? Sicher ist: Die

Andreij Sokolow und Michail Treswjatskij, Fährmänner.

Im Winter 1942/43 machten wir massenhaft deutsche Gefangene. Ich habe viele gesehen. Sie waren sehr geschwächt und völlig abgemagert. Zu 100 oder 200 Mann wurden sie getrieben, bewacht nur von einem Soldaten. Wohin sollten sie auch fortlaufen? Die Zeit war brutal. Wenn ein Gefangener nicht mehr weiterkonnte, was sollte man mit ihm machen? Er wurde mit einem Kopfschuß getötet und in seinem Blut liegengelassen. Die Kolonne zog weiter. Der Werft, in der wir überwinterten, waren viele deutsche Gefangene zugewiesen worden. Das waren Prachtkerle. Sie arbeiteten hart und führten Verbesserungen und Neuerungen ein.

Oben: Vorstoß in der Trümmerwüste: Unter Feuerschutz greifen Rotarmisten eine deutsche Stellung an.

Rechte Seite:
Oben: Ein typischer Massenangriff: Sowjetische Panzer und Infanterie setzen zum Sturm auf den Kessel an.

Unten: Pausenlos feuern die »Stalinorgeln« in den Kessel.

Walter Loos,
MG-Schütze

Im Januar 1943 gab es nicht einmal mehr 50 Gramm Brot. Nachdem vier Tage lang kein Essensträger mehr durchgekommen war, beratschlagten wir eines Nachts, was wir tun sollten. Wir beschlossen, einen russischen Bunker zu stürmen. Das haben wir dann auch gemacht, aber was wir da alles an Handgranaten und Sprengstoff in den Bunker geworfen hatten, das darf man niemand erzählen. Wir erbeuteten amerikanische Verpflegung: Schinken, Biskuit, Speck, Riesenstücke. Das war wie Weihnachten. Diese Kämpfe gingen nur noch ums nackte Überleben.

Katastrophe an der Ostfront wäre mit einem erfolgreichen Ausbruch der eingeschlossenen Einheiten aus dem Kessel in Stalingrad nur hinausgeschoben worden. Verhindert worden wäre sie nicht. Fest steht: Hitler war zu weit gegangen und hatte die Wehrmacht überfordert. Sie mußte scheitern – wenn nicht in Stalingrad, dann in Rostow oder Smolensk oder in Kiew. Die Wende des Krieges aber ist mit dem Namen der Stadt an der Wolga verbunden. Der Historiker sollte nicht die Frage stellen, was gewesen wäre, wenn, sondern – im Rankeschen Sinne – wie es wirklich gewesen ist.

Am Heiligabend 1942 mußten die deutschen Panzer, die sich bis auf achtundvierzig Kilometer zum Kessel in Stalingrad vorgekämpft hatten, umkehren. Der Entsatzversuch der 4. Panzerarmee war gescheitert. Der Untergang der 6. Armee in Stalingrad war nur noch eine Frage der Zeit.

»Ich habe das Lachen verlernt«

»Die 6. Armee hat mein Wort, daß alles geschieht, um sie herauszuholen. Ihr könnt Euch felsenfest auf mich verlassen. Adolf Hitler.«

Die Soldaten im Kessel von Stalingrad erfuhren am 31. Dezember von diesem Funkspruch. Als sie das Versprechen ihres »Führers« vernahmen, kauerten sie in ihren Stellungen. Die Rote Armee machte mit einem besonderen Silvesterfeuerwerk aus tausend Rohren deutlich, daß der ent-

213

Alexej Zygankow, Infanterist.

Schon im November hatten unsere Truppen eine ungeheure Überlegenheit an Geschützen und Raketenwerfern, die Deutschen nannten sie Stalinorgeln. Als die insgesamt über 15 000 Kanonen zu feuern begannen, bebte die Erde noch 25 Kilometer entfernt. Sogar wir waren erschrocken. Einige von uns dachten, das sei die neue Wunderwaffe, die Hitler den deutschen Soldaten versprochen hatte. Gefangene Deutsche hatten uns nämlich berichtet, eine neue Waffe werde die 6. Armee befreien, wenn diese nur lange genug ausharren würde. In Wirklichkeit war das aber nur Propaganda. Das unglaubliche Zittern der Erde kam tatsächlich von unserer Artillerie.

Walter Loos, MG-Schütze.

Trotz unserer Verwundung robbten wir durch den Schnee in Richtung Rollbahn. Für einen Kilometer brauchten wir mehrere Stunden. Wir bereuten schon, unser geschütztes Loch verlassen zu haben. Da sahen wir, wie fünf Flugzeuge zur Landung ansetzten. Also konnte der Landeplatz in dieser Schneewüste nicht mehr weit sein. Am Rande der Rollbahn sahen wir die steifgefrorenen Leichen der Soldaten, aufgeschichtet wie Holz im Wald. Als wir näher kamen, hörten wir Menschengebrüll und Maschinengewehrfeuer. Verwundete versuchten mit letzter Kraft, die Flugzeuge zu stürmen. Bis wir die Maschinen erreichten, waren sie schon hoffnungslos überfüllt. Verzweifelte Soldaten klammerten sich sogar an die Tragflächen. Die Sanitäter, die sich bemühten, den Ansturm zurückzudrängen, wurden einfach überrannt. Eines der Flugzeuge allerdings konnte noch nicht starten, es mußte noch repariert werden. Als es soweit war, kam plötzlich der Pilot auf mich zu, packte mich am Verband und schob mich in die Ladeluke. Der wird sich wohl gedacht haben: »Bevor ich jetzt fortfliege, packe ich noch einen Soldaten in die Maschine.« Das Flugzeug stieg in die Höhe. Irgendwann hörte dann das Flakfeuer auf. Die Sonne schien auf uns, und alles war plötzlich friedlich.

Oben: Oft verlief die Front mitten durch ein Haus: vorstoßende Rotarmisten.

Rechte Seite:
Oben: Kesseltreiben – Haus um Haus.

Unten: Im zweiten Stock ein deutsches MG-Nest, im Erdgeschoß Soldaten der Roten Armee.

scheidende Angriff bevorstand. Die Landser ahnten, was ihnen blühte. Am 13. Januar schrieb ein junger Soldat an seine Frau: »Bitte trauere und weine nicht um mich, wenn Du dieses mein letztes Lebenszeichen erhältst. Ich stehe hier in eisigem Sturm auf verlorenem Posten in der Schicksalsstadt Stalingrad. Seit Monaten eingeschlossen, werden wir morgen zum letzten Kampf Mann gegen Mann antreten.«

Nach dem gescheiterten Entsatzversuch verschlechterte sich auch die Versorgung aus der Luft. Die Situation der eingeschlossenen Verbände wurde immer aussichtsloser. Die Zahl der Opfer wuchs sprunghaft: Die Soldaten erfroren, verhungerten oder starben im Kampf. Schon bald konnten die Opfer nicht mehr begraben werden. Der Boden war tief gefroren, die Kräfte der Überlebenden reichten nicht mehr aus. In manchen Tagebüchern finden sich deutliche Hinweise auf die Resignation, die sich unter den deutschen Soldaten ausbreitete. Die Verfasser ahnten, daß eine Katastrophe bevorstand: »Stalingrad ist das Massengrab der Wehrmacht. Sind abgekämpft und verbittert. Wenn unsere Angehörigen uns sehen könnten, wären sie entsetzt.«

Viele in der Heimat sollten ihre Söhne, Väter und Brüder nie mehr wiedersehen. Mit pathetischen Formeln waren die Nachrichten von ihrem Tod versehen.

Links: Immer enger schließt die Rote Armee den Ring um die deutschen Truppen im Kessel.

Unten: Ein Relikt aus alten Zeiten: Auch im Winter 1942/43 kam die sowjetische Kavallerie zum Einsatz.

Rechte Seite:
Links: Raum Bokowskaja: Soldaten der sowjetischen 1. Gardearmee in den ersten Tagen der Offensive.

Rechts: Nur noch wenige Schritte bis zur Rettung: Ein verwundeter Rumäne wird zu einem Flugzeug getragen.

Das war kein Trost für Frauen, die so vom Tod des Mannes erfuhren, für Mütter, die den Verlust ihres Sohnes betrauerten, für Kinder, die plötzlich ohne Vater waren. Immerhin verzichtete mancher Brief auf NS-Grußfloskeln und enthielt persönliche Worte, wie: »Mit von Herzen kommender Anteilnahme grüße ich Sie.«

Einige Vorgesetzte machten sich zusätzliche Mühe und ließen den Ort photographieren, an dem der gefallene Soldat seine letzte Ruhe gefunden hatte, um den Angehörigen zu Hause ein letztes Andenken zu vermitteln. Manche Briefe troffen aber auch vor schwülstiger Heroisierung und nationalsozialistischen Propagandaphrasen: »Dieses Ringen ums Leben, den Tod vor Augen sehend, ist etwas unmenschlich Heroisches. Hier in Stalingrad wogt ein Meer besten deutschen Blutes. Noch nie ist in diesem Krieg ein derartiger Heldenkampf gekämpft worden. Heil Hitler.«

Die deutschen Soldaten im Kessel dachten nicht an Heldentum, sondern ans nackte Überleben. Manche entwickelten einen bitteren Humor: »Und wir tragen unser Schicksal mit Geduld, denn an dieser Scheiße sind wir selber schuld!« Galgenhumor in einer Situation, die hoffnungslos war, im Angesicht von Kälte, Hunger und Tod. Bei Temperaturen von fünfunddreißig Grad unter dem Gefrierpunkt waren die Deutschen am Ende: ohne Nahrung, ohne Treibstoff,

ohne ausreichende Munition. »Ich habe das Lachen verlernt. Wo immer man auch hinfährt, bekommt man Artilleriefeuer. Ich habe mir eingebildet, es ist nicht so schlimm, aber es kann noch schlimmer kommen.«

Es kam noch schlimmer.

»Wir garantieren . . .«

Die Truppenverschiebungen auf sowjetischer Seite waren mittlerweile abgeschlossen. Die 62., 64. und 57. Armee der Donfront standen nun unter dem Oberbefehl General Rokossowksis, der die Operation »Ring«, die endgültige Zerschlagung des Kessels, durchzuführen hatte. Über das Eis der Wolga rollte der sowjetische Nachschub, frische Einheiten bezogen ihre Stellungen. Jedoch mußte wegen Verzögerungen der für den entscheidenden Angriff vorgesehene Termin, der 6. Januar, noch einmal verschoben werden. Stalin tobte, er wollte den schnellen Sieg und ließ sich nur schwer davon überzeugen, daß es noch einmal eines Aufschubs bedurfte. Es war nur eine kurze Schonfrist für die Landser im Kessel.

In den frühen Morgenstunden des 8. Januar tauchten auf der Südseite des Kessels, im Niemandsland zwischen Roter Armee und Wehrmacht, zwei Gestalten auf, die eine weiße Fahne schwenkten. Zwei Parlamentäre der Sowjets näherten sich der deutschen Seite, um ein Ultimatum des sowjetischen Oberkommandos zu überbringen. Diese Aktion war zuvor über Rundfunk in deutscher Sprache angekündigt worden. Doch die Deutschen schossen auf die Unterhändler. Der Wahnsinn nahm seinen Lauf. Ein zweiter Versuch der Sowjets, eine Aufforderung zur Kapitulation zu übergeben, scheiterte ebenfalls. In einer konzertierten Aktion warfen Flugzeuge der roten Luftwaffe über dem Kessel Flugblätter ab. Die deutschen Soldaten wurden aufgefordert, ihren Widerstand aufzugeben. Die Lage sei hoffnungslos. Zudem hieß es in dem Flugblatt: »Wir garantieren allen Offizieren, Unteroffizieren und Mannschaften, die den Widerstand aufgeben, Leben und Sicherheit sowie bei Kriegsende die Rückkehr nach Deutschland oder auf Wunsch in ein anderes Land.«

Wer sich ergab, dem versprachen die unterzeichnenden Vertreter der Roten Armee, Woronow und Rokossowski,

Hans-Jürgen Groß, Unteroffizier.

Jagdflugzeuge wurden zu Transportfliegern umfunktioniert. In die zwölf Bombenschächte schob man zwölf Verwundete, die ausgeflogen werden sollten. Dann war der Laden dicht. Trotzdem versuchten Heerscharen von verzweifelten, ausgehungerten Soldaten die Flugzeuge zu stürmen. Die Feldgendarmen standen auf völlig verlorenem Posten; sie wurden umgerannt, manche sogar niedergeschossen. Ich habe es auch erlebt, daß die Bordschützen der Flugzeuge auf die heranstürmende Meute zu schießen begannen, sobald die Maschine voll beladen war. Sonst hätte sie nicht starten können. Dennoch klammerten sich die Wahnsinnigen an die Tragflächen und das Leitwerk. Die wurden natürlich sofort vom Luftsog weggerissen.

Werner Zieger, Luftwaffenrichter, notierte in seinem Tagebuch:

14. Januar 1943

... Die Kameraden von der Infanterie sehen sehr hohlwangig und verhungert aus. Überall sieht man Pferdegerippe, die von den hungernden Soldaten ausgeschlachtet wurden. Ich merke immer mehr, daß die Truppe vom tatsächlichen Frontverlauf keine Ahnung hat und verschweige, daß sie in Wirklichkeit schon 350 Kilometer zurück liegt. Dennoch scheinen sie ihre furchtbare Lage zu erahnen. Alle schreiben Abschiedsbriefe ...

15. Januar 1943

... Heute war die Verhandlung gegen Unteroffizier Fredow. Er hatte aus dem Verpflegungsbunker Fleisch entwendet, nachdem er die Posten weggeschickt hatte. Das Urteil lautet 2½ Jahre Gefängnis und Rangverlust. Von der Zuchthausstrafe wird jedoch abgesehen, da nur die Bestätigung des Rangverlustes die augenblicklich zweckmäßigste Vollstreckungsmaßnahme ist ...

17. Januar 1943

Ich habe von meinem vorgesetzten Oberstleutnant den Befehl erhalten, als Kurier die Kommandosachen aus Stalingrad herauszubringen. Auf dem Flugplatz herrscht völliges Chaos. Die Verwundeten rennen auf die erste gelandete HE 111 zu, während die russische Artillerie unentwegt feuert. Ein Einschlag geht 20 Meter vor mir in die Erde. Zwei Meter weiter rechts zerreißt es den Bordmechaniker der HE 111. Als ich 100 Meter vor der Maschine bin, fliegt sie ab ... Für den Abend sind neue Flugzeuge gemeldet. Gleichzeitig wird davon gesprochen, daß russische Panzer durchgebrochen seien. In einigen Zelten wird fieberhaft gepackt. Im Flugleitungsbunker sitzt und steht alles dichtgedrängt herum. Ein Schwerverwundeter wird hereingebracht. Ein Arzt, der helfen könnte, ist nicht zur Stelle. Keiner kümmert sich um ihn. Jeder hat seine eigenen Sorgen.

20. Januar 1943

Gegen zwei Uhr morgens landet eine HE 111 300 Meter von uns entfernt. Wieder rennen alle auf die Maschine zu. Ein Oberleutnant bestimmt mit gezogener Pistole die Reihenfolge des Einstiegs. Bereits als Zweiter gelange ich in das Flugzeug. Zwei Stunden später ist alles vorbei.

normale Verpflegung, ärztliche Versorgung und eine ehrenvolle Behandlung. Doch der Text endete auch mit einer unverhüllten Drohung: »Sollte unsere Aufforderung zur Kapitulation abgelehnt werden, so würden die Truppen der Roten Armee gezwungen sein, zur Vernichtung der eingekesselten deutschen Truppen zu schreiten. Wer Widerstand leistet, wird erbarmungslos niedergemacht.«

General Paulus wies die Truppe an, der sowjetischen Propaganda keinen Glauben zu schenken. Am selben Tag, an dem die Sowjets ihr Angebot einer ehrenvollen Kapitulation unterbreiteten, kam General Hube von einem langen Besuch im Führerhauptquartier zurück nach Stalingrad. In der »Wolfsschanze« hatte er Hitler ausführlich die Situation im Kessel geschildert. Er brachte nun optimistische Zusagen Hitlers mit: Der »Führer« habe einen neuen Entlastungsangriff versprochen. Damit diese Aktion gelingen könne, brauche man jedoch Zeit: um eine neue Front im Süden zu organisieren, um die Heeresgruppe A aus dem Kaukasus zurückzuführen, um sogar eine neue Großoffensive vorzubereiten. Diese Atempause müsse die 6. Armee erkämpfen, sie habe weiter auszuhalten, auf keinen Fall dürfe sie nun kapitulieren. Die Luftversorgung, auch das versprach Hitler, werde verbessert. Nach Hubes Vortrag entschied Paulus: »Die Ausführungen General Hubes bedeuteten für mich die Verpflichtung, um jeden Preis zu halten, wenn ich nicht gleichzeitig die Verantwortung für den Zusammenbruch des Südabschnitts und damit der ganzen Ostfront auf mich nehmen wollte.«

Auf die Möglichkeit eines erneuten Entsatzangriffs ging Paulus nicht ein. Damit wird die Motivation des Befehlshabers der 6. Armee, zu diesem Zeitpunkt nicht zu kapitulieren, deutlicher. Er war der Meinung, daß es die kritische Situation im Süden der Ostfront erforderte, starke sowjetische Verbände möglichst lange in Stalingrad zu binden, um die deutsche Don- und Kaukasusfront zu entlasten und zu stabilisieren. Vielleicht gerade deshalb lehnte er die sowjetische Aufforderung zur Kapitulation ab.

Weiterkämpfen aus der Einsicht in übergeordnete militärische Notwendigkeiten, in der Hoffnung, anderen Frontabschnitten die Rettung zu ermöglichen – rechtfertigte dieses Kalkül die Opferung einer ganzen Armee? Oder war dies nur der Versuch, nachträglich das eigene Scheitern zu kaschieren?

Feldmarschall von Manstein jedenfalls verteidigte in seinen Memoiren später die Entscheidung, die Paulus am 9. Januar 1943 getroffen hatte: »Die 6. Armee band seit An-

Rechte Seite:
Oben: In der Kälte erstarrt: Gefallene Sowjetsoldaten bei Balka.

Unten: Schreckliche Bilder des Todes auf beiden Seiten: Leiche eines sowjetischen Offiziers.

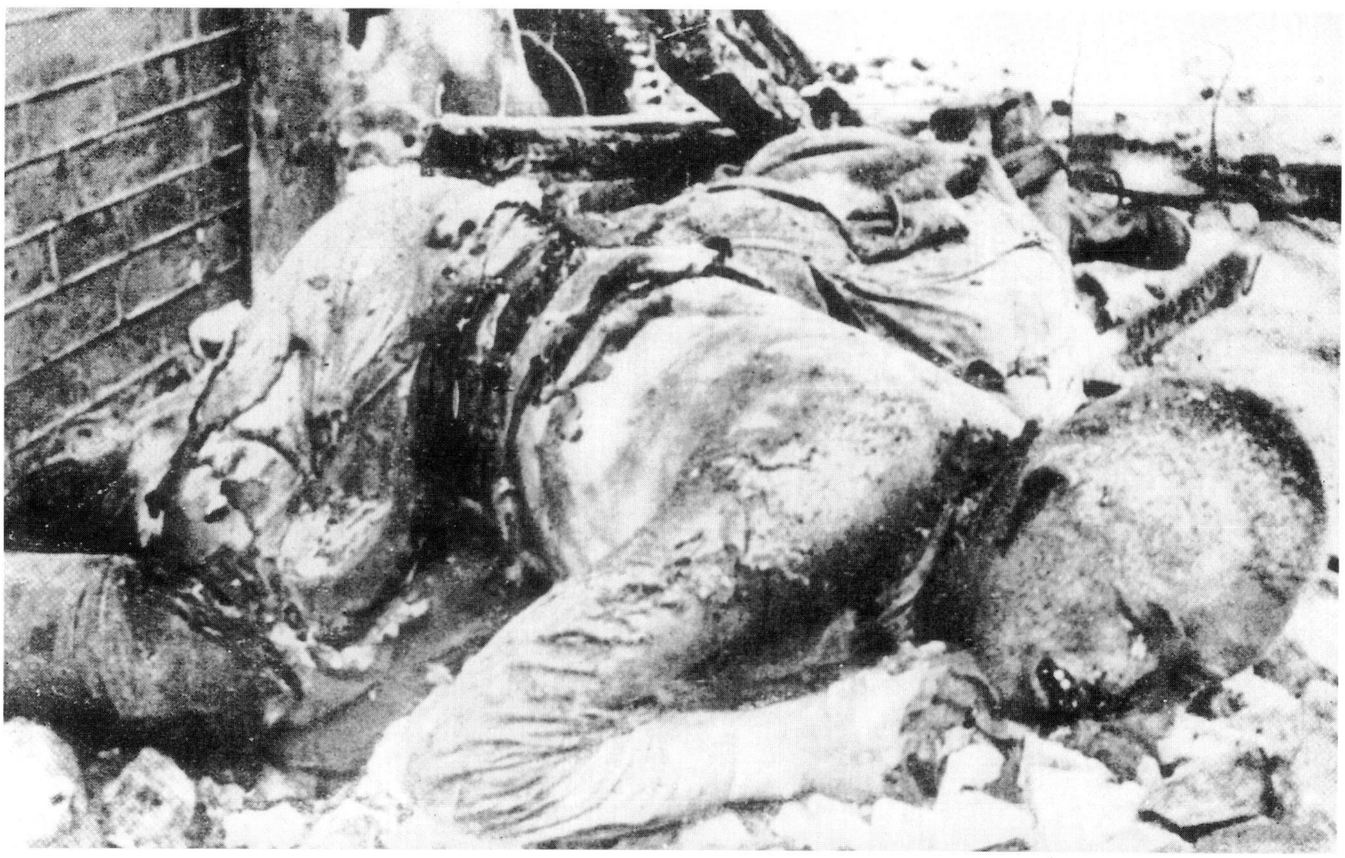

Die Schlacht ließ keine Zeit für Bestattungen.

Ein makabres Foto: Erfrorener Rotarmist aufgerichtet im Schnee.

fang Dezember 60 große Verbände der Sowjets. Die Lage der beiden Heeresgruppen Don und Kaukasus wäre katastrophal geworden, wenn Paulus Anfang Januar kapituliert hätte.«

»Lage aussichtslos – Kapitulation ausgeschlossen«

Am 10. Januar, kurz vor sechs Uhr früh, begann der große sowjetische Generalangriff gegen die 6. Armee im Kessel von Stalingrad.

Fast eine Stunde dauerte der vorausgehende Artilleriebeschuß. Pausenlos feuerten die sowjetischen Geschütze – ein infernalischer Lärm, der die fürchterlichen Folgen des Beschusses ahnen ließ. Die Deutschen hatten dem nur wenig entgegenzusetzen, die Munition war seit dem 1. Januar rationiert. Drei Schuß leichte Feldhaubitze, zwei Schuß PAK durften pro Regiment täglich abgegeben werden. Und wenn diese Munition verschossen war? »Fortgesetztes Trommelfeuer. Können nicht erwidern«, funkte die 6. Armee an das Hauptquartier der Heeresgruppe Don. Der von Hitler geforderte »Widerstand bis zur letzten Patrone« gewann eine tragische neue Bedeutung.

Die massierten Angriffe der Roten Armee brachten schnell Erfolg. An mehreren Stellen konnten die sowjetischen Truppen die deutschen Linien durchbrechen. In nur zwei Tagen gelang es der Roten Armee, das von den Deutschen kontrollierte Terrain um die Hälfte zu verkleinern. Der Ring zog sich immer enger zusammen. Zum eroberten Gebiet gehörte auch der Flughafen Pitomnik. Am 16. Januar fiel dieser zentrale Umschlagplatz für den deutschen

Konrad Drotleff, Oberfeldwebel.

Nach zwei Stunden hatten die Russen uns zusammengetrieben. Dann ging es los: Sie nahmen uns die Stiefel, die Mäntel und was sie sonst noch brauchen konnten. Manche gaben uns als Gegenleistung ihre eigenen, oft unbrauchbaren Kleidungsstücke. Ich mußte mit ansehen, wie viele meiner Kameraden geschlagen wurden, weil sie sich wehrten, ihre Kleider herzugeben. Einer von uns – er mochte vielleicht 45 Jahre alt sein – fragte einen russischen Offizier auf russisch, warum sie das machten. Ohne ein Wort mit ihm zu wechseln, zog der Offizier seine Pistole und streckte ihn mit zwei Schüssen nieder. Seine Leiche wurde mit Schnee zugedeckt. Von dem Moment an wußten wir, wie wir uns zu verhalten hatten.

Vincenz Griesemer, Gefreiter

Als wir in Gefangenschaft gingen, mußten wir einen verletzten Kameraden mitschleppen. Den konnten wir doch nicht zurücklassen. Der Marsch ging ziemlich langsam voran. Ständig brach jemand zusammen, bekam Fieber, fiel um und wurde erschossen. Es war wie bei einer Viehherde: Man mußte zusammenbleiben, denn wer umfiel, bekam von den russischen Begleitern den Gnadenschuß. Es gab jeden Tag so viele Tote auf dem Marsch! Das waren noch die Spätfolgen des Kessels. Die Truppe war total ausgehungert. Man hatte die Soldaten geopfert, sie gaben das Letzte und mußten verhungern und erfrieren. Niemand konnte ihnen mehr helfen, aber sie wurden gezwungen auszuhalten. Das war für mich das größte Verbrechen, nicht zu kapitulieren. Schlimmer hätte es für uns danach nicht kommen können.

Hubert Kremser, Offizier.

Wir lagen in der Fabrik »Roter Oktober« in Stalingrad den Russen direkt gegenüber. Allmählich kannten wir unsere Gegenüber, und in der Gefechtspause haben wir ihnen zugerufen: »Habt ihr Butter oder Fleisch?« Dann haben die wieder gerufen, sie hätten Salzheringe oder sonst etwas. Wir haben dann zum Beispiel etwas Brot in eine alte Zeltplane gewickelt und ihnen rübergeworfen, und sie haben uns ihrerseits etwas zum Essen zugeworfen. Das durften wir natürlich nicht, aber die waren genauso kriegsmüde und ausgehungert wie wir. Zuerst schießt man aufeinander, dann wirft man sich Brote zu. Das ist natürlich ein Widersinn, aber der Krieg war widersinnig, das hatten wir in dieser Endphase erkannt. Man hatte ihn satt. Diese Propagandasprüche, die gegenseitig ausgetauscht wurden, das war alles vorgeschobener Blödsinn. Man war dann so weit, man hat förmlich darum gebetet: »Mach doch mit diesem Leben endlich Schluß!« Selbst hatte man nicht den Mut dazu. So hoffte man auf einen gnädigen Tod. In Gefangenschaft wollte man nicht.

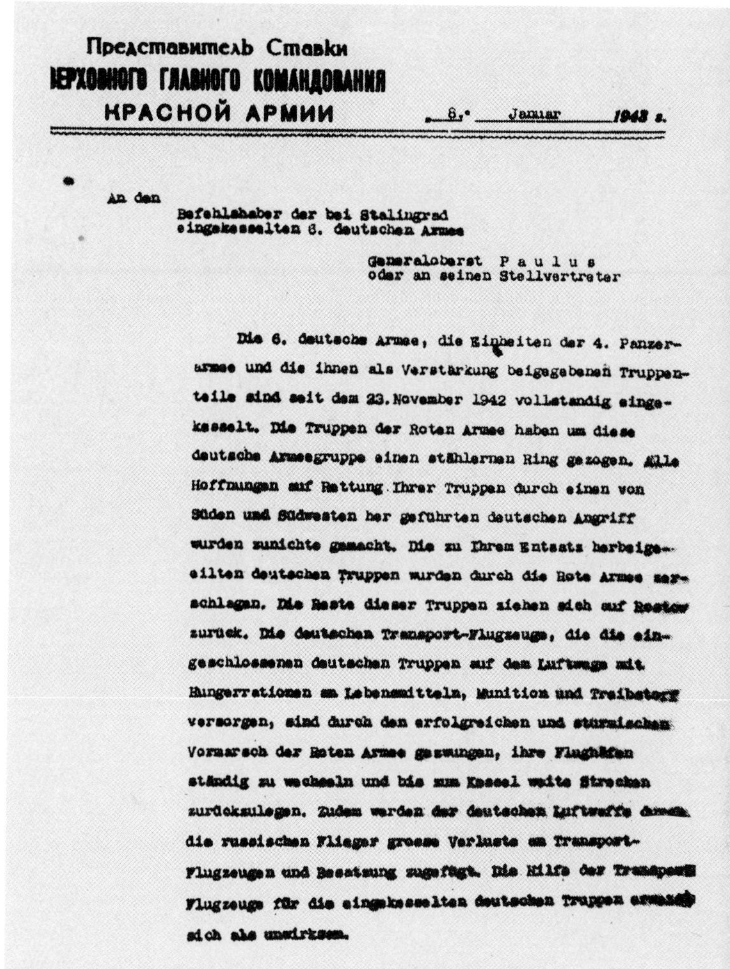

Представитель Ставки
ВЕРХОВНОГО ГЛАВНОГО КОМАНДОВАНИЯ
КРАСНОЙ АРМИИ „8." Januar 1943 г.

An den
Befehlshaber der bei Stalingrad
eingekesselten 6. deutschen Armee

Generaloberst P a u l u s
oder an seinen Stellvertreter

Die 6. deutsche Armee, die Einheiten der 4. Panzerarmee und die ihnen als Verstärkung beigegebenen Truppenteile sind seit dem 23. November 1942 vollstandig eingekesselt. Die Truppen der Roten Armee haben um diese deutsche Armeegruppe einen stählernen Ring gezogen. Alle Hoffnungen auf Rettung Ihrer Truppen durch einen von Süden und Südwesten her geführten deutschen Angriff wurden zunichte gemacht. Die zu Ihrem Entsatz herbeigeeilten deutschen Truppen wurden durch die Rote Armee zerschlagen. Die Reste dieser Truppen ziehen sich auf Rostow zurück. Die deutschen Transport-Flugzeuge, die die eingeschlossenen deutschen Truppen auf dem Luftwege mit Hungerrationen an Lebensmitteln, Munition und Treibstoff versorgen, sind durch den erfolgreichen und stürmischen Vormarsch der Roten Armee gezwungen, ihre Flughäfen ständig zu wechseln und bis zum Kessel weite Strecken zurückzulegen. Zudem werden der deutschen Luftwaffe durch die russischen Flieger grosse Verluste an Transport-Flugzeugen und Besatzung zugefügt. Die Hilfe der Transport-Flugzeuge für die eingekesselten deutschen Truppen erweist sich als unwirksam.

Mehrmals forderten die Sowjets den Befehlshaber der 6. Armee offiziell zur Kapitulation auf, doch General Paulus lehnte ab.

Nachschub in sowjetische Hand. Die Flugzeuge mußten nun in Gumrak landen, wo in den Tagen zuvor notdürftig eine Landebahn angelegt worden war, die sich für viele Maschinen jedoch als zu kurz erwies, worauf diese ihre Ladung nur noch aus der Luft abwerfen konnten.

Die Flugzeuge, die noch zur Landung in der Lage waren, konnten nur noch wenige Verwundete mitnehmen. Die Lazarette waren überfüllt. Am 19. Dezember, dem Tag, an dem die Entscheidung gegen den Ausbruch gefallen war, hatten noch über tausend Verwundete das Glück, ausgeflogen zu werden. Vom Beginn der Luftbrücke bis zum Verlust des Flughafens Pitomnik konnten immerhin noch fast fünfundzwanzigtausend Soldaten per Flugzeug den Kessel verlassen. Auch danach gab es noch Verwundetentransporte. Noch am 19. Januar zog ein Unteroffizier das große Los: »Wir wurden durch die Ju truppweise herausgeholt und sind jetzt in Charkow in Sicherheit. Viele gute Kameraden sind an meiner Seite gefallen. Es ist wohl das erste Mal in der

Links: Berlin am 30. Januar 1943 im Reichsluftfahrtministerium. In seiner Rede zum zehnten Jahrestag der »Machtergreifung« »feiert« Hermann Göring den Opfergang der 6. Armee als wahres Heldentum.

Oben: Nach der Rede: Der Reichsmarschall Hermann Göring verläßt das Reichsluftfahrtministerium.

Weltgeschichte, daß sich eine Truppe durch Flugzeug vom Feinde löst.«

Doch nicht viele Landser hatten dieses Glück. Die Zahl derer, die in Stalingrad starben, sollte schließlich weitaus höher ausfallen als die der wenigen, die noch rechtzeitig in einem der Flugzeuge unterkamen.

Für die, die im Kessel zurückbleiben mußten, gab es keine Hoffnung mehr. Mit massiven Angriffen durchbrach die Rote Armee an immer neuen Stellen die Verteidigungsfront. Die einzelnen Truppenteile der 6. Armee hatten untereinander kaum mehr Verbindung. Jede Einheit, jeder Trupp kämpfte auf eigene Faust, solange die Munition reichte. Unter dem Ansturm der Roten Armee mußte eine Stellung nach der anderen aufgegeben werden. Beim Rückzug, so der Befehl, sollten das Gerät und die schweren Waffen, die nicht mitgenommen werden konnten, vernichtet werden, weil für die Zugmaschinen kein Benzin mehr vorhanden war.

Die Verwundeten erfroren, da sie nicht mehr abtransportiert werden konnten, oder sie starben mangels medizinischer Versorgung. Die Leichen konnten nicht mehr begraben werden – der eisige Wind bedeckte die Opfer mit Schnee.

Am 21. Januar setzte Paulus einen Funkspruch zum Führerhauptquartier ab: »Truppe ohne Munition und Verpflegung, Auflösungserscheinungen an der Süd-, Nord- und Westfront. 18 000 Verletzte ohne Mindesthilfe an Verbandszeug und Medikamenten. Front infolge starker Einbrüche vielseitig aufgerissen. Weitere Verteidigung sinnlos. Zusammenbruch unvermeidbar.

Armee erbittet, um noch vorhandene Menschenleben zu retten, sofortige Kapitulationsgenehmigung.«

Noch elf Tage zuvor hatte er getreu dem Befehl das sowjetische Kapitulationsangebot abgelehnt, nun sah auch die Führung der 6. Armee im Kessel ein, daß jeder weitere Widerstand sinnlos war und nur noch die Zahl der Opfer erhöhen würde. Überall gab es Auflösungserscheinungen, die Moral war gebrochen, es schien längst an der Zeit, dem Wahnsinn ein Ende zu setzen. Die deutschen Soldaten waren fertig, sie konnten, so erkannte nun auch Paulus, keine feindlichen Kräfte mehr binden. Nur noch drei russische Gardedivisionen sollten den Kampf gegen die 6. Armee zu Ende führen. Das Gros der Roten Armee wurde sogar bereits abgezogen, um bei Salsk die Sperrzone gegen Rostow zu verstärken.

Doch ein Mann sah es anders. Im sicheren Hauptquartier fernab der Katastrophe, die sich in Stalingrad abspielte, nahm Hitler die Meldungen über die Not und das Elend im Kessel, die von Paulus, von Manstein per Funk und schließlich auch persönlich durch Major von Zitzewitz, der aus dem Kessel zur Berichterstattung ausgeflogen worden war, ungerührt entgegen. Die Entscheidung des »Führers«: »Kapitulation ausgeschlossen. Die Armee erfüllt ihre historische Aufgabe, den Aufbau einer neuen Front beiderseits Rostow zu ermöglichen.«

Knapp eine Woche vor dem zehnten Jahrestag der nationalsozialistischen »Machtergreifung« wollte Hitler sich die Jubelfeiern nicht durch Meldungen über Niederlagen trüben lassen. Starrsinnig befahl er den »Kampf bis zur letzten Patrone«. Wie dieser Kampf aussah, beschrieb General von Seydlitz: »Elende und ausgemergelte Gestalten leichter Verwundeter trieben sich zu Hunderten in der Stadtmitte umher. Kein Verbandsmaterial, keine Medikamente, keine Verpflegung! Die Toten wurden nur noch an den Außenseiten der Gebäude aufgeschichtet.«

Ohne Brot, ohne Versorgung, ohne ausreichende Munition – wie sollte hier noch Widerstand geleistet werden? Von Seydlitz zog daraus die Konsequenz: »Die Regiments- und Bataillonskommandeure erhalten hiermit das Recht, je nach örtlicher Lage den Rest der Munition zu verschießen und damit den Kampf einzustellen.«

Nach diesem eigenmächtigen Befehl wurde er zwar nicht verhaftet, jedoch mit seinen verbleibenden Divisionen einem dienstälteren General unterstellt. Der neue Befehlshaber, General Heitz, entpuppte sich als fanatischer Natio-

Oben: Hitler wollte, daß er Selbstmord begeht: Generalfeldmarschall Paulus nach seiner Gefangennahme.

Rechts oben: »Bitte sorgen Sie für meine Soldaten.« Paulus in Tschuikows Hauptquartier am 31. Januar 1943.

Rechts unten: Warten auf das Verhör: Generalmajor Kortes, Oberst Dissel, General Pfeffer, General von Seydlitz, Oberst Crome (v. l.).

Georgi Schukow, stv. Oberbefehlshaber der Roten Armee

Die wichtigsten Voraussetzungen für die Zerschmetterung der deutschen Truppen in Stalingrad waren die richtige Wahl der Hauptstoßrichtungen und die genaue Bestimmung der schwachen Stellen in der gegnerischen Verteidigung. Auch die exakte Berechnung der erforderlichen Kräfte und Mittel für den schnellen Durchbruch durch die taktische Verteidigung bis zur endgültigen Einkesselung der Hauptkräftegruppe des Feindes spielten eine bedeutende Rolle. [...] Unsere Überlegenheit äußerte sich darin, daß die sowjetischen Streitkräfte gelernt hatten, ihre Operationen zu tarnen und den Gegner zu täuschen. Durch geheime Umgruppierungen und Aufmarschbewegungen gelangen uns überraschende Angriffe. [...] Der Sieg unserer Truppen bei Stalingrad bedeutete den Beginn eines grundlegenden Umschwungs im Kriege zugunsten der Sowjetunion: damit begann die Vertreibung der feindlichen Truppen aus unserem Lande. Das war nicht nur für die Truppen, die unmittelbar an der Kesselschlacht mitgewirkt hatten, ein langerwarteter freudiger Sieg, sondern für das ganze Sowjetvolk ...

Vincenz Griesemer, Gefreiter

In der Zeit, als wir im »Roten Oktober« kämpften, boten die Sowjets ständig Verhandlungen an. Aber auf deutscher Seite hieß es: »Es wird nicht verhandelt. Jeder Offizier, der Kontakt mit dem Feind aufnimmt, wird erschossen.« Von oben kann man das ja schön anordnen. Am Anfang boten die Russen auch freien Abzug und Versorgung an, und ich zweifle nicht daran, daß sie das eingehalten hätten. Eines Tages erlebte ich, wie eine russische Delegation, zwei Offiziere und ein Fahrer, mit einem US-Jeep mit weißer Fahne herankam. Per Lautsprecher und in perfektem Deutsch boten sie Verhandlungen an. Man ließ sie nahe genug herankommen, und dann wurden sie mit einer Zwei-Zentimeter-Flak kaputtgeschossen.

Oben: Die anderen »Verlierer« der Schlacht von Stalingrad: Frauen und Kinder.

Rechte Seite:
Oben links: Der totale Triumph: Siegesfahnen wehen über den Trümmern der Stadt.

Oben rechts: Unteroffizier Jehow Pawlow, der mit dreiundzwanzig Kameraden dieses Haus gegen die deutschen Angreifer verteidigt hat.

Unten links: Am Abend des 26. Januar 1943: Bei der Siedlung Krasny Oktjabr treffen sich die Vorhuten der 21. Armee mit den Soldaten der 23. Gardedivision.

Unten rechts: Erleichtert und erfüllt von neuem Selbstbewußtsein: Sieger feiern ihren Triumph.

Hans Schmieder, Flaksoldat.

Gegen Mitte Januar 1943 wußten wir schon Bescheid, daß es nun aus war. Parolen wie »Haltet aus, der Führer haut euch raus!«, das waren doch nur Phrasen. Man hat uns im Stich gelassen! Ich vergleiche das damit, daß irgendwo jemand in einem See ertrinkt. Und draußen stehen 20 Mann, aber keiner springt rein, um ihn rauszuholen. Man hat über 200 000 Menschen geopfert. Und warum? Weil es ein Unternehmen war, das von vornherein zum Scheitern verurteilt war.

Hans-Jürgen Groß, Unteroffizier.

In das Krankenlager, in dem ich nach dem Abtransport aus dem Kessel meine Verwundung auskurierte, kam eines Tages eine Kommission der Obersten Heeresleitung. Sie wollte von mir alles ganz genau wissen: »Sie waren in der und der Kompanie. Wissen Sie, wer sich von diesen Leuten ergeben hat und wer bis zuletzt kämpfte?« Ich hütete mich, Einzelheiten preiszugeben, und redete mich darauf hinaus, daß die Kompanie zuletzt in alle Winde zerstreut gewesen sei. Denn aufgrund der Aussage hätte man womöglich die Angehörigen der Stalingradkämpfer noch wegen »Fahnenflucht« in Sippenhaft genommen.

Tagesbefehl Stalins vom 3. Februar 1943:

Moskau, den 3. Februar 1943: »Der Oberbefehlshaber der Sowjettruppen richtete aus Anlaß der Beendigung der Schlacht um Stalingrad folgenden Tagesbefehl an die Truppen der Donfront:
Befehl des Obersten Befehlshabers an die Truppen der Donfront! An den Vertreter des Hauptquartiers der obersten Kommandoführung, Marschall der Artillerie, Woronew; an den Befehlshaber der Donfront, Generaloberst Rokossowski!
Ich beglückwünsche Sie und die Truppen der Donfront zu der erfolgreichen Beendigung der Liquidierung der bei Stalingrad eingekesselten feindlichen Truppen. Meinen Dank allen Kämpfern, Kommandeuren und politischen Mitarbeitern der Donfront für die ausgezeichneten Kampfhandlungen.«

(nach NEUE ZÜRCHER ZEITUNG, 3. Februar 1943)

Lew Kopelew, Schriftsteller, damals Politoffizier.

Als der Ring um die deutschen Truppen tatsächlich geschlossen war, mochten wir das anfangs kaum wahrhaben. Aber der Kessel hielt, und die Hoffnung wurde zur Gewißheit. Da wußten wir: Jetzt kommt die entscheidende Wende. Das ging wie ein Ruck durch alle Fronteinheiten. Stalingrad erschien uns nicht nur wie ein Wunder, es markierte auch einen entscheidenden Wandel. Erstmals wurde nicht blind, sondern mit Ziel und Verstand operiert. Die Einschließung zeugte von Strategie und Planung. Die Zeit, in der einfach Tausende von Soldaten in Massen verheizt wurden, schien nun vorbei zu sein.

Links: Das »Gerippe« einer Metropole: Stalingrad in Schutt und Asche.

Rechte Seite:
Oben: Überlebende der 6. Armee auf dem Weg in eine Gefangenen-Sammelstelle.

Unten links: Die Geschlagenen vor dem Abmarsch in die Gefangenschaft: zermürbt, entkräftet, apathisch.

Unten rechts: Das erste Brot nach der Gefangennahme.

nalsozialist und befahl die Fortsetzung des Kampfes. Die Niederlage vor Augen, galt seine Sorge der Aufrechterhaltung dessen, was er unter Ordnung verstand: »Wer mit den Russen verhandelt, wird erschossen.« – »Wer die weiße Fahne zeigt, wird erschossen.«

Doch auch solche menschenverachtenden und in dieser Situation militärisch unsinnigen Befehle vermochten das Aus nicht mehr zu verhindern.

22. Januar: Der Flugplatz Gumrak fiel in sowjetische Hand. Letzte Landemöglichkeit war nun der kleine Flugplatz Stalingradski am Stadtrand von Stalingrad. Beim Landeanflug gingen in der Mittagszeit allerdings allein sechs Maschinen zu Bruch. Die Verbindung zum Kessel war abgebrochen, die Versorgung aus der Luft beschränkte sich auf den Abwurf des wenigen Materials, das heil durch die sowjetische Luftabwehr gelangte.

25. Januar: Die Rote Armee spaltete den deutschen Kessel in zwei Hälften, den Befehl im nördlichen Kessel führte General Strecker, im Süden kommandierte General Paulus.

27. Januar: Die Sowjets besetzten den Südteil der Stadt.

Die organisierte Verteidigung brach endgültig zusammen, einzelne Einheiten kapitulierten oder versuchten sich durch die sowjetischen Linien zu schlagen, andere kämpften in ihren Stellungen weiter.

28. Januar: Der südliche Kessel wurde noch einmal in kleinere Teile gespalten.

29. Januar: General Paulus gratulierte seinem »Führer«: »Zum Jahrestag Ihrer Machtübernahme grüßt die 6. Armee ihren Führer. Noch weht die Hakenkreuzfahne über Stalingrad. Unser Kampf möge den lebenden und den kommenden Generationen ein Beispiel dafür sein, auch in der hoffnungslosesten Lage nie zu kapitulieren.«

Hitler ernannte Generaloberst Paulus zum Generalfeldmarschall. Aber nicht etwa, um ihn wegen seines Einsatzes zu belobigen. Der tatsächliche Grund: Paulus sollte nicht in Gefangenschaft gehen, sondern den Heldentod sterben.

Am 30. Januar feierte Reichsmarschall Göring die 6. Armee in einem Wehrmachtsappell zum zehnten Jahrestag der nationalsozialistischen »Machtergreifung« und lobte den »größten Heroenkampf unserer Geschichte«. Seine Ruhmesworte sollten schon ein verlogener Nachruf auf jene sein, die in Stalingrad den Irrsinn und die Starrköpfigkeit der nationalsozialistischen Führungsclique mit dem Leben bezahlen mußten: »Die Kämpfer von Stalingrad mußten stehen, das Gesetz befahl es so, das Gesetz der Ehre und der Kriegsführung. Das Gesetz befahl auch ihnen zu sterben, damit die Rasse weiter siegen und leben konnte...«

Der Befehlshaber des nördlichen Kessels, General Strekker, funkte erbost zurück: »Vorzeitige Leichenreden unerwünscht.« Die Panzer der Roten Armee waren nur dreihundert Meter vom Hauptquartier der 6. Armee entfernt.

31. Januar, morgens: Sowjetische Truppen drangen in

Die Wahrheit

ÜBER DIE RUSSISCHE GEFANGENSCHAFT

Folge 21 *Februar 1943*

Seit Beginn der russischen Winteroffensive sind drei Monate vergangen. In dieser Zeitspanne sind bereits über 700.000 Soldaten und Offiziere der Hitlerarmee von den Sowjettruppen vernichtet und über 300.000 gefangengenommen worden. Im Kaukasus, am Don und Donez, bei Woronesh, in Kursk und Charkow, in Welikije Luki, an der Stalingrader Front und am Ilmensee brachte jeder Tag des russischen Vormarsches neue Hunderte Gefangener.

Besonders markant war es bei **Stalingrad**, wo 330 tausend deutsche Soldaten und Offiziere—eine ganze grössere Kräftegruppe—am 23.11.42 eingeschlossen wurde. Von dieser Zahl wurden bis zum 2.2.43—91 tausend gefangengenommen, darunter über 2.500 Offiziere und 24 Generäle mit dem Oberbefehlshaber der 6. Armee Generalfeldmarschall **Paulus** an der Spitze.

Generalfeldmarschall PAULUS und Generalleutnant SCHMIDT (Stabschef der 6. Armee) unter russischen Offizieren.

Eine Gruppe deutscher Generäle, die sich vor Stalingrad ergeben haben.

Den 91.000 Kriegsgefangenen von Stalingrad sowie den Hunderttausenden in anderen Abschnitten gefangenen deutschen Soldalen und Offizieren bedeutet die Gefangenschaft den Weg ins Leben. Sie sind sich nun ihres Lebens sicher, sie wissen, dass sie nach Kriegsende heil und gesund zu ihren Lieben wiederkehren werden, denn für sie ist der Krieg aus!

Auch Eure Lage, Soldaten südlich des Ilmensees, wird von Tag zu Tag verzweifelter. Keiner wird Euch helfen—nur Ihr selbst könnt Euer Leben retten, und zwar nur durch die russische Gefangenschaft.

Darum, Soldaten, zögert nicht! Rettet Euer Leben, solange es noch gerettet werden kann. Folgt dem Beispiel Eurer Generäle und Eurer Kameraden—gebt Euch gefangen!

Eure Parole sei:

GEFANGEN—GERETTET!

)—329

PASSIERSCHEIN

Gilt für eine unbegrenzte Zahl von deutschen Soldaten und Offizieren, die sich der Roten Armee ergeben.

ПРОПУСК

Действителен для неограниченного количества немецких солдат и офицеров, сдающихся в плен Красной Армии.

das Kaufhaus Univermag ein, wo die 6. Armee ihr letztes Hauptquartier aufgeschlagen hatte. Den Rest eines Stabes, der den Rest einer Armee kommandieren sollte, erreichte ein letzter Funkspruch Hitlers: »Der Führer läßt darauf hinweisen, daß es auf jeden Tag ankommt, den die Festung Stalingrad länger hält.«

Doch es ging nicht mehr länger.

31. Januar, nachmittags: Paulus setzte seine letzte Lagemeldung an die Heeresgruppe Don ab: »Die 6. Armee hat getreu ihrem Fahneneid für Deutschland bis zum letzten Mann und bis zur letzten Patrone eingedenk ihres hohen und wichtigen Auftrages die Position für Führer und Vaterland bis zuletzt gehalten.«

Obwohl der frischgekürte Generalfeldmarschall darin die nationalsozialistischen Parolen vom »Kampf bis zur letzten Patrone« und dem »wichtigen Auftrag des Führers« wiederholte, tobte Hitler, als er diese Meldung erhielt. Paulus hatte zwar keine formelle Kapitulationsurkunde für seine Armee unterzeichnet, doch er ergab sich zusammen mit seinen Offizieren und ging in sowjetische Gefangenschaft. Ein deutscher Generalfeldmarschall ergibt sich nicht – er erschießt sich. So erwartete es Hitler: »Wie kann ein Mann sehen, wie seine Soldaten sterben und mit Tapferkeit bis zum letzten sich verteidigen – wie kann er sich da den Bolschewiken ergeben? Mir tut das darum so weh, weil das Heldentum von so vielen Soldaten von einem einzigen charakterlosen Schwächling ausgelöscht wird. In diesem Krieg wird niemand mehr Feldmarschall.«

Zwei Tage nach dem nördlichen kapitulierte auch der südliche Kessel. Am 2. Februar, um 8.14 Uhr, meldete General Strecker: »XI. Armeekorps hat mit seinen 6 Divisionen in schwerstem Kampf bis zum letzten seine Pflicht erfüllt.«

Eine Dreiviertelstunde später verließ ein letztes Lebenszeichen der 6. Armee den Kessel: »Der Russe dringt kämpfend in Traktorenwerk ein, es lebe Deutschland!«

Vereinzelt wurde immer noch weitergekämpft. Doch als am 3. Februar ein deutsches Versorgungsflugzeug über den Ruinen kreiste, um seine Ladung abzuwerfen, fand seine Besatzung am Boden alles ruhig. Die Waffen schwiegen in Stalingrad.

»Das ist das Ende«

»Das ist das Ende«, hatte der sowjetische Leutnant Jeltschenko, der Mann, der Paulus gefangennahm, am 31. Januar 1943 gesagt. Es war zunächst das Ende der 6. Armee. Mehr als 300 000 Mann waren im Sommer 1942 angetreten, Stalingrad zu erobern. Wie viele Soldaten am 22. November genau eingekesselt wurden, als die Rote Armee den

Hart und schwer traf uns die Nachricht, daß unser einziger, innigstgeliebter, hoffnungsvoller Sohn, Bruder, Enkel und Neffe

Abiturient

Pg. Hans-Heinz Wagner

Gefreiter in einer Panzer-Abteilung, Inhaber des EK. 2

im blühenden Alter von 19¹/₂ Jahren am 15. Dezember 1942 bei den Abwehrkämpfen vor Stalingrad für Deutschland gefallen ist.

Im Namen der Hinterbliebenen: Alfons Wagner

Berlin-Dahlem, Brümmerstr. 10, den 6. Januar 1943.

Unser geliebter Sohn, Bruder und Schwager

Fritz Burandt

Fahnenjunker-Gefreiter in einem Panzergrenadier-Regiment

hat am 4. Juli im Alter von 19 Jahren im vorwärtsstürmendem Kampfe im Osten den Heldentod gefunden.

In stolzer Trauer: Egbert Burandt, Bankdirektor, zZ. Major im Heeresdienst, und Frau Lilian Burandt, geb. Mumm; Hermann Burandt, Gerichtsreferendar, zZ. Leutnant in einer Panzerjäger-abteilung im Osten, und Frau Ruth Burandt, geb. Mannes; Hildegard Burandt.

Wiesbaden, den 31. Juli 1942. Uhlandstr. 19.

Wir erhielten die schmerzliche Nachricht, daß mein inniggeliebter, unvergeßlicher ältester Sohn und Bräutigam, Bruder, Schwager, Neffe, Enkel, der

Obergefreite

Kurt Kunschke

Inhaber des Silb. Sturmabzeichens, der Sudetenmedaille, der Ostmedaille und des Verwundetenabzeichens

im blühenden Alter von 28 Jahren am 23. November 1942 bei einem Panzerangriff am Don den Heldentod fand.

In unsagbarem Schmerz: Frida Kunschke, geb. Gütte, als Mutter; Margot Geil als Braut; Bruder Gerhardt Kunschke, zZ. im Osten; Schwestern Elisabeth Gleßmann, geb. Kunschke, Erna Fiebig, geb. Kunschke, nebst Schwager und Schwägerin.

Sein Leben brachte uns nur Glück und Freude.

In treuester Pflichterfüllung starb den Heldentod für unser Vaterland mein inniggeliebtes Kind, mein lieber, kleiner Bruder, unser zärtlich geliebter Enkel, Neffe und Vetter, der

Abiturient, Grenadier

Klaus Palaschewski

Er erlag seinen schweren Verletzungen in einem Feldlazarett im Osten am 5. Januar 1943, nach eben vollendetem 19. Lebensjahr.

In tiefstem Leid: Ellen Palaschewski, geb. Hemprich; Heinz Palaschewski, Ltn.-Ing., zurzeit in einem Res.-Laz.; Familien Hemprich und Ebert.

Berlin-Halensee, den 31. Jan. 1943, Georg-Wilhelm-Str. 17.

Wir bitten von Beileidsbesuchen Abstand zu nehmen.

Norddeutsche Ausgabe „Freiheit und Brot" Norddeutsche Ausgabe

VÖLKISCHER BEOBACHTER

Kampfblatt der nationalsozialistischen Bewegung Großdeutschlands

Berlin, Donnerstag, 4. Februar 1943

Der Kampf der 6. Armee um Stalingrad zu Ende

Sie starben, damit Deutschland lebe

Getreu ihrem Fahneneid

Zweimal die Aufforderung zur Übergabe stolz abgelehnt

Das Mahnmal an der Wolga

Stalingrad ruft zur Tat!

Linke Seite: Stalingrad als Propagandamotiv: So sollte die Moral der Belagerer von Leningrad gebrochen werden.

Oben: Todesanzeigen aus dem Winter 1942/43.

Oben rechts: Verherrlichung einer Katastrophe.

Ring um die Stadt an der Wolga schloß, läßt sich nicht mehr feststellen. Die Zahlen schwanken zwischen 230 000 und 350 000 Angehörigen der Wehrmacht und der verbündeten Armeen. Nach 72 Tagen erbitterter und verlustreicher Kämpfe, nach zweieinhalb Monaten Hunger und Kälte, hielten noch rund 110 000 Soldaten in den Ruinen der zerstörten Stadt aus. 45 000 Verwundete oder Spezialisten hatten das Glück, rechtzeitig ausgeflogen zu werden und damit dem Inferno zu entkommen. Doch 145 000 Männer blieben tot auf dem Schlachtfeld zurück.

90 000 deutsche Soldaten traten den Weg in die Gefangenschaft an. Ausgehungert und erschöpft, sollten Tausende von ihnen allein die langen Fußmärsche durch die eisige Steppe nicht überleben. Zehntausende fielen später den Entbehrungen der Gefangenschaft in den sowjetischen Lagern zum Opfer. Nur 6000 kehrten Jahre später wieder nach Deutschland zurück – 6000 von über 300 000.

Die Meldung vom Ende der Kämpfe in Stalingrad ging um die Welt. Stalin gratulierte seinem Oberbefehlshaber Rokossowski, Churchill beglückwünschte Stalin. War der Angriffskrieg der Wehrmacht im Winter 1941/42 vor Moskau gestoppt worden, so mußte sie diesmal in Stalingrad ihre erste große Niederlage hinnehmen. Moskau 1941/42 markierte das Ende des Anfangs, Stalingrad 1942/43 war der Anfang vom Ende.

Deutschlands Kriegsgegner, ja fast die ganze Welt hoffte nun auf ein baldiges Ende des Schreckens in Europa. Auf der Konferenz in Casablanca, wo sich Stalin, Churchill und Roosevelt getroffen hatten, um das weitere Vorgehen gegen das »Dritte Reich« zu besprechen, hatte der amerikanische Präsident die Forderung nach einer bedingungslosen Kapitulation aufgestellt. Sie wurde von der nationalsozialistischen Propaganda aufgegriffen, um die eigenen irrwitzigen Phrasen vom »Siegen oder Sterben« zu rechtfertigen.

Goebbels persönlich gab in seiner berüchtigten Rede im Berliner Sportpalast am 18. Februar 1943 in einer perfekt inszenierten Veranstaltung dem aufgeputschten Publikum im Saal, das gewissermaßen stellvertretend für die Nation an den Volksempfängern stand, die Antworten.

»Glaubt ihr mit dem Führer und mit uns an den endgültigen totalen Sieg des deutschen Volkes? Seid ihr bereit, mit dem Führer als Phalanx der Heimat hinter der kämpfenden Wehrmacht stehend diesen Kampf mit wilder Entschlossen-

Links: Todesmarsch durch die Schneewüste: Nur wenige der Gefangenen überlebten.

Oben: Von den Sowjets erbeutete Eiserne Kreuze. Sie waren für die Stalingradkämpfer vorgesehen.

Rechte Seite: Erfroren – wie Tausende seiner Kameraden.

heit und unbeirrbar durch alle Schicksalsfügung fortzusetzen, bis der Sieg in unseren Händen ist?«

Die begeisterte Menge tobte und antwortete lauthals mit »Ja« – gerade zwei Wochen, nachdem die letzten deutschen Soldaten in Stalingrad sich der Übermacht ergeben hatten.

»Seid ihr entschlossen, dem Führer in der Erkämpfung des Sieges durch dick und dünn und unter Aufnahme auch der schwersten persönlichen Belastungen zu folgen?«

Die hysterische Masse brüllte fanatisch: »Ja« – während 145 000 Soldaten gefallen, erfroren, verhungert in den Trümmern Stalingrads lagen.

»Seid ihr und ist das deutsche Volk entschlossen, wenn der Führer es befiehlt, zehn, zwölf und, wenn nötig, vierzehn und sechzehn Stunden täglich zu arbeiten und das Letzte herzugeben für den Sieg?«

Das Publikum stimmte inbrünstig zu – die Soldaten im Kessel von Stalingrad, die nach pausenlosem Einsatz und Artilleriebeschuß völlig ausgelaugt zusammenbrachen, schienen in diesem Taumel vergessen.

»Ist euer Vertrauen zum Führer heute größer, gläubiger und unerschütterlicher denn je?«

Die Menge erhob sich und skandierte die Parole, die am selben Ort schon vor Kriegsbeginn geprägt wurde: »Führer, befiehl, wir folgen!« Die Führung der Wehrmacht war mittlerweile komplett ausgetauscht, weil sie – nach langer Zeit des Schweigens in den Zeiten des Erfolgs – allmählich sachte Kritik an Hitlers sprunghaften und irrationalen Entscheidungen geäußert hatte. Als letzter aus dem Führungsstab, der mit Hitler den Krieg begonnen hatte, mußte Jodl gehen. Halder, von Brauchitsch, die Oberkommandierenden der drei Heeresgruppen, mit denen die Wehrmacht 1941 die Sowjetunion überfallen hatte, viele der verantwortlichen Generale waren abgesetzt, abgeschoben oder sogar aus der Wehrmacht ausgeschlossen worden.

»Die Engländer behaupten, das deutsche Volk will nicht den totalen Krieg, sondern die Kapitulation!«

»Niemals! Niemals! Niemals!« brüllte die Menge.

Auf dem Höhepunkt des Propagandaspektakels stellte Goebbels schließlich die entscheidende Frage:

»Wollt ihr den totalen Krieg? Wollt ihr ihn, wenn nötig, totaler und radikaler, als wir ihn uns heute überhaupt noch vorstellen können?«

»Ja, wir wollen ihn!« schallte es dem Propagandaminister hysterisch entgegen. Sie sollten ihn bekommen. Der totale Krieg sollte noch siebenundzwanzig Monate andauern – mehr als zwei Jahre furchtbarer Zerstörung, grausamer Kämpfe, sinnlosen Sterbens.

Dann war aus dem totalen Krieg die totale Niederlage geworden. Ganz Mittel- und Osteuropa sollte danach in Trümmern liegen, der Krieg sollte auf deutscher Seite sieben Millionen Menschen das Leben kosten – und auch von den Siegern einen hohen Tribut verlangen. Allein die Sowjetunion zählte zum Schluß über zwanzig Millionen Opfer. Der Mann, der den Wahnsinn des totalen Krieges entfesselt hatte, entzog sich, ebenso wie sein Chefagitator, der Verantwortung durch Selbstmord.

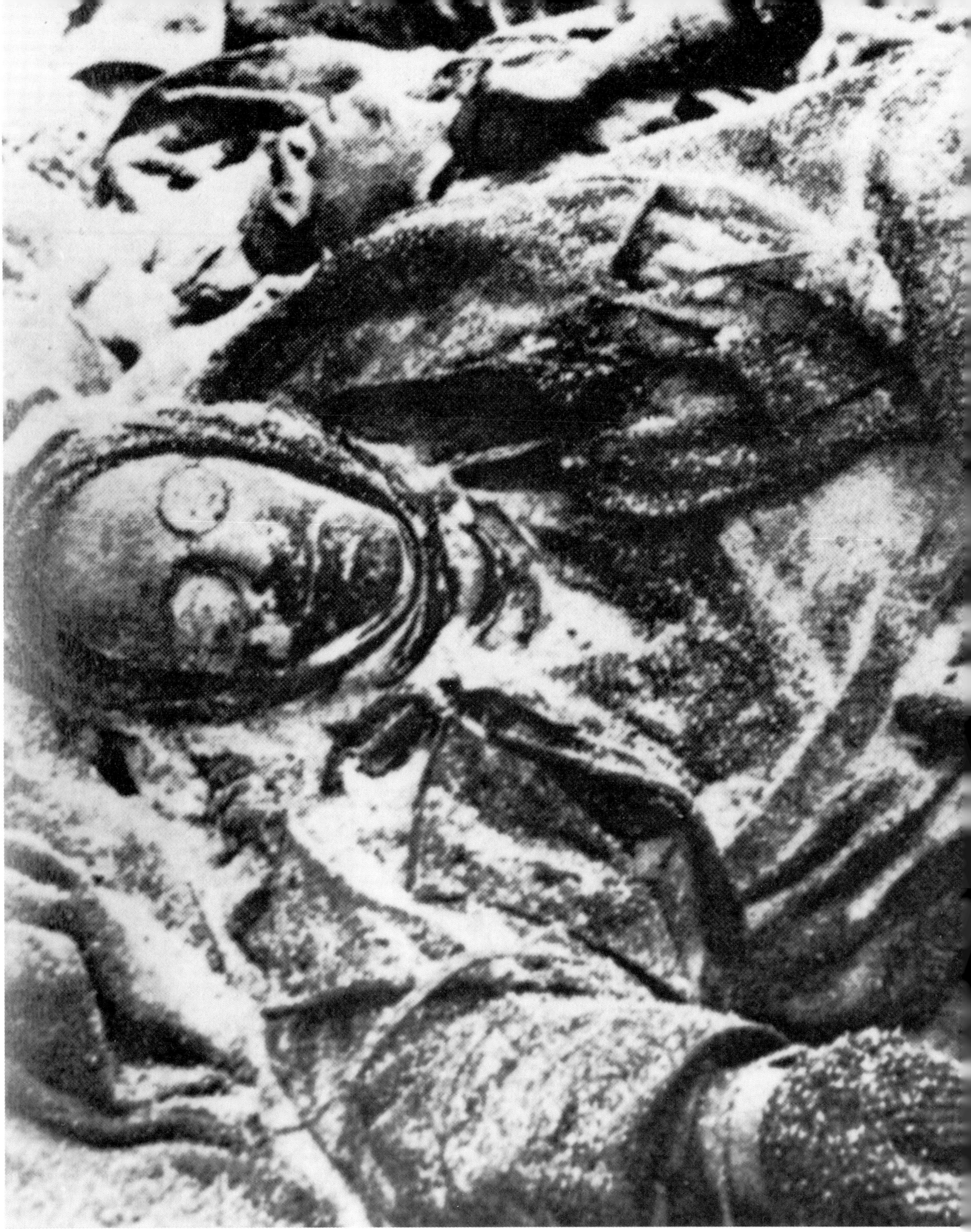

Nachwort

Dies also war die bittere Wirklichkeit. Stalingrad, das Massengrab der deutschen Wehrmacht, blieb nicht das einzige in diesem schrecklichen, verdammten Krieg. Doch es war das erste. Schockartig machte es den Deutschen an der Front und in der Heimat klar, daß die Entscheidung, wer den Krieg gewinnen würde, nicht mehr revidierbar war. Sie war ja ohnedies schon längst gefallen.

Strategisch war die Schlacht von Moskau im Dezember 1941 Wendepunkt des Weltkrieges. Taktisch war die Panzerschlacht von Kursk im Juli 1943 der »point of no return«. Psychologisch war die Schlacht von Stalingrad der tiefste Einschnitt. Nach ihr begann das blinde Vertrauen der Deutschen in ihre Führung zu schwinden. Fortan konnten nur die Märchen von den neuen Wunderwaffen die verstörten Volksgenossen bei der Stange halten.

Spätestens seit Heiligabend 1942 war die »Schlacht« von Stalingrad nur noch ein Schlachten. Hitlers Generalstab war entmachtet, der Diktator, angefüllt mit eitler Hybris, mehr denn je entschlossen, diese ominöse Stadt am Wolgaufer freiwillig nicht preiszugeben, koste es auch hunderttausende Soldatenleben.

Welche grausamen Folgen dieser Starrsinn hatte, davon berichtet dieses Buch. Es zeigt, wie Hitler hochdekorierte Generale zu beflissenen Befehlsempfängern degradiert, die am Ende nichts mehr waren als willige Lametta- und Bedenkenträger, hochqualifizierte Fachleute für den technischen Vollzug eines verbrecherischen Plans.

In den zwölf Monaten des Jahres 1942, zwischen Moskau und Stalingrad, trat immer deutlicher zutage, daß sich unter dem »größten Feldherrn aller Zeiten« nichts anderes verbarg als ein gewissenloser Scharlatan, der eben vorher heillos Glück gehabt hatte. Jetzt ließ er sich in seiner Starrheit nichts mehr sagen, und er ahnte das eigene Scheitern. Um es abzuwenden, suchte er sein Heil in einem sturen Dogmatismus, in der bedingungslosen Entscheidung, alles oder nichts zu wählen.

Nichts? Früh, schon im November 1941, hatte er, der Außenseiter aus dem Innviertel, ein Fremder in der deutschen Nationalgeschichte, kühl erklärt, wenn alles schiefginge, dann werde er dem deutschen Volke keine Träne nachweinen. Dieses Volk war für den Usurpator nur ein Werkzeug seines Herrschaftstriebs. Wie sehr mußte ihn sein Vater kujoniert haben, daß er die Wut des unterdrückten Kindes nun an ganzen Völkern rächen wollte?

Nach dem Scheitern seines Blitzkriegplans vor Moskau gab es für ihn nur noch eine Wahl: Weltmacht oder Untergang. Es war Vabanquespiel, wiederum ein Wettlauf mit der Zeit, in einer neuerlichen Kraftanstrengung die Entscheidung im Osten vielleicht doch noch erzwingen zu können und dann im Westen fünf vor zwölf einen »Siegfrieden« mit England zu erreichen. Und wenn das nicht gelang? Dann eben der totale Untergang.

Aber wollte er den »Frieden« wirklich, selbst den »Siegfrieden«? Das Wort Frieden gab es für Hitler nicht, er kannte nur »Vorkrieg« oder »Nachkrieg«. Seine Psyche brauchte Krieg, und in den dunklen Tiefen seiner Seele suchte er geradezu den Untergang. Dann aber sollten ganze Völker mit ihm untergehen!

Aber noch sind wir im Jahre 1942. Trotz der Winterkatastrophe wollte der Diktator für den Sommer unbedingt am ursprünglichen Plan des Ostfeldzuges festhalten, ihn sogar forcieren, die Entscheidung auf einmal erzwingen. Ein Jahr nach Beginn des »Unternehmens Barbarossa« schlug die Wehrmacht wieder los. Es sah am Anfang aus, als ob es diesmal gelingen könnte. Die deutschen Divisionen konnten ihren Angriffsschwung bis zum Kaukasus und an die Wolga halten. Dann waren sie erschöpft. Mehr war nicht möglich.

Ihr Gegner hatte sie buchstäblich ins Leere laufen lassen. Die Rote Armee wollte sich diesmal partout nicht stellen, einkesseln und, »melde gehorsamst«, vernichten lassen. Sie wich einfach zurück. Die deutsche Front glich einem Luftballon kurz vor dem Platzen – vor allem wegen Stalingrad. das militärisch überhaupt nicht wichtig war. Die Unterbrechung der Transporte auf der Wolga? Aber nein, es war der Name, das Symbol, das Hitler reizte und immer mehr zum Äußersten herausforderte. Dafür mußten Hunderttausende von Deutschen, Russen, Italienern, Ungarn und Rumänen sterben.

Warum jedoch, so fragt Elie Wiesel, macht das Volk der Täter so viel Aufhebens um Hunderttausende Verhungerter, Erfrorener, Erschossener in Stalingrad, wenn gleichzeitig in Auschwitz, Sobibor, Majdanek, Treblinka und anderswo Millionen jämmerlich ermordet wurden? Weil es seine eigenen Toten waren? Weil ihr Sterben eine öffentliche Angelegenheit gewesen ist – im Gegensatz zum Rassenmord von Auschwitz.

Das ist fünf Jahrzehnte her. Während ich dieses Buch schreibe, sterben in der ganzen Welt, nicht nur in Bosnien, unschuldige Menschen durch die Kugeln von Fanatikern. Es ist schwer, daran zu glauben, daß die Völker Lehren aus der Geschichte anderer ziehen. Sie ziehen sie bestenfalls aus bitteren Erfahrungen der eigenen Geschichte.

Kann man dagegen wirklich nichts tun? Doch, immer nur ein wenig, aber bitte ständig. Ein Stück Hilfe, hoffe ich, gibt dieses Buch, das bildhaft zeigt, was Krieg vor allem ist und immer war: kein Kartenspiel der Generale, ausgeführt von gutgedrillten Helden, sondern Dreck und Blut und Tod.

Die Siegermacht Sowjetunion ist längst zerfallen, der Verliererstaat von einst hat sich vereinigt. Aber »siegen« und »verlieren« – das ist altes Denken. Wenn es auch kein Europäisches Haus hat geben sollen, gibt es doch ein Europäisches Boot, in dem wir alle sitzen. Wenn es leckt, dann sinken alle.

Heute gibt es weniger denn je ein Gegenargument zum Zueinander, ja, zum Miteinander von Deutschen und Russen. Auch dieses Buch ist Frucht der Partnerschaft. In seinem Mittelpunkt stehen Dutzende von russischen und deutschen Zeit- und Augenzeugen, die sich oft zum erstenmal in ihrem Leben öffentlich erinnern – Prominente ebenso wie unbekannte Männer, Frauen und Kinder von damals. Wieder haben mir Tausende von Menschen in Deutschland geschrieben, wieder haben unsere Rechercheure in Rußland Stimmen gesammelt, die in dieser Offenheit noch nie zu hören waren.

Mein Dank gilt Lew Kopelew für sein subtiles Vorwort; Rudolf Gültner für die exzellenten Textvorlagen; Stefan Brauburger für die Redaktion und mit Claudia Hock, Ursula Nellessen und Gabriella Toth für die engagierte Dokumentation, Peter Hartl für die Interviews sowie vielen anderen Mitarbeitern und Helfern in Rußland, Ungarn und Deutschland für die Beschaffung bislang unveröffentlichter historischer Quellen.

Auf dem Piskarow-Friedhof, der Ruhestätte Hunderttausender von Bürgern Leningrads, die während der Blockade jämmerlich verhungerten, findet sich eine Inschrift: »Möge keiner vergessen. Möge nichts vergessen werden.« Dies gilt auch für die russischen und deutschen Toten Stalingrads.

Ihnen ist das Buch gewidmet.

Zeittafel

1942

1. 1. Pakt der »Vereinten Nationen«: Vertreter von 26 Nationen beschließen, keinen Sonderfriedensvertrag mit Deutschland abzuschließen.

2. 1. Im Mittelabschnitt der Ostfront durchbricht die sowjetische 39. Armee die Stellungen der deutschen 9. Armee und stößt in Richtung Wjasma vor.

5. 1. Im Rahmen einer von Stalin befohlenen Offensive an der gesamten Ostfront landen sowjetische Truppen bei Jewpatorija an der Westküste der Krim.
In den von deutschen Truppen auf dem Balkan und an der Ostfront besetzten Gebieten werden Polizeigerichte zur Aburteilung von Partisanen gebildet.

8. 1. Bei »Säuberungsaktionen« deutscher Truppen im eroberten Jewpatorija auf der Krim werden 1200 Zivilisten, die sich am Häuserkampf gegen die deutschen Einheiten beteiligt hatten, standrechtlich erschossen.
Generaloberst Hoepner, Oberbefehlshaber der 4. Panzerarmee, wird von Hitler aus der Wehrmacht ausgeschlossen, weil er seinen Truppen auf eigene Verantwortung den Befehl zum Rückzug in die Winterstellungen gegeben hatte.

9. 1. In einer großangelegten Offensive stoßen sowjetische Truppen in den Raum östlich von Smolensk vor.

18. 1. In einer Militärkonvention stecken Deutschland, Italien und Japan ihre gegenseitigen Interessengebiete ab.

20. 1. »Wannsee-Konferenz«: Vertreter der wichtigsten deutschen Ministerien sowie von SS und SD beraten unter Leitung Reinhard Heydrichs die Organisation der »Endlösung der Judenfrage«.

30. 1. Hitler propagiert am Jahrestag der nationalsozialistischen Machtübernahme, daß »das Ergebnis dieses Krieges die Vernichtung des Judentums sein wird«.

2. 2. Der Vorstoß der Roten Armee im mittleren Abschnitt der Ostfront wird von deutschen Truppen südlich von Wjasma aufgehalten.

3. 2. In einer Gegenoffensive kesseln Wehrmachtseinheiten im Raum Wjasma die sowjetische 33. Armee ein.

11. 2. Für alle Schüler des Deutschen Reichs ab fünfzehn Jahren wird der Dienst als Luftwaffenhelfer zur Pflicht.

24. 2. Das Reichswirtschaftministerium ordnet die Bereitstellung von 627 000 Arbeitskräften aus den besetzten Ostgebieten für die deutsche Landwirtschaft und die Rüstungsindustrie an.

5. 3. Weisung des Oberkommandos der Wehrmacht zur Eroberung der Halbinsel Kertsch und der Festung Sewastopol auf der Krim.

13. 3. Auf der Krim-Halbinsel Kertsch startet die Rote Armee eine Großoffensive gegen die Stellungen der deutschen 11. Armee.

15. 3. In einer Rede anläßlich des Heldengedenktages prophezeit Hitler die Vernichtung der Sowjetunion bis zum Sommer 1942.

17. 3. Sondereinsatzgruppen der SS und der Polizei beginnen mit dem gezielten Massenmord an der jüdischen Bevölkerung aus dem polnischen »Generalgouvernement« (»Aktion Reinhard«).

5. 4. In der »Führer-Weisung Nr. 41« bestimmt Hitler die Ziele der Sommeroffensive 1942 im Südabschnitt der Ostfront: Vorstoß bis zum Kaukasus und zur iranischen Grenze, Eroberung des Erdölgebietes von Baku.

9.–11. 4. Der sowjetische Großangriff an der Kertsch-Front mißlingt.

15. 4. Die Reste der von den deutschen Truppen an der Ostfront im Raum südöstlich von Wjasma seit Anfang Februar eingeschlossenen sowjetischen 33. Armee werden aufgerieben.

28. 4. Die Rote Armee startet eine Offensive im Raum Murmansk, im Norden der Halbinsel Kola.

8. 5. In einer großangelegten Offensive unter dem Decknamen »Trappenjagd« bricht die deutsche 11. Armee massiv in die sowjetische Krimfront ein.

9. 5. Beginn einer sowjetischen Großoffensive der Südwestfront aus dem Donez-Brückenkopf bei Issjum mit dem Ziel, Charkow zurückzuerobern.

12. 5. Beginn der systematischen Massenvergasungen in Auschwitz.

16. 5. Die deutsche 11. Armee erobert Stadt und Hafen von Kertsch im äußersten Osten der sowjetischen Halbinsel Krim.

17. 5. Die deutsche 17. Armee und die 1. Panzerarmee beginnen einen Gegenangriff gegen die sowjetische Offensive in Richtung Charkow. Am 22. 5. stellen sie eine Verbindung zu der von Süden vordringenden 6. Armee her. Damit sind die sowjetischen Angriffsarmeen abgeschnitten.

26. 5. Großbritannien und die Sowjetunion schließen einen Bündnisvertrag für zwanzig Jahre und lehnen jeden Separatfrieden ab.

27. 5. Attentat auf Reinhard Heydrich, den Chef der Sicherheitspolizei und stellvertretenden Reichsprotektor in Prag. Er stirbt am 4. 6. an den Folgen des Anschlags.

30./31. 5. Mit einem Aufgebot von über 1000 Bombern fliegen die Alliierten den ersten großen Luftangriff auf eine deutsche Stadt: Die Innenstadt von Köln wird zerstört. 460 Menschen kommen in den Trümmern um, 45 000 werden obdachlos.

7. 6. Teile der 11. Armee und einige rumänische Divisionen beginnen den Angriff auf die Festung Sewastopol (»Unternehmen Störfang«).

10. 6. Als Vergeltungsmaßnahme für das Attentat auf Heydrich machen Einheiten der deutschen Sicherheitspolizei den nördlich von Prag gelegenen Ort Lidice dem Erdboden gleich und erschießen 198 Einwohner des Dorfes.

12. 6. Himmler billigt den sogenannten Generalplan Ost, der die Abdrängung der Völker Osteuropas nach Sibirien vorsieht.

28. 6. Beginn der deutschen Sommeroffensive an der Ostfront.

1. 7. Eroberung der Festung Sewastopol durch die 11. Armee nach erbitterten Kämpfen.

4. 7. Nach der Einnahme der Halbinsel Chersones befindet sich die gesamte Krim in den Händen der Wehrmacht; 97 000 sowjetische Soldaten geraten in die Gefangenschaft.

8. 7. Die erste Operationsphase der deutschen Sommeroffensive ist abgeschlossen: Die sowjetischen Truppen zwischen dem Donezbecken und dem Don wurden zwar zurückgedrängt, den entscheidenden Frontdurchbruch erzielte die Wehrmacht jedoch nicht.

13. 7. Das sowjetische Oberkommando beschließt den Rückzug an die Wolga bei Stalingrad und in den Kaukasus und gibt damit erstmals freiwillig Gelände preis.

23. 7. Die deutsche Wehrmacht erobert Rostow am Don.
Hitler erläßt die »Weisung Nr. 45« für die Kriegführung: Darin werden die gleichzeitige Eroberung Stalingrads und des Kaukasus im Süden und Leningrads im Norden angeordnet.

28. 7. In einer Weisung an die Stalingradfront befiehlt das sowjetische Oberkommando: »Keinen Schritt zurück!«

7. 8. Die 6. Armee unter Generalleutnant Paulus beginnt ihre Offensive gegen Stalingrad. Westlich von Kalatsch am Don kommt es zu einer Kesselschlacht, bei der 35 000 sowjetische Soldaten in Gefangenschaft geraten.

15. 8. Die deutsche 6. Panzerarmee erreicht den Don bei Sirotinskaja.

18. 8 Hitlers »Weisung Nr. 46« ordnet die »verstärkte Bekämpfung des Bandenunwesens im Osten« an.

21. 8. Die deutsche Kriegsflagge weht auf dem Elbrus, dem höchsten Gipfel des Kaukasus.

23. 8. Hitler bestimmt den 14. September als Datum des Angriffs auf Leningrad (»Unternehmen Nordlicht«).

25. 8. Für Stalingrad wird der Belagerungszustand ausgerufen.

27. 8. Die Leningrader Verteidigungstruppen beginnen einen Ausbruchsversuch durch den deutschen Belagerungsring bei Schlüsselburg.

3. 9. Stoßtrupps des 14. Panzerkorps der deutschen 6. Armee kämpfen sich bis auf acht Kilometer an den Stadtkern von Stalingrad heran.

9. 9. Hitler entläßt den Oberbefehlshaber der Heeresgruppe A, Feldmarschall List, nach Meinungsverschiedenheiten über die einzuschlagende Strategie und übernimmt selbst das Kommando.

15. 9. Im Rahmen einer Gegenoffensive erzwingen Truppen der Roten Armee den Übergang über den Don.

16. 9.–18. 11. Erbitterter Häuserkampf im Nord- und Westteil Stalingrads.

23. 10. Himmler ernennt den General der Waffen-SS, Erich von dem Bach-Zelewski, zum »Bevollmächtigten für die Bandenbekämpfung« als Reaktion auf zunehmende Partisanenangriffe.

8. 11. Hitler behauptet in einer Rede zum Jahrestag des »Hitlerputsches« im Münchner Bürgerbräukeller, daß er »Stalingrad schon hat«.

10. 11. Nach schweren Kämpfen erobert die deutsche 6. Armee neun Zehntel des Stalingrader Stadtgebietes.

19. 11. Die Rote Armee startet eine Großoffensive, um die deutschen Truppen in Stalingrad in einer Zangenbewegung vom Nachschub abzuschneiden.

22. 11. 284 000 deutsche und rumänische Soldaten werden im Kessel von Stalingrad von sowjetischen Verbänden eingeschlossen.

24. 11. Als Antwort auf die Bitte von Generalmajor Paulus um »Handlungsfreiheit« verbietet Hitler jeden Ausbruchsversuch aus dem Stalingrader Kessel.

25. 11. Das deutsche 8. Fliegerkorps beginnt mit der Luftversorgung der bei Stalingrad eingeschlossenen Verbände.

20. 12. Generalmajor Paulus ordnet die Halbierung der Verpflegungssätze an, um die Versorgung im Stalingrader Kessel auch über Weihnachten gewährleisten zu können.

21. 12. Ein Entsatzversuch der 4. Panzerarmee unter Generaloberst Hoth scheitert.

27. 12. Der in deutsche Kriegsgefangenschaft geratene sowjetische General Wlassow gründet das »Smolensker Komitee« und bietet der deutschen Führung seine Mitarbeit an.

28. 12. Das Oberkommando der Wehrmacht erteilt der Heeresgruppe A den Befehl zum Rückzug aus dem Kaukasus.

1943

8. 1. Generaloberst Paulus lehnt die sowjetische Aufforderung zur Kapitulation für die 6. Armee ab.

10. 1. Beginn der sowjetischen Offensive zur Zerschlagung des Kessels von Stalingrad.

18. 1. Sowjetischen Truppen gelingt es, erstmals wieder einen Landzugang zum belagerten Leningrad herzustellen.

25. 1. Spaltung des Stalingrader Kessels in einen Nord- und einen Südabschnitt.

28. 1. Sowjetische Verbände schließen im Raum Woronesch sieben Divisionen der deutschen 2. Armee ein.

31. 1. Die Südgruppe der bei Stalingrad eingeschlossenen 6. Armee unter Generalfeldmarschall Paulus kapituliert.

2. 2. Die letzten Einheiten der Wehrmacht im Nordteil Stalingrads unter General Strecker stellen ihre Kampfhandlungen ein. In der Stadt schweigen die Waffen. Von den annähernd 300 000 auf deutscher Seite kämpfenden Soldaten gehen gerade noch 90 000 in die Gefangenschaft.

18. 2. Goebbels propagiert in einer Rede im Berliner Sportpalast den »totalen Krieg«.

Bibliographie

Accoce, P./Quet, P.: Moskau wußte alles. Die entscheidende Nachrichtenverbindung im Zweiten Weltkrieg von OKW über LUCY zu den Alliierten; Zürich 1966.
Adam, U. D.: Judenpolitik im Dritten Reich; Königstein/Ts. 1979.
Archiv für Kunst und Geschichte (Hrsg.): Der Überfall. 152 erstmals veröffentlichte Farbaufnahmen vom Beginn des Rußlandfeldzuges bis Stalingrad; Berlin, Hamburg 1984.
Bartov, O.: The Eastern Front 1941–1945. German Troops and the Barbarization of Warfare; London 1985.
Beesley, P.: Very Special Intelligence. Geheimdienstkrieg der britischen Admiralität 1939–1945; Berlin/Frankfurt 1978.
Below, N. von: Als Hitlers Adjutant 1937–1945; Mainz 1980.
Benz, W. (Hrsg.): Dimension des Völkermordes. Die Zahl der jüdischen Opfer des Nationalsozialismus; München 1991.
Ders./Schardt, A. (Hrsg.): Kriegsgefangenschaft. Berichte über das Leben in den Gefangenenlagern der Alliierten; München 1991.
Bereschkow, V.: Ich war Stalins Dolmetscher; München 1990.
Berghahn, V. R.: Der Streit um die weltanschauliche Führung in der Wehrmacht 1939–1943. In: Vierteljahreshefte für Zeitgeschichte, Heft 1, Jg. 17, 1969, S. 17–71.
Besymenski, L.: Sonderakte »Barbarossa«. Dokumente, Darstellung, Deutung; Stuttgart 1968.
Beyer, W. R.: Stalingrad. Unten, wo das Leben konkret war; Frankfurt 1987.
Blank, A. S.: Die deutschen Kriegsgefangenen in der UdSSR; Köln 1979.
Böddecker, G.: Die Boote im Netz. Der dramatische Bericht über Karl Dönitz und das Schicksal der deutschen U-Boot-Waffe; Bergisch Gladbach 1981.
Boelcke, W. A. (Hrsg.): »Wollt ihr den totalen Krieg?« Die geheimen Goebbels-Konferenzen 1939–1943; Stuttgart 1967.
Bonwetsch, B.: Sowjetische Partisanen 1941–1944. In: G. Schulz (Hrsg.): Partisanen und Volkskrieg. Zur Revolutionierung des Krieges im 20. Jahrhundert; Göttingen 1985, S. 92–124.
Boog, H. u. a.: Der Angriff auf die Sowjetunion; Stuttgart 1983.
Bracher, K.-D.: Die deutsche Diktatur. Entstehung, Struktur, Folgen des Nationalsozialismus; Köln 1980.
Brennecke, J.: Die Wende im U-Boot-Krieg. Ursachen und Folgen 1939–1943; Herford 1984.
Broszat, M.: Nationalsozialistische Polenpolitik 1939–1945; Stuttgart 1961.
Buchbender, O.: Das tönende Erz. Deutsche Propaganda gegen die Rote Armee im Zweiten Weltkrieg; Stuttgart 1978.
Buchbender, O./Sterz, R. (Hrsg.): Das andere Gesicht des Krieges. Deutsche Feldpostbriefe 1939–1945; München 1982.
Burda, F. (Hrsg.): Der Zweite Weltkrieg im Bild, Bd. 1. Von Nürnberg bis Stalingrad; Offenburg 1961.
Carell, P.: Unternehmen Barbarossa. Der Marsch nach Rußland; Frankfurt/Main 1973.
Cartier, R.: Der Zweite Weltkrieg, 2 Bde.; München 1967.
Cecil, R.: Hitlers Griff nach Rußland; Graz, Wien, Köln 1977.
Cooper, M.: The Nazi War Against Soviet Partisans 1941–1944; New York 1979.
Čujkov, V. I.: Stalingrad. Anfang des Weges, Berlin (Ost) 1961.
Dallin, A.: Deutsche Herrschaft in Rußland 1941–1945. Eine Studie über Besatzungspolitik; Düsseldorf 1958.
Dawidowicz, L.: Der Krieg gegen die Juden 1933–1945; Wiesbaden 1979.
Deist, W./Messerschmidt, M./Volkmann, H.-E./Wette, W.: Ursachen und Voraussetzungen der deutschen Kriegspolitik; Stuttgart 1979.
Deutschlands Rüstung im Zweiten Weltkrieg. Hitlers Konferenzen mit Albert Speer 1942–1945, hrsg. von W. A. Boelcke; Frankfurt/Main 1969.
Dibold, H.: Arzt in Stalingrad; Salzburg 1959.
Dlugoborski, W. (Hrsg.): Zweiter Weltkrieg und sozialer Wandel. Achsenmächte und besetzte Länder; Göttingen 1981.
Dollinger, H. u. a. (Hrsg.): Ploetz. Weltgeschichte 1939–1945 auf einen Blick. Politik, Kriegsgeschehen, Wirtschaft und Kultur in Text und Bild; Freiburg 1989.
Dönitz, K.: Zehn Jahre und zwanzig Tage. Erinnerungen 1935–1945; Koblenz [9]1985.
Engel, G.: Heeresadjutant bei Hitler 1938–1943, hrsg. von H. von Kotze; Stuttgart 1975.
Ericksen, J.: The Road to Stalingrad; London 1975.
Fest, J.: Hitler. Eine Biographie; Frankfurt/M./Berlin 1973.
Fischer, A.: Sowjetische Deutschlandpolitik im Zweiten Weltkrieg 1941–1945; Stuttgart 1975.
Fischer, J.: Über den Entschluß zur Luftversorgung Stalingrads. In: Militärgeschichtliche Mitteilungen, Bd. 6, 1969, S. 7–67.
Fleischhauer, I.: Die Chance des Sonderfriedens. Deutsch-sowjetische Geheimgespräche 1941–1945; Berlin 1986.
Fleming, G.: Hitler und die Endlösung; Wiesbaden/München 1982.
Förster, J.: The Wehrmacht and the War of Extermination Against the Soviet Union. In: Yad Vashem Studies, Bd. 14, 1981, S. 7–34.
Gilbert, M.: Auschwitz und die Alliierten; München 1982.
Golovchansky, A./Osipov, V./Prokopenko, A. u. a.: »Ich will raus aus diesem Wahnsinn«. Deutsche Briefe von der Ostfront 1941–1945 aus sowjetischen Archiven; Wuppertal/Moskau 1991.
Gosztony, P.: Deutschlands Waffengefährten an der Ostfront 1941–1945; Stuttgart 1981.
Ders.: Die Rote Armee. Machtfaktor der Weltpolitik; München 1983.
Graml, H.: Die Alliierten und die Teilung Deutschlands. Konflikte und Entscheidungen 1941–1948; Frankfurt/Main 1985.
Gruchmann, L.: Der Zweite Weltkrieg. Kriegführung und Politik; München [7]1982.
Ders.: Totaler Krieg. Vom Blitzkrieg zur bedingungslosen Kapitulation; München 1991.
Guderian, H.: Erinnerungen eines Soldaten; Neckargemünd 1960.
Haffner, S.: Anmerkungen zu Hitler; Frankfurt/Main 1981.
Halder, F.: Kriegstagebuch. Tägliche Aufzeichnungen des Chefs des Generalstabs des Heeres 1939–1942, 3 Bde.; Stuttgart 1962–1964.
Haupt, W.: Der Kampf im Nordabschnitt der Ostfront, Heeresgruppe Nord 1941–1945; Bad Nauheim 1967.
Ders.: Krim, Stalingrad, Kaukasus. Bildbericht der Heeresgruppe Süd 1941–1945; Friedberg 1977.
Heiber, H. (Hrsg.): Goebbels-Reden, Bd. 2, 1939–1945; Düsseldorf 1972.
Herwarth von Bittenfeld, H. H.: Zwischen Hitler und Stalin. Erlebte Zeitgeschichte 1931–1945; Frankfurt/Main u. a. 1982.
Hesse, E.: Der sowjetrussische Partisanenkrieg im Spiegel deutscher Kampfanweisungen und Befehle 1941–1944; Göttingen 1969.
Hildebrand, K.: Deutsche Außenpolitik 1933–1945. Kalkül oder Dogma?; Stuttgart 1980.
Hilberg, R.: Die Vernichtung der europäischen Juden, 3 Bde., Tb.; Frankfurt/Main 1990 (zuerst engl. 1961):
Hilgemann, W.: Atlas zur deutschen Zeitgeschichte 1918–1968; München 1984.
Hillgruber, A.: Die Zerstörung Europas. Beiträge zur Weltkriegsepoche 1914 bis 1945; Berlin 1988.
Ders.: Deutsche Großmacht- und Weltpolitik im 19. und 20. Jahrhundert; Düsseldorf 1977.
Ders.: Sowjetische Außenpolitik im Zweiten Weltkrieg; Königstein/Ts.; Düsseldorf 1977.
Ders.: »Nordlicht«. Die deutschen Pläne zur Eroberung Leningrads. In: Classen, P./Scheibert, P. (Hrsg.): Festschrift für P. E. Schramm, Bd. 2; Wiesbaden 1964, S. 269–287.
Ders. (Hrsg.): Probleme des Zweiten Weltkrieges; Köln/Berlin 1967.
Ders.: Der Zweite Weltkrieg. Kriegsziele und Strategie der großen Mächte; Stuttgart u. a. [5]1989.
Ders./Hummelchen, G.: Chronik des Zweiten Weltkrieges. Kalendarium militärischer und politischer Ereignisse 1939–1945; Düsseldorf 1978.
Hirschfeld, G./Marsh, P. (Hrsg.): Collaboration in France. Politics and Culture during the Nazi-Occupation, 1940–1944; Oxford u.a. 1989.
Hitler, A.: Hitlers Gespräche im Führerhauptquartier 1941–1942. Aufgezeichnet von H. Picker, hrsg. von P. E. Schramm, A. Hillgruber und M. Vogt; Stuttgart [4]1983.
Hofer, W. (Hrsg.): Der Nationalsozialismus. Dokumente 1933–1945; Frankfurt/Main 1982.
Hoffmann, J.: Kaukasien 1942/43. Das deutsche Heer und die Orientvölker der Sowjetunion; Freiburg 1991.
Hubatsch, W. (Hrsg.): Hitlers Weisungen für die Kriegsführung 1939–1945. Dokumente des Oberkommandos der Wehrmacht; Frankfurt/Main 1962.
Inber, Vera: Leningrad Diary; London 1971.
Institut für Marxismus-Leninismus beim Zentralkomitee der KPdSU (Hrsg.): Geschichte des Großen Vaterländischen Krieges der Sowjetunion; 6 Bde.; Berlin (Ost) 1962–1968.
Jäckel, E.: Hitlers Weltanschauung. Entwurf einer Herrschaft; Stuttgart 1986.
Ders.: Hitlers Herrschaft. Vollzug einer Weltanschauung; Stuttgart 1986.
Jacobsen, H. A.: Der Weg zur Teilung der Welt. Politik und Strategie 1939–1945; Koblenz/Bonn 1977.
Ders.: Der Zweite Weltkrieg in Bildern und Dokumenten. Bd. 2: Der Weltkrieg 1941–1943; München u. a. 1962.

Ders./Rohwer, J. (Hrsg.): Entscheidungsschlachten des Zweiten Weltkrieges; Frankfurt/Main 1960.
Jochmann, W. (Hrsg.): Adolf Hitler. Monologe im Führerhauptquartier 1941–1944. Die Aufzeichnungen Heinrich Heims; Hamburg 1980.
Jukes, G.: Hitler's Stalingrad Decisions; Berkeley 1985.
Karpow, W.: Rußland im Krieg 1941–1945; Zürich 1988.
Keegan, J.: Der Fall Barbarossa; München 1981.
Kehrig, M.: Stalingrad. Analyse und Dokumentation einer Schlacht; Stuttgart 1974.
Keilig, W.: Das deutsche Heer 1939–1945, 3 Bde.; Bad Nauheim 1956–1970.
Kershaw, I.: Der Hitler-Mythos. Volksmeinung und Propaganda im Dritten Reich; Stuttgart 1980.
Klee, E.: Was sie taten, was sie wurden. Ärzte, Juristen und andere Beteiligte am Kranken- und Judenmord; Frankfurt/Main 1986.
Ders./Dreßen, W. (Hrsg.): »Gott mit uns.« Der deutsche Vernichtungskrieg im Osten 1939–1945; Frankfurt/Main 1989.
Kogon, G./Langbein, H./Rückerl, A. u. a. (Hrsg.): Nationalsozialistische Massentötungen durch Giftgas. Eine Dokumentation; Frankfurt/Main 1983.
Kohl, P.: »Ich wundere mich, daß ich noch lebe«. Sowjetische Augenzeugen berichten; Gütersloh 1990.
Ders./Wilhelm, H.-H.: Die Truppe des Weltanschauungskrieges. Die Einsatzgruppen der Sicherheitspolizei und des SD 1938–1942; Stuttgart 1981.
Krautkrämer, E.: Frankreichs Kriegswende 1942. Die Rückwirkungen der alliierten Landung in Nordafrika; Bern u. a. 1989.
Kriegstagebuch des Oberkommandos der Wehrmacht, Bd. 2 (hrsg. v. A. Hillgruber) und Bd. 3 (hrsg. v. W. Hubatsch); Frankfurt/Main 1963.
Kühnrick, H.: Der Partisanenkrieg in Europa 1939–1945; Berlin 1965.
Lochner, L. P. (Hrsg.): Joseph Goebbels. Tagebücher aus den Jahren 1942–1943, Zürich 1948.
Loth, W.: Die Teilung der Welt. Geschichte des Kalten Krieges 1941–1955; München ^{7}1989.
Mayer, A. J.: Der Krieg als Kreuzzug. Das Deutsche Reich, Hitlers Wehrmacht und die »Endlösung«; Hamburg 1989.
Meldungen aus dem Reich 1938–1945. Die geheimen Lageberichte des Sicherheitsdienstes der SS, hrsg. von H. Boberach, 17 Bde. + Registerband; Herrsching 1984/85.
Mende, E.: Das verdammte Gewissen. Zeuge der Zeit 1921–1945; München/Berlin 1982.
Michalka, Wolfgang (Hrsg.): Der Zweite Weltkrieg. Analysen, Grundzüge, Forschungsbilanz; München 1989.
Militärgeschichtliches Forschungsamt Freiburg (Hrsg.): Das Deutsche Reich und der Zweite Weltkrieg, Bd. 4: Der Angriff auf die Sowjetunion; Stuttgart 1983. Bd. 6: Der globale Krieg 1941–1943; Stuttgart 1990.
Dass. (Hrsg.): Die geheimen Tagesberichte der deutschen Wehrmachtführung im Zweiten Weltkrieg 1939–1945; Osnabrück o. J.
Milward, A. S.: Der Zweite Weltkrieg. Krieg, Wirtschaft und Gesellschaft 1939–1945; München 1977.
Müller, N. (Hrsg.): Deutsche Besatzungspolitik in der UdSSR 1941–1944; Köln 1980.
Müller, R.-D. (Hrsg.): Die deutsche Wirtschaftspolitik in den besetzten sowjetischen Gebieten 1941–1943. Der Abschlußbericht des Wirtschaftsstabes Ost und Aufzeichnungen eines Angehörigen des Wirtschaftskommandos Kiew; Boppard 1991.
Ders.: Hitlers Ostkrieg und die deutsche Siedlungspolitik. Die Zusammenarbeit von Wehrmacht, Wirtschaft und SS; Frankfurt/Main 1991.
Niehaus, W.: Die Radarschlacht 1939–1945; Stuttgart 1977.
Overmanns, R.: 55 Millionen Opfer des Zweiten Weltkrieges? Zum Stand der Forschung nach mehr als vierzig Jahren. In: Militärgeschichtliche Mitteilungen, Bd. 48, 1990, S. 103–121.
Overy, R. J.: The Air War 1939–1945; London 1980.
Padfield, P.: Dönitz. Des Teufels Admiral; Berlin u. a. 1984.
Paul, W.: Erfrorener Sieg. Die Schlacht um Moskau 1941/42; Esslingen 1975.
Paulus, F.: »Ich stehe hier auf Befehl!« Lebensweg des Generalfeldmarschalls Friedrich Paulus, hrsg. von W. Görlitz; Frankfurt/Main 1960.
Pavlov, D.: Die Blockade von Leningrad 1941; Frauenfeld 1960.
Philippi, A./Heim, F.: Der Feldzug gegen Sowjetrußland 1941–1945; Stuttgart 1962.
Piekalkiewicz, J.: Der Zweite Weltkrieg; Düsseldorf/Wien 1985.
Ders.: Stalingrad. Anatomie einer Schlacht; München 1977.
Ders.: Die Schlacht um Moskau; Bergisch Gladbach 1981.
Poliakov, L./Wulf, J. (Hrsg.): Das Dritte Reich und die Juden (1955); Ndr. Frankfurt/Main u. a. 1983.
Der Prozeß gegen die Hauptkriegsverbrecher [des Zweiten Weltkrieges] vor dem Internationalen Militärgerichtshof in Nürnberg 1945/46; 42 Bde.; Nürnberg 1947–1949.
Raeder, E.: Mein Leben. Bd. 2: Von 1935 bis Spandau 1955; Tübingen 1957.
Rebentisch, Dieter: Führerstaat und Verwaltung im Zweiten Weltkrieg; Stuttgart 1989.
Reinhardt, K.: Die Wende vor Moskau. Das Scheitern der Strategie Hitlers im Winter 1941/42; Stuttgart 1972.
Reitlinger, G.: Ein Haus auf Sand gebaut. Hitlers Gewaltpolitik in Rußland 1941–1944; Gütersloh 1963.
Ders.: Die Endlösung. Hitlers Versuch der Ausrottung der Juden Europas 1939–1945; Berlin 1956.
Reuth, R.-G.: Goebbels; München 1990.
Rosh, L./Jäckel, E.: »Der Tod ist ein Meister aus Deutschland«. Deportation und Ermordung der Juden. Kollaboration und Verweigerung in Europa; Hamburg 1990.
Rotundo, L. C. (Hrsg.): Battle for Stalingrad. The 1943 Soviet general staff study; Washington 1989.
Ruhl, K. J. (Hrsg.): Unsere verlorenen Jahre. Frauenalltag in Kriegs- und Nachkriegszeit 1939–1949 in Berichten, Dokumenten und Bildern; Darmstadt/Neuwied 1985.
Salisbury, H. E.: Die Ostfront. Der unvergessene Krieg 1941–1945. Eine Bild-Text-Dokumentation; Wien 1981.
Ders.: 900 Tage. Die Belagerung von Leningrad, Frankfurt/Main 1970.
Schettler, W.: Judenverfolgung im Dritten Reich 1933–1945; Berlin 1960.
Schoenberner, G.: Der gelbe Stern. Die Judenvernichtung in Europa 1933–1945; Frankfurt/Main 1991.
Schofield, C. (Hrsg.): Rußland im Krieg 1941–1945; Zürich 1988.
Schtemenko, S. M.: Im Generalstab; Berlin (Ost) 1970.
Schukow, K. G.: Erinnerungen und Gedanken; Stuttgart 1969.
Schwarz, E.: Die Stabilisierung der Ostfront nach Stalingrad. Mansteins Gegenschlag zwischen Donez und Dnjepr im Frühjahr 1943; Göttingen/Zürich 1986.
Seaton, A.: Der russisch-deutsche Krieg 1941–1945; Frankfurt/Main 1973.
Seydlitz, W. von: Stalingrad. Konflikt und Konsequenz. Erinnerungen; Oldenburg/Hamburg 1977.
Shilin, P. A.: Die wichtigsten Operationen des Großen Vaterländischen Krieges 1941–1945; Berlin 1958.
Skrjabin, E.: Leningrader Tagebuch. Aufzeichnungen aus den Kriegsjahren 1941–1945; München/Wiesbaden ^{2}1985.
Smith, B. F. (Hrsg.): Heinrich Himmler. Geheimreden 1933–1945 und andere Ansprachen; Frankfurt/Main u. a. 1974.
Speer, A.: Erinnerungen; Frankfurt/M./Berlin 1969.
Ders.: Spandauer Tagebücher; Frankfurt/M./Berlin 1975.
Stadtmüller, G.: Geschichtliche Ostkunde, Bd. II; München 1963.
Stalin, J.: Über den Großen Vaterländischen Krieg der Sowjetunion. Sowjetische Militärverwaltung in Deutschland; Berlin 1945.
Steinert, M. G.: Hitlers Krieg und die Deutschen. Stimmung und Haltung der deutschen Bevölkerung im Zweiten Weltkrieg; Düsseldorf 1970.
Streim, A.: Sowjetische Gefangene in Hitlers Vernichtungskrieg. Berichte und Dokumente 1941–1945; Heidelberg 1982.
Streit, C.: Keine Kameraden. Die Wehrmacht und die sowjetischen Kriegsgefangenen 1941–1945; Stuttgart 1978.
Telpuchowski, B. S.: Die sowjetische Geschichte des Großen Vaterländischen Krieges 1941–1945; Frankfurt/Main 1961.
Thomas, D. A.: Foreign Armies East and German Military Intelligence in Russia 1941–1945. In: Journal of Contemporary History, Bd. 22, 1987, S. 260–301.
Tieke, W.: Kampf um die Krim 1941–1944; Gummersbach 1975.
Wagner, G. (Hrsg.): Lagevorträge des Oberbefehlshabers der Kriegsmarine von Hitler 1939–1945; München 1962.
Warlimont, W.: Im Hauptquartier der deutschen Wehrmacht 1939–1945. Grundlagen, Formen, Gestalten; Frankfurt/M./Bonn 1962.
Wegner, B.: Hitlers politische Soldaten. Die Waffen-SS 1933–1945; Paderborn ^{3}1988.
Weizsäcker, E. von: Die Weizsäcker-Papiere, hrsg. v. L. E. Hill, 2 Bde.; Frankfurt/Main u. a. 1974/82.
Werth, A.: Rußland im Krieg 1941–1945, 2 Bde.; München/Zürich 1967.
Westwood, J. D.: Eastern Front. The Soviet-German War 1941–1945; New York 1984.
Wilenchik, W.: Die Partisanenbewegung in Weißrußland 1941–1944. In: Forschungen zur osteuropäischen Geschichte, Bd. 34; Wiesbaden 1984, S. 129–297.
Wistrich, R.: Wer war wer im Dritten Reich? Ein biographisches Lexikon; Frankfurt/Main 1987.
Wolkogonow, D. A.: Stalin. Triumph und Tragödie; Düsseldorf 1989.
Young, P. (Hrsg.): Der große Atlas zum Zweiten Weltkrieg; München 1974.
Zentner, C./Bedürftig, F. (Hrsg.): Das große Lexikon des Zweiten Weltkrieges; München 1988.
Zentner, K.: Illustrierte Geschichte des Zweiten Weltkrieges; München 1963.
Ders.: Nur einmal konnte Stalin siegen. Lehren und Bilder aus dem Rußlandfeldzug; Hamburg 1952.
Ziemke, Earl F./Bauer, M. E.: Moscow to Stalingrad. Decision in the East; Washington 1987.
Zitelmann, R.: Adolf Hitler. Eine politische Biographie; Göttingen 1989.
Zorn, G.: Nach Ostland geht unser Ritt. Deutsche Eroberungspolitik zwischen Germanisierung und Völkermord; Berlin 1980.

Akten zur deutschen auswärtigen Politik 1918–1945; Bonn 1964.

Eine Schuld, die nicht erlischt. Dokumente über deutsche Kriegsverbrechen in der Sowjetunion; Köln 1987.
Die Wehrmachtsberichte 1939–1945, Bd. 1. 1. September 1939 bis 31. Dezember 1941; München 1985.

Bildnachweis

Der C. Bertelsmann Verlag dankt allen Archiven, Bildagenturen, Privatpersonen und dem ZDF für die freundliche Genehmigung, ihre Fotos und Dokumente in dieses Buch aufzunehmen.

Abkürzungen: oben (o), unten (u), mitte (m), links (l), rechts (r)

ADN-Bildarchiv: 234 (ol), 242

Bibliothek für Zeitgeschichte Stuttgart: 129

Bundesarchiv Koblenz:
15, 17, 20, 21, 46 (o), 57, 60 (o), 64, 73, 74 (o), 74 (u), 83 (u), 90 (o), 93 (o), 93 (u), 96 (o), 96 (u), 102, 116 (u), 124, 127, 128, 130, 133 (l), 133 (or), 133 (ur), 156, 157, 159 (l), 160 (or), 172 (o), 172 (m), 174 (ol), 174 (or), 177 (ul), 185 (or), 193 (ul), 193 (ur), 201 (ol), 201 (ur), 203 (or), 203 (u), 211, 212, 213 (ur), 214 (ul), 215 (o), 216 (ol), 217 (o), 217 (u), 218 (ol), 227, 240 (ol), 240 (or)

dpa: 158 (o)

C. Henrich: 35 (u), 39, 116 (o), 190 (o), 191 (ur), 192 (ul)

Heinrich Hoffmann: 230, 245 (o)

Keystone: 224 (ol), 233 (o), 241 (l), 243 (or)

A. F. Paulus:
31, 34, 35 (or), 90 (u), 92, 158 (u), 160 (ol), 172 (u), 174 (m), 175 (l), 175 (r), 178, 179 (o), 179 (u), 183, 191 (ol), 202 (ol), 238 (or), 238 (ol)

Janusz Piekalkiewicz:
4, 13, 14, 16, 18 (ol), 18/19, 19 (or), 19 (ur), 22, 23 (o), 23 (u), 26 (u), 28 (o), 28 (m), 28 (u), 29 (o), 29 (ul), 29 (ur), 32, 33, 37, 38 (o), 40, 41 (ol), 41 (or), 41 (u), 42, 43, 44 (ol), 44 (ul), 44 (r), 45 (o), 45 (u), 48 (o), 48 (u), 52, 54, 61, 68, 71, 77, 80, 81 (l), 81 (r), 82 (r), 88, 91, 95, 103, 105, 109, 110 (r), 111, 112, 113, 114, 115 (o), 116, 118 (ol), 118 (or), 119 (ol), 119 (or), 119 (u), 131, 132, 134 (o), 134 (u), 135, 136, 155, 159 (r), 166 (u), 170, 171 (ol), 171 (or), 171 (ml), 171 (mr), 171 (ul), 171 (ur), 173, 176 (o), 176 (u), 177 (ol), 177 (ur), 180 (or), 180 (ul), 184 (ol), 184 (or), 184 (m), 190 (u), 191 (mr), 191 (ul), 192 (ol), 193 (mr), 195 (ol), 198, 199, 201 (or), 204, 206, 207 (o), 207 (u), 213 (or), 218 (ml), 222 (o), 222 (u), 225 (or), 225 (ur), 226, 229 (o), 231 (o), 231 (u), 235 (ol), 239, 241 (mr), 241 (ur), 243 (ul), 244, 248 (ol), 249

Privatarchive: 50/51, 55, 58, 59, 188/189, 191 (or), 197

Russische Archive:
26 (o), 35 (ol), 35 (or), 38 (ul), 38 (ur), 47 (o), 47 (u), 53, 60 (u), 62, 63, 72, 79, 82 (l), 83 (o), 84, 85 (or), 85 (ur), 85 (l), 87 (o), 87 (u), 99, 104, 106, 110 (ol), 110 (ul), 120 (l), 120 (r), 121 (u), 138, 139, 140 (l), 140 (r), 141, 142 (ul), 142 (ur), 143, 144 (ol), 144 (or), 144 (u), 145 (or), 146, 147, 149, 150, 151, 152, 153, 154, 161, 167 (or), 168, 169 (l), 169 (r), 177 (or), 180 (ol), 180 (ur), 180 (m), 181, 185 (ol), 185 (ur), 186, 187 (o), 187 (u), 193 (ol), 193 (om), 193 (or), 193 (ml), 195 (or), 203 (m), 208 (or), 209, 232, 233 (ur), 234 (u), 237 (o), 237 (u), 243 (ur), 243 (ol), 245 (ur), 245 (ul), 248 (ol)

Süddeutscher Verlag:
160 (u), 201 (om), 224, 225, 235 (or)

Ullstein Bilderdienst:
196 (m)

Verlag Kurt Desch:
214 (o)

ZDF:
94, 97, 121 (o), 121 (m), 125, 205

Karten: Adolf Böhm

Europa
Anfang Januar 1943
„Achsenmächte"
Deutsches Reich mit eingegliederten Gebieten
unter deutscher Zivilverwaltung stehende Gebiete
vom Deutschen Reich besetzte Gebiete
Italien (mit Albanien und 1938 integriertem Libyen)
von Italien besetzte Gebiete
Verbündete der „Achsenmächte"
von Finnland, Rumänien, Ungarn und Bulgarien besetzte Gebiete
neutrale und nichtkriegführende Staaten
„Alliierte"
Sowjetunion
von der Sowjetunion besetztes Gebiet
Westliche Alliierte:
Großbritannien und Kolonien
von den westlichen Alliierten besetzte Gebiete
Frontverlauf 12. Januar 1943
0 100 200 300 400 500 km
REYKJAVIK
ISLAND
Färöer
(brit. besetzt)
ATLANTISCHER OZEAN
Shetland-In.
Orkney-In.
Bergen
OSLO
Glasgow
Nordsee
Nordirland
Belfast
IRLAND
DUBLIN
Manchester
GROSS-BRITANNIEN
LONDON
Skagerrak
Kattegat
DÄNE-MARK
NIEDER-LANDE
Amsterdam
DEN HAAG
Hamburg
Hannover
Elbe
Der Kanal
Cherbourg
Brest
BRÜSSEL
BELGIEN
Köln
Rhein
Leipzig
DEUTSCH
Seine
PARIS
LUX.
Frankfurt
Lothringen
Elsaß
Stuttgart
Nantes
Loire
Tours
FRANKREICH
München
BERN
SCHWEIZ
Bordeaux
VICHY
Seit 11.11.42 zum besetzten Gebiet
Lyon
Rhône
Mailand
Venedig
Po
Porto
PORTUGAL
AND
Marseille
Genua
MONACO
(1940 ital. bes.)
ITALIEN
MADRID
LISSABON
SPANIEN
Barcelona
Korsika
ROM
Valencia
Balearen
Mallorca
Sevilla
Sardinien
Neapel
Tyrrhen. Meer
Tanger
(internat.)
Gibraltar (brit.)
Cagliari
Span. Marokko
RABAT
Oran
ALGIER
Palermo
Sizi
Safi
Algerien (franz.)
TUNIS
Marokko
(franz.)
Tunesien
(franz.)
Ifni (span.)
Mit
Süd-Territorien
West-Sahara
(Rio de Oro)
(span.)
Tripolis